Telecomunicações no Brasil

Telecomunicações no Brasil

UNIVERSALIZAÇÃO E DESAFIOS

2023

Mateus Piva Adami

TELECOMUNICAÇÕES NO BRASIL
UNIVERSALIZAÇÃO E DESAFIOS
© Almedina, 2023
AUTOR: Mateus Piva Adami

DIRETOR ALMEDINA BRASIL: Rodrigo Mentz
EDITORA JURÍDICA: Manuella Santos de Castro
EDITOR DE DESENVOLVIMENTO: Aurélio Cesar Nogueira
ASSISTENTES EDITORIAIS: Larissa Nogueira e Letícia Gabriella Batista
ESTAGIÁRIA DE PRODUÇÃO: Laura Roberti
PREPARAÇÃO DE TEXTO: Bárbara Piloto Sincerre
EDIÇÃO: Lyvia Felix

DIAGRAMAÇÃO: Almedina
DESIGN DE CAPA: Roberta Bassanetto

ISBN: 9786556278759
Agosto, 2023

Dados Internacionais de Catalogação na Publicação (CIP)
(Câmara Brasileira do Livro, SP, Brasil)

Adami, Mateus Piva
  Telecomunicações no Brasil : universalização e desafios / Mateus Piva Adami.
  -- 1. ed. – São Paulo : Almedina, 2023.

  ISBN 978-65-5627-875-9

  1. Internet – Leis e legislação – Brasil 2. Telecomunicações
3. Telecomunicações – Leis e legislação – Brasil 4. Políticas públicas
I. Título.

23-151256   CDD-303.4833

Índices para catálogo sistemático:

1. Telecomunicação : Tecnologia : Mudança social : Sociologia 303.4833
Aline Graziele Benitez - Bibliotecária - CRB-1/3129

Este livro segue as regras do novo Acordo Ortográfico da Língua Portuguesa (1990).

Todos os direitos reservados. Nenhuma parte deste livro, protegido por copyright, pode ser reproduzida, armazenada ou transmitida de alguma forma ou por algum meio, seja eletrônico ou mecânico, inclusive fotocópia, gravação ou qualquer sistema de armazenagem de informações, sem a permissão expressa e por escrito da editora.

EDITORA: Almedina Brasil
Rua José Maria Lisboa, 860, Conj. 131 e 132, Jardim Paulista | 01423-001 São Paulo | Brasil
www.almedina.com.br

SOBRE O AUTOR

Mateus Piva Adami
Doutor em Direito Econômico e mestre em Direito do Estado pela Faculdade de Direito da Universidade de São Paulo (FADUSP). Graduado pela Pontifícia Universidade Católica de São Paulo (PUC-SP). Ex-aluno da Escola de Formação Pública da Sociedade Brasileira de Direito Público (sbdp). Membro do Grupo de Direito e Políticas Públicas da USP (GDPP). Integrante do Núcleo de Pesquisa em Concorrência, Política Pública, Inovação e Tecnologia (COMPPIT) da Escola de Direito de São Paulo da Fundação Getulio Vargas (FGV DIREITO SP). Diretor de Regulação (2022-2024) do Instituto Brasileiro de Estudos de Concorrência, Consumo e Comércio Internacional (IBRAC). Diretor da Associação Brasileira de Direito da Tecnologia da Informação e das Comunicações (ABDTIC) entre 2016 e 2022. Professor do Programa de Pós-Graduação Lato Sensu do FGVLaw. Advogado.

Para Clarissa, Enrico e Marcelo, amores da minha vida.

APRESENTAÇÃO

Nos últimos trinta anos o Brasil experimentou um processo contínuo de retirada do Estado do papel de maior provedor de serviços públicos econômicos, especialmente dos que demandam dispendiosa infraestrutura. Portos, energia elétrica, rodovias, ferrovias, aeroportos e saneamento são exemplos de atividades que, ao longo das últimas décadas, foram, paulatinamente, sendo transferidas ao provimento e à exploração econômica de particulares.

Entre todos esses setores, o de telecomunicações talvez tenha sido o que produziu resultados mais positivos. Quando ocorreu a delegação desses serviços à iniciativa privada, a mais relevante modalidade desses serviços era a telefonia fixa. E era justamente esta que representava o símbolo do atraso do país nesse campo. Tratava-se de um bem escasso, inacessível para a maioria da população brasileira. Para se ter uma ideia da dificuldade de acesso ao serviço, o mero direito de se ter uma linha telefônica valia tanto que era necessário declará-la no imposto de renda. A privatização das telecomunicações, ocorrida no final dos anos 1990, apresentou como principal desafio proporcionar a universalização desse serviço essencial, ainda caro e inacessível a grande parte da população.

Passados mais de vinte anos da privatização, a telefonia fixa não mais exerce o papel de integração nacional que exercia no passado. As telecomunicações evoluíram muito e o desafio é proporcionar acesso rápido e de qualidade à internet, por meio de serviços que permitam a comunicação de dados em alta velocidade. Universalizar as telecomunicações continua sendo um imenso desafio para a sociedade brasileira.

O tema está longe de ser um desafio pura e simplesmente jurídico. Para que o país venha a ser dotado de serviços de telecomunicações que atendam às necessidades básicas atuais da população é necessária uma comunhão de forças, que envolvem participação de agentes econômicos, políticos e sociais. Entretanto, se a universalização das telecomunicações não pode ser reduzida a uma questão exclusivamente jurídica, ela não prescinde de um arranjo jurídico-institucional sólido, que propicie a realização de investimentos em segmentos da sociedade que não sejam economicamente atrativos.

Este livro desvenda, de modo singular, o papel que o Direito cumpriu e ainda deve cumprir nesse intricado quebra-cabeça econômico, político e social.

Trata-se de trabalho invulgar, que conjuga descrição e análise precisa de um rico e intricado histórico de medidas regulatórias para viabilizar a universalização dos serviços, além de elaborar uma avaliação crítica do papel exercido pelos principais atores institucionais influenciadores do processo.

O leitor terá contato, em primeiro lugar, com a apresentação técnica de como, na legislação brasileira, foram concebidas as ferramentas para propiciar a universalização dos serviços de telecomunicações. O autor, Mateus Piva Adami, para tanto, resgata o modelo originalmente concebido pela Lei Geral de Telecomunicações e explica suas premissas básicas de funcionamento. Desse arcabouço, extrai as instituições que deveriam assumir um papel de protagonismo na implementação e na atualização de um programa de universalização de serviços de telecomunicações. Nesse ponto, além das instituições de identificação mais presumíveis, como a agência reguladora setorial (a Agência Nacional de Telecomunicações – Anatel), e o próprio Poder Executivo (na figura do Ministério das Comunicações), responsável por definir as políticas públicas, chama atenção o protagonismo assumido por uma figura institucional pouco provável: o Tribunal de Contas da União (TCU).

A obra demonstra, com clareza de fundamentos, como as manifestações do TCU foram importantes e, de certo modo, serviram de obstáculo à atualização de metas de universalização que permitissem que recursos destinados a esse fim fossem utilizados em modalidades de serviços mais atualizadas e com maior demanda por parte dos usuários.

APRESENTAÇÃO

Há, por fim, a indicação dos caminhos adotados pela legislação e pela regulação do setor para flexibilizar as regras vigentes, que pareciam canalizar todos os recursos disponíveis a serviços que não eram mais demandados pela população. O livro aponta o que precisa ser feito para que o fundo público criado para fomentar a universalização dos serviços venha a ser, finalmente, usado de maneira significativa para garantir a realização de investimentos na universalização, algo que, até o momento, ainda não foi experimentado.

Percebe-se, nesse relato, uma inegável preocupação pragmática do autor. A todo tempo a obra faz referência a problemas jurídicos reais enfrentados no passado e aqueles que ainda estão presentes na implementação da agenda da universalização das telecomunicações. Essa característica, contudo, não reflete todas as abordagens da presente obra. Trata-se de produção acadêmica de sólida base teórica. Houve o cuidado tanto na fixação dos fundamentos dogmáticos que delimitam a atuação estatal nesse campo quanto na indicação de referências teóricas para interpretar e decompor os agentes institucionais relevantes para a matéria.

Isso só foi possível graças às características peculiares do autor. Advogado e professor na área de direito público, com ênfase no direito regulatório, Mateus Piva Adami conhece e acompanha como poucos o setor de telecomunicações. Porém, não fez dessa experiência uma camisa de força ou redoma, que limitasse sua produção acadêmica, ao contrário, a partir dessa ampla base de informações extraiu o que era relevante para propor um interessante diálogo com a linha de pesquisa seguida por seu orientador, professor Diogo Coutinho, que prioriza a análise das instituições no desenvolvimento econômico, fazendo desse mote o campo para uma abordagem rica e inovadora no direito econômico nacional.

Com essa obra, Mateus nos brinda com a prova de seu amadurecimento intelectual como pesquisador e formulador do direito administrativo contemporâneo. O autor graduou-se em Direito na Pontifícia Universidade Católica de São Paulo (PUC-SP) e conhecemo-nos nessa época. Ele demonstrou ser um aluno, monitor e orientando dedicado e talentoso. De lá para cá, sua evolução profissional e acadêmica é impressionante. Obteve o grau de mestre na mesma faculdade de Direito do Largo do São Francisco, onde agora tornou-se doutor. É professor do curso de especialização em direito econômico e administrativo da Escola de Direito de São Paulo da Fundação Getulio Vargas. Escreve artigos em periódicos especializados e ministra palestras em foros prestigiados do direito administrativo econômico brasileiro.

O livro, devido às características anteriormente apontadas, possibilita múltiplas formas de uso: informa a respeito do histórico e das perspectivas atuais em setor sujeito a constante e intensa mutação, como o de telecomunicações; traduz como o mecanismo de controle de contas, atualmente, pode representar relevante influência na implementação de políticas públicas; apresenta incongruências regulatórias e institucionais que impediram o setor de telecomunicações de dispor dos recursos financeiros coletados para esse objetivo específico; por fim, representa um modelo de produção acadêmica séria, com sólida base teórica e inegável interesse prático.

Jacintho Arruda Câmara
Professor da Faculdade de Direito
da Pontifícia Universidade Católica
de São Paulo (PUC-SP)

PREFÁCIO

Penso que não seria exagerado dizer que a universalização do acesso aos serviços de telecomunicações no Brasil, no cenário pós-privatizações, tornou-se um verdadeiro martírio. Desde 1997, assistimos a uma sucessão de propostas pouco amadurecidas e insuficientemente discutidas – em termos de viabilidade prática, fontes de financiamento, impactos concorrenciais, atualidade tecnológica e sustentabilidade financeira. O Fundo de Universalização das Telecomunicações (FUST), solução setorial de *funding* concebida há anos, foi desde o início contingenciado e, com isso, jamais pôde servir ao propósito para o qual foi criado. Outras soluções, tão improvisadas quanto frágeis, surgiram ao longo dos últimos vinte anos. Nenhuma vingou.

Assim, em meio ao propalado sucesso do modelo de liberalização do setor, a expansão do acesso às telecomunicações tem se dado, essencialmente, pela ação do mercado e sobretudo por meio de dispositivos móveis (celulares). Isso não é ruim em si, mas é claramente insuficiente em um país como o Brasil – imenso, heterogêneo e desigual. A ideia de universalização, em sua essência, transcende as forças de mercado, é algo ligado à realização dos objetivos sociais da regulação econômica e se materializa em política pública. Tem a ver, ademais, com algo mais do que telefones celulares nos quais possamos usar aplicativos para passar o tempo. Isso quer dizer que, no Brasil, não há nem houve política pública coerente e duradoura, a despeito do fato de que universalizar significa, em termos práticos, fomentar o acesso ao conhecimento, à educação, à saúde e a diversos serviços públicos, entre outras utilidades, com impactos e benefícios exponenciais para a população. Universalizar as telecomunicações (incluindo o acesso físico e a fruição efetiva dos serviços) é, em suma, um objetivo ligado ao desenvolvimento econômico, com os requisitos, implicações e efeitos a isso associados.

É importante lembrar que a pandemia de covid-19 tornou o cenário brasileiro ainda mais dramático, descortinando as injustiças atrozes e as desigualdades de raça, gênero e condição social que marcam nossa sociedade desde os seus primórdios. No confinamento a que fomos submetidos para sobreviver, milhares de crianças e adultos pobres e periféricos não puderam estudar, se informar, ler conteúdos educativos ou informativos de boa qualidade, ou ter momentos de lazer, por falta de acesso (físico ou econômico) às redes de banda larga, meio pelo qual, com diferentes tecnologias, hoje se acessa o universo paralelo da internet em dispositivos como telefones celulares, *tablets* e aparelhos de televisão conectados.

Essa história – o lado B da privatização da Telebrás – é objeto deste importante e tão oportuno livro de Mateus Piva Adami, um professor e advogado (e amigo) que, como poucos, conhece a trajetória jurídica, regulatória e institucional das telecomunicações brasileiras, entre outros assuntos que domina.

O trabalho resulta de sua tese de doutoramento, defendida com competência e brilho na Faculdade de Direito da Universidade de São Paulo (USP), com a participação, na banca examinadora, de especialistas tarimbados e exigentes.

Fugindo do formalismo e da mera descrição de leis e decretos, e partindo de uma análise rica, que matiza variáveis e lentes institucionais, análises críticas da legislação, bem como leva em conta elementos de racionalidade econômica, Mateus Adami traça uma bem urdida linha do tempo que tem início com a edição da Lei Geral das Telecomunicações e chega aos melancólicos dias atuais. Muito barulho por nada, muita tinta para pouca ação, reduzida ou quase nula efetividade dos investimentos em massificação.

Usando suas palavras, o autor mostra que "o caminho trilhado se afastou do arranjo institucional original [...], em movimentos nos quais o Direito desempenhou um papel fundamental". E complementa, com originalidade, o seguinte: "[o] Direito, até o presente momento, não apenas falhou em seu papel de permitir uma autocorreção dos rumos da política pública como também pode ser apontado como uma das razões pelas quais o arranjo institucional da universalização assumiu a feição descrita".

Ou seja: Mateus Adami, na melhor forma (e conteúdo) de um trabalho de direito econômico criativo e propositivo, mostra como o arcabouço jurídico e suas ferramentas foram capazes de, como variáveis constitutivas relevantes, criar e ao mesmo tempo obstruir a implementação de um objetivo que, com a promoção da concorrência, compõe o núcleo finalístico da legislação brasileira de telecomunicações. Vê-se, assim, que o Direito, ao mesmo tempo que contribuiu para engessar parte da política pública, "conferiu amparo para os *bypasses* institucionais – reforçando a ideia de que, em termos de alteração institucional, estamos diante de um cenário de acomodação persistente". De *bypass* em *bypass*, de gambiarra em gambiarra, cá ainda estamos, envoltos em gargalos e entraves à universalização das telecomunicações que Adami com igual clareza sistematiza e classifica assim: ausência de aplicação do fundo setorial e baixa aplicação de recursos adicionais (orçamentários); dependência de ferramentas caracterizadas pela imposição de obrigações – substituição de metas, compromissos de interesse da coletividade e de abrangência, presença de subsídios cruzados em determinadas ferramentas –; arrecadação do FUST sem despesa, desvio dos recursos do FUST; ausência de iniciativas envolvendo outros entes da federação; e, para completar, falta de coordenação ministerial. Esse valioso diagnóstico atualiza a reflexão sobre os desafios da regulação no Brasil e contribui com a construção de abordagens inovadoras no direito econômico. Dá contribuição importante à academia, mas também à *policymaking*.

Na pesquisa que embasa este livro, Mateus Adami foi meticuloso. Leu o que havia disponível e, do ponto de vista do método científico, fez uma escolha que lhe deu régua e compasso para "ler" o caso brasileiro: o institucionalismo histórico das Ciências Sociais. Bebeu na fonte de cientistas políticos treinados para compreender a vida intrincada das políticas públicas para estruturar sua tese, voltada ao esforço de compreensão da dinâmica da construção e mudança institucional. Mapeou atores, arranjos, instrumentos, identificou dependências de trajetória e, ao final da reflexão a que se propôs, sugeriu uma movimentação de peças do tabuleiro para, como desenhista institucional, propor caminhos para novas divisões de tarefas que envolvam, por exemplo, os papéis do Ministério das Comunicações, da Agência Nacional de Telecomunicações (Anatel), do Ministério da Fazenda e do Tribunal de Contas da União (TCU) – estes dois últimos são considerados controversos agentes de veto na história aqui contada.

O resultado, que a leitora ou o leitor tem em mãos, é auspicioso: a mais atual e bem-feita discussão acadêmica sobre o desafio colossal – mas que não há de ser invencível – de superar, no Brasil, o déficit de acesso àquilo que hoje, em larga medida, move as engrenagens econômicas e sociais: informação em ambiente digital. Por isso, cara leitora ou leitor, se o que você quer é um exemplo vivo, real em cada nervura, de regulação e seus desafios em uma área-chave para o futuro do país, se o que busca é um estudo de direito econômico de mão cheia, não hesite em ler e apreciar este livro, que a mim deu tanto prazer ver ser produzido e que tanto me ensinou.

Diogo R. Coutinho
Professor da Faculdade de Direito
da Universidade de São Paulo (USP).

SUMÁRIO

SOBRE O AUTOR 5
APRESENTAÇÃO 9
PREFÁCIO 13

INTRODUÇÃO 23

1. CARACTERÍSTICAS DO SETOR DE TELECOMUNICAÇÕES: O ARRANJO INSTITUCIONAL ESTÁTICO DO "MODELO ORIGINAL" DA UNIVERSALIZAÇÃO 43
1.1. Nota terminológica e metodológica 43
1.2. O arranjo institucional estático do setor de telecomunicações: panorama da legislação setorial, dos atores institucionais e de seus instrumentos 54
    1.2.1. A Emenda Constitucional nº 8/1995: primeiro passo do arranjo institucional atual 55
    1.2.2. Uma visão geral sobre a Lei Geral de Telecomunicações 56
    1.2.2.1. A dualidade de regimes e suas consequências 57
    1.2.2.2. Os instrumentos para a exploração das telecomunicações no regime público e privado 60
    1.2.2.3. As redes de telecomunicações 65
    1.2.2.4. Os Serviços de Valor Adicionado e o acesso à internet 66
    1.2.2.5. A universalização como pauta para políticas públicas setoriais: o arranjo institucional original da Lei Geral de Telecomunicações 69
        1.2.2.5.1. Universalização na Lei Geral de Telecomunicações 73

      1.2.2.5.2. Universalização das telecomunicações:
            objeto e desafios   77
      1.2.2.5.3. Uma visão geral do Fundo de Universalização
            dos Serviços de Telecomunicações   85
    1.2.2.6. A Lei Geral de Telecomunicações: os atores institucionais
        e seus objetivos   88
1.3. Análise do arranjo institucional original da política de
universalização das telecomunicações no Brasil   92
    1.3.1. O desenho jurídico-institucional do programa   93
    1.3.2. Estratégia de implementação e funcionamento efetivo
        do programa   99
1.4. Aspectos críticos do desenho jurídico-institucional: resultados
do modelo até 2019   103
1.5. Conclusão parcial   113

2.   O RUMO EFETIVO DAS POLÍTICAS DE
     UNIVERSALIZAÇÃO: COMO CHEGAMOS AQUI?   117
2.1. A universalização das telecomunicações na pauta do Tribunal de
Contas da União: uma decisão capaz de moldar o destino do setor?   118
    2.1.1. Tribunal de Contas da União e a atuação coercitiva:
        o fracasso na licitação para a implantação dos planos
        de metas de universalização   120
    2.1.2. Tribunal de Contas da União e sua atuação consultiva:
        a leitura definitiva quanto à destinação dos recursos do Fundo
        de Universalização dos Serviços de Telecomunicações   122
    2.1.3. Exercício de veto e impactos para o setor   125
2.2. A reação do Poder Executivo ao Tribunal de Contas da União:
os arremedos da política pública à margem da Lei Geral
de Telecomunicações   127
    2.2.1. O PGMU II e o início da substituição das metas
        de universalização   130
    2.2.2. O PGMU 2,5: indícios de exaurimento do Serviço
        Telefônico Fixo Comutado e o escambo regulatório   133
      2.2.2.1. Posto de Serviço de Telecomunicações nascido como
           meta obsoleta   133
      2.2.2.2. O escambo regulatório: a banda larga nas escolas   136
    2.2.3. Programa Nacional de Banda Larga: foco no SCM   138

2.2.4. PGMU III: mais alguns passos para fora do Serviço
Telefônico Fixo Comutado ... 141
2.2.5. Os estudos do Ministério das Comunicações e a certeza
do exaurimento das concessões do Serviço Telefônico
Fixo Comutado ... 145
2.2.6. Programa Brasil Inteligente ... 153
2.2.7. PGMU IV: ignorando todas as evidências,
ainda as concessões e o Serviço Telefônico Fixo Comutado ... 154
2.2.7.1. Os antecedentes do PGMU IV: a movimentação no âmbito
da Anatel ... 155
2.2.7.2. O PGMU IV finalmente aprovado: suas características
e o afastamento, ainda que parcial, do diagnóstico ... 159
2.2.8. Panorama sobre a atuação do Poder Executivo ... 163
2.3. A reação da Anatel ao Tribunal de Contas da União:
Serviço de Comunicação Digital e as ferramentas alternativas
ao arranjo institucional da universalização ... 166
2.3.1. A ferramenta idealizada pelo Tribunal de Contas da União:
o Serviço de Comunicação Digital ... 167
2.3.1.1. Características do Serviço de Comunicação Digital:
notas sobre o seu processo normativo ... 168
2.3.1.2. Aspectos críticos do Serviço de Comunicação Digital ... 169
2.3.1.3. A peculiar e longa tramitação do Serviço de Comunicação
Digital até o limbo ... 172
2.3.1.4. Uma análise da cronologia do desastre ... 176
2.3.2. A Anatel e seu papel no acesso individual classe especial ... 179
2.3.3. Obrigações de cobertura no Serviço Móvel Pessoal:
a principal ferramenta da universalização em sentido amplo? ... 185
2.3.3.1. A origem do Serviço Móvel Pessoal nas concessões do Serviço
Móvel Celular: origem dos compromissos de cobertura ... 185
2.3.3.2. Compromissos de abrangência nos leilões de
radiofrequência ... 187
2.3.3.3. Aspectos críticos: uso (quase) exclusivo de uma
ferramenta limitada ... 191
2.3.4. A Anatel e o Poder Legislativo ... 195
2.3.4.1. A legislação do "novo modelo" e o papel da Anatel
em sua aprovação ... 195
2.3.4.2. As propostas de alteração da legislação do Fundo
de Universalização dos Serviços de Telecomunicações ... 200

2.3.5. Panorama sobre a atuação da Anatel ... 202
2.4. A reação do Poder Legislativo ao Tribunal de Contas da União: muitas ideias, pouca ação ... 206
2.5. A reação via Poder Judiciário ... 212
    2.5.1. Ação Direta de Inconstitucionalidade da Lei Geral de Telecomunicações ... 213
    2.5.2. O PGMU e a substituição de metas ... 215
    2.5.3. Ação Direta de Inconstitucionalidade por Omissão 37 e a omissão do uso dos recursos do Fundo de Universalização dos Serviços de Telecomunicações ... 216
    2.5.4. Panorama da atuação do Poder Judiciário ... 218
2.6. Conclusão parcial: como, então, chegamos até aqui? ... 219
    2.6.1. Papel do Tribunal de Contas da União na definição do arranjo institucional da política pública ... 219
    2.6.2. Poder Executivo e Anatel: letargia deliberada? ... 221
        2.6.2.1. Na ponta da despesa, o caminho mais fácil ... 221
        2.6.2.2. Na ponta da receita, o superávit primário e o desvio de recursos do Fundo de Universalização dos Serviços de Telecomunicações ... 223
    2.6.3. Ausência de coordenação ministerial ... 228
    2.6.4. Uma (tentativa de) resposta à primeira pergunta de pesquisa: por que o arranjo original de universalização estabelecido na Lei Geral de Telecomunicações não funcionou da forma ali prevista? ... 232

3. OS DESAFIOS PARA AVANÇARMOS NA PAUTA DA UNIVERSALIZAÇÃO ... 235
3.1. Recapitulando: os problemas enfrentados pela universalização à luz da análise institucional ... 235
    3.1.1. Presença de agentes de veto ... 235
    3.1.2. Mudança institucional ... 239
    3.1.3. *Path dependence*: resistência à alteração institucional ... 245
    3.1.4. *Bypass*: uma forma de lidar com defeitos no arranjo institucional ... 249
    3.1.5. Conclusão parcial ... 253
3.2. Aprendemos alguma coisa? Uma primeira análise dos movimentos de atualização do setor sob a ótica da universalização ... 254

3.2.1. Lei nº 13.879/2019, o novo modelo e o PGMU V 255
3.2.1.1. Adaptação de regime e suas características 256
3.2.1.2. Riscos e questionamentos quanto à adaptação de regime 259
3.2.1.3. PGMU V como alternativa à adaptação de regime 261
3.2.1.4. Aspectos críticos 263
3.2.2. Novo Fundo de Universalização dos Serviços de Telecomunicações, uma aposta de longos anos 266
3.2.2.1. Características do novo Fundo de Universalização dos Serviços de Telecomunicações 268
3.2.2.2. A educação conectada como objetivo: Lei nº 14.172/2021 e Lei nº 14.180/2021 273
3.2.2.3. Aspectos críticos do novo Fundo de Universalização dos Serviços de Telecomunicações 274
    3.2.2.3.1. Coordenação governamental 274
    3.2.2.3.2. Na ponta da arrecadação, tudo igual 277
    3.2.2.3.3. Na ponta da despesa, algumas novidades na forma 281
    3.2.2.3.4. Na ponta da despesa, mais do mesmo em relação ao objeto? 282
    3.2.2.3.5. Coordenação federativa 284
3.2.3. O edital do 5G 285
3.2.3.1. A Lei nº 13.879/2019 e seus impactos sobre o mercado de radiofrequência 286
3.2.3.2. Escopo do edital de 5G 287
3.2.3.3. Aspectos críticos do edital de 5G 292
3.2.4. Conclusão parcial: aprendemos muito pouco 297
3.2.4.1. Na ponta da arrecadação, problemas permanecem 298
3.2.4.2. Na ponta da despesa: não é só gastar, mas como gastar 301
3.2.4.3. *Path dependence* está nos levando ao pior caminho? 307
3.3. Afinal, como podemos avançar na pauta da universalização? 312
3.3.1. Reposicionando o Ministério das Comunicações como um ator institucional relevante 313
3.3.2. Estrutura competitiva do setor e sua influência sobre as ferramentas de universalização 317
3.3.3. Na ponta da despesa, o reposicionamento das ferramentas de universalização 323
3.3.3.1. Universalização como uma oportunidade e não um ônus 323
3.3.3.2. É preciso fomentar a demanda 324

3.3.3.3. Alinhando competição e imposição de obrigações — 328
3.3.4. Haveria um papel para novas concessões? — 330
3.3.5. Tributação e coordenação federativa como passos elementares e essenciais — 331
3.3.6. Há um papel para o *zero rating* como ferramenta de universalização? — 336
3.4. Uma tentativa de resposta à segunda pergunta de pesquisa: as alterações legais recentes são baseadas nas experiências pretéritas e suficientes para promover efetiva expansão de acesso aos serviços de telecomunicações demandados pela sociedade? — 338

CONCLUSÕES — 343
REFERÊNCIAS — 353

INTRODUÇÃO

O provimento de acesso universal a determinados serviços é tipicamente objeto de políticas públicas, dada a necessidade de, em relação a atividades consideradas essenciais por parte do Estado, viabilizar o acesso da parcela da população que, por razões técnicas ou financeiras, não consegue usufruí-las. É inegável que os serviços de telecomunicações compõem essa categoria, em função da importância que representam sobre diversos aspectos da vida cotidiana.

Um exemplo corrobora essa afirmação. A pandemia que chegou ao Brasil em março de 2020 evidenciou o alto nível de desigualdade social presente em nosso país. O acesso ao ensino público durante o período de isolamento social demonstra que diversas políticas públicas, já disfuncionais anteriormente, falharam quando mais precisamos delas.

Enquanto as escolas particulares conseguiram utilizar largamente recursos para manter minimamente as aulas remotamente, os alunos de escolas públicas enfrentaram sérios problemas para seguir o mesmo ritmo – notadamente, entre outros motivos, pela desigualdade no acesso à internet.

Por um lado, é necessário que as instituições públicas estejam preparadas tecnicamente para adotar modelos de ensino remoto, ou seja, devem dispor de equipamentos e conexão à internet adequada para o atendimento dessa demanda, além de treinamento dos professores e do pessoal envolvido, em termos qualitativos. Por outro lado, não basta que as entidades públicas estejam preparadas: o acesso também deve ser viabilizado pelo lado do aluno, o que implica, no mínimo, posse de um equipamento apto a viabilizar a conexão à internet, bem como em um plano de serviço que a comporte.

A ausência de qualquer um desses elementos impede que as iniciativas para ministrar aulas remotamente funcionem. E foi exatamente esse o cenário que se manifestou: mesmo em Estados mais estruturados, o objetivo de manter o ensino remotamente encontrou óbice não apenas na falta de estrutura das escolas, mas também na indisponibilidade de equipamentos e conexão por parte dos alunos.

Embora não faltem referências,[1] menciono aqui um estudo conduzido pela União Nacional dos Dirigentes Municipais de Educação (Undime), que contou com o apoio do Instituto Itaú Social e do Fundo de Emergência Internacional das Nações Unidas para a Infância (Unicef), que evidenciou as dificuldades do ensino público durante o ano de 2020.[2]

O estudo aponta que 90% dos municípios utilizaram apostilas impressas, acompanhadas de orientações via WhatsApp, para suportar as atividades letivas de forma remota. Aulas ao vivo foram adotadas apenas por 21% das redes municipais pesquisadas. E a maioria das Secretarias de Educação (78%) informa que o acesso dos estudantes à internet é um desafio.[3] O acesso de professores também é apontado como uma dificuldade, em 54% dos casos.

Contrariando o senso comum, embora com alguma proximidade estatística, a pesquisa mostra que a dificuldade de acesso por parte dos estudantes é maior em municípios com população acima de 100 mil habitantes em relação aos menores.[4] Isso sugere que a inserção do serviço de telecomunicações, presumivelmente disponível em maior grau

---

[1] IDOETA, Paula Adamo. 'Sem *wi-fi*': pandemia cria novo símbolo de desigualdade na educação. *BBC News Brasil,* São Paulo, 3 out. 2020. Disponível em: https://www.bbc.com/portuguese/brasil-54380828. Acesso em: 12 mar. 2021.
[2] Disponível em: http://undime.org.br/noticia/10-03-2021-18-19-ensino-remoto-no-brasil-foi-feito-principalmente-com-material-impresso-e-aula-no-whatsapp-mostra-pesquisa. Acesso em: 11 mar. 2021. A íntegra do estudo está disponível no *site* do Unicef.
[3] A pesquisa apresentou a possibilidade de gradação da dificuldade associada ao acesso dos alunos entre 1 (baixa) e 5 (alta). O percentual soma as respostas que apontaram níveis 3 (29,9%), 4 (25,7%) e 5 (23%).
[4] Seguindo o mesmo critério anterior, no caso dos municípios com mais de 100 mil habitantes, a soma das respostas entre 3 e 5 resultou em 83,5% dos respondentes.

nos municípios maiores, não explica necessariamente as dificuldades de acesso por parte de alunos e professores aos serviços de telecomunicações necessários ao ensino remoto.[5]

Esses dados corroboram a afirmação anterior e evidenciam que uma das pontas que se fazem necessárias para garantir um acesso mínimo à educação, que é diretamente pertinente ao setor de telecomunicações, está solta. Como chegamos até esse ponto? Como a universalização das telecomunicações não atingiu seu objetivo, impedindo a implementação de outras políticas públicas estatais – inclusive emergenciais? Por quais razões o Estado não foi capaz de reagir também em relação a essa frente? Qual papel o Direito desempenhou nesse roteiro?

Essas são algumas das questões que pretendo analisar, de acordo não só com os fatos recentes da pandemia, mas também os levando em consideração. A pandemia apenas jogou luz sobre um problema latente que não conseguiu, como as evidências apontam, ser equacionado ao longo dos anos. Meu propósito é analisar criticamente o arranjo institucional do setor de telecomunicações, com o objetivo de compreender as evidências que apontam para dificuldades na implantação de políticas públicas setoriais, notadamente em relação à expansão do acesso a tais serviços (universalização da banda larga).

Tal diagnóstico pode ser obtido a partir de dados tanto da Agência Nacional de Telecomunicações (Anatel) quanto do Ministério das Comunicações[6] – sendo que ambos reconhecem, ainda, a existência de dificuldades estruturais no setor. A tabela a seguir, extraída do Plano Estrutural de Redes de Telecomunicações de 2021 (PERT, 2021), contribui para ilustrar as dificuldades de acesso aos serviços de telecomu-

---

[5] O que leva a situações em que há compartilhamento de conexão entre usuários, evidenciando que a disponibilidade de rede e do serviço correspondem a uma parcela do problema – vide, por exemplo, BIMBATI, Ana Paula. Sem internet, família paga para usar *wi-fi* do vizinho e crianças estudarem, *UOL*, São Paulo, 29 mar. 2021. Disponível em: https://educacao.uol.com.br/noticias/2021/03/29/sem-internet-familia-paga-para-usar-wifi-do-vizinho-e-criancas-estudarem.htm. Acesso em: 11 abr. 2021.

[6] Para fins do presente livro, farei menção sempre ao "Ministério das Comunicações" ao me referir ao órgão do Poder Executivo que exerce ou tenha exercido suas atribuições ministeriais sobre o setor, em qualquer momento. Mesma observação faço em relação ao "Ministério da Fazenda", que sofreu alterações no período analisado no presente livro.

nicações, mesmo após mais de 20 anos da privatização do setor,[7] e toma por referência o acesso aos serviços de telecomunicações.

Tabela 1 – Dados da Pesquisa TIC Domicílios (2019)

Percentual		Sim	Não
Total		71	28
Área	Urbana	75	25
	Rural	51	48
Região	Sudeste	75	25
	Nordeste	63	35
	Sul	73	27
	Norte	72	28
	Centro-Oeste	70	30
Renda familiar	Até 1 SM	55	45
	Mais de 1 SM até 2 SM	69	31
	Mais de 2 SM até 3 SM	83	17
	Mais de 3 SM até 5 SM	91	9
	Mais de 5 SM até 10 SM	92	8
	Mais de 10 SM	97	3
	Não tem renda	51	49
	Não sabe	69	30
	Não respondeu	67	32
Classe social	A	99	1
	B	95	5
	C	80	19
	D/E	50	50

Fonte: Elaboração própria, a partir de dados da Pesquisa TIC Domicílios 2019. SM = salário mínimo.

---

[7] A tabela parte de dados da Pesquisa TIC Domicílios 2019, conduzida pelo Centro Regional de Estudos para o Desenvolvimento da Sociedade da Informação (Cetic.br).

Embora haja uma disparidade entre o acesso urbano e rural, o levantamento indica que o fator renda é determinante para o acesso à internet, por meio de qualquer modalidade de serviço.[8] Isso aponta, justamente, para uma lacuna importante, que deveria ser observada pela política pública de universalização. No entanto, o Brasil tem encontrado dificuldades para reduzir os valores do acesso à banda larga, conforme estudo realizado pela União Internacional de Telecomunicações (UIT) em parceria com a *Alliance for Affordable Internet* (A4AI), referente ao ano de 2020.[9]

Segundo o estudo, o Brasil passou a descumprir a meta de dispor de um pacote básico de banda larga fixa a um custo inferior a 2% do Produto Interno Bruto (PIB) *per capita* estabelecida pela Comissão de Banda Larga da Organização das Nações Unidas (ONU) para o ano de 2025.[10] Com relação à banda larga móvel, embora a meta seja atingida – no caso, correspondendo a um gasto de 1,43% do PIB *per capita* –, para 40% da população mais pobre o valor atinge 6% do PIB *per capita*.[11]

Isso afasta o Brasil de um cenário de telecomunicações acessíveis, o que coloca diversas questões, dadas as externalidades positivas que o acesso a esses serviços gera. Um bom exemplo da importância das telecomunicações reside no plano de investimentos em infraestrutura lançado pelo governo dos Estados Unidos em 2021, que tem como

---

[8] Pesquisa Nacional por Amostra de Domicílios Contínua (PNAD), no módulo temático Tecnologia da Informação e Comunicação (TIC), com dados do quarto trimestre de 2021, apontou que: "o rendimento real médio per capita nos domicílios em que havia utilização da Internet (R$ 1 480) foi quase o dobro do rendimento nos que não utilizavam essa rede (R$ 795). A grande diferença entre esses dois rendimentos foi observada em todas as Grandes Regiões".

[9] Disponível em: https://www.itu.int/en/ITU-D/Statistics/Pages/ICTprices/default.aspx. Acesso em: 13 mar. 2021.

[10] Organização das Nações Unidas (ONU). União Internacional de Telecomunicações (UIT) e Organização das Nações Unidas para a Educação, a Ciência e a Cultura (UNESCO). *State of Broadband Report 2020*, (2021), p. 14. Disponível em: https://www.itu.int/dms_pub/itu-s/opb/pol/S-POL-BROADBAND.21-2020-PDF-E.pdf. Acesso em: 13 mar. 2021.

[11] Amaral, Bruno do. Brasil retrocede e fica abaixo da meta de acessibilidade da banda larga da UIT, *Teletime*, 5 mar. 2021. Disponível em: https://teletime.com.br/05/03/2021/brasil-retrocede-e-fica-abaixo-da-meta-de-acessibilidade-da-banda-larga-da-uit/. Acesso em: 12 mar. 2021.

uma de suas metas universalizar o acesso à banda larga de alta velocidade, cobrindo as lacunas de acesso ao serviço. Em paralelo ao plano de expansão do serviço, também foi previsto um subsídio específico adicional para famílias de baixa renda, a fim de contornar os problemas gerados pela pandemia.[12] Mesmo um país mais bem estruturado em termos de oferta dos serviços de telecomunicações possui um planejamento acurado, inclusive em relação ao acesso efetivo pelos usuários.

No Brasil, a necessidade de um planejamento setorial e a adoção de políticas públicas para a expansão dos serviços seriam algo ainda mais esperado e desejável. O aspecto que chama a atenção, no entanto, é justamente haver dificuldade para a implementação de políticas públicas em um setor no qual há uma ampla gama de mecanismos e flexibilidade para a prestação dos serviços, notadamente a partir da edição Lei nº 9.472/1997, a Lei Geral de Telecomunicações (LGT). É importante identificar, mais de 20 anos após a aprovação do marco legal, as razões que contribuem para a formação do cenário atual, até porque o arranjo ali adotado visava justamente à expansão do acesso aos serviços, entre outros objetivos.

Nesse sentido, o momento para essa reflexão é oportuno, dada a revisão do marco regulatório setorial, inclusive mediante ajustes na própria LGT, destacando-se a aprovação da Lei nº 13.879/2019. Em síntese, essa norma previu explicitamente a possibilidade de adaptação das atuais concessões de telefonia fixa, exploradas em regime público, para um modelo de autorização, em troca da realização de investimentos em banda larga.

Tais ajustes são bem-vindos também em um momento em que se discutem temas relacionados ao aumento da demanda por transmissão de dados, por ocasião da Internet das Coisas (Internet of Things – IoT), bem como pela adoção de novas tecnologias, como a quinta geração da telefonia móvel (5G). Os dois temas têm impacto transformador profundo na sociedade,[13] sendo certo que, para aproveitar seu potencial

---

[12] SIEGEL, Rachel. What's in Biden's $2 Trillion Jobs and Infrastructure Plan?, *The Washington Post*, 31 mar. 2021. Disponível em: https://www.washingtonpost.com/us-policy/2021/03/31/what-is-in-biden-infrastructure-plan/. Acesso em: 28 fev. 2023.

[13] *Vide*, por exemplo, ESTUDO "Internet das Coisas". *BNDES*. Disponível em: https://www.bndes.gov.br/wps/portal/site/home/conhecimento/pesquisaedados/estudos/estudo-internet-das-coisas-iot/estudo-internet-das-coisas-um-plano-de-acao-para-o-brasil. Acesso em: 12 mar. 2021.

ao máximo, é imprescindível dispormos de políticas públicas claras e adequadas.

Há, ainda, grande debate acerca do Fundo de Universalização das Telecomunicações (FUST), o qual foi criado para financiar as iniciativas de expansão do acesso aos serviços, de forma concorrencialmente neutra como alternativa ao uso de subsídios cruzados. No entanto, o fundo nunca foi utilizado, em que pese ter acumulado, a princípio, cerca de R$ 24 bilhões desde sua instituição, em 2001. As várias iniciativas legislativas propondo sua extinção ou adaptação para promover a efetiva utilização dos seus recursos culminaram na aprovação da Lei nº 14.109/2020, que veio justamente para tentar superar os gargalos que impediram, até o momento, a sua aplicação.[14]

Os problemas de acesso aos serviços de telecomunicações evidenciados pela pandemia serão solucionados por meio dessas duas alterações legislativas? São elas suficientes para superar os entraves que limitaram a universalização dos serviços de telecomunicações desde a privatização do setor? Entendo que a resposta depende de uma análise minuciosa dos passos dos atores envolvidos na implantação da política pública de universalização no setor.

Essa análise pode demonstrar que alterações legislativas, por si só, não são suficientes para alterar substancialmente os rumos do setor no país. Por essa razão, proponho aqui um olhar para o passado, a fim de compreendê-lo e, assim, procurar contribuir para iluminar o caminho para o futuro. Acredito que as dificuldades experimentadas podem ser creditadas ao arranjo institucional do setor, que não está circunscrito à legislação aplicável, mas abrange também, como não poderia deixar de ser, tanto a interpretação que se faz dela quanto o comportamento dos diversos atores envolvidos na implementação da política pública dela decorrente – o que coloca luz no papel do Direito.

Como o exemplo anterior evidencia, o problema maior da universalização das telecomunicações hoje reside no seu objeto: o interesse coletivo está nos serviços que propiciam acesso a uma funcionali-

---

[14] Salta aos olhos, no entanto, o veto presidencial ao Projeto de Lei nº 3.477/2020, que prevê justamente garantir acesso à internet a alunos e a professores da educação básica pública, posteriormente derrubado.

dade que desempenha papel efetivamente transformador atualmente, a internet. No entanto, a internet é absolutamente dependente dos serviços de telecomunicações que lhe servem de suporte.

Essa constatação, nem sempre lembrada, deveria fazer com que as políticas públicas levassem em consideração dois vetores: (i) a expansão de redes e a cobertura dos serviços, para que estejam disponíveis à população independentemente de seu poder aquisitivo; e (ii) a busca por formas que garantam a contratação do serviço por aqueles que não tenham poder aquisitivo para tanto, ainda que ele esteja disponível. Apontarei, ao longo do livro, que as ferramentas utilizadas pela política pública setorial não tratam de modo equânime esses dois vetores da universalização, o que explica, em parte, os problemas apontados no início desta Introdução.

Sustento a tese de que o Direito desempenhou papel fundamental no caminho trilhado pela política pública de universalização, seja por questões jurídicas terem contribuído decisivamente para os resultados alcançados, seja por não ter viabilizado meios para uma correção de rota.

Para balizar a abordagem desse tema, proponho duas perguntas de pesquisa. A primeira está assim formulada: *por que o arranjo institucional original de universalização estabelecido na LGT não funcionou da forma ali prevista?*

A hipótese aqui é a de que o arranjo institucional teórico da LGT se mostrou incompatível com a realidade, na qual a implantação das políticas públicas depende da interação entre múltiplos agentes e instituições, alguns não levados em consideração em sua concepção original, que se comportaram de maneira inesperada, inviabilizando-o na prática. A atuação do TCU como uma espécie de agente de veto em relação às primeiras iniciativas voltadas para a implantação do arranjo institucional original da LGT (*i.e.* aplicação de recursos do FUST), aliada à acomodação dos demais atores envolvidos – notadamente o órgão regulador, os Poderes Executivo, Legislativo e Judiciário – são elementos importantes a serem analisados.

A intervenção do órgão de controle abriu espaço para que o Poder Executivo e a Anatel deixassem de lado a ferramenta considerada como principal pelo próprio arranjo institucional, tendo representado um fator não previsto inicialmente e jamais assimilado pelos demais atores, alterando substancialmente a sua interação e as ferramentas por eles utilizadas. Também não se pode ignorar a perspectiva orçamentária, que elucida o papel desempenhado pelo Ministério da Fazenda, como ator institucional relevante, no sentido de controlar os gastos públicos que seriam destinados a essa política pública.

Esses aspectos criaram condições para que as ferramentas de universalização permanecessem presas em torno de subsídios cruzados e assunção de obrigações pelas operadoras, em detrimento do uso do FUST. O cenário resultante acabou por se afastar daquele originalmente previsto na LGT.

A segunda pergunta de pesquisa, formulada a partir da análise da primeira, é a seguinte: *as alterações trazidas pela Lei nº 13.879/2019 (lei do "novo modelo" de telecomunicações) e pela Lei nº 14.109/2020 (que alterou as hipóteses e forma de aplicação dos recursos do FUST), bem como iniciativas correlatas, são baseadas nas experiências pretéritas e suficientes para promover efetiva expansão de acesso aos serviços de telecomunicações demandados pela sociedade?*

Com relação a essa pergunta de pesquisa, objetivamente, a hipótese parte de uma resposta negativa. As alterações realizadas após 2019 atingem de forma superficial o problema do acesso à banda larga. Corre-se o risco de repetir exatamente a mesma trajetória, dado que as ferramentas de universalização, em que pese terem sido aprimoradas em alguma medida, seguem os mesmos padrões observados no período anterior. Confirmando-se essa afirmação, o diagnóstico decorrente da primeira pergunta de pesquisa ganha maior destaque, pois pode contribuir para enfatizar a importância de um aprendizado institucional efetivo, que afaste as condições que levaram aos erros do passado.

O enfrentamento dessas duas perguntas de pesquisa demanda a compreensão do problema a partir da ótica do Direito e das políticas públicas,[15] uma vez que a interpretação estritamente jurídico-formal das disposições legais e regulamentares, bem como dos precedentes do

---

[15] *Vide* BUCCI, Maria Paula Dallari; COUTINHO, Diogo Rosenthal. Arranjos jurídico-institucionais da política de inovação tecnológica: uma análise baseada na abordagem de direito e políticas públicas. *In*: COUTINHO, Diogo Rosenthal; Foss, Maria Carolina; MOUALLEM, Pedro Salomon B. (orgs.). *Inovação no Brasil*: avanços e desafios jurídicos e institucionais. São Paulo: Blucher, 2017, p. 316.

TCU e do Poder Judiciário, não é suficiente para respondê-las de forma adequada. É necessário compreender devidamente o papel que cada ator desempenhou (ou não) na implantação da política pública prevista na LGT, bem como nos resultados advindos da interação entre eles.

É preciso reconhecer que o Direito desempenha múltiplos papéis quanto ao tema da universalização. Primeiro, um papel de objetivo, dado que a ampliação do acesso às telecomunicações está associada à redução das desigualdades sociais, além de estar presente de forma clara na própria legislação setorial. Segundo, um papel de "caixa de ferramentas",[16] posto que o Direito prevê instrumentos à disposição da Administração Pública que são manejados para o atingimento dos objetivos da política de universalização. Terceiro, o Direito estabelece um arranjo institucional no qual é possível identificar as competências atribuídas aos órgãos públicos responsáveis pela implementação da política pública. Quarto, o Direito vocaliza (ou deveria vocalizar) demandas da pluralidade de atores envolvidos na universalização das telecomunicações.[17]

Desses quatro aspectos, desenvolvo aqui considerações específicas sobre dois deles, embora os demais também sejam abordados em alguma medida, dado que contribuem para justificar a estruturação do texto que se seguirá.

A compreensão dos arranjos institucionais é fundamental para determinar quem faz o quê em relação à política pública,[18] o que depende da alocação de competências previstas em lei.[19] Essa análise permite verificar quais atores efetivamente cumpriram seus papéis, e como o fizeram, o que pode evidenciar, inclusive, omissões de sua parte – decisivas na implementação de políticas públicas.[20] Igualmente, a definição do

---

[16] Sobre a aplicação do Direito não como um fim em si, mas como meio para o alcance de objetivos concretos, *vide* também RIBEIRO, Leonardo Coelho. *O direito administrativo como "caixa de ferramentas"*. São Paulo: Malheiros, 2017.

[17] *Vide* COUTINHO, Diogo Rosenthal. *Direito, desigualdade e desenvolvimento*. São Paulo: Saraiva, 2003, p. 98-102.

[18] COUTINHO, Diogo Rosenthal. *Direito, desigualdade e desenvolvimento*. São Paulo: Saraiva, 2003, p. 102.

[19] *Vide* BUCCI, Maria Paula Dallari. *Fundamentos para uma teoria jurídica das políticas públicas*. São Paulo: Saraiva, 2013, p. 169.

[20] *Vide* RUA, Maria das Graças. *Políticas públicas*. 3. ed. rev. e atual. Florianópolis: Departamento de Ciências da Administração/UFSC; [Brasília]: CAPES: UAB, 2014, p. 100.

arranjo pode indicar que atores inicialmente alheios à política pública, ou cujo papel tenha sido subestimado, acabaram exercendo funções importantes na definição de seus rumos. Por fim, o contraste da análise do arranjo institucional estático com a efetiva atividade dos atores competentes pode colocar luz sobre a existência de um imbróglio institucional, no qual não se consegue identificar, na prática, quem está incumbido de qual atividade.

Observo, ainda, que o Direito como ferramenta é manejado pelos atores competentes dentro de uma arena de discussão ampla, e sobre a qual nenhum ator envolvido tem controle absoluto, aspecto que não pode ser desconsiderado. A partir do que se infere das hipóteses indicadas, a interação entre os agentes pode propiciar um caminho bastante diverso daquele previsto na letra fria da lei e, da mesma forma, gerar um resultado insuficiente para a política pública, exatamente o que pretendo aprofundar ao longo do livro. Assim, a política pública de universalização está sujeita a passar por alterações que podem não ser decorrentes de modificações legislativas ou mesmo normativas, mas simplesmente do comportamento dos atores que fazem parte do arranjo institucional – ou que passaram a integrá-lo em algum momento.

Pretendo, assim, abordar a política pública de universalização, considerando-a como uma *instituição*[21] ou *institucionalizada*[22] para fins da análise aqui pretendida, a fim de me valer das ferramentas que uma análise institucional proporciona.[23] Destaco, desde já, que o objetivo é travar um diálogo com as teorias institucionalistas da Ciência Política, quando forem úteis para propor explicações aos problemas identificados ao longo do texto. Ou seja, o livro sustenta uma tese de direito econômico, mas contará, sempre que houver um propósito claro, com referenciais teóricos e bibliográficos da Ciência Política, utilizando o instituciona-

---

[21] *Vide* PIERSON, Paul. Public Policy as Institutions. *In*: SHAPIRO, Ian; SKOWRONEK, Stephen; GALVIN, Daniel. *Rethinking Political Institutions*: The Art of State. Nova York: New York University Press, 2006.

[22] *Vide* BUCCI, Maria Paula Dallari. *Fundamentos para uma teoria jurídica das políticas públicas*. São Paulo: Saraiva, 2013, p. 236-237).

[23] *Vide* COUTINHO, Diogo Rosenthal. *Direito econômico e desenvolvimento democrático*: uma abordagem institucional. Tese de Titularidade. Universidade de São Paulo, São Paulo, 2015, p. 183.

lismo como ferramenta analítica para o trabalho,[24] adaptando-a quando necessário.

Nesse sentido, a análise das instituições, tidas como as "regras do jogo" – sejam elas formais ou informais[25] – aplicáveis à universalização a partir da perspectiva institucionalista pode permitir a compreensão acerca de como essa instituição foi alterada de 1997 até 2019, mesmo antes de ter havido uma alteração legislativa. Isso é particularmente relevante tanto para que seja possível compreender o que houve no passado quanto para buscar avaliar se as reformas propostas efetivamente decorreram de um aprendizado das falhas que as justificaram – e, portanto, se potencialmente serão eficazes. Aqui destaco o papel do direito econômico na análise da estrutura jurídica criada no momento da privatização do setor em 1997, voltada para alteração do papel do Estado e para a introdução de um modelo regulatório inovador em relação às práticas setoriais. Assim é possível também analisar o papel que o Direito cumpriu ao longo do período compreendido pelo recorte temporal.

Para auxiliar tanto na minha compreensão quanto na formulação de respostas definitivas às perguntas de pesquisa, alguns conceitos podem ser especialmente úteis. Como mencionei anteriormente, as instituições moldam o comportamento dos agentes, mas são também por eles influenciadas, em uma via de mão dupla.[26] Tais alterações institucionais não passam necessariamente por um processo de ruptura, mas podem

---

[24] "A economia política institucionalista faz um convite à reflexão aos juristas e, cada vez mais, avança em direção ao direito, visto como o 'mecanismo central do poder social'. Ela demanda do direito econômico, sobretudo, análises substantivas, diagnósticos e prescrições destinadas a aperfeiçoar as estruturas institucionais da sociedade" (COUTINHO, Diogo Rosenthal. *Direito e institucionalismo econômico*: apontamentos sobre uma fértil agenda de pesquisa. *Revista de Economia Política*, São Paulo, v. 37, nº 3, p. 565-586, jul./set. 2017, p. 585).

[25] Em sentido similar, *vide* HODGSON, Geoffrey M. What Are Institutions? *Journal of Economic Issues*, [s. l.], v. 40, nº 1, p. 1-25, mar. 2006, p. 18. *Vide*, ainda, PRADO, Mariana Mota. Institutional Bypass: An Alternative for Development Reform. *SSRN Electronic Journal* [on-line], 2011. Disponível em: https://ssrn.com/abstract=1815442. Acesso em: 12 mar. 2021. p. 19.

[26] *Vide* COUTINHO, Diogo Rosenthal. Direito e institucionalismo econômico: apontamentos sobre uma fértil agenda de pesquisa. Revista de Economia Política, São Paulo, v. 37, nº 3, p. 565-586, jul./set. 2017, p. 570. *Vide*, ainda, THÉRET, Bruno. As instituições entre as estruturas e as ações. *Lua Nova: Revista de Cultura e Política* [on-line], nº 58, 2003. Disponível em: https://doi.org/10.1590/S0102-64452003000100011. Acesso em: 12 mar. 2021. p. 232.

ocorrer de forma incremental, operando seus efeitos de forma mais lenta e gradual,[27] preservando-se, inclusive, as suas características originais, com a introdução de novos atributos.[28]

As alterações no curso da política pública podem ser originadas a partir do comportamento de agentes que sejam detentores de algum tipo de poder de veto,[29] que acabe por restringir ou inviabilizar determinado caminho. Em alguma medida, isso pode significar o comprometimento da própria política pública, inutilizando-a. Diante desse cenário, os agentes competentes, no entanto, podem se reorganizar para dar seguimento aos objetivos inicialmente fixados, ainda que por outros meios – realizando um *bypass* institucional.[30]

Ainda assim, o *bypass* institucional pode também gerar disfunções, mantendo lacunas que não são preenchidas mesmo pela atuação (ou omissão) dos atores responsáveis pela implementação da política pública. O caminho efetivamente trilhado para a implementação da política pública pode ter sido moldado por fatores vinculados a experiências passadas, demonstrando resistência institucional (*path dependence* ou dependência de trajetória), caracterizado pela atuação de agentes de veto, mudanças incrementais e adoção dos *bypasses*.[31]

---

[27] *Vide* MAHONEY, James; THELEN, Kathleen. A Theory of Gradual Institutional Change. *In*: MAHONEY, James; THELEN, Kathleen (eds.). *Explaining Institutional Change: Ambiguity, Agency, and Power*. Cambridge: Cambridge University Press, 2009, p. 2-3.

[28] *Vide* SCHAPIRO, Mario Gomes. Do estado desenvolvimentista ao estado regulador? Transformação, resiliência e coexistência entre dois modos de intervenção. *Revista Estudos Institucionais*, [*s. l.*], v. 4, nº 2, p. 574-614, dez. 2018. Disponível em: https://www.estudosinstitucionais.com/REI/article/view/305. Acesso em: 5 set. 2021. p. 593.

[29] Sobre o conceito de agente de veto, *vide* TSEBELIS, George. *Veto Players*: How Political Institutions Work. Princeton: Princeton University Press, 2002, p. 2. *Vide* também IMMERGUT, Ellen M. As regras do jogo: a lógica da política de saúde na França, na Suíça e na Suécia. *Revista Brasileira de Ciências Sociais*, ano 11, nº 30, São Paulo, p. 139-166, 1996, p. 146.

[30] *Vide* PRADO, Mariana Mota. Institutional Bypass: An Alternative for Development Reform. *SSRN Electronic Journal*, [*on-line*], 2011. Disponível em: https://ssrn.com/abstract=1815442. Acesso em: 12 mar. 2021. *Vide*, ainda, PRADO, Mariana Mota; TREBILCOCK, Michael J. *Institutional Bypasses*: A Strategy to Promote Reforms for Development. Cambridge: Cambridge University Press, 2019.

[31] *Vide* PRADO, Mariana Mota. Institutional Bypass: An Alternative for Development Reform. *SSRN Electronic Journal*, [*on-line*], 2011. Disponível em: https://ssrn.com/abstract=1815442. Acesso em: 12 mar. 2021. p. 12.

Esse último aspecto pode ser de grande importância em um contexto no qual efetivamente haja a intenção de uma reforma institucional mais profunda, uma vez que ela pode simplesmente ser ineficaz caso os agentes responsáveis sigam presos ao passado. A própria reforma pode dar ensejo a esse resultado, caso tenha sido planejada sem considerar as razões que levaram ao problema que ela pretende solucionar. Aqui estaríamos diante de uma situação na qual o aprendizado institucional tem uma conotação negativa, por permitir a manutenção das disfunções mesmo após uma tentativa de reforma, simplesmente porque os agentes envolvidos permanecem vinculados à sua experiência pregressa – por quaisquer razões.

Esses conceitos, extraídos da literatura institucionalista, contribuem para formar a lente de análise que pretendo utilizar para solucionar as perguntas de pesquisa, aplicando-a sobre o material utilizado. Quanto a esse aspecto, minha análise é primordialmente documental, partindo tanto do levantamento da base legal (leis, decretos, resoluções, portarias, contratos, etc.) quanto de estudos técnicos emitidos por órgãos públicos, bem como decisões administrativas e judiciais pertinentes ao tema. Utilizarei de forma bastante intensa dados levantados sobre o setor, principalmente originados a partir do monitoramento que a Anatel realiza periodicamente no exercício de suas competências legais. A revisão bibliográfica será utilizada como suporte para os temas tratados ao longo do texto.

A forma que encontrei para operacionalizar o estudo, com as características que pretendo que sejam evidenciadas, foi a partir da lógica de "diagnóstico e aperfeiçoamento", proposta por Diogo Rosenthal Coutinho,[32] que influencia e dialoga diretamente com a estrutura proposta para o texto. Trata-se de um método analítico inspirado na lógica de "mapeamento e crítica",[33] mas que me parece mais aderente aos meus propósitos.

Parto da aplicação da ideia de "engenharia reversa", por meio do exame dos elementos jurídicos que compõem o arranjo institucional da

---

[32] COUTINHO, Diogo Rosenthal. *Direito econômico e desenvolvimento democrático*: uma abordagem institucional. Tese de Titularidade. Universidade de São Paulo, São Paulo, 2015, p. 295.
[33] UNGER, Roberto Mangabeira. *What Should Legal Analysis Become?* Londres: Nova York: Verso, 1996.

política pública de telecomunicações no Brasil.[34] Isso me permite destrinchar essa política pública, passando por quatro etapas: (i) identificação dos arranjos institucionais; (ii) descrição da influência que o Direito exerce sobre o funcionamento dos arranjos; (iii) comparação entre a previsão formal dos arranjos e sua aplicação efetiva; e (iv) identificação dos "gargalos" que restrinjam ou impeçam a implementação adequada da política pública.[35]

Uma das vantagens dessa abordagem é justamente evidenciar de forma objetiva a comparação entre a estruturação jurídica estática e a dinâmica da aplicação das regras do jogo. Isso permitirá identificar, com precisão, a estrutura institucional existente e as suas disfunções, como resultado da fase de diagnóstico.

A ela se segue a fase de aperfeiçoamento, que fundamentalmente corresponde a prescrições embasadas na observação decorrente da fase anterior.[36] Pretendo aproveitar essa fase para duas finalidades: (i) primeiro, analisar os movimentos setoriais voltados para o aprimoramento das políticas de universalização e verificar se eles estão alinhados a efetivamente solucionar os obstáculos que impedem uma evolução do setor, como resultado de um aprendizado institucional efetivo[37] – o que representa, em alguma medida, um retorno à primeira fase, com a diferença de que não é possível verificar, imediatamente, os efeitos das alternações legislativas e demais movimentos dos agentes setoriais; e (ii) segundo, caso constatado que as medidas de aprimoramento sejam insuficientes, apontar caminhos para que seja possível estruturar uma política pública de telecomunicações que contenha, ao menos, um nível menor de lacunas.

A combinação entre as fases de diagnóstico e aperfeiçoamento permite que a segunda não represente uma lista de desejos do autor, ou o reflexo de uma *preconcepção* teórica da realidade. Dessa forma, com a

---

[34] COUTINHO, Diogo Rosenthal. *Direito econômico e desenvolvimento democrático*: uma abordagem institucional. Tese de Titularidade. Universidade de São Paulo, São Paulo, 2015, p. 299.
[35] COUTINHO, Diogo Rosenthal. *Direito econômico e desenvolvimento democrático*: uma abordagem institucional. Tese de Titularidade. Universidade de São Paulo, São Paulo, 2015, p. 296.
[36] COUTINHO, Diogo Rosenthal. *Direito econômico e desenvolvimento democrático*: uma abordagem institucional. Tese de Titularidade. Universidade de São Paulo, São Paulo, 2015, p. 297.
[37] Dado que o Direito também deveria permitir que a experiência fosse a ele incorporada, como uma espécie de mecanismo de autocorreção. Nesse sentido, *vide* COUTINHO, Diogo Rosenthal. *Direito, desigualdade e desenvolvimento*. São Paulo: Saraiva, 2003, p. 100.

finalidade de responder às perguntas de pesquisa, a partir da ótica proposta, estruturei o trabalho em três capítulos, sendo os dois primeiros mais direcionados a responder à primeira pergunta de pesquisa (com maior ênfase para a fase de diagnóstico) e o terceiro para responder à segunda pergunta (que tem uma orientação, em parte, mais prescritiva).

No Capítulo 1, pretendo analisar detalhadamente a estrutura do setor de telecomunicações, em especial o arranjo institucional das políticas de universalização, tal como originalmente concebido, desde a aprovação da LGT até o advento da Lei nº 13.879/2019. Esse corte temporal se justifica de forma autônoma: a lei em questão marca uma primeira iniciativa legislativa efetiva para solucionar, ao menos em tese, uma parcela dos problemas que interferem na política pública de universalização.

Utilizarei aqui como referência teórica, para além do já exposto anteriormente, o quadro de análise de políticas públicas proposto por Maria Paula Dallari Bucci,[38] de forma adaptada, a fim de evidenciar os pontos principais da política de universalização nesse período, inclusive em relação aos resultados alcançados. A aplicação do quadro contribui para sistematizar e clarificar aspectos importantes da política pública.

O Capítulo 2 segue a proposta de identificar as razões pelas quais a política de universalização tomou as feições atuais, tendo se afastado do arranjo institucional definido originalmente na LGT, mantendo-se o recorte temporal do capítulo anterior. Aqui analisarei o papel de cada um dos atores envolvidos na implementação da política de universalização em telecomunicações, destacando suas contribuições para o resultado alcançado.

A proposta é avaliar criticamente os principais movimentos dos atores setoriais em relação à universalização, principalmente após a primeira tentativa de uso dos recursos do FUST. Meu objetivo é demonstrar como o Estado se acomodou em torno de determinadas ferramentas de universalização em vez da aplicação do FUST, tentando indicar as razões para esse desfecho.

---

[38] Bucci, Maria Paula Dallari. Quadro de referência de uma política pública: primeiras linhas de uma visão jurídico-institucional. In: Smanio, Gianpaolo Poggio; Bertolin, Patrícia Tuma; Brasil, Patrícia Cristina (orgs.). *O Direito na fronteira das políticas públicas*. São Paulo: Páginas e Letras Editora e Gráfica, 2015.

Pode-se observar que a análise que realizarei nos Capítulos 1 e 2 estará voltada, preponderantemente, para responder à primeira pergunta de pesquisa, formando o diagnóstico necessário para avançar em relação à segunda.

Já no Capítulo 3, pretendo empreender uma releitura das conclusões do Capítulo 2, a partir do arcabouço teórico da análise institucional. Nesse ponto, o objetivo é sistematizar as críticas do capítulo anterior, preparando o terreno para que as alterações no setor promovidas após 2019 sejam analisadas, principalmente para verificar se elas resultam de um processo de aperfeiçoamento minimamente relacionado à experiência setorial existente. Como suporte, utilizarei, quando cabíveis, referências a experiências estrangeiras que servem como parâmetro para as críticas formuladas, mantendo o enfoque do trabalho no caso brasileiro.

Conforme a segunda hipótese de pesquisa evidencia, sugiro que a falta de aprendizado institucional e os contornos dados à política de universalização por esses novos movimentos mantêm a política pública de universalização sujeita a lacunas e a riscos – que também serão analisados.

Aqui farei ainda um balanço de iniciativas que poderiam ser incorporadas em eventuais esforços para um redesenho institucional dos mecanismos de universalização no setor. Em especial, pretendo verificar meios para contornar os gargalos que eventualmente não tenham sido solucionados pelos últimos movimentos setoriais. O conjunto de elementos que tratarei no Capítulo 3 pretende dar conta da fase de aperfeiçoamento, tal qual exposta anteriormente.

Ao final, será apresentada uma síntese conclusiva, amarrando os pontos principais levantados ao longo do texto, bem como indicando se as hipóteses de trabalho foram ou não confirmadas. O objetivo final será confirmar (ou não) a tese de que o Direito teve uma contribuição fundamental na formação da dependência de trajetória que pautou e pauta o setor e, ao mesmo tempo, também abriu os espaços para as medidas de contorno que viabilizaram o emprego de outras ferramentas de universalização. Apesar de mais de duas décadas de experiência terem evidenciado sérias limitações à política pública de universalização das telecomunicações, as propostas de reforma não superaram os gargalos presentes no seu arranjo institucional efetivo. As evidências sugerem que as alterações efetivadas repetem um padrão de dependência de trajetória em relação ao passado, sendo razoável supor que as lacunas da política pública de universalização serão mantidas. Portanto, o Direito não exerceu um de seus importantes papéis, qual seja, o de permitir uma autocorreção dos rumos da política pública.

Importante apontar, ainda, alguns cortes metodológicos e em relação ao próprio objeto de estudo, em parte já evidenciados a partir da leitura desta Introdução.

Com relação à análise institucionalista, destaco que, embora todos os atores do arranjo institucional tenham grande importância, sejam eles estatais ou não, minha análise terá maior enfoque no primeiro grupo, por duas razões. Primeiro, a partir do que é possível inferir pelas hipóteses de pesquisa, o comportamento dos agentes estatais é suficiente para uma abordagem completa das perguntas de pesquisa. Segundo, o mapeamento do comportamento dos demais atores desde 1997 envolveria um volume de documentos e dados muito extenso (*v.g.* contribuições por entidades da sociedade civil em todas as consultas públicas mapeadas), cuja análise não seria exequível – e, novamente, potencialmente pouco produtiva. Isso não significa que os atores não estatais serão deixados de lado, mas sua abordagem ficará restrita a pontos específicos, devidamente destacados no texto.

Não é meu objetivo empreender uma análise histórica completa do setor de telecomunicações, portanto o meu enfoque parte das reformas mais recentes e que balizam atualmente a exploração dos serviços no Brasil, ou seja, a aprovação da denominada LGT, em 1997, e os movimentos que ali se seguiram. Ainda, sobre o recorte temporal, friso que o ano de 2019 é considerado relevante para encerrar o diagnóstico do modelo iniciado em 1997, pois é nele que se materializaram os esforços para iniciar uma nova fase do setor, ainda que de transição, para além das concessões – a despeito da proximidade do final das concessões, em 2025.

Apesar de o Capítulo 3 estar parcialmente dedicado a apontar caminhos alternativos e complementares às reformas já implementadas, considerando as observações extraídas a partir do Capítulo 2, não objetivo propor um modelo ideal de universalização. Pretendo, sim, analisar as dificuldades na implantação da política pública no primeiro ciclo de concessões, inclusive com relação às lições que podem ser dele extraídas. Igualmente, planejo esquadrinhar algumas reformas já implementadas ou em fase de implementação, tendo em vista os gargalos e desafios postos pelo período de análise anterior.

Por fim, seria, ainda, possível abordar o tema da universalização a partir da ótica fiscal ou mesmo de política industrial, o que, de alguma maneira, efetivamente ocorreu e certamente desempenha um papel importante em qualquer política de inclusão digital.[39] Afinal, não se desconhece que a fruição do serviço de telecomunicações depende necessariamente da intermediação de um terminal, seja ele um *smartphone*, um computador ou um *tablet*. Portanto, é igualmente inegável que o custo desses terminais pode representar, por si só, uma barreira ao acesso universal às telecomunicações.

Também não se desconhece o peso que a tributação desempenha sobre o setor de telecomunicações, bem como os efeitos perversos que a peculiar organização federativa brasileira desempenha. Cita-se, por exemplo, a importância que o Imposto sobre Circulação de Mercadorias e Serviços (ICMS) tem na composição dos preços praticados no setor, cuja competência tributária é atribuída aos estados, inclusive para a definição das alíquotas aplicáveis – em que pese a titularidade do serviço ser da União.

No entanto, conforme exposto, meu enfoque é compreender como os mecanismos previstos na LGT foram efetivamente aplicados, bem como os problemas advindos do manejo do arranjo institucional ali presente por parte dos atores institucionais com relação ao serviço de telecomunicações em si. Novamente, o aspecto fiscal não será deixado de lado, merecendo referências principalmente no Capítulo 3, mas não assumirá um papel central no texto.

Evidentemente, o livro aborda um tema que está em constante mudança, o que significa não apenas que seria impossível capturar todas as dimensões relativas à política pública de universalização, mas também manter o texto completamente atualizado. O que pretendi fazer foi colocar luz sobre aspectos que, de acordo com a pesquisa realizada, devem ser levados em consideração em seu desenho, dentro de uma perspectiva de aprimoramento da política pública analisada. Afinal, o primeiro ciclo do setor de telecomunicações posterior à privatização

---

[39] *Vide*, por exemplo, o Programa de Inclusão Digital previsto na Lei nº 11.196, de 21 de novembro de 2005, voltado para a desoneração tributária de equipamentos de informática.

traz uma rica experiência, que deve ser utilizada como parâmetro para os próximos passos, na linha da proposta do livro.

Por fim, é importante consignar que o livro deriva da tese de doutorado *A universalização das telecomunicações no Brasil: uma análise de seus arranjos institucionais*, defendida em 2021, na Faculdade de Direito da Universidade de São Paulo, sob orientação do professor Diogo Rosenthal Coutinho – a quem agradeço, imensamente, tanto pela orientação próxima quanto pelas inúmeras contribuições à tese. Agradeço, ainda, ao Grupo de Direito e Políticas Públicas da USP pelos sempre ricos debates ao longo da elaboração do texto, desde a fase de projeto. Também não posso deixar de agradecer aos comentários e à cuidadosa leitura de Clarissa Ferreira de Melo Mesquita, Caio Mario da Silva Pereira Neto e Felipe Moreira de Carvalho. A banca contou com a participação das professoras Cláudia Viegas e Maria Paula Dallari Bucci, bem como dos professores Emerson Ribeiro Fabiani, Jacintho Arruda Câmara e Marcos Paulo Veríssimo. Aos professores e às professoras da banca também fica o agradecimento pela leitura cuidadosa e pelos comentários, que, na medida do possível, foram implementados.

1. CARACTERÍSTICAS DO SETOR DE TELECOMUNICAÇÕES: O ARRANJO INSTITUCIONAL ESTÁTICO DO "MODELO ORIGINAL" DA UNIVERSALIZAÇÃO

O objetivo deste capítulo é descrever a conformação do arranjo institucional original da universalização na Lei Geral de Telecomunicações (LGT) (1.2) e os seus resultados até 2019 (1.3 e 1.4) – momento inicial da introdução de um novo modelo de exploração dos serviços e de outras alterações institucionais, conforme será discutido no Capítulo 3. Essa análise é antecedida de uma nota terminológica e metodológica voltada para aclarar o uso de determinados conceitos e da aplicação do próprio referencial teórico que utilizarei ao longo do texto (1.1).

1.1. Nota terminológica e metodológica

Conforme mencionado na Introdução, a análise institucional permite o aprofundamento de alguns pontos relevantes para uma melhor compreensão da política pública de universalização das telecomunicações, principalmente quando a previsão legal estática é confrontada com a dinâmica de sua aplicação pelos atores institucionais. Assim, afigura-se importante definir o que reputo como *instituições*, *atores institucionais* e *ferramentas* para fins do presente estudo, além de aclarar outras questões conceituais que pautam minha análise – como a noção de *arranjo institucional*.

Parto do conceito de instituição, aplicado justamente para viabilizar o uso de uma linguagem da qual o presente livro procura se utilizar.[40] Utilizo um conceito simples de *instituição*, apontando-a como as "regras

---

[40] Sobre a importância do conceito de instituição, principalmente ao lidar com a questão das mudanças institucionais, *vide* CAMPBELL, John L. Institutional Reproduction and

do jogo de uma sociedade".[41] É, contudo, importante considerar que a relação entre instituições e atores institucionais não ocorre de forma unilateral, em nenhum dos sentidos.

As instituições (estruturas) devem ser compreendidas como permeáveis à influência dos atores institucionais (agência) encarregados de sua criação, administração e aplicação. É igualmente correto compreender que as atividades desempenhadas pelos atores institucionais são influenciadas diretamente pelas instituições, não sendo possível afirmar que sua atuação se dá de forma absolutamente independente da estrutura em que se inserem.

A relação entre estrutura e agência é, assim, mútua e retroalimentada, na qual estruturas moldam os agentes e estes, por sua vez, influenciam o próprio desenho das estruturas[42] – havendo tanto "causação 'para cima' (agência muda instituições), quanto 'para baixo' (instituições mudam agência)".[43] Isso evidencia que as instituições não representam apenas um caráter restritivo com relação ao comportamento dos atores

---

Change. *In*: MORGAN, Glenn et al. (eds.). *The Oxford Handbook of Comparative Institutional Analysis*. Oxford: Oxford University Press, 2010, p. 108.

[41] "Institutions are systems of established and embedded social rules that structure social interactions" (HODGSON, Geoffrey M. What Are Institutions? *Journal of Economic Issues* [s. l.], v. 40, nº 1, p. 1-25, mar. 2006, p. 18). O autor ainda identifica uma evolução no conceito utilizado por Douglass C. North, que teria convergido para, em sua definição, retirar o enfoque da ideia de restrição (HODGSON, Geoffrey M. What Are Institutions? *Journal of Economic Issues*, [s. l.], v. 40, nº 1, p. 1-25, mar. 2006, p. 11). *Vide*, ainda, STEINMO, Sven. Historical Institutionalism. *In*: DELLA PORTA, Donatella; KEATING, Michael (eds.). *Approaches and Methodologies in the Social Sciences*: A Pluralist Perspective. Cambridge: Cambridge University Press, 2008, p. 159.

[42] "Actor and institutional structure, although distinct, are thus connected. A dual stress on both agency and institutional structure is required, in which it is understood that institutions themselves are the outcomes of human interactions and aspirations, without being consciously designed in every detail by any individual or group, while historically given institutions precede any one individual in a circle of mutual interaction and interdependence" (HODGSON, Geoffrey M. What Are Institutions? *Journal of Economic Issues*, [s. l.], v. 40, nº 1, p. 1-25, mar. 2006, p. 8). *Vide*, ainda, COUTINHO, Diogo Rosenthal. *Direito econômico e desenvolvimento democrático*: uma abordagem institucional. Tese de Titularidade. Universidade de São Paulo, São Paulo, 2015, p. 251.

[43] COUTINHO, Diogo Rosenthal. *Direito econômico e desenvolvimento democrático*: uma abordagem institucional. Tese de Titularidade. Universidade de São Paulo, São Paulo, 2015, p. 196.

institucionais, mas também habilitador ou de estímulo,[44] voltadas para o alcance de objetivos econômicos ou políticos.[45]

Por sua vez, aponto como atores institucionais aqueles que criam, administram e aplicam as regras do jogo. Conforme apontado anteriormente, destaco como atores institucionais os agentes governamentais com competências explicitamente atribuídas referentes à atuação junto a uma dada instituição (*v.g.* Ministério das Comunicações, Anatel), bem como aqueles dotados de competências mais gerais, mas com capacidade de interferir na atuação dos demais e influenciar o desempenho da instituição (Poder Judiciário, TCU, Ministério da Fazenda). Esses atores se valem das ferramentas estabelecidas para a implementação da política pública, a fim de cumprir com os objetivos ali estabelecidos.

A partir dos exemplos que utilizei e do quanto já explanado na Introdução, é possível inferir que colocarei foco nos atores institucionais estatais. Isso não significa que desconheço a importância dos atores privados, sejam as operadoras, o terceiro setor e os usuários do serviço – sem mencionar o próprio segmento da população que, alijado do serviço, é alvo da política pública de universalização. Outros autores já abordaram o papel desses atores, em profundidade, com relação ao setor de telecomunicações,[46] sendo certo que abordarei, quando necessário, sua atuação.

---

[44] THÉRET, Bruno. As instituições entre as estruturas e as ações. *Lua Nova: Revista de Cultura e Política* [on-line], nº 58, 2003. Disponível em: https://doi.org/10.1590/S0102-64452003000100011. Acesso em: 12 mar. 2021. p. 249.

[45] THÉRET, Bruno. As instituições entre as estruturas e as ações. *Lua Nova: Revista de Cultura e Política* [on-line], nº 58, 2003. Disponível em: https://doi.org/10.1590/S0102-64452003000100011. Acesso em: 12 mar. 2021. p. 250.

[46] *Vide* SÁ E SILVA, Fabio de; TRUBEK, David M. Advogando no novo desenvolvimento: profissionais do direito e a construção do setor de telecomunicações no Brasil emergente (dos anos 1980 aos anos 2010). *Revista de Estudos Empíricos em Direito*, Belo Horizonte, v. 3, nº 2, p. 14-52, 2016. Embora o trabalho não aborde a questão do uso dos recursos do FUST, outras questões que serão tratadas adiante, como algumas das ferramentas utilizadas pelos atores institucionais (*vide* Capítulo 2), foram abordadas – como a substituição de metas (p. 42). Sobre a participação social como meio de legitimação da atuação das agências reguladoras, com enfoque em um estudo de caso do setor de telecomunicações, *vide* MATTOS, Paulo Todescan Lessa. Regulação econômica e social e participação pública no Brasil. *In*: Congreso Internacional del CLAD sobre la Reforma del Estado y de la Administración Pública, 9., Madrid. *Anais...* Madri, 2004, p. 9.

Não desconheço, ainda, que seria possível qualificar os atores institucionais como "organizações" ou mesmo "instituições", como propõem outros autores.[47] De fato, cada um dos atores estatais possui uma estruturação jurídica que marca não apenas sua criação, mas também pautam diretamente os processos necessários à sua atuação cotidiana. Por essa razão poderiam ser qualificados individualmente como instituições, que interagiriam com outras instituições.

No entanto, minha escolha decorre do próprio foco selecionado, e está diretamente correlacionada à seleção dos atores institucionais estatais como protagonistas na análise. Enfatizo aqui o papel dos atores institucionais públicos porque procuro compreender, a fim de responder às perguntas de pesquisa, como a articulação entre eles influenciou os contornos da política pública de forma concreta. Dito de outro modo, sob uma perspectiva funcional, procuro colocar ênfase no componente "agência" dessas instituições em vez de analisar sua dimensão estrutural. Assim, a opção terminológica decorre de uma intenção de explicar mais claramente como certos conceitos da análise institucionalista se aplicam.[48]

Denomino como ferramentas os instrumentos que podem ser utilizados pelos atores institucionais para viabilizar o funcionamento das instituições, para que atinjam as finalidades que motivaram sua criação. As ferramentas, portanto, representam o meio entre os atores institucionais e a instituição, conforme definidas pela legislação – o que traz,

---

[47] Sobre o assunto, *vide* Mariana Mota Prado, que considera como instituições todas as entidades responsáveis por elaborar, administrar, impor ou julgar leis ou políticas públicas (PRADO, Mariana Mota. Institutional Bypass: An Alternative for Development Reform. *SSRN Electronic Journal*, [on-line], 2011. Disponível em: https://ssrn.com/abstract=1815442. Acesso em: 12 mar. 2021. p. 20). *Vide*, ainda, Geoffrey M. Hodgson, para quem a equiparação entre atores e organizações significa, em regra, uma simplificação analítica indesejável, em função da desconsideração da dinâmica individual no âmbito das organizações (HODGSON, Geoffrey M. What Are Institutions? *Journal of Economic Issues*, [s. l.], v. 40, nº 1, p. 1-25, mar. 2006, p. 10). Como se verá no Capítulo 2, é possível verificar em alguns casos a existência de divergências internas no âmbito dos próprios atores institucionais – *vide* o caso da Anatel, por exemplo, ao tratar sobre a adaptação do modelo das concessões. No entanto, esse aspecto, conquanto interessante, não será abordado em profundidade.

[48] Isso significa que o trabalho poderia utilizar como referência a ideia de interações institucionais – sem, em minha visão, comprometer a aplicação das ferramentas de análise institucional. No entanto, a noção pura e simples de instituição poderia dificultar a narrativa.

novamente, a importância de uma análise jurídica. Cito como exemplo a aplicação de recursos do Fundo de Universalização das Telecomunicações (FUST), a substituição de metas de universalização nos contratos de concessão, os compromissos de interesse da coletividade, bem como as obrigações atreladas a leilões de radiofrequência (compromissos de abrangência), todos abordados ao longo do trabalho.

Novamente, seria possível tratar as ferramentas como "instituições", pelas razões já expostas, por serem juridicamente estabelecidas e determinarem as "regras do jogo". Poderia indicá-las individualmente como instituições, ou ainda as apontar como parte integrante do arranjo interno da instituição. Aqui, igualmente, entendo que a qualificação como "ferramentas" é positiva tanto do ponto de vista qualitativo quanto de clareza.

Destaco aqui um exemplo. Conforme será abordado adiante, o FUST foi apontado como elemento principal da universalização, calcado em uma alocação transparente e competitiva dos recursos, tendo representado uma inovação relacionada à prática anterior, a partir da política pública de universalização trazida pela LGT. Embora fosse possível qualificá-lo, em tese, como uma instituição, parece-me relevante, a fim de melhor expor a função que cada instituição cumpre ou cumpriu, utilizar uma qualificação específica – justamente para que o termo "instituição" não perca sentido ao longo do livro. E é inegável que ele se assemelha, em termos de função, às demais ferramentas já citadas como exemplo.

O uso da expressão "ferramentas", desse modo, contribui para elucidar os meios utilizados pelos atores institucionais e as diferenças entre elas. Também permite verificar, com maior precisão, as relações entre os atores institucionais na utilização das ferramentas, bem como seus diferentes efeitos para fins da política pública de universalização. Há, ainda, um ganho de perspectiva, dado que a análise é focada no conjunto de medidas em si, como elas são aplicadas e sua relação, o que não seria possível sem um tratamento individualizado.

A utilização dos conceitos de instituições, atores institucionais e ferramentas, na forma anteriormente fixada, permite, em minha visão, tratar as políticas públicas como instituições.[49] Esse fato é bem observado

---

[49] "Public policies are not always treated as institutions, but I will argue that there are good reasons for doing so. Given the current focus of political scientists on institutions,

quanto à regulação de forma geral, que estabelece regras de funcionamento minuciosamente detalhadas sobre diversos aspectos da vida cotidiana que decorrem da atuação ordinária da Administração Pública – o que também evidencia o papel do Direito na criação das instituições e na formalização de sua relação com os atores institucionais.

No caso, as regras do jogo seriam voltadas para a expansão dos serviços dentro do setor regulado, que fixaria os objetivos da política pública, definiria os papéis dos atores institucionais e estabeleceria as ferramentas por eles manejadas.

Reconheço, assim, que o uso do termo "instituições", no âmbito de um estudo que aborda políticas públicas é complexo e, justamente por isso, deve ser delimitado. Por essa razão, optei pelos desdobramentos conceituais anteriores, de forma a enfatizar as características das instituições e evitar o emprego genérico do termo que, frisa-se, poderia torná-lo confuso e pouco útil.

Para manter a utilidade do diálogo com a teoria institucional, portanto, utilizei conceitos que enfatizam determinadas características das instituições: (i) com relação aos *atores institucionais*, o objetivo é ressaltar a função de agência, com uma unidade de análise, o que permite a individualização dos seus comportamentos; (ii) as *ferramentas* descrevem os instrumentos que são disponibilizados pelo Direito e utilizados pelos atores; e (iii) os *arranjos institucionais* são utilizados para descrever a interação entre os atores.

Há, ainda, outro caminho que em minha visão torna viável o uso do arcabouço teórico institucionalista. Nesse ponto, pelo que exporei

---

such a formulation can foster interest in policy effects. At the same time, it provides a basis for extending many of the arguments about institutional effects to the examination of policy effects. Such a move is important, because it would allow social scientists to grapple more systematically with one of the most striking features of modern social life: the tremendously expanded significance of government activism. [...] The American regulatory state, moreover, presents a vast array of rules that permeate economic and social activity. The state sets down prohibitions and requirements for everything from hiring practices to the design of entryways for many private buildings, to the kinds of wording prohibited or required on consumer packaging. Most of the politically generated 'rules of the game' that directly help to shape the lives of citizens and organizations in modern societies are, in fact, public policies" (PIERSON, Paul. Public Policy as Institutions. *In*: SHAPIRO, Ian; SKOWRONEK, Stephen; GALVIN, Daniel. *Rethinking Political Institutions*: The Art of State. Nova York: New York University Press, 2006, p. 114-115).

principalmente nos Capítulos 1 e 2, posso afirmar que a política pública de universalização é "institucionalizada", uma vez que ela se encontra estabilizada por meio de normas jurídicas.⁵⁰ Tais normas transcendem um determinado governo e estabelecem uma organização jurídica que aloca as competências entre diversos atores para a execução das atividades que compõem a política pública, que convergem para uma diretriz específica.⁵¹

Por esse caminho, a análise está voltada para esmiuçar o arranjo institucional, em linha com o que abordei na Introdução. Este pode ser definido como "o conjunto de regras, mecanismos e processos que definem a forma particular como se coordenam atores e interesses na implementação de cada política",⁵² e está caracterizado da seguinte forma:

> O arranjo institucional de uma política pública compreende seu marco geral de ação, incluindo uma norma instituidora (com o perdão da tautologia), da qual conste o quadro geral de organização da atuação do Poder Público, com a discriminação das autoridades competentes, as decisões previstas para a concretização da política, além do balizamento geral das condutas dos agentes privados envolvidos, tanto os protagonistas da polí-

---

⁵⁰ BUCCI, Maria Paula Dallari. Fundamentos para uma teoria jurídica das políticas públicas. São Paulo: Saraiva, 2013, p. 205-206.

⁵¹ "A institucionalização pode ser caracterizada basicamente pelo seguintes traços: a) objetivação, descolamento em relação ao governante ou gestor que instituiu o programa; b) um padrão de organização; c) a juridificação desse padrão organizativo, baseada na formalização e nos elementos jurídicos que o definem, que distribui posições e situações jurídicas subjetivas dos diversos atores – deveres, proibições, autorizações e permissões –, cujo exercício movimenta o programa de ação e lhe confere vida concreta; d) uma ideia-diretriz, isto é, um princípio referencial, que orienta todos os atores e atos envolvidos naquele arranjo, associado ao plano de ação" (BUCCI, Maria Paula Dallari. Fundamentos para uma teoria jurídica das políticas públicas. São Paulo: Saraiva, 2013, p. 236-237).

⁵² GOMIDE, Alexandre de Ávila; PIRES, Roberto Rocha C. *Capacidades estatais e democracia*: arranjos institucionais de políticas públicas. Brasília: Ipea, 2014, p. 19. Os autores utilizam essa definição para uniformizar a linguagem em todo o livro, e complementam: "[s]ão os arranjos que dotam o Estado de capacidade de execução de seus objetivos. Ou, em outras palavras, são os arranjos que determinam a capacidade do Estado de implementar políticas públicas" (p. 20). Vale notar que os autores diferenciam esse conceito de "ambiente institucional", utilizado para caracterizar as regras gerais que pautam o funcionamento dos sistemas político, econômico e social nos quais os arranjos institucionais se inserem.

tica quanto os seus destinatários ou pessoas e entes por ela afetados, como empresas e consumidores, por exemplo.[53]

O arranjo institucional aponta como gestores mobilizam e interagem, aplicando as regras que pautam uma instituição. Conforme apontado na Introdução, a análise do arranjo institucional, à luz do direito, permite que sejam evidenciados aspectos importantes das políticas públicas e do seu funcionamento, como a alocação de competências e a forma como elas devem ser exercidas pelos diferentes atores.[54] Considerando as perguntas de pesquisa, essa análise é essencial para realizar a "engenharia reversa" de uma política pública, bem como para avaliar o quanto a atuação efetiva dos atores acabou os distanciando do arranjo institucional original, e qual foi o papel desempenhado pelo direito nesse caminho.[55]

Entendo que os dois caminhos permitem o mesmo tipo de análise. Portanto, a qualificação da política pública como uma instituição ou "institucionalizada", no caso deste estudo, tem por propósito viabilizar uma linguagem comum e a transposição de ferramentas de análise, partindo dos demais conceitos apresentados. Por uma ou outra razão, a aplicação do arcabouço teórico institucionalista permite que eu me valha de um instrumental analítico que, ainda que necessariamente passe por algum tipo de adaptação ou ressalva, certamente se afigura como útil para os meus objetivos.

Minha abordagem propõe partir de um conjunto de evidências para avaliar os resultados da política pública, a fim de verificar por quais razões determinados caminhos foram selecionados pelos ato-

---

[53] BUCCI, Maria Paula Dallari. Fundamentos para uma teoria jurídica das políticas públicas. São Paulo: Saraiva, 2013, p. 236-238.

[54] BUCCI, Maria Paula Dallari; COUTINHO, Diogo Rosenthal. Arranjos jurídico-institucionais da política de inovação tecnológica: uma análise baseada na abordagem de direito e políticas públicas. In: COUTINHO, Diogo Rosenthal; Foss, Maria Carolina; MOUALLEM, Pedro Salomon B. (orgs.). Inovação no Brasil: avanços e desafios jurídicos e institucionais. São Paulo: Blucher, 2017, p. 316.

[55] "Reverse engineering means starting with the policies and programs, describing the functions associated with them, and seeing if law has contributed, or could contribute, to those functions" (TRUBEK, David M.; COUTINHO, Diogo Rosenthal; SCHAPIRO, Mario Gomes. New State Activism in Brazil and the Challenge for Law. In: Law and the New Developmental State: The Brazilian Experience in Latin American Context. [S. l.: s. n.], 2013, p. 45).

res institucionais,⁵⁶ tendo em vista que a sua escolha não é aleatória.⁵⁷ O objetivo é partir dos dados da realidade como abordagem inicial, analisando como os atores institucionais utilizaram as ferramentas da universalização dentro do arranjo, e tentar responder às perguntas de pesquisa a partir desses achados.

Minha abordagem, portanto, aproxima-se do denominado neoinstitucionalismo histórico, uma vez que, para realizar a "engenharia reversa", procuro identificar no comportamento concreto dos atores institucionais as razões pelas quais eles se comportaram de determinada forma, e como esses achados poderiam ou deveriam influenciar os esforços de alteração institucional.⁵⁸

Evidentemente, por se tratar de uma análise do mundo real, dificilmente é possível afirmar que fatores-chave, se presentes, necessariamente teriam levado a um outro caminho – até porque não há como isolar, reproduzir e testar uma sociedade inteira em um ambiente laboratorial. Partindo do tema tratado aqui, não é possível demonstrar cientificamente que a política pública de universalização teria outros resulta-

---

⁵⁶ Nesse sentido, *"[w]hat the HI [Historical Institutionalist] scholar wants to know is why a certain choice was made and/or why a certain outcome occurred. [...] The historical institutionalist would go to the historical record (a.k.a. evidence) and try to find out"* (STEINMO, Sven. Historical Institutionalism. *In*: DELLA PORTA, Donatella; KEATING, Michael (eds.). *Approaches and Methodologies in the Social Sciences*: A Pluralist Perspective. Cambridge: Cambridge University Press, 2008, p. 163).

⁵⁷ "Este é o argumento que compõe o cerne desta reflexão: no campo das políticas públicas, não é indiferente ou aleatória para o Estado a escolha dos caminhos e arranjos adotados para a concretização da decisão política. Ao contrário: trata-se do resultado de um esforço intencional e consciente no qual normas, processos, atores e instituições jurídicas desempenham um papel mais relevante do que, à primeira vista, pode parecer, inclusive aos olhos dos próprios juristas" (BUCCI, Maria Paula Dallari; COUTINHO, Diogo Rosenthal. Arranjos jurídico-institucionais da política de inovação tecnológica: uma análise baseada na abordagem de direito e políticas públicas. *In*: COUTINHO, Diogo Rosenthal; Foss, Maria Carolina; MOUALLEM, Pedro Salomon B. (orgs.). *Inovação no Brasil*: avanços e desafios jurídicos e institucionais. São Paulo: Blucher, 2017, p. 316-317).

⁵⁸ HALL, Peter A.; TAYLOR, Rosemary C. R. As três versões do neoinstitucionalismo. *Lua Nova: Revista de Cultura e Política*, [on-line], nº 58, p. 193-223, 2003. Disponível em: https://doi.org/10.1590/S0102-64452003000100010. Acesso em: 5 set. 2021. p. 219 e 222. *Vide*, ainda, STEINMO, Sven. Historical Institutionalism. *In*: DELLA PORTA, Donatella; KEATING, Michael (eds.). *Approaches and Methodologies in the Social Sciences*: A Pluralist Perspective. Cambridge: Cambridge University Press, 2008, p. 165.

dos se determinado caminho fosse traçado. Isso, no entanto, não invalida ou torna menos importante o tipo de análise que pretendo realizar.[59]

Em especial, essa lente provida pela análise institucional é valiosa para contribuir com a fase de aperfeiçoamento que se segue ao diagnóstico já referido. De fato, um diagnóstico correto permitiria a autocorreção pelo Direito, uma mudança institucional para solucionar os problemas que prejudicaram o atingimento dos objetivos da política pública. Por sua vez, o diagnóstico incorreto pode passar a impressão de uma evolução e, na verdade, representar uma forma de manutenção do *status quo*, dada uma tendência de prevalência das instituições.

São esses aspectos que pretendo avaliar no Capítulo 3, que enfatiza o importante papel que o Direito desempenha em torno do objeto deste estudo. O Direito define as competências dos atores institucionais, bem como coloca à sua disposição as ferramentas que eles podem utilizar, fixando seus contornos. Também estabelece como e em quais condições os atores institucionais interagem, o que também influencia nos resultados da política pública. Além disso, um dos papéis do Direito é, exatamente, fomentar e permitir a adoção de mecanismos que permitam a avaliação da efetividade da política pública e, caso necessário, viabilizar sua revisão.[60]

---

[59] "It may be sadly true that much of "political science" has moved away from asking important questions about the real world. It is certainly true that many political scientists believe we should ignore analyses that cannot be 'falsified' and eschew variables that cannot be quantified. Theirs is a political science that treats politics and history as if it grows in a Petri dish and can be measured in centimetres or pounds. The Historical Institutionalist does not accept that political science must be so narrow. To be sure, many interesting things can be learned from formal, behavioural and, certainly, experimental approaches to the study of politics. But to take history out of our 'equations,' institutions out of our models, and real people out of our analyses would leave us with an impoverished pseudo-science. Not everyone who agrees with this statement would call herself an Historical Institutionalist. But if you think history and ideas matter, institutions structure actor's choices but are subject to change by actors themselves, and real people make decisions that not always efficient or purely self-interested, then you probably are an Historical Institutionalist" (STEINMO, Sven. Historical Institutionalism. *In*: DELLA PORTA, Donatella; KEATING, Michael (eds.). *Approaches and Methodologies in the Social Sciences*: A Pluralist Perspective. Cambridge: Cambridge University Press, 2008, p. 167).

[60] TRUBEK, David M.; COUTINHO, Diogo Rosenthal; SCHAPIRO, Mario Gomes. New State Activism in Brazil and the Challenge for Law. *In*: *Law and the New Developmental State*: The Brazilian Experience in Latin American Context. [S. l.: s. n.], 2013, p. 45-46.

Em linha com o exposto na Introdução, utilizo os instrumentos da análise institucional para uma abordagem eminentemente jurídica da política pública, com foco na importância do papel do Direito tanto em relação ao passado quanto nos esforços de alteração da política pública e seus potenciais impactos para o futuro.

Reputo importante, ainda, tecer algumas considerações sobre a metodologia que utilizei, para além dos recortes já sinalizados na Introdução. A pesquisa está fundamentada em uma análise documental, compreendendo os documentos que abordam os principais aspectos da definição e da implementação da política pública de universalização, bem como sua evolução no tempo. Eles foram obtidos seja a partir de fontes publicamente acessíveis, especialmente os sítios eletrônicos mantidos pelos próprios atores institucionais, bem como por meio do uso da Lei de Acesso à Informação.[61]

Para além da legislação e regulamentação aplicáveis, também busquei analisar processos e decisões administrativas que contribuam para explicar e compreender a evolução das medidas relacionadas à política pública de universalização no setor de telecomunicações, bem como as propostas para sua alteração. As manifestações dos atores institucionais foram utilizadas, sempre que disponíveis, como um elemento para explicar os contornos assumidos pela política pública em análise e sua evolução ao longo do período avaliado.

Em adição aos documentos oficiais, utilizei reportagens, preferencialmente de veículos especializados no acompanhamento do setor, por duas razões. Primeiro, e principalmente, porque o texto foi redigido durante um período em que foram e têm sido realizadas modificações substanciais na legislação e na regulamentação setoriais – o que, inclusive, justifica o recorte temporal. A cobertura por parte da mídia especializada é relevante para suprir lacunas que podem ainda não estar evidenciadas na documentação. Segundo, por se tratar de um setor com grande cobertura de mídia especializada, o uso das reportagens, em alguma medida, substitui entrevistas sob a ótica de porta de entrada nos assuntos aqui abordados, contribuindo para contextualizá-los, complementando a análise documental.

---

[61] Destaco, ainda, que respostas obtidas diretamente a partir da Lei de Acesso à Informação também foram utilizadas ao longo do livro, conforme indicado em cada caso.

Por fim, destaco que a análise documental foi mediada por um levantamento doutrinário, com enfoque na estruturação da lente de análise institucional anteriormente descrita, bem como para contribuir para a elucidação de temas decorrentes dos achados documentais. No entanto, não realizei uma revisão exaustiva da literatura em torno da política pública de universalização das telecomunicações.

Os documentos, as reportagens e a doutrina foram selecionados tendo como critério a busca pela solução para as perguntas de pesquisa, passando principalmente pelo resultado material da atuação dos atores institucionais. Assim, no Capítulo 1 foram priorizados materiais que evidenciassem a identificação dos atores institucionais, das ferramentas e do arranjo institucional, bem como dos resultados obtidos pela política pública no primeiro período de análise. No Capítulo 2, as ferramentas assumem um papel maior de centralidade, ainda que a estrutura do capítulo gire em torno dos atores institucionais. E o Capítulo 3, por sua vez, foca tanto na aplicação da teoria institucional como meio para explicar os rumos da política pública de universalização das telecomunicações no Brasil quanto na análise das alterações já efetivadas ou em curso, sob esse mesmo enfoque.

1.2. O arranjo institucional estático do setor de telecomunicações: panorama da legislação setorial, dos atores institucionais e de seus instrumentos

Aqui procuro descrever, de forma objetiva, os instrumentos setoriais para a prestação dos serviços de telecomunicações, inclusive os voltados para sua universalização, bem como os atores institucionais envolvidos no arranjo institucional. O enfoque principal é criar um pano de fundo legislativo e regulamentar acerca desses elementos, sempre com objetivo de destacar sua conexão com a universalização.

Portanto, não pretendo detalhar todos os serviços regulados, tampouco destacar todas as nuances de suas funcionalidades, mas apenas e tão somente com relação ao necessário para a compreensão, para fins das hipóteses deste estudo: (i) da noção de universalização no setor, a fim de definir os contornos da política pública; (ii) da definição e do papel dos atores institucionais; e (iii) das ferramentas voltadas para a expansão do acesso aos serviços previstas na legislação.

O resultado pretendido é a definição do arranjo institucional *estático* do setor de telecomunicações em torno de universalização, ou seja, a definição das bases do modelo jurídico-teórico para essa política pública. É dizer, quero destacar *quem faz o quê, como* e com *quais objetivos*, dentro da política pública em análise, a partir da legislação. A partir daí será possível verificar como esse modelo se comportou na prática, a partir de seus resultados efetivos, obtidos a partir da evolução dos dados setoriais.

1.2.1. A Emenda Constitucional nº 8/1995: primeiro passo do arranjo institucional atual

O setor de telecomunicações passou por uma profunda restruturação durante os anos 1990, tendo migrado de um modelo centrado na exploração da atividade, mediante empresas estatais,[62] para a delegação dos serviços à iniciativa privada. O movimento se inicia com a aprovação da Emenda Constitucional nº 8, de 15 de agosto de 1995, que alterou o art. 21, inc. XI, da Constituição Federal com o objetivo de: (i) possibilitar expressamente a participação de empresas controladas por particulares em todos os segmentos do serviço; (ii) incluir explicitamente a autorização como instrumento de exploração dos serviços; (iii) definir os "serviços de telecomunicações" como escopo da titularidade da União em lugar dos "serviços públicos de telecomunicações"; (iv) estabelecer a criação de um órgão regulador setorial; e (v) delegar explicitamente para a legislação organizar os serviços, definindo seus contornos.

Observa-se que a Emenda Constitucional em questão alterou substancialmente o perfil de exploração do setor de telecomunicações, ampliando o espaço para que a legislação infraconstitucional o circunscrevesse da forma mais adequada. Trata-se de algo alinhado à ideia de que os serviços públicos são aqueles assim definidos pela lei, desde que haja fundamentação material para essa qualificação.[63]

---

[62] Sobre o assunto, *vide* MINISTÉRIO DAS COMUNICAÇÕES. *Alternativas para a revisão do modelo de prestação de serviços de telecomunicações*. Relatório Final do Grupo de Trabalho entre o Ministério das Comunicações e a ANATEL, Brasília, 2016, p. 23 e ss. Vale destacar que já havia empresas privadas atuando no setor, como é o caso do Grupo Algar.

[63] Nesse sentido, *vide* SUNDFELD, Carlos Ari. Introdução às Agências Reguladoras. *In*: SUNDFELD, Carlos Ari (coord.). Direito administrativo econômico. São Paulo: Malheiros, 2006, p. 33. Em sentido contrário, por considerar a necessidade de previsão constitucional

Para fins do presente estudo, o principal ponto aqui diz respeito à forma com que a União passou a exercer a sua titularidade sobre os serviços, com base no que dispuser a lei. Fundamentalmente, a Emenda Constitucional permitiu que a legislação selecionasse os instrumentos mais adequados para a exploração dos serviços, algo fundamental em um setor altamente exposto ao impacto de novas tecnologias, como é o caso das telecomunicações.

Em especial, isso decorre da referência específica ao uso das autorizações como instrumento, o que viabiliza o exercício da titularidade da União sobre a atividade não apenas por meio de delegação de serviço público, fundamentada no art. 175 da Constituição Federal, mas também por meio da regulação de atividade econômica em sentido estrito, autorizada com base em seu art. 170, parágrafo único.[64] A legislação pode, portanto, fragmentar os serviços de telecomunicações em diferentes atividades e selecionar, para cada uma delas, a melhor forma de prover o serviço, de acordo com as demandas sociais. Foi exatamente essa a linha seguida pela LGT, como demonstrarei a seguir.

1.2.2. Uma visão geral sobre a Lei Geral de Telecomunicações

A partir da previsão constitucional foi aprovada a LGT, que estabeleceu os aspectos centrais dos serviços de telecomunicações no país, além de criar a Anatel. É importante destacar que iniciativas de modernização setorial muito relevantes antecederam a LGT, como a Lei do Cabo[65] e a Lei Mínima[66] que, respectivamente, balizaram a abertura dos mercados de TV a Cabo e de telefonia móvel a particulares. No entanto, foco minha atenção na LGT pelo fato de que esta suplantou as iniciativas anteriores, substituindo, no todo ou em parte, as disposições nelas previstas.

De fato, a LGT substituiu boa parte da legislação existente, afastou a legislação geral sobre contratações públicas e concessões (ao menos

---

explícita, vide AGUILLAR, Fernando Herren. *Controle social de serviços públicos*. São Paulo: Max Limonad, 1999.

[64] MARQUES NETO, Floriano Peixoto de Azevedo. Direito das Telecomunicações e a Anatel. In: SUNDFELD, Carlos Ari (coord.). *Direito administrativo econômico*. São Paulo: Malheiros, 2006, p. 315.

[65] Lei nº 8.977, de 6 de janeiro de 1995.

[66] Lei nº 9.295, de 19 de julho de 1996.

com relação à prestação dos serviços de telecomunicações em si), bem como previu a substituição gradual dos atos normativos infralegais até então existentes por outros a serem emanados da agência reguladora.[67]

O objeto da lei é disciplinar a organização dos serviços de telecomunicações, tendo definido a atividade como "a transmissão, emissão ou recepção, por fio, radioeletricidade, meios ópticos ou qualquer outro processo eletromagnético, de símbolos, caracteres, sinais, escritos, imagens, sons ou informações de qualquer natureza".[68] Por sua vez, a "organização inclui, entre outros aspectos, o disciplinamento e a fiscalização da execução, comercialização e uso dos serviços e da implantação e funcionamento de redes de telecomunicações, bem como da utilização dos recursos de órbita e espectro de radiofrequências".[69]

Essa definição, bastante abrangente, coloca sob a tutela do Poder Público, na forma da legislação, quaisquer atividades que demandem o transporte de sinais de telecomunicações, independentemente do meio utilizado ou sua finalidade, o que comporta desde um simples controle remoto ou interfone, até transmissões que utilizem satélites como suporte.

A seguir, abordarei como a LGT disciplinou os serviços de telecomunicações, enfatizando alguns aspectos, como os instrumentos por ela utilizados, os atores institucionais envolvidos em sua aplicação e, as características do modelo de universalização tal qual originalmente concebido.

1.2.2.1. A dualidade de regimes e suas consequências

Em linha com o exposto acerca da Emenda Constitucional nº 8/1995, uma das principais inovações da LGT foi segregar os serviços de telecomunicações em dois grandes regimes, o público e o privado. O primeiro, seguindo a lógica de exploração fixada pelo art. 175 da Constituição Federal de 1988 (CF/88), estabelecendo a concessão como instrumento de delegação, na forma usualmente reconhecida como serviço público. O segundo, pautando-se pelo art. 170, parágrafo único, da CF/88, sujeitando a atividade à livre-iniciativa, mas condicionando seu exercício à

---

[67] *Vide* art. 207 e ss. da LGT.
[68] Art. 60, § 1º, da LGT.
[69] Art. 1º, parágrafo único, da LGT.

obtenção de uma autorização prévia. Em ambos os casos, os contornos dos serviços serão aqueles estabelecidos pela LGT e pelos atos emanados dos atores institucionais por ela reconhecidos como competentes – como exporei adiante.

A legislação trata inicialmente de duas hipóteses relacionadas à abrangência dos serviços, qualificando-os como de interesse coletivo ou restrito.[70] Essa classificação se presta, basicamente, a determinar se haverá oferta por parte daquele que explora a atividade à coletividade ou não, de forma a adequar a intensidade da regulação sobre a atividade. Por exemplo, não há sentido em conferir a mesma carga regulatória para a exploração de telecomunicações destinada ao uso do próprio interessado – como no caso de uma rede privada voltada para suportar processos de automação de uma indústria. Nesse tipo de situação, a regulamentação pertinente à proteção de consumidores e qualidade não se aplica, pois são definidas de acordo com as necessidades do próprio agente regulado.

Essa primeira classificação dos serviços é importante, pois pauta a dualidade de regimes de prestação, público e privado. Apenas podem ser explorados em regime público os serviços de interesse coletivo, por meio dos instrumentos de concessão e permissão,[71] havendo também a possibilidade de uso de autorizações.[72] Para os serviços de interesse restrito apenas o regime privado é possível, pautando-se por autorizações. Há uma lógica por trás dessa opção.

Para que seja possível a adoção do regime público, a lei estabelece que, além da qualificação como interesse coletivo, a União se comprometa, cumulativamente, a assegurar: (i) a existência do serviço; (ii) sua universalização; e (iii) sua continuidade.[73] É difícil conceber um serviço de interesse restrito atraindo simultaneamente esses três elementos.

O Serviço Telefônico Fixo Comutado (STFC) era indicado, na redação original da LGT, como passível de ser explorado em regime

---

[70] Art. 62 da LGT.
[71] Art. 63 da LGT.
[72] CÂMARA, Jacintho Arruda. Autorizações administrativas vinculadas: o exemplo do setor de telecomunicações. *In*: ARAGÃO, Alexandre Santos de; MARQUES NETO, Floriano Peixoto de Azevedo (coords.). *Direito administrativo e seus novos paradigmas*. Belo Horizonte: Fórum, 2008, p. 624.
[73] Art. 64, *caput*, da LGT.

público,⁷⁴ mas tal disposição foi revogada pela Lei nº 13.879/2019, que introduziu o novo modelo de prestação dos serviços e sobre a qual discorrerei em outros pontos do livro.

Cabe apontar, desde já, que mesmo a redação original da LGT não trazia obrigação para qualquer serviço específico ser explorado em regime público, deixando essa opção para ser adotada em sede infralegal. A opção deveria levar em consideração, ainda, a onerosidade que a própria prestação do serviço em regime público poderia causar à sociedade, como decorrência da assunção dos três deveres indicados pelo Estado.⁷⁵

Além disso, a LGT conferiu grande flexibilidade quanto à convivência dos serviços explorados em regime público ou privado, prevendo a possibilidade de uma mesma modalidade de serviços ser explorada, concomitantemente, nos dois regimes. Ou seja, o regime público não confere, necessariamente, exclusividade ao prestador, sendo esta uma opção que pode ser ou não adotada na definição dos contornos do serviço.⁷⁶

Aqui também a LGT passou por uma alteração por meio da Lei nº 13.879/2019. Em sua redação original, os serviços essenciais e sujeitos a deveres de universalização não poderiam ser deixados exclusivamente sob a exploração em regime privado.⁷⁷ A redação do dispositivo foi alterada para esclarecer que serviços, mesmo se reconhecida sua essencialidade, poderão ser explorados exclusivamente em regime privado, desde que não estejam sujeitos a deveres de universalização – conforme abordarei em maior detalhe no Capítulo 3. Adiante discorrerei sobre aspec-

---

[74] Art. 64, parágrafo único, da LGT.

[75] "Como novidade dentro do direito positivo, admite o Projeto que, em qualquer região, área ou localidade, uma mesma modalidade de serviço possa ser prestada apenas no regime público, apenas no regime privado, ou em convivência dos dois regimes, público e privado, desde que o plano geral de outorgas assim tenha estabelecido, calcado em opções políticas devidamente justificadas, e essa situação não inviabilize ou torne injustificadamente mais onerosa para a sociedade a prestação do serviço no regime público (art. 62)" (MINISTÉRIO DAS COMUNICAÇÕES. *Exposição de Motivos nº 231, de 10 de dezembro de 1996*, p. 49).

[76] Art. 65 da LGT. A disposição segue a lógica já adotada também pela Lei de Concessões, ao estabelecer que a outorga de serviço público em regime de exclusividade é excepcional e deve ser devidamente fundamentada.

[77] Art. 65, § 1º, da LGT.

tos mais gerais relacionados ao conceito de universalização e aos seus contornos gerais na LGT.

1.2.2.2. Os instrumentos para a exploração das telecomunicações no regime público e privado

É necessário abordar os instrumentos que a legislação coloca à disposição para viabilizar a exploração dos serviços em cada regime, indicando as suas funcionalidades e características. Conforme abordarei adiante, nenhum serviço de telecomunicação tem disciplina legalmente estabelecida, competindo à Anatel e ao Poder Executivo (no caso dos serviços explorados em regime público) estabelecer os contornos das atividades.

A regra geral para o setor é a necessidade de um aval prévio para a exploração dos serviços, independentemente de sua modalidade. Reforça essa leitura o art. 75 da LGT, que excepciona apenas o uso de serviços de telecomunicações restrito a um mesmo imóvel, ainda assim na forma da regulamentação, bem como o Regulamento Geral de Outorgas da Anatel (RGO), aprovado pela Resolução nº 720, de 10 de fevereiro de 2020.[78]

Analisarei aqui as características das principais modalidades de serviço de interesse coletivo, deixando de lado os serviços de interesse restrito, em função do enfoque na universalização e expansão de acesso.[79] Igualmente, a efetiva aplicação desses instrumentos será detalhada adiante, sendo cabível aqui definir os contornos de cada uma das modalidades de serviço.

O primeiro instrumento de exploração de serviço que abordarei é a concessão, que foi utilizada originalmente tendo como objeto o STFC em *regime público*, outorgada por meio de licitação pública e estabelecida mediante contratos administrativos com prazo determinado.[80] Uma

---

[78] Art. 12 do Regulamento Geral de Outorgas. *Vide*, ainda, art. 131, § 2º, da LGT.

[79] Os serviços de interesse restrito certamente desempenharão um papel relevante na implementação de determinadas aplicações de Internet das Coisas, em especial no segmento agropecuário e industrial. No entanto, a princípio, não há sentido no estabelecimento de regras de universalização para tais atividades (embora suas redes possam servir de suporte para esse objetivo).

[80] A Lei nº 13.879/2019 previu um regime que possibilita a prorrogação sucessiva das concessões em regime público, desde que preenchidos determinados requisitos legais (art. 99 da LGT) – como a imposição de novos condicionamentos.

característica importante das concessões no setor de telecomunicações é a inexistência de exclusividade, o que torna possível que haja competição com relação ao seu objeto, seja pela presença de outras concessionárias atuando na mesma área, seja pela competição com o mesmo serviço explorado em regime privado por meio de autorizações.[81]

Outro ponto relevante para o presente estudo é a imposição de obrigações referentes à continuidade e à universalização do serviço, nesse último caso mediante o cumprimento de planos voltados a esse último objetivo[82] – cujo funcionamento e cujas características serão mais bem definidos adiante. As concessões pressupõem o estabelecimento de metas que serão financiadas diretamente com a própria exploração dos serviços, sendo vedado o subsídio cruzado entre diferentes modalidades de serviço em que eventualmente a concessionária atue – dada a inexistência de exclusividade em relação ao seu objeto.[83]

Todos os demais serviços de telecomunicações existentes são explorados em *regime privado*, adaptados a partir de regulamentação pretérita à LGT ou criados por meio de regulamentação da Anatel. Como características comuns a todos eles estão a submissão ao regime de livre iniciativa, bem como a outorga da autorização como ato vinculado e independente de procedimento licitatório.[84] Com relação a esse último ponto são excepcionados os casos em que a modalidade de serviço uti-

---

[81] Art. 84 da LGT.

[82] Art. 93, inc. IV, da LGT.

[83] No setor de telecomunicações as concessionárias não são sociedades de propósito específico puras, ou seja, destinadas exclusivamente à exploração do objeto das respectivas concessões, sendo possível a exploração em paralelo de outros serviços. Esse aspecto foi, inclusive, objeto de alteração do art. 86 da LGT, a fim de esclarecer essa característica. Por essa razão há preocupação de evitar subsídio cruzado entre serviços (art. 103, § 2º, da LGT), bem como com a realização de contabilidade apartada para cada modalidade de serviço explorada (art. 96, inc. II, da LGT).

[84] Arts. 126 e 131, ambos da LGT. Sobre as características das autorizações na LGT, *vide* CÂMARA, Jacintho Arruda. Autorizações administrativas vinculadas: o exemplo do setor de telecomunicações. *In*: ARAGÃO, Alexandre Santos de; MARQUES NETO, Floriano Peixoto de Azevedo (coords.). *Direito administrativo e seus novos paradigmas*. Belo Horizonte: Fórum, 2008, p. 625.

liza radiofrequência como suporte[85] (por se tratar de bem público) ou haja "excesso de competidores".[86]

Embora a legislação preveja que a imposição de restrições aos serviços explorados em regime privado por parte do Poder Público seja excepcional, a LGT admite a possibilidade de imposição de condicionamentos ao exercício da atividade – devendo haver sempre uma relação de equilíbrio entre os ônus impostos e o proveito da coletividade a eles relacionado.[87] Esses são os compromissos de interesse da coletividade,[88] que podem ser impostos como decorrência[89] ou não de expedição da autorização por meio de licitação pública.[90] Como abordarei nos Capítulos 2 e 3, esses condicionamentos integraram ferramentas que desempenharam e desempenham papel fundamental na expansão dos serviços de telecomunicações.

Um primeiro serviço que merece referência é o próprio STFC, que também é explorado em regime privado, disciplinado pela Resolução nº 426, de 9 de dezembro de 2005. Esse serviço suporta a conexão entre dois pontos fixos, para transmitir a comunicação de voz ou outros sinais, em velocidades de até 64 kbit/s,[91] fazendo uso de recursos de numeração.[92]

Por sua vez, o Serviço de Comunicação Multimídia (SCM), atualmente disciplinado pela Resolução nº 614, de 28 de maio de 2013, trata-

---

[85] Arts. 157 e 164, inc. I, ambos da LGT.
[86] Art. 136 da LGT.
[87] Art. 127, inc. VIII, art. 128, incs. I, III, IV e V, todos da LGT.
[88] Verifica-se a Exposição de Motivos da LGT: "O Projeto permite que a Agência, em casos excepcionais, condicione a autorização à aceitação, pelo interessado, de compromissos de interesse da coletividade, tais como a ampliação da cobertura, o atendimento de demandas sociais ou a contribuição, inclusive financeira, à universalização dos serviços, que, se descumpridos, ensejarão sanções de multa, suspensão ou caducidade da autorização (arts. 131 e 133)" (p. 60).
[89] Art. 135 da LGT.
[90] Art. 136, § 3º, da LGT.
[91] Art. 3º, inc. XVIII, da Resolução nº 426, de 9 de dezembro de 2005.
[92] Vide Regulamento Geral de Numeração (Resolução nº 709, de 27 de março de 2019). O recurso de numeração é ali definido como: "conjunto de códigos de acesso e/ou de identificação utilizados para permitir o estabelecimento de conexões entre diferentes Terminações de Rede, possibilitando a fruição de serviços de telecomunicações" (art. 3º, inc. XII).

-se de um serviço fixo,[93] que se presta à transmissão de dados, sendo, fundamentalmente, a autorização que permite a conexão fixa à internet. Diferencia-se do STFC justamente por não ter limitações técnicas à sua velocidade, bem como por não ter acesso a recursos de numeração – ou seja, impede que usuários do SCM realizem chamadas para usuários dos demais serviços que contam com tais recursos.[94]

Já o Serviço Móvel Pessoal (SMP) é o que permite a conexão de voz e dados móveis entre seus usuários, inclusive mensagens (*Short Message Service* – SMS), regulado pela Resolução nº 477, de 7 de agosto de 2007, fazendo uso de recursos de numeração.[95] Tal qual o SCM, esse serviço serve de suporte para a conexão à internet, sendo atualmente a principal forma de acesso a essa funcionalidade.

Por conta da característica de mobilidade, a autorização de SMP depende do acesso a um bem público escasso: a radiofrequência. O uso de radiofrequência demanda, em regra, de autorização específica emitida após a realização de licitação pública para sua alocação inicial.[96] Assim, embora a autorização para o serviço em si não necessite de prévia licitação, é impossível explorá-lo sem o acesso à radiofrequência.

As radiofrequências podem ser ou não licenciadas, a critério da Anatel. No primeiro caso, o detentor do direito de uso recebe uma garantia contra interferência de terceiros, possuindo uma espécie de exclusividade sobre sua utilização – o que justifica a realização de licitações nesses casos.[97] No segundo caso, bastante comum, o direito de uso inde-

---

[93] Embora seja admitida a mobilidade restrita, o que torna possível o uso de radiofrequência como suporte para o serviço (art. 3º, § 3º, da Resolução nº 614/2013).

[94] Há uma proposta de alteração do Regulamento Geral de Numeração que pode, entre outras alterações, eliminar essa restrição (Consulta Pública nº 37/2020).

[95] Também com relação a esse serviço, admite-se a figura dos operadores virtuais (*Mobile Virtual Network Operators* – MVNO), que fundamentalmente alugam as redes das operadoras tradicionais para viabilizar sua atuação. Essas autorizações são disciplinadas pela Resolução nº 550, de 22 de novembro de 2010.

[96] Refiro-me aqui à alocação inicial pois, com o advento da Lei nº 13.879/2019, as autorizações de direito de uso de radiofrequência passaram a ser passíveis de prorrogações sucessivas – cf. nova redação do art. 167 da LGT.

[97] Justamente por essa razão há também uma preocupação com a acumulação de espectro licenciado, pois ele pode servir como barreira para a entrada de serviços de telecomunicações. A Anatel tem criado limites, seja no âmbito de editais de licitação ou regulamentares (*vide*, posteriormente, a Resolução nº 703, de 1º de novembro de 2019). Sobre o tema, *vide*

pende de autorização prévia, sendo a alocação prevista diretamente pela regulamentação. É nessa situação, por exemplo, que estão as redes de *wi-fi*, além de serviços explorados com base em tecnologias como a LoRa (*Long Range*), que procuram atender a aplicações de Internet das Coisas.[98]

Esses exemplos também chamam a atenção para um aspecto importante: o simples uso de radiofrequência não necessariamente significa, para efeitos da regulamentação setorial, que o serviço será dotado de mobilidade. É muito comum o uso de radioenlaces para a conexão de redes destinadas a serviços fixos, como o STFC[99] e o SCM. De forma bastante simplificada, o que caracteriza a mobilidade no âmbito do SMP não é o uso da radiofrequência em si, mas a capacidade de manter a conexão quando há a transição entre duas antenas distintas – o que não ocorre nas aplicações fixas.[100]

Conforme tratarei ao longo do livro, a imposição de compromissos de interesse da coletividade no âmbito de leilões de radiofrequência tem sido utilizada pela Anatel, ao longo dos anos, para viabilizar políticas públicas de expansão dos serviços de telecomunicações – por exemplo, a obrigação de atuar em áreas sem rentabilidade.

Vale uma referência ao Serviço de Acesso Condicionado (SeAC), destinado a agregar todos os meios de exploração da atividade de televisão por assinatura, independentemente do meio ou tecnologia utilizada. Por meio dele o usuário contrata, simultaneamente, um serviço de telecomunicações que permite o acesso a um conteúdo predeterminado pela prestadora. Trata-se do único serviço que não é disciplinado integralmente pela LGT, estando também sujeito à Lei nº 12.485, de 12 de setembro de 2011. Uma particularidade do serviço é a regulação sobre

---

Pereira Neto, Caio Mário da Silva; Adami, Mateus Piva. Restrições concorrenciais nos editais de licitação de projetos de infraestrutura: casos de telecomunicações, aeroportos e portos. *In*: Pereira Neto, Caio Mário da Silva; Pinheiro, Luís Felipe Valerim (coords.). *Direito da infraestrutura*. São Paulo: Saraiva, 2017, p. 351.

[98] Vide Ato nº 14448, de 4 de dezembro de 2017.

[99] Vale recordar o exemplo da operadora Vésper, que chegou a atuar em São Paulo, com a tecnologia *Wireless Local Loop* (WLL), sem uma rede fixa para chegar ao usuário final, contando apenas com radiofrequência – o que é possível dado que o serviço é neutro em relação ao meio que utiliza como suporte.

[100] Cf. art. 4º, incs. V e VI, da Resolução nº 719, de 10 de fevereiro de 2020.

o conteúdo, que não é objeto de disciplina nos demais casos – cabendo essa competência à Agência Nacional do Cinema (Ancine).

Em brevíssima síntese, essas são as principais modalidades de serviços de telecomunicações que servem como instrumento para a atuação do Poder Público. O objetivo aqui foi circunscrever e contextualizar os serviços sobre os quais há, pode haver ou deveria haver políticas públicas voltadas para a expansão de seu acesso, conforme a demanda e o interesse social.

1.2.2.3. As redes de telecomunicações

Os serviços de telecomunicações descritos utilizam redes como suporte, o que representa um ponto bastante relevante para a expansão dos serviços de telecomunicações, independentemente da modalidade. A LGT confere um tratamento especial às redes que suportam os serviços de telecomunicações, por consistirem em meios essenciais para a atuação no setor, o que atrai preocupações de caráter concorrencial.

A interconexão entre as redes é necessária para viabilizar uma efetiva integração nacional, além da própria competição entre operadoras e serviços distintos – como é o caso do STFC e do SMP, por exemplo, com relação à voz. Isso porque a LGT traz a interconexão como uma obrigação entre as operadoras que explorem serviços de interesse coletivo e funcionalmente compatíveis, de forma a viabilizar a conexão entre usuários do sistema de telecomunicações, independentemente de sua operadora de origem.[101]

Ademais, conforme é possível inferir pela descrição dos serviços, uma mesma rede é capaz de suportar vários serviços distintos, sendo muito comum o compartilhamento de rede entre prestadoras. Nesse sentido, a LGT não apenas garante a possibilidade de uso das redes de telecomunicações de uma operadora por outra,[102] mas prevê hipóteses em que esse compartilhamento é obrigatório entre operadoras de interesse coletivo,[103] configurando o mercado de atacado. Esse mercado, restrito à

---

[101] Art. 146, parágrafo único, da LGT. Nota-se uma preocupação com as condições de acesso às redes entre operadoras para fins de interconexão, sendo certo que a legislação garante que a negociação será privada (art. 153 da LGT), mas deverá respeitar o tratamento isonômico entre operadoras (art. 152 da LGT).
[102] Art. 154 da LGT.
[103] Art. 155 da LGT.

relação entre as operadoras, envolve tanto as redes operacionais quanto a infraestrutura de suporte necessária à sua instalação – como dutos, postes e torres, por exemplo.

O compartilhamento de redes é essencial para viabilizar a competição no setor, haja vista ser impossível a duplicação completa das redes por todas as operadoras. As hipóteses de obrigatoriedade do compartilhamento e da interconexão, bem como as condições para sua precificação, geraram e ainda geram inúmeros conflitos no setor,[104] o que levou a Anatel a estabelecer mecanismos próprios para o acompanhamento e a intervenção no mercado de atacado.[105]

Esse ponto é relevante, dado que o acesso universal depende, evidentemente, da disponibilidade de redes para ser efetivado. Portanto, a política pública, quaisquer que sejam suas ferramentas, deve levar em consideração os movimentos em torno de sua instalação pelo titular e condições de acesso por terceiros para a prestação dos serviços. O tema será retomado nos Capítulos 2 e 3 para demonstrar como os rumos da universalização no Brasil foram influenciados pelas regras de compartilhamento de infraestrutura, e como, atualmente, a exploração de redes em regime de atacado apresenta uma oportunidade de evolução para a política pública.

1.2.2.4. Os Serviços de Valor Adicionado e o acesso à internet

Conforme apontado anteriormente, os serviços de telecomunicações servem como suporte para o acesso à internet, não se confundindo o seu provimento com essa funcionalidade. Isso se deve ao fato de que, no Brasil, a legislação é clara ao segregar o serviço de suporte das funcionalidades a que ele permite o acesso.

Nesse sentido, a LGT se utiliza do conceito de Serviço de Valor Adicionado (SVA), como "atividade que acrescenta, a um serviço de tele-

---

[104] Sobre um dos principais precedentes no setor e suas consequências tanto no âmbito do Conselho Administrativo de Defesa Econômica quanto no da Anatel, vide ADAMI, Mateus Piva. *Essential facilities*, falhas regulatórias e assimetria de informação no setor de telecomunicações. *Fórum Administrativo*, ano 6, nº 69, Belo Horizonte, p. 8132-8149, nov. 2006.

[105] A atuação pode ser exemplificada pelo Regulamento de Exploração Industrial de Linhas Dedicadas (REILD), bem como pelo Plano Geral de Metas de Competição (PGMC), aprovados, respectivamente, pela Resolução nº 590, de 15 de maio de 2012, e pela Resolução nº 600, de 8 de novembro de 2012.

comunicações que lhe dá suporte e com o qual não se confunde, novas utilidades relacionadas ao acesso, armazenamento, apresentação, movimentação ou recuperação de informações", não se constituindo como serviço de telecomunicações.[106] Portanto, para fins da LGT, o conceito de SVA é utilizado para diferenciar a camada lógica de tráfego de dados e funcionalidades da física, em que efetivamente há um serviço de telecomunicações.

O Marco Civil da Internet (Lei nº 12.965, de 23 de abril de 2014) define a internet como "o sistema constituído do conjunto de protocolos lógicos, estruturado em escala mundial para uso público e irrestrito, com a finalidade de possibilitar a comunicação de dados entre terminais por meio de diferentes redes".[107] O provedor de conexão, embora não definido legalmente, pode ser apontado como aquele que habilita um terminal para conexão à internet,[108] permitindo que o usuário possa acessar as aplicações ali disponíveis, ofertadas por um provedor de aplicação.

Tem-se, assim, que o provedor de conexão é uma operadora de telecomunicações, e o provedor de aplicação é aquele que explora SVA, para fins deste estudo.[109] Assim, o provedor de SVA é, de fato, um usuário do serviço, tanto quanto os demais usuários (inclusive os que utilizam as suas funcionalidades por meio da internet).[110] Observo que o Marco Civil da Internet, embora utilize terminologia diversa,[111] não destoa da

---

[106] Art. 61 da LGT.

[107] Art. 5º, inc. I, do Marco Civil da Internet.

[108] Definição que pode ser inferida a partir do art. 5º, incs. IV, V e V, do Marco Civil da Internet.

[109] Vale notar que a Norma nº 004/1995, aprovada pela Portaria nº 148, de 31 de maio de 1995, do Ministério das Comunicações, que disciplina o "uso de meios de Rede Pública de Telecomunicações para o provimento de Serviços de Conexão à Internet", utiliza conceitos próprios, referindo o provedor de SVA como um provedor de conexão à internet.

[110] MARQUES NETO, Floriano Peixoto de Azevedo; COSCIONE, Milene Louise Renée. *Telecomunicações*: doutrina, jurisprudência, legislação e regulação setorial. São Paulo: Saraiva Jur, 2012, p. 49.

[111] O Marco Civil poderia ter se utilizado de uma técnica legislativa mais precisa e integrada com o restante do ordenamento, ao partir dos conceitos já sedimentados e presentes na LGT, o que certamente facilitaria a interpretação de suas disposições e evitaria equívocos. Por exemplo, cito o entendimento de que o Marco Civil teria transmutado a internet em "serviço público", dada a indicação de se tratar de atividade "essencial" (art. 7º,

LGT nesse ponto – e, de fato, acaba por reforçar essa segregação entre rede física e lógica.

Embora não se confundam, a disponibilidade de serviços de telecomunicações é necessária para o acesso a qualquer funcionalidade na internet, gratuita ou paga. Conforme aprofundarei no próximo item, tendo em vista que a maior demanda social atual é justamente pelo acesso a aplicações disponibilizadas por meio da internet, que, inclusive, substituem em grande medida os próprios serviços tradicionais de telecomunicações – como a comunicação por voz e o SMS –, com grande impacto para a política pública de universalização, é importante estabelecer a maneira com que esse acesso se dá.

Inicialmente, a forma de acesso predominante à internet era pelo acesso discado, que nada mais é do que a transmissão *de outros sinais* através do próprio STFC – ou seja, uma ligação comum até um prestador de serviço de conexão à internet, tarifada inclusive como uma conexão de voz, por pulso e posteriormente por tempo. Com a demanda por maior velocidade, a mesma rede de suporte ao STFC (par de cobre) passou a viabilizar conexões mais rápidas, através da tecnologia *Assymetrical Digital Subscriber Line* (ADSL) – mas aqui já sob as autorizações para o SCM, em regime privado.

Atualmente, as velocidades já excedem a capacidade técnica disponível no par de cobre, o que obriga a adoção de meios confinados mais eficientes – como é o caso da fibra ótica. Além disso, o acesso móvel à internet passou a também ser uma demanda, atendida por meio do SMP, em função da adoção de tecnologias para ampliar a velocidade e estabilidade das conexões de dados – como é o caso do 4G e 5G.

Nota-se, portanto, que a organização dos serviços, tal qual originalmente prevista na LGT, comportou a evolução da demanda pelo acesso

---

caput), o que demandaria sua exploração por meio de concessões na forma da LGT. *Vide*, nesse sentido, ALIMONTI, Veridiana. O Programa Nacional de Banda Larga e o Banda Larga para Todos: uma perspectiva da sociedade civil. *In*: KNIGHT, Peter; FEFERMAN, Flavio; FODITSCH, Natália (orgs.). *Banda larga no Brasil*: passado, presente e futuro. São Paulo: Figurati, 2016, p. 92; e LEFREVE, Flávia. Política e Regulação: conquistas e desafios. *In*: KNIGHT, Peter; FEFERMAN, Flavio; FODITSCH, Natália (orgs.). *Banda larga no Brasil*: passado, presente e futuro. São Paulo: Figurati, 2016, p. 172). Pelo que foi exposto, além do caráter da essencialidade, a qualificação formal demandaria o reconhecimento, pelo Poder Executivo, do dever de garantir a continuidade e a existência do serviço, o que jamais ocorreu.

às telecomunicações. Cabe verificar, então, como estava desenhada originalmente a política de universalização para, posteriormente, analisar como ela foi implementada.

1.2.2.5. A universalização como pauta para políticas públicas setoriais: o arranjo institucional original da Lei Geral de Telecomunicações

A universalização do acesso a determinadas atividades qualificadas como de interesse coletivo representa uma pauta relevante para o estudo das políticas públicas. Nesse sentido, atividades econômicas cuja fruição pela sociedade seja considerada essencial, por várias razões (*v.g.* saúde, educação, energia, transportes de bens e pessoas), são qualificadas como "serviço público" ou recebem algum tratamento específico por parte do Estado para viabilizar o seu acesso por parte das camadas mais necessitadas da população – como é o caso, respectivamente, dos serviços de transporte coletivo e produção de medicamentos, por exemplo.

Esse esforço é feito por meio das chamadas políticas públicas de universalização ou massificação de acesso, voltadas para atingir a parcela da população que não tem condições, técnicas ou financeiras, de fruir os serviços. São atividades especialmente necessárias em países em desenvolvimento, não obstante também se identifique esse tipo de política pública em países desenvolvidos. Em síntese, tais políticas têm como objetivo disponibilizar, de forma geral e irrestrita, bens e serviços com determinados padrões mínimos de qualidade, mediante a aplicação de preços ou tarifas razoáveis.[112]

Tais políticas se justificam por diversas razões.[113] Primeiro, podem resultar em externalidades positivas, ou seja, a expansão do serviço pode ter como efeito colateral um benefício geral para a sociedade desproporcional em relação ao valor do investimento a ela associado – como é o caso típico de educação e saúde. Segundo, há uma correlação positiva entre investimentos em infraestrutura e desenvolvimento econômico,

---

[112] COUTINHO, Diogo Rosenthal. *Direito e economia política na regulação de serviços públicos*. São Paulo: Saraiva, 2014, p. 114.
[113] FARACO, Alexandre Ditzel; COUTINHO, Diogo Rosenthal. A universalização dos serviços regulados. *In*: PEREIRA NETO, Caio Mário da Silva; PINHEIRO, Luís Felipe Valerim (coords.). *Direito da infraestrutura*. São Paulo: Saraiva, 2017, p. 303-308.

basicamente por meio do aumento de produtividade dele decorrente[114] – como o caso dos transportes. Terceiro, o próprio efeito redistributivo de realocação de recursos da parcela mais rica da sociedade em favor da mais pobre.

Tomando os serviços de telecomunicações como exemplo, objeto do estudo, pode-se identificar fundamentalmente duas razões que levam à necessidade de adoção de políticas públicas de universalização: (i) extensão das redes de telecomunicações para disponibilizar os serviços em localidades mais afastadas; e (ii) atendimento a segmentos de baixa renda para os quais, mesmo havendo disponibilidade do serviço, os usuários potenciais não conseguem arcar com os custos – seja pela impossibilidade de arcar com o serviço em si ou com os equipamentos necessários à sua fruição.[115] Pode-se apontar que são situações tipicamente de países em desenvolvimento, nas quais ambas as frentes precisam de atenção, deixando a regulação setorial com um relevante papel com relação à universalização.[116-117-118]

---

[114] COUTINHO, Diogo Rosenthal. A universalização do serviço público para o desenvolvimento com uma tarefa da regulação. *In*: SALOMÃO FILHO, Calixto (coord.). *Regulação e desenvolvimento*. São Paulo: Malheiros, 2002, p. 81.

[115] "Universalizar a oferta de um serviço de telecomunicações implica superar duas barreiras, uma **barreira física**, associada ao lugar onde se pretende levar o serviço, caso não haja infraestrutura para ofertá-lo, ou não seja suficiente para fazer frente à demanda; e uma **barreira socioeconômica**, associada à eventual impossibilidade de pagamento do serviço por parte dos usuários, caso a infraestrutura esteja disponível" (TCU, Acórdão nº 2148/2005, Rel. Min. Ubiratan Aguiar, j. em 7.12.2005, grifos no original).

[116] COUTINHO, Diogo Rosenthal. A universalização do serviço público para o desenvolvimento com uma tarefa da regulação. *In*: SALOMÃO FILHO, Calixto (coord.). *Regulação e desenvolvimento*. São Paulo: Malheiros, 2002, p. 75.

[117] "Os obstáculos à banda larga não se resumem à falta de infraestrutura ou à falta de letramento digital, mas também à baixa renda per capita do País. Pesquisa TIC demonstra que, entre os domicílios com computador e sem acesso à internet, 37% dos alegaram não ter assinatura de banda larga em razão do custo elevado ou porque não tinham dinheiro para pagar (PROPORÇÃO, 2015). A questão da oferta do serviço – rede – apareceu em segundo lugar como razão para não estarem conectados. Do total de domicílios com computador e sem internet, 27% dos respondentes disseram não ter internet em casa por falta de disponibilidade do serviço" (VELOSO, Elizabeth Machado. Os desafios no acesso à banda larga no Brasil. *Cadernos Aslegis*, nº 49, maio/ago. 2013. Disponível em: https://aslegis.org.br/files/cadernos/2013/caderno-49/7-O-desafios-no-acesso-a-banda-larga-no-Brasil.pdf. Acesso em: 12 mar. 2021. p. 110).

As duas situações, inclusive, podem se combinar em muitos casos, e representam tipicamente uma falha de mercado,[119] na qual, do ponto de vista econômico, o Valor Presente Líquido (VPL) dos investimentos realizados seria negativo – e, portanto, não atrairia espontaneamente prestadores de serviço privados. Sob a ótica econômica, são projetos cujas receitas não remuneram o capital investido.[120] A solução aqui passa pela criação de políticas distributivas, voltadas para o aumento de bem-estar dos usuários da atividade sujeita à universalização, que tornem os projetos com VPL zero.

Isso passa por responder a dúvidas cruciais: quem deve executar as obrigações de universalização? Como isso deve ser feito? Quem deve arcar com os custos dessa política pública?[121] É evidente, portanto, o papel do Estado na criação de soluções para que os serviços essenciais atinjam o maior número possível de usuários – sendo essa uma forma de reduzir desigualdades sociais, justamente mediante a criação de preferências e desigualdades em favor de determinados grupos sociais.[122] Trata-se, de alguma forma, de privilegiar o tratamento isonômico entre os administrados, viabilizando o acesso a esses serviços, especialmente qualificados pela legislação, àqueles que não dispõem de condições econômicas para tanto.

---

[118] Vale notar que a União Europeia também dispor de diretrizes que apontam para o atendimento a ambas as frentes (GARZANITI, Laurent *et al.* (eds.). *Electronic Communications, Audiovisual Services and the Internet EU Competition Law & Regulation*. 4. ed. Londres: Sweet & Maxwell, 2020, p. 97-98).

[119] FARACO, Alexandre Ditzel; COUTINHO, Diogo Rosenthal. A universalização dos serviços regulados. *In*: PEREIRA NETO, Caio Mário da Silva; PINHEIRO, Luís Felipe Valerim (coords.). *Direito da infraestrutura*. São Paulo: Saraiva, 2017, p. 303.

[120] PEREIRA NETO, Caio Mário da Silva; ADAMI, Mateus Piva. O desafio da universalização de telecomunicações: um balanço após 15 anos de LGT. *In*: GUERRA, Sergio (org.). *Regulação no Brasil*: uma visão multidisciplinar. Rio de Janeiro: FGV, 2014, p. 190. No mesmo sentido, conferir CARVALHAES NETO, Eduardo Hayden. Noções de universalização de serviços de telecomunicações no Brasil. *Revista de Direito de Informática e Telecomunicações*, Belo Horizonte, v. 4, p. 81-113, 2008, p. 20.

[121] COUTINHO, Diogo Rosenthal. A universalização do serviço público para o desenvolvimento com uma tarefa da regulação. *In*: SALOMÃO FILHO, Calixto (coord.). *Regulação e desenvolvimento*. São Paulo: Malheiros, 2002, p. 80.

[122] MACEDO JUNIOR, Ronaldo Porto. O conceito de direito social e racionalidades em conflito: Ewald contra Hayek. *In*: MACEDO JUNIOR, Ronaldo Porto. *Ensaios de teoria do Direito*. São Paulo: Saraiva, 2013.

Tais soluções passam pelo estabelecimento de políticas públicas que podem compreender arranjos institucionais nos quais diferentes ferramentas são utilizadas pelos atores institucionais. A ferramenta mais comum em serviços concedidos se vale do subsídio cruzado, no qual uma parcela dos usuários (seja um segmento de maior renda ou que frua um determinado serviço) arca com os investimentos necessários para tornar o VPL geral dos investimentos igual a zero. Isso torna a atividade atrativa para a iniciativa privada ou mesmo autossustentável, quando a exploração for realizada direta ou indiretamente pelo Estado.

O subsídio cruzado é bastante utilizado em concessões por ser uma ferramenta de simples implantação, por ser estabelecida a partir da definição do objeto do serviço e não demandar acompanhamento próximo, a depender da alocação de riscos do contrato. Contudo, tem seus problemas, como a falta de transparência e, ainda, pode gerar distorções, seja por onerar uma parcela específica do serviço, desestimulando seu consumo, ou ainda por interferir na competição quando a atividade for aberta também à livre-iniciativa.[123]

Há, no entanto, outros arranjos institucionais possíveis. Conforme demonstrarei adiante, esse ponto foi levado em consideração no setor de telecomunicações, dado não haver contraposição entre os objetivos de se introduzir competição no setor e viabilizar a universalização do serviço.[124]

A seguir, abordarei o tratamento conferido pela LGT ao tema da universalização, a compatibilidade do conceito com as demandas atuais pelos serviços de telecomunicações, apesar das dificuldades em circuns-

---

[123] "Tais soluções, porém, que não modificariam substancialmente a estrutura interna de subsídios inerentes ao modelo anterior acabariam por restringir a possibilidade de desenvolvimento amplo do processo concorrencial em todos os segmentos do setor, assim como de aproveitamento pleno dos incentivos oferecidos pela existência de concorrência. Nota-se, portanto, que há *prima facie*, incompatibilidade recíproca entre a estrutura de subsídios cruzados e a introdução de concorrência. Não apenas aquela é inviabilizada por esta, como a criação de um ambiente concorrencial tende a ser incompatível com a manutenção dos mecanismos tradicionais de financiamento das políticas de universalização" (FARACO, Alexandre Ditzel; COUTINHO, Diogo Rosenthal. A universalização dos serviços regulados. *In*: PEREIRA NETO, Caio Mário da Silva; PINHEIRO, Luís Felipe Valerim (coords.). *Direito da infraestrutura*. São Paulo: Saraiva, 2017, p. 312).

[124] MINISTÉRIO DAS COMUNICAÇÕES. *Exposição de Motivos nº 231, de 10 de dezembro de 1996*, p. 15.

crever os objetivos dessa política pública. Também descreverei as principais características do FUST, enquanto principal ferramenta para a universalização no setor.

1.2.2.5.1. Universalização na Lei Geral de Telecomunicações

No setor de telecomunicações, a universalização foi estruturada como uma política pública dotada de um arranjo institucional peculiar e criativo, deixando de lado, a partir de um dado momento, o mecanismo tradicional de subsídios cruzados.[125] Faço aqui referência à Exposição de Motivos da LGT, que explicitamente buscou compatibilizar a universalização com a introdução e manutenção da competição do setor, inclusive com o objetivo de promover a ampliação do acesso aos serviços, nos seguintes termos:[126]

> Na primeira dessas situações, as tarifas cobrem os custos operacionais e proporcionam retorno comercialmente atrativo ao capital investido, de modo que os provedores de serviço buscarão, normalmente, satisfazer a esses clientes como parte de sua estratégia de negócios. **Ou seja, a competição na exploração dos serviços fará com que os consumidores economicamente atrativos sejam atendidos satisfatoriamente, tendo acesso a serviços que supram de forma adequada suas necessidades de telecomunicações.**
>
> Já a segunda situação diz respeito àqueles casos em que o custo de prover o acesso físico seja elevado (por exemplo, em localidades remotas no interior do País, nas áreas rurais, nas periferias das grandes cidades, em regi-

---

[125] A Exposição de Motivos da LGT aponta, para além das distorções mencionadas, a ineficácia do subsídio cruzado como forma de universalizar o serviço, que caracterizou o período prévio às reformas da década de 1990: "Mesmo o mecanismo dos subsídios cruzados, que pretendia que os serviços mais rentáveis e as regiões mais desenvolvidas contribuíssem para o atendimento às periferias, à interiorização e aos serviços de natureza social, acabou sendo desfigurado, uma vez que, por um lado, sua aplicação limitou-se ao serviço telefônico (do de longa distância para o local) e, por outro, as populações das periferias e as mais carentes são exatamente aquelas desprovidas de atendimento telefônico" (MINISTÉRIO DAS COMUNICAÇÕES. *Exposição de Motivos nº 231, de 10 de dezembro de 1996*, p. 7).

[126] A necessidade de harmonizar a competição e a universalização no setor é notada por outros autores, conforme se infere a partir de COUTINHO, Diogo Rosenthal. *Direito e economia política na regulação de serviços públicos*. São Paulo: Saraiva, 2014, p. 127; e PEREIRA NETO, Caio Mário da Silva. *Universal Access to Telecommunications in Developing Countries*: The Brazilian Case. 2005. JSD Dissertation, Yale Law School, New Haven, 2005, p. 180.

ões escassamente povoadas) ou em que os clientes potenciais disponham de renda inferior à que seria necessária para criar uma oportunidade de investimento atrativa para algum provedor de serviço. **Nesse caso, o acesso a serviços de telecomunicações poderá requerer algum tipo de subsídio, que deverá ser idealizado e distribuído de modo a não criar vantagens nem desvantagens para nenhum dos operadores e, ao mesmo tempo, possibilitar o atendimento a esse objetivo social ao menor custo.** (p. 18, grifos nossos)

Em atenção a essa preocupação, foi previsto, mas jamais integralmente implementado – ao menos, em sua parcela mais relevante –, o arranjo fundamentado na aplicação de recursos com base no FUST, em linha com a prática adotada em diversos outros países.[127] A opção foi por, justamente, considerar que a lógica de subsídio cruzado, além de ineficaz, seria insustentável à luz da introdução da competição no setor.[128]

Detalharei o funcionamento do mecanismo de universalização adiante, ao analisar em maior profundidade a política pública estabelecida para o setor de telecomunicações. No entanto, é possível fazer considerações sobre os contornos legais da universalização e os mecanismos previstos na legislação para o atingimento desse objetivo.

A LGT definiu a universalização como o conjunto de obrigações

> que objetivam possibilitar o acesso de qualquer pessoa ou instituição de interesse público a serviço de telecomunicações, independentemente de sua localização e condição socioeconômica, bem como as destinadas a permitir a utilização das telecomunicações em serviços essenciais de interesse público.[129]

---

[127] Por exemplo, o estudo de 2013 conduzido pela União Internacional de Telecomunicações (UIT) apontou a existência de 69 países que já se valiam dessa ferramenta ou pretendiam implementá-la (ORGANIZAÇÃO DAS NAÇÕES UNIDAS (ONU). União Internacional de Telecomunicações (UIT). *Universal Service Fund and Digital Inclusion for All*. 2013, p. 2. Disponível em: https://www.itu.int/dms_pub/itu-d/opb/pref/D-PREF-EF.SERV_FUND-2013-PDF-E.pdf. Acesso em: 12 mar. 2021).

[128] MINISTÉRIO DAS COMUNICAÇÕES. *Exposição de Motivos nº 231, de 10 de dezembro de 1996*, p. 21 e 23.

[129] Art. 79, § 1º, da LGT.

Isso inclui a disponibilidade de instalações de uso coletivo ou individual, o atendimento de deficientes físicos, de instituições de caráter público ou social, bem como de áreas rurais ou de urbanização precária e de regiões remotas.[130]

A legislação estabelece três formas fundamentais de universalizar os serviços. A primeira, mediante o estabelecimento de planos de universalização cujo cumprimento faz parte de obrigação contratual contraída pela concessionária em regime público – o que, designarei como "eixo I". Além dessa alternativa, admite-se o uso de planos de universalização que serão financiados com recursos públicos: (i) de natureza orçamentária, ou seja, mediante aporte de recursos públicos conforme destinação ordinária do orçamento geral da União, estados, Distrito Federal ou municípios ("eixo II"); ou (ii) uso de recurso de fundo criado especificamente para a finalidade de financiar a expansão dos serviços ("eixo III").[131]

Os eixos II e III se propõem a destinar recursos para "cobrir a parcela do custo exclusivamente atribuível ao cumprimento das obrigações de universalização de prestadora de serviço de telecomunicações, que não possa ser recuperada com a exploração eficiente do serviço".[132] Ou seja, trata-se de um valor destinado a complementar as receitas da operadora para que o investimento realizado tenha VPL correspondente a zero ao final de sua exploração.

O fundo compreendido pelo eixo III, de fato, pode ser apontado como principal motor da universalização dos serviços, dada sua destinação específica para essa finalidade – ao contrário da autorização genérica conferida à aplicação de recursos por meio do eixo II. Como regra de transição até a instituição do referido fundo, era autorizada a adoção de outras ferramentas, como o subsídio cruzado entre modalidades de serviços ou entre segmentos de usuários ou, ainda, mediante o pagamento de valor adicional pela interconexão entre redes.[133]

---

[130] Art. 80 da LGT.
[131] Art. 81, da LGT.
[132] Art. 81, *caput*, da LGT.
[133] Art. 81, parágrafo único, da LGT, em sua redação original. Como abordarei no Capítulo 3, o dispositivo foi revogado em 2020.

Em atendimento à LGT, o FUST foi instituído pela Lei nº 9.998, de 17 de agosto de 2000 (Lei do FUST) – cujo funcionamento detalharei adiante. As concessionárias não podem fazer uso de seus recursos para arcar com obrigações originalmente assumidas em seus respectivos contratos.[134] Ou seja, a equação econômico-financeira da concessão deve ser desenhada para viabilizar que o conjunto direitos e obrigações da concessionária assumidos no momento da contratação seja exequível.

Portanto, a legislação colocou inicialmente à disposição do Poder Público três ferramentas para atingir a universalização dos serviços: (i) metas associadas a contratos de concessão explorados em regime público; (ii) uso de recursos orçamentários; e (iii) uso de recursos do FUST. Em linhas gerais, todas as ferramentas possuem um traço comum, que é viabilizar projetos que teriam VPL negativo, ou seja, sem retorno em condições de mercado e, portanto, inaptos a atrair investimentos por si só por agentes privados.

Adicionalmente, por fim, é necessário fazer referência aos já mencionados compromissos de interesse da coletividade, previstos nos arts. 135 e 136, § 3º, ambos da LGT. Embora a lei originalmente não tenha associado diretamente tais compromissos à pauta da universalização, é certo que, ao longo dos anos, as ferramentas baseadas nesses compromissos foram largamente utilizadas pelos atores institucionais, conforme demonstrarei no Capítulo 2.

Por essa razão, é possível afirmar que a LGT trouxe, em sua redação original, um conceito estrito de universalização, relacionado ao regime público, mas também comportava um conceito amplo, extensível ao regime privado nas condições e nos limites postos pela legislação. Embora com características distintas, inclusive com relação ao próprio papel do Estado, ambos os conceitos de universalização presentes na LGT, estrito e amplo, são aderentes ao objetivo de expansão de serviços.

De fato, a "universalização" para fins da LGT foi pautada em grande medida por meio de ferramentas que passam ao largo dos três eixos inicialmente por ela previstos. Foi preponderantemente calcada em substituição de metas dos contratos de concessão, bem como em compromissos de interesse da coletividade assumidos por operadoras autorizadas.

[134] Art. 80, § 2º, da LGT.

1.2.2.5.2. Universalização das telecomunicações: objeto e desafios

O conceito de universalização contido na LGT é abrangente por abarcar as diversas frentes que podem compor uma política pública setorial. Tais frentes podem ser destinadas a viabilizar o acesso de pessoas e instituições de interesse público independentemente de: (i) sua localização, o que evidencia uma preocupação com a disponibilidade dos serviços; e (ii) sua condição socioeconômica, que permite o necessário enfoque no efetivo acesso ao serviço.

Porém, esse conceito envelheceu bem com a LGT? Os exemplos trazidos na Introdução, com enfoque na educação, demonstram que houve uma evolução na demanda pelos serviços de telecomunicações. A demanda de um serviço "ponto a ponto", ou seja, que viabilize a comunicação entre dois interlocutores, preponderante quando do advento da LGT, cede espaço para uma demanda por conectividade à internet.

A mudança de foco pode ser explicada pela grande participação que a internet tem em nosso cotidiano. Boa parte das atividades sociais e profissionais se vale, em extensões variadas, de aplicações no ambiente virtual como suporte – que são chamados de serviços *Over-the-Top* (OTT).[135] Uso de serviços bancários, compras dos mais variados bens e serviços, consultas médicas, acesso a serviços públicos, entre outros, podem ser realizados diretamente pela internet, por meio de plataformas digitais.[136]

Essa demanda por conectividade não significa que a comunicação ponto a ponto deixou de existir, mas ela se deslocou também para o âmbito da internet, por meio de aplicações que viabilizam tal comunicação de forma mais simples e diversificada (por meio de texto, voz e vídeo síncronos e assíncronos, além de fotos).[137] Outros aplicativos também focam em soluções mais voltadas para o mundo educacional ou corporativo, promovendo contatos entre grupos maiores de pessoas simultane-

---

[135] FERNANDES, Victor Oliveira. *Regulação de serviços de Internet*. Rio de Janeiro: Lumen Juris, 2018, p. 3.
[136] Amazon, Mercado Livre, Magazine Luiza são exemplos dessa categoria.
[137] *Vide*, por exemplo, os aplicativos WhatsApp, Signal e Telegram.

amente.[138] Isso sem mencionar as redes sociais, que muitas vezes combinam diversos desses recursos.[139]

A internet também se apresenta cada vez mais como uma fonte de conteúdo acadêmico, educacional, jornalístico e cultural, funcionando como um repositório de conhecimento. Ainda, destacado que os serviços de telecomunicações também passam a suportar em maior intensidade o tráfego de dados que não se destina à comunicação de pessoas, mas de máquinas – a Internet das Coisas.[140]

Não é meu propósito evidenciar as mudanças que a adoção da internet em larga escala proporciona; farei isso apenas quando necessário para demonstrar que a internet assumiu um papel central na sociedade.[141] Maiores índices de acesso à internet são positivamente correlacionados ao desenvolvimento econômico e social,[142] inclusive reorganizando a lógica de prestação de serviços no ambiente virtual – observação alinhada ao exposto acerca da correlação positiva entre investimentos em infraestrutura e desenvolvimento econômico.

Isso me leva a outro aspecto que merece consideração: a ascensão da importância dos dados dos usuários, o que criou uma nova lógica para a oferta de serviços na camada da internet. Em brevíssima síntese, nessa

---

[138] Google Meet, Zoom, Teams, Webex são exemplos dessa categoria.

[139] Facebook, Instagram e LinkedIn são exemplos aqui.

[140] Sobre o assunto, *vide* o relatório disponível em: https://www.bndes.gov.br/wps/portal/site/home/conhecimento/pesquisaedados/estudos/estudo-internet-das-coisas-iot/estudo-internet-das-coisas-um-plano-de-acao-para-o-brasil. Acesso em: 11 ago. 2021.

[141] A Exposição de Motivos da LGT reconhecia expressamente a importância da "economia da informação" para o desenvolvimento econômico brasileiro (MINISTÉRIO DAS COMUNICAÇÕES. *Exposição de Motivos nº 231, de 10 de dezembro de 1996*, p. 10).

[142] "Em resumo, o desenvolvimento da economia digital favorece o desenvolvimento dos complementos analógicos e vice-versa. É um processo de retroalimentação, uma interação recíproca, uma espiral positiva que produz o que o Banco Mundial chama de 'dividendos digitais'. O desenvolvimento social e político é também favorecido pela inclusão digital, que permite uma maior participação de cidadãos e organizações da sociedade civil em atividades políticas, tanto via redes sociais quanto via consultas públicas conduzidas por meio da Internet. Essa participação também pode reforçar o desenvolvimento econômico" (KNIGHT, Peter. O papel da banda larga no desenvolvimento do Brasil. *In*: KNIGHT, Peter; FEFERMAN, Flavio; FODITSCH, Natália (orgs.). *Banda larga no Brasil*: passado, presente e futuro. São Paulo: Figurati, 2016, p. 22). *Vide*, ainda, Nota Técnica Conjunta nº 54/2017/SEI-MCTIC, de 17 de outubro de 2017, p. 15.

lógica, muitas aplicações não são remuneradas diretamente por meio de pagamento, mas sim pela coleta dos dados pessoais decorrentes de seu uso e posterior emprego dessas informações para publicidade *on-line* ou para a prestação dos seus serviços.[143]

Essas constatações têm impactos importantes para o setor de telecomunicações, tanto pelo lado dos usuários quanto das operadoras. O traço comum de todos esses movimentos em torno da internet resulta na mudança da demanda por parte dos usuários para serviços que suportem a internet, a fim de acessar os OTTs – aspecto que aprofundarei ao longo deste capítulo – quaisquer que sejam eles. Pelo lado das operadoras, novos modelos de negócio acabaram surgindo, seja para aproveitar o interesse dos usuários no acesso às aplicações "gratuitas", seja para atender plataformas de comércio eletrônico buscando manter seus clientes conectados.

Aí surgem os diversos modelos de *zero rating*, no qual as operadoras não cobram pelo tráfego de dados destinados a determinadas aplicações ou, ainda, são remuneradas diretamente pelas próprias plataformas digitais[144] – o que, na prática, atrai uma outra fonte de financiamento para o serviço, ainda que com algum tipo de contrapartida.[145]

Isso ocorre, por exemplo, em relação aos serviços móveis, sujeitos a franquias de consumo, que estabelecem um volume máximo de dados que pode ser consumido pelo usuário em determinado período.[146]

---

[143] E mesmo o acesso à internet pode não ser remunerado diretamente. Observe, nesse sentido, o modelo da operadora Veek, que oferece ao usuário 1 GB mensal de tráfego sem contrapartida financeira, em troca da exibição de vídeos publicitários periódicos (disponível em: https://veek.com.br/adesao. Acesso em: 3 set. 2021).

[144] Sobre as modalidades de *zero rating*, vide FERNANDES, Victor Oliveira. *Regulação de serviços de Internet*. Rio de Janeiro: Lumen Juris, 2018, p. 154; e RAMOS, Pedro Henrique Soares. *Neutralidade de rede*: a regulação da arquitetura da internet no Brasil. São Paulo: Editora IASP, 2018, p. 224 e ss. *Vide*, ainda, PEREIRA NETO, Caio Mário da Silva *et al*. A compatibilidade da prática de *zero rating* com a previsão de neutralidade de rede. *Revista Direito GV*, São Paulo, v. 15, p. 1-32, 2019.

[145] Discutirei no Capítulo 3 a relação do *zero rating* com a universalização.

[146] Houve grande discussão sobre a aplicação de restrições por meio de franquias de consumo à banda larga fixa no Brasil, ainda não solucionada, que motivou uma medida cautelar da Anatel impedindo tal prática (Despacho Cautelar da Superintendência de Relações com Consumidores nº 1/2016/SEI/SRC, no âmbito do Processo nº 53500.008501/2016- -35, de 18 de abril de 2016). Sobre o tema, *vide* POSSEBON, Samuel. A Anatel, as franquias

Caso tal volume seja superado, pode haver interrupção de acesso ou mesmo redução da velocidade contratada, sendo mais comum atualmente a primeira consequência.

Tem-se, portanto, um contexto no qual: (i) o setor de telecomunicações é pautado por uma evolução tecnológica acelerada; (ii) essa evolução se reflete na demanda dos próprios usuários do serviço, tornando-se um alvo móvel; (iii) a penetração da internet móvel atual é muito superior à fixa – conforme demonstrarei adiante e no Capítulo 2; e (iv) os planos de serviço móveis se pautam por uma lógica de franquia com limite de dados, o *zero rating* se torna uma ferramenta poderosa para atrair usuários, tanto para as operadoras de telecomunicações quanto para as aplicações beneficiadas.

Inegável, assim, que a política pública de universalização deva estar atenta a essas características setoriais. Em especial, isso significa que o enfoque deve ser a demanda efetiva dos usuários de um dado serviço, aspecto que requer acompanhamento próximo pelo mercado de telecomunicações, bem como flexibilidade nas ferramentas utilizadas para o atingimento da universalização. Por mais óbvia que a afirmação soe, em verdade, o período aqui estudado revela que o Brasil esteve muito distante de possuir uma política pública com essas características.[147]

Do ponto de vista da legislação, é fácil notar que esse deslocamento de interesse dos usuários fez com que a utilidade realmente buscada passasse do serviço de telecomunicações em si para o Serviço de Valor Adicionado (SVA), que utiliza o primeiro como suporte.[148] Torna-se menos importante, sob a ótica do usuário, o serviço que lhe é oferecido, mas sim as facilidades que ele suporta – as quais não são reguladas como serviços de telecomunicações.

---

e a regulação da internet, *Teletime*, 25 abr. 2016. Disponível em: https://teletime.com.br/25/04/2016/270639/. Acesso em: 12 mar. 2021.

[147] Não se trata propriamente de uma observação nova, dado que a própria Exposição de Motivos da LGT já indicava essa preocupação ao recomendar que as metas de universalização devessem ser modificadas periodicamente e adaptadas ao contexto no qual se inserem (MINISTÉRIO DAS COMUNICAÇÕES. *Exposição de Motivos nº 231, de 10 de dezembro de 1996*, p. 19).

[148] Sobre a identidade entre OTT e SVA, *vide* FERNANDES, Victor Oliveira. *Regulação de serviços de Internet*. Rio de Janeiro: Lumen Juris, 2018, p. 154.

Então, o que significaria universalizar o serviço de telecomunicações? Responder a essa questão logo no início do estudo não se afigura como uma antecipação de conclusões que necessariamente são e serão aferidas como resultado da análise realizada nos próximos capítulos, mas contribui para estabelecer os parâmetros nos quais as fases de diagnóstico e aperfeiçoamento irão se pautar.

Universalizar o serviço de telecomunicações significa, atualmente, prover o usuário dos meios necessários para acessar, efetiva e adequadamente, funcionalidades disponibilizadas por meio da internet. Deve, portanto, corresponder ao objetivo dos atores institucionais ao aplicar as ferramentas disponibilizadas para o atendimento da política pública. Em termos de objeto, não se trata apenas de um deslocamento do serviço de comunicação ponto a ponto, mas, sim, de uma mudança para uma demanda que engloba não apenas essa funcionalidade, mas todas as demais aqui anteriormente apontadas. Ou seja, o serviço universalizado deve prover suporte ao acesso à internet para a fruição de SVAs, quaisquer que sejam eles. Igualmente, não basta a disponibilidade do serviço, é necessário prover as condições para a sua efetiva fruição.[149]

Nesse sentido, o provimento de internet em banda larga, fixa ou móvel, em nível de serviço capaz de atender à demanda social, consiste na atividade que deve representar o objetivo da política pública de universalização. Por nível de serviço, entende-se aquele necessário a viabilizar a fruição das funcionalidades demandadas pelos usuários, o que evidencia a importância da velocidade e da estabilidade da conexão como elementos relevantes, além dos meios necessários para fruí-lo.

É evidente a impossibilidade de fixar um objetivo de política pública estático diante das características do setor – aspecto amplamente reco-

---

[149] A Exposição de Motivos da LGT segue um caminho similar ao definir os objetivos da reforma setorial: "criar condições para que o desenvolvimento do setor seja harmônico com as metas de desenvolvimento social do País. Quatro são as proposições básicas consolidadas nesse objetivo: propiciar condições para reduzir o diferencial de cobertura dos serviços de telecomunicações entre as diversas regiões do País e entre as diversas faixas de renda; criar condições para a prática de tarifas razoáveis e justas para os serviços de telecomunicações; promover serviços de telecomunicações que incentivem o desenvolvimento econômico e social do País; e alcançar metas específicas de serviço universal" (MINISTÉRIO DAS COMUNICAÇÕES. *Exposição de Motivos nº 231, de 10 de dezembro de 1996*, p. 15).

nhecido.¹⁵⁰ Aqui me valho do conceito de "conectividade significativa" como baliza para definir o que deveria ser objeto da política pública de universalização de telecomunicações, tal qual definido pela entidade A4AI,¹⁵¹ a fim de traçar uma meta ideal. Esse conceito parte de quatro elementos: (i) velocidade adequada, assim atualmente considerada como correspondente às obtidas através de conexões móveis em 4G;¹⁵² (ii) volume suficiente de dados, ou seja, franquia adequada (ou mesmo sua inexistência);¹⁵³ (iii) possibilidade de haver conexão com frequência diária; e (iv) disponibilidade de terminais adequados para os usuários.¹⁵⁴

É importante notar que não necessariamente esses fatores dependem de acessos individuais como regra. Por exemplo, a possibilidade

---

¹⁵⁰ Cito, por exemplo, as regras aplicáveis à União Europeia (UE), que são indicativas e sujeitas a uma lista de serviços passível de atualização, realizada a cada cinco anos: "The EECC does not define a precise bandwidth that should be applicable for the whole EU, but provides criteria on the basis of which each Member State should define a bandwidth adapted to its territory that should be available for all. The bandwidth should allow social and economic participation in the society and be capable of supporting a dynamic list of minimum online services considered as essential (i.e. email, search engines, basic training and education online tools, online news, e-commerce, job searching, professional networking, internet banking, e-government use, social media, and instant messaging and calls and video calls of standard quality)" (GARZANITI, Laurent et al. (eds.). *Electronic Communications, Audiovisual Services and the Internet EU Competition Law & Regulation*. 4. ed. Londres: Sweet & Maxwell, 2020, p. 95 e 98).

¹⁵¹ A4AI. *Meaningful Connectivity*: A New Target to Raise the Bar for Internet Access, 2020. Disponível em: https://a4ai.org/wp-content/uploads/2021/02/Meaningful-Connectivity_Public-.pdf. Acesso em: 12 mar. 2021.

¹⁵² Anatel avalia utilizar a velocidade de 10 Mbps como mínimo para uma operadora obter o selo de qualidade "A" nos termos do novo Regulamento de Qualidade dos Serviços de Telecomunicações, veiculado pela Resolução nº 717, de 23 de dezembro de 2019. No entanto, esse patamar encontra resistência por parte das operadoras, dado que uma parcela significativa da rede não permite o atingimento dessas velocidades. Sobre o assunto, vide POSSEBON, Samuel. Anatel prepara selo de qualidade na banda larga; redes antigas devem ter pior desempenho, *Teletime*, 18 jun. 2021. Disponível em: https://teletime.com.br/18/06/2021/anatel-prepara-selo-de-qualidade-na-banda-larga-redes-antigas-devem-ter-pior-desempenho/. Acesso em: 12 mar. 2021.

¹⁵³ A entidade considera, para fins do conceito de conectividade significativa, que a franquia, se existente, deve corresponder a volumes que sejam dificilmente atingidos – por exemplo, 100 GB mensais –, o que caracteriza a disponibilidade ilimitada.

¹⁵⁴ Conforme mencionado na Introdução, embora a disponibilidade de terminais seja essencial à concretização de acesso, o foco de estudo deste livro está nos elementos atrelados à conectividade – correspondentes aos três primeiros pontos indicados pela entidade.

de frequentar diariamente um local (*v.g.* uma escola) que disponha de acesso é condizente com as demais condições anteriormente mencionadas. A estratégia de privilegiar acessos coletivos é especialmente relevante em países em desenvolvimento, dada a menor disponibilidade de recursos.[155]

Friso, assim, tratar-se de um cenário ideal, que encontra dificuldades, por exemplo, em tornar viável o acesso efetivo individual, com essas características, a todos os usuários. Isso não impede, contudo, que as ferramentas da política pública sejam utilizadas de forma combinada, a fim de se chegar a um resultado próximo da conectividade significativa. Por exemplo, a disponibilidade de acesso irrestrito em espaços públicos, como escolas, estabelecimentos de saúde, bibliotecas e congêneres pode complementar outras lacunas – como uma franquia móvel pequena, bem como a ausência ou insuficiência de um serviço fixo.[156] Por sua vez, essas lacunas podem ser superadas ou ao menos mitigadas por meio de outras ferramentas, como incentivos à demanda (*i.e.* subsídios diretos aos usuários).

É certo que só faz sentido a estruturação de uma política pública, com emprego de volume grande de recursos, em torno de uma atividade que possa gerar externalidades positivas para a sociedade. Tenho utilizado a educação como exemplo dos problemas gerados pela falta de acesso à internet, o que seria extensível para saúde, pesquisa, segurança pública, bem como para aplicações que podem aumentar a produtividade da economia como um todo.

É igualmente certo que a internet também serve como suporte para diversas atividades que não possuem externalidades positivas, o que coloca um desafio adicional para que seja produzido conteúdo de qualidade acessível aos usuários – aspecto que não pretendo tratar aqui. É dizer, o uso da internet para o acesso a conteúdos que não sejam de utilidade pública (*v.g.* mero entretenimento) não deve impedir que o Estado se valha dos meios necessários para implementar garantias ao seu efetivo acesso. Ao contrário, há um desafio adicional para a elabora-

---

[155] PEREIRA NETO, Caio Mário da Silva. *Universal Access to Telecommunications in Developing Countries*: The Brazilian Case. 2005. JSD Dissertation, Yale Law School, New Haven, 2005, p. 105.

[156] Retomarei esse ponto ao final do Capítulo 3.

ção de conteúdos de qualidade, que estejam voltados para promover as externalidades positivas para a sociedade.[157]

Assim, entendo que a universalização, para fins de telecomunicações, deve ser compreendida como a política pública destinada a viabilizar, intencionalmente, o acesso efetivo de usuários a serviços que permitam a conectividade à internet, em condições adequadas para a sua fruição, e que gere alguma espécie de externalidade positiva para a sociedade.

Essa definição coloca uma série de dificuldades para a política pública e para o Direito, as quais serão por mim abordadas.[158] Percebe-se que a definição de metas e objetivos de universalização está sob risco constante de se tornar obsoleta: tem-se aqui um alvo móvel, com comportamento imprevisível. Isso porque o objeto da universalização justamente está atrelado, por um lado, à questão tecnológica e sua evolução e, por outro lado, ao comportamento e à demanda dos usuários.

De fato, atualmente, a obsolescência é, na verdade, um dado da realidade que deve ser considerado pelos atores institucionais, a fim de evitar que os recursos públicos aplicados por meio das ferramentas permaneçam alocados em atividades que, por razões tecnológicas ou pela demanda dos usuários, não mais justifiquem a atuação estatal. As ferramentas devem ser bem estruturadas para evitar o engessamento de recursos públicos, o que demanda um monitoramento constante e, mais do que isso, flexibilidade em seu desenho.

É aqui que o Direito deve desempenhar um importante papel, no sentido de abrir caminho para que a política pública de universalização se concretize mediante ferramentas flexíveis o suficiente para lidar com a realidade setorial. Ou seja, a elaboração da legislação e sua aplicação devem se pautar por esse complexo contexto no qual o setor de telecomunicações está inserido, provendo os atores institucionais das ferramentas necessárias ao cumprimento da política pública.

---

[157] Embora seja possível que as ferramentas de universalização privilegiem tais conteúdos, como será explorado no Capítulo 3.
[158] Mesmo o mapeamento do que é considerado como "acesso à internet" ou "uso de internet" em levantamentos estatísticos pode ser distorcido. Por exemplo, a PNAD-TIC 2021 não abrange aspectos como franquias e velocidade de conexão dos acessos à internet pesquisados, aspectos importantes quando se utiliza o conceito de conectividade significativa.

Dessa forma, respondendo objetivamente ao questionamento feito no início deste item: o conceito legal de universalização da LGT envelheceu bem e permanece suficiente para balizar uma política pública aderente às necessidades sociais atuais, não representando, por si só, algum tipo de gargalo para a atuação dos atores institucionais. Conforme demonstrarei ao longo deste capítulo, bem como no Capítulo 2, o que envelheceu mal foi a interpretação restritiva quanto aos eixos de universalização e seu enfoque nas concessões e no regime público, que pautou a atuação dos atores institucionais. O problema foi, justamente, a incapacidade de as ferramentas serem adaptadas para acompanhar os movimentos em torno da demanda por um novo escopo para a universalização.

1.2.2.5.3. Uma visão geral do Fundo de Universalização dos Serviços de Telecomunicações

Neste ponto, é importante abordar as linhas gerais da principal ferramenta, segundo a própria legislação, para a universalização: o FUST. A partir de sua instituição, o fundo seria utilizado para cobrir a parcela do "custo exclusivamente atribuível ao cumprimento das obrigações de universalização de serviços de telecomunicações, que não possa ser recuperada com a exploração eficiente do serviço" (art. 1º da Lei do FUST, em sua redação original).[159]

O FUST tem principalmente as seguintes fontes de arrecadação (art. 6º da Lei do FUST): (i) 1% da receita operacional bruta decorrente da prestação dos serviços de telecomunicações em regime público e privado; (ii) 50% do valor arrecadado das penalidades aplicadas às empresas; e (iii) 50% do valor arrecadado a título de outorga pelos serviços e pela exploração de radiofrequência.

O FUST arrecadou, desde sua criação até maio de 2021, cerca de R$ 23,9 bilhões.[160] A opção por esse modelo de financiamento se deu justa-

---

[159] A redação atual, conferida pela Lei nº 14.109, de 16 de dezembro de 2020, menciona as seguintes finalidades para o FUST: "estimular a expansão, o uso e a melhoria da qualidade das redes e dos serviços de telecomunicações, reduzir as desigualdades regionais e estimular o uso e o desenvolvimento de novas tecnologias de conectividade para promoção do desenvolvimento econômico e social".

[160] Disponível em: https://sistemas.anatel.gov.br/anexar-api/publico/anexos/download/3f6f712e34c37d36e525d03030a5c543. Acesso em: 29 jun. 2021. A Desvinculação da Receita

mente por se considerar que ele seria concorrencialmente neutro, algo essencial em um mercado que se pretendia abrir ao longo dos anos – o que efetivamente ocorreu. Assim, haveria arrecadação pelo faturamento de qualquer serviço de telecomunicações, sendo, também, sua aplicação realizada por qualquer prestador de serviço selecionado para tanto – como será visto em detalhes adiante –, o que minimizaria distorções no mercado provocadas por uma fonte externa de financiamento.

A própria Lei do FUST e a sua regulamentação (Decreto nº 3.624, de 5 de outubro de 2000, o Decreto do FUST) já traziam, em sua redação original, um rol exemplificativo de atividades, elencando 14 objetivos (art. 5º da Lei do FUST), entre os quais destacam-se: (i) implantação de acessos para utilização de serviços de redes digitais de informação destinadas ao acesso público, inclusive da internet, em condições favorecidas, a estabelecimentos de ensino e bibliotecas, incluindo os equipamentos terminais para operação pelos usuários; (ii) redução das contas de serviços de telecomunicações de estabelecimentos de ensino e bibliotecas referentes à utilização de serviços de redes digitais de informação destinadas ao acesso do público, inclusive da internet; e (iii) instalação de redes de alta velocidade, destinadas ao intercâmbio de sinais e à implantação de serviços de teleconferência entre estabelecimentos de ensino e bibliotecas.

Portanto, os novos objetivos exemplificados incluem tanto a possibilidade de subsidiar diretamente usuários (redução de contas) quanto a aquisição dos equipamentos necessários à fruição dos serviços pelo usuário. Ademais, não estavam atrelados apenas ao STFC (conforme se infere a partir das referências a "internet" e "redes de alta velocidade"), aspecto que será tratado em maior profundidade no próximo capítulo.

Em que pese um rol tão amplo de objetivos ser criticável,[161] nota-se que eles eram aderentes em alguma medida ao conceito de universaliza-

---

da União, a partir de 2016, aumentou de 20% para 30%, impactando o volume de recursos acumulados pelo FUST, em decorrência da Emenda Constitucional nº 93, de 9 de setembro de 2016.

[161] "A definição de uma gama muito variada de objetivos e programas, além de gerar expectativas irreais em relação à política de universalização, dificulta tremendamente sua implantação. Com efeito, a existência de uma infinidade de programas torna a definição de prioridades muito volátil. Ora o governo anuncia que sua prioridade é a implantação de acesso a Internet em escolas, ora a prioridade passa a ser a garantia de acesso para

ção proposto anteriormente, até por sua característica exemplificativa.[162] Isso significa que as restrições observadas à política pública não decorreram apenas de disposições legais, mas contaram significativamente com o comportamento dos atores institucionais, previstos ou não no arranjo institucional.

Embora o setor já tenha utilizado o Fundo Nacional de Telecomunicações (FNT) para o financiamento da universalização, existem diferenças marcantes para o FUST. Em síntese, o FNT, fundamentalmente, funcionava como uma estrutura para operacionalizar um subsídio cruzado entre serviços, dado que, na ponta da arrecadação, onerava mais certas atividades – como ligações em longa distância. Na ponta dos gastos, destinava recursos às empresas sob controle da Telebrás, de acordo com as suas necessidades e com os projetos elaborados pelo próprio Poder Público.[163]

O modelo do FNT era compatível com um mercado sob monopólio estatal, mas seria difícil conciliá-lo com a abertura de mercado proposta pela LGT, tanto sob a ótica da arrecadação quanto dos gastos. Isso porque, em ambos os casos, haveria distorção no mercado, seja pela transferência de receitas de um serviço para outro, seja pela alocação de subsídios em determinados agentes, sem um critério claro.

O FUST, por sua vez, é estruturado de forma a aliar os objetivos setoriais de competição e concorrência, sendo neutro para a competição, podendo ser apontado como uma ferramenta que representou uma inovação institucional. Dado que a arrecadação incide sobre todos os servi-

---

comunidades de baixa renda. Logo depois, volta a ser o acesso em escolas. Essa volatilidade de decisões tende a dissipar energias sem que nada seja efetivamente implementado" (FARACO, Alexandre Ditzel; PEREIRA NETO, Caio Mário da Silva; COUTINHO, Diogo Rosenthal. Universalização das telecomunicações: uma tarefa inacabada. *Revista de Direito Público da Economia*, Belo Horizonte, v. 2, p. 9-58, abr./jun. 2003, p. 24). *Vide*, ainda, PEREIRA NETO, Caio Mário da Silva. *Universal Access to Telecommunications in Developing Countries*: The Brazilian Case. 2005. JSD Dissertation, Yale Law School, New Haven, 2005, p. 235.

[162] Conforme abordarei no início do Capítulo 2, o Tribunal de Contas da União (TCU) inclusive discutiu se teria havido uma "inovação" no conceito de universalização por meio da Lei do FUST, ampliando-o para atividades para além daquelas exploradas em regime público nos termos da LGT. Essa leitura, como exporei adiante, foi descartada.

[163] Para mais detalhes, PEREIRA NETO, Caio Mário da Silva. *Universal Access to Telecommunications in Developing Countries*: The Brazilian Case. 2005. JSD Dissertation, Yale Law School, New Haven, 2005, p. 159.

ços, de forma indistinta, não há impacto para a competição nessa frente, pois a oneração ocorre de forma isonômica. A alocação dos recursos ocorre prioritariamente de forma competitiva por meio de leilões reversos pelo interessado que se comprometer a realizar a atividade pela menor contrapartida pública.[164]

O uso de leilões atrai algumas vantagens em relação à lógica de subsídio cruzado, como abordarei em maior profundidade no Capítulo 3. Indico, desde já, que uma vantagem reside na redução de assimetria de informação e transparência na alocação dos recursos, dado que o leilão tende a testar a consistência dos projetos elaborados pelo Poder Público – inclusive na quantificação do VPL negativo calculado. A competição aqui possui, portanto, um aspecto positivo associado à universalização, ao contribuir potencialmente com a redução de custos e, consequentemente, com a maximização dos recursos públicos.

Adicionalmente, o FUST pode ser estruturado não apenas como uma ferramenta de custeio para projetos com VPL negativo, mas também como indutor de investimentos privados. Um projeto pode deixar de ser realizado integralmente com recursos privados se o VPL for negativo, qualquer que seja o percentual referente ao valor total do investimento – ainda que seja mínimo. É dizer, ao tornar viáveis projetos inicialmente deficitários, essa ferramenta permite a atração de recursos privados que podem ser proporcionalmente muito superiores à parcela pública alocada.

Na prática, isso significa que o valor dos projetos que podem receber recursos do FUST não corresponde ao saldo acumulado pelo fundo, na casa das dezenas de bilhões de reais. Corresponde, em verdade, a um múltiplo do referido valor, o que apenas evidencia tanto a importância do emprego do fundo quanto das oportunidades perdidas pela sua não utilização desde que foi instituído.

1.2.2.6. A Lei Geral de Telecomunicações: os atores institucionais e seus objetivos

Além das ferramentas, um ponto importante para a presente pesquisa é identificar os atores institucionais envolvidos na aplicação da LGT, bem

---

[164] *Vide* art. 27, § 2º, da Resolução nº 269, de 9 de julho de 2001. Caso não seja possível a realização de leilão reverso, as obrigações poderão ser imputadas a concessionárias atuando em regime público, conforme procedimento definido nos arts. 28 e ss. da mesma norma.

como os objetivos atribuídos pela lei a cada um deles,[165] notadamente na definição de políticas públicas de universalização. Esse passo é relevante para aferir se, na linha das hipóteses propostas, houve um afastamento do modelo original, se os atores institucionais se comportaram de forma imprevisível ou, ainda, se novos atores se apresentaram e interferiram na política pública setorial de universalização.

A LGT é particularmente clara ao distribuir competências entre os atores institucionais envolvidos nas políticas setoriais. De início, estabelece que caberá à União a organização dos serviços, por meio da Anatel, observadas as políticas estabelecidas pelos Poderes Legislativo e Executivo.[166] Para maior clareza, isso significa que as políticas públicas serão implementadas pela agência, mas estabelecidas conjuntamente entre os Poderes Legislativo e o Executivo, não tendo havido, portanto, exaurimento da atividade do primeiro com a própria aprovação da LGT. De fato, como destacarei adiante, exemplo disso é que a própria política de universalização foi desenhada de forma dependente da aprovação de normas legais posteriores à LGT. Ademais, o dispositivo já deixa claro também o papel de protagonismo que o Poder Executivo, diretamente, tem com relação ao desenho das políticas setoriais, no sentido de fixar diretrizes a serem cumpridas pelo órgão regulador.

Como *objetivos comuns* a serem perseguidos pelos três atores institucionais expressamente nela referidos – Agência, Poderes Legislativo e Executivo –, a LGT menciona a garantia de acesso às telecomunicações pela população em valores razoáveis, o estímulo à expansão de redes de interesse público em seu benefício, o fortalecimento do papel regulador do Estado, bem como a harmonização do desenvolvimento do setor com as metas de desenvolvimento do país.[167]

Aqui já é possível destacar uma preocupação com a *garantia de acesso* aos serviços de telecomunicações pela população em geral, tanto em termos de cobertura quanto em relação à qualidade e aos preços pratica-

---

[165] Nessa passagem farei referência a alguns atos e documentos que são elaborados como consequência do exercício das competências aqui mapeadas. Não é meu propósito, no presente momento, apontá-los e discorrer sobre eles, o que será feito ao longo do estudo em momento oportuno.
[166] Art. 1º, *caput*, da LGT.
[167] Art. 2º da LGT.

dos[168] – o que a lei, conforme abordado anteriormente, qualifica como *universalização*. Não é propriamente uma surpresa tal preocupação em um país com as características socioeconômicas do Brasil, o que só ressalta sua importância.

Especificamente em relação ao *Poder Executivo*, a lei atribui a competência para a criação dos serviços explorados em regime público, concomitante ou não com a exploração em regime privado, bem como a aprovação do plano geral de outorgas e de metas para a universalização.[169] Ou seja, o estabelecimento ou extinção de um serviço explorado em regime público depende de ato emanado do Poder Executivo.

As competências específicas do Poder Executivo são focadas no estabelecimento de regras voltadas para os serviços explorados em regime público, o que poderia ensejar uma leitura equivocada da dinâmica de interação entre os atores institucionais na LGT. É importante destacar desde já que, embora a lei não atribua especificamente uma competência para a disciplina dos serviços explorados em regime privado, não há óbice para que o Poder Executivo fixe – como tem fixado[170] – condições que lhes são aplicáveis com base nas competências comuns para a organização dos serviços.

Já em relação à Anatel, a legislação é substancialmente mais detalhada, sendo importante destacar algumas competências para os propósitos do presente estudo. À Agência compete a implantação da política nacional de telecomunicações[171], sendo que a ela compete propor seu estabelecimento e eventuais alterações aos demais atores institucionais[172] – *i.e.* Poderes Executivo e Legislativo.

---

[168] O que também é previsto como um direito dos usuários, conforme o art. 3º, inc. I, da LGT.

[169] Art. 18, incs. I, II e III da LGT.

[170] *Vide*, nesse sentido, o Decreto nº 9.612, de 17 de dezembro de 2018, que trata das políticas públicas de telecomunicações. Conforme será abordado adiante, no Capítulo 2, ele trata fundamentalmente dos serviços explorados em regime privado, entre outras disposições. De fato, o Decreto em questão não tem entre os seus objetivos relacionados à universalização qualquer tratamento específico voltado para os serviços explorados em regime público.

[171] Art. 19, inc. I, da LGT.

[172] Art. 22, inc. III, da LGT.

Também a ela compete a expedição de normas tanto para disciplinar os serviços explorados em regime público[173] quanto privado,[174] sendo que, em relação aos primeiros, deve propor ao Poder Executivo os planos gerais de outorga e universalização.[175] Também a ela compete a gestão do espectro de radiofrequências,[176] insumo essencial em especial para os serviços móveis, promovendo a sua alocação aos interessados.

Outra competência relevante da Anatel é a de aprovar os planos estruturais das redes de telecomunicações,[177] competência efetivamente exercida apenas mais recentemente pela Agência, embora de extrema relevância setorial – o PERT, já referido na Introdução. Esse documento pode ser tomado fundamentalmente como um diagnóstico do estado atual e das lacunas existentes nas redes de telecomunicações no país, de forma a orientar a realização de investimentos para suprimi-las.

Compete, igualmente, ao órgão regulador dirimir, em sede administrativa, dúvidas interpretativas quanto à legislação de telecomunicações, bem como decidir os casos omissos.[178]

Vale destacar, ainda, que a edição de qualquer ato normativo por parte da Anatel, inclusive os destinados à disciplina da universalização dos serviços explorados em regime público, são submetidos a procedimento de consulta pública – e, mais recentemente, por análise de impacto regulatório.[179] Esse é um aspecto relevante, pois torna a política setorial, ou ao menos parte dela, permeável à atuação de uma série de outros atores, como a sociedade civil organizada, as empresas atuantes no setor, os órgãos de controle, os órgãos de advocacia da concorrência, bem como os próprios usuários. Em verdade, esse expediente foi bas-

---

[173] Art. 19, incs. IV, V, VI VII, e art. 22, inc. V, ambos da LGT.
[174] Art. 19, incs. X e XI, bem como art. 22, incs. VI e VII, ambos da LGT.
[175] Art. 19, inc. III, da LGT.
[176] Art. 19, inc. VIII e IX, bem como art. 22, inc. VIII, ambos da LGT.
[177] Art. 22, inc. IX, da LGT.
[178] Art. 19, inc. XVI, da LGT.
[179] O art. 42 da LGT previa a submissão de minutas de atos normativos ao processo de consulta pública, tendo sido revogado pela Lei nº 13.848/2019. A nova disciplina, além da submissão das minutas de atos normativos a consultas e audiências públicas (art. 9º da Lei nº 13.848/2019), também passou a prever a necessidade de adoção das análises de impacto regulatório (art. 6º da Lei nº 13.848/2019), em ambos os casos, com enfoque na produção normativa. Vale notar que o Regimento Interno da Anatel já dispunha de previsão de realização de análise de impacto regulatório antes da Lei nº 13.848/2019.

tante utilizado por uma parcela desses atores, em busca de influenciar os rumos das políticas setoriais.

As disposições legais, inclusive as mais recentes, são salutares ao tornar o processo normativo mais permeável ao prever especificamente a oitiva de uma multiplicidade de outros atores para além daqueles especificamente tratados pela LGT, por meio das análises de impacto regulatório e dos procedimentos de audiência e consulta públicas – reforçando os mecanismos como forma de atribuir legitimidade democrática para as decisões tomadas.[180]

Esse, portanto, é o conjunto de atores institucionais originalmente identificados pela LGT para atuar no desenho das políticas públicas setoriais, conforme as competências atribuídas a cada um deles pela própria legislação. A forma como tais competências foram (ou não) efetivamente exercidas, a relação entre administração direta e indireta, bem como a atuação de outros atores institucionais, que não foi antevista pelo modelo jurídico original, serão abordadas ao longo do estudo.

Por fim, conforme se verá, a referência a "Poder Executivo" é insuficiente para atribuir competências e retratar a complexidade inerente à operacionalização do FUST enquanto ferramenta de universalização. Para um diagnóstico mais preciso, é necessário compreender, dentro dessa expressão, os diferentes papéis desempenhados pelo Chefe do Poder Executivo, pelo Ministério das Comunicações e pelo Ministério da Fazenda.

1.3. Análise do arranjo institucional original da política de universalização das telecomunicações no Brasil

Vistas as características da legislação do setor de telecomunicações, passo agora à análise dos aspectos jurídicos da política de universalização adotada no Brasil. A aplicação de tal modelo pode explicitar os principais aspectos dessa política pública, evidenciando os mecanismos jurídicos de que ela se vale.[181] Trata-se, portanto, de um método estruturado

---

[180] PEREIRA NETO, Caio Mário da Silva; LANCIERI, Filippo Maria; ADAMI, Mateus Piva. O diálogo institucional das agências reguladoras com os Poderes Executivo, Legislativo e Judiciário: uma proposta de sistematização. *In*: SUNDFELD, Carlos Ari; ROSILHO, André (orgs.). *Direito da regulação e políticas públicas*. São Paulo: Malheiros, 2014, p. 146.

[181] Outros autores utilizaram a abordagem proposta originalmente por Maria Paula Dallari Bucci, como MESQUITA, Clarissa Ferreira de Melo. O papel do direito na articulação gover-

de análise de políticas públicas que permite tanto um olhar retrospectivo sobre o que levou aos seus contornos atuais quanto um olhar prospectivo sobre possíveis caminhos.

A análise sob essa ótica se pauta pela sistematização da política pública nos seguintes elementos: 1) nome oficial do programa de ação; 2) gestão governamental; 3) base normativa; 4) desenho jurídico-institucional; 5) agentes governamentais; 6) agentes não governamentais; 7) mecanismos jurídicos de articulação; 8) escala e público-alvo; 9) dimensão econômico-financeira do programa; 10) estratégia de implantação; 11) funcionamento efetivo do programa; 12) aspectos críticos do desenho jurídico-institucional.

Considerando os meus objetivos, a seguir abordo os elementos de um a dez para traçar o desenho jurídico-institucional do programa de universalização, tal qual originalmente planejado. Na sequência, analiso como ele funcionou na prática, indicando os problemas experimentados em sua implementação, considerando como horizonte temporal o ano de 2019, pelas razões explicitadas na Introdução. O Capítulo 2 tem por objetivo buscar explicações para os problemas de implantação e os resultados efetivamente alcançados.

Justamente por conta do corte temporal, tratarei das alterações promovidas na Lei do FUST por meio da Lei nº 14.109, de 16 de dezembro de 2020, no Capítulo 3. O objetivo é compreender o desenho institucional do programa tal qual sua concepção original e os resultados que puderam ser aferidos a partir dele até o ano de 2019.

1.3.1. O desenho jurídico-institucional do programa

O programa de universalização aqui analisado não possui uma denominação específica (elemento 1, *nome oficial do programa de ação*), tendo sido criado no âmbito da privatização das subsidiárias da Telebrás, em 1997, durante o governo Fernando Henrique Cardoso (elemento 2, *gestão governamental*). Pode-se afirmar que sua principal *base normativa* (ele-

---

namental necessária às políticas públicas: uma avaliação do Programa Bolsa Família (PBF). *Cadernos Gestão Pública e Cidadania*, São Paulo, v. 21, nº 70, dez. 2016. Disponível em: http://bibliotecadigital.fgv.br/ojs/index.php/cgpc/article/view/55422. Acesso em: 1º out. 2020. Faço aqui algumas adaptações ao modelo de análise original, haja vista que o caso concreto possui algumas características que tornam complexa sua aplicação literal.

mento 3) consiste na própria LGT e na Lei do FUST, além de outros atos legais e normativos, sendo os principais referidos neste tópico.

A definição de universalização, em brevíssima síntese, tal qual adotada pela LGT, abarca os conceitos postos anteriormente e remete às situações nas quais o VPL dos investimentos é negativo – e, portanto, não atrairiam prestadores da iniciativa privada. Para viabilizar a universalização, a política pública partiu de *desenho jurídico institucional* (elemento 4) consistente em três grandes eixos: (i) a assunção de obrigações por parte das concessionárias do STFC; (ii) a aplicação dos recursos do FUST; e (iii) a realização de aportes orçamentários diretos.

Com relação ao *primeiro eixo*, nota-se que a privatização das subsidiárias da Telebrás foi precedida pela celebração de contratos de concessão de serviço público, cujo objeto é a prestação do STFC. É importante destacar que, desde o início, as concessionárias também já detinham autorização para o Serviço de Rede de Transporte de Telecomunicações (SRTT), que foi posteriormente substituído pelo SCM,[182] mas tal serviço não integra o objeto das concessões para fins de universalização.

O STFC explorado em regime público foi regionalizado, conforme previsão no Plano Geral de Outorgas (PGO), contemplando a exploração em quatro regiões distintas, mediante o agrupamento de estados (Regiões I, II e III), para os serviços locais e longa distância, além dos serviços de longa distância internacional (Região IV).[183] Como regramento inicial, o PGO previa a impossibilidade de um grupo econômico atuar, direta ou indiretamente, em mais de uma região,[184] aspecto que

---

[182] Essa situação decorre do fato de que as estatais privatizadas não exploravam somente o STFC, sendo necessário comportar essa situação no momento da transferência das empresas para os novos controladores. A LGT previu essa situação ao autorizar que, conjuntamente às concessões, as empresas recebessem as autorizações referentes aos demais serviços por elas explorados (art. 207, § 3º, da LGT).

[183] Decreto nº 2.534, de 2 de abril de 1998, posteriormente revogado pelo Decreto nº 6.654, de 20 de novembro de 2008.

[184] O controle sobre essa vedação, entre outros aspectos, motivou a edição da Resolução nº 101, de 4 de fevereiro de 1999, que introduziu um controle societário *sui generis* no setor de telecomunicações. Sobre ele, *vide* PEREIRA NETO, Caio Mário da Silva; ADAMI, Mateus Piva. Estruturas alternativas para lidar com limitações regulatórias de controle societário: alguns exemplos do setor de telecomunicações. *In*: COUTINHO, Diogo R.; ROCHA, Jean Paul Veiga da; SCHAPIRO, Mário G. (orgs.). *Direito econômico atual*. São Paulo: GEN, 2015, p. 249.

foi posteriormente revisto.[185] Outra restrição relevante é a impossibilidade de prestação do serviço em regime público e em regime privado, simultaneamente, na mesma área explorada pela concessão.

Seguindo essa lógica, os contratos de concessão preveem o cumprimento de uma série de metas de universalização para o STFC, fixadas, originalmente, por meio do Decreto nº 2.592, de 15 de maio de 1998 (o Plano Geral de Metas de Universalização I ou PGMU I).

As metas em questão envolvem, em síntese, as seguintes obrigações, em caráter progressivo – e todas focadas em telefonia fixa: (i) disponibilidade de acessos individuais e/ou coletivos (Terminais de Uso Público, os TUPs, ou também conhecidos popularmente por orelhões) aos usuários em localidades com um determinado número mínimo de habitantes; e (ii) aspectos procedimentais relacionados ao tempo máximo de atendimento às solicitações de usuários para a disponibilização dos serviços. Tais metas foram assumidas pelas concessionárias, tendo sido consideradas pelos grupos econômicos que adquiriram o seu capital nos leilões de privatização – integrando, portanto, o equilíbrio econômico-financeiro dos respectivos contratos de concessão.

As metas do PGMU I deveriam ser progressivamente atendidas até 31 de dezembro de 2005, que também marcava o momento da prorrogação dos contratos por mais 20 anos. Apenas as concessionárias que cumprissem as metas de universalização teriam seus contratos prorrogados. Esse é um caso em que a prorrogação contratual era um ato vinculado, e não discricionário, até porque não seria possível amortizar os investimentos realizados nessa primeira etapa contratual.

Além da prorrogação do contrato, havia um incentivo econômico importante, e que foi perseguido pela maioria das concessionárias, na antecipação das metas. Apenas para os grupos econômicos que as atingissem antecipadamente seria possível a exploração de outros ser-

---

[185] A revisão do PGO permitiu a aquisição da Brasil Telecom (grupo com atuação na Região II do PGO) pela Oi (grupo com atuação na Região I do PGO). Esse movimento consolidou sob um mesmo grupo econômico a exploração do STFC em regime público em praticamente toda a extensão territorial brasileira, com exceção de São Paulo (Região III, explorada pelo grupo Telefônica) e a longa distância internacional (Região IV, explorada pelo grupo Claro), além das concessões detidas pelo grupo Algar (abrangendo uma série de municípios em Minas Gerais) e Sercomtel (atuando nos municípios de Londrina e de Tamarana, no Paraná).

viços de telecomunicações, como o serviço móvel. O PGO estabelecia a vedação para a atuação em outros serviços até 31 de dezembro de 2003 como padrão, sendo possível eliminar essa restrição caso as metas para o ano de 2003 já estivessem atendidas em 31 de dezembro de 2001.

Em um cenário no qual já havia competição de empresas autorizadas em regime de duopólio, bem como com a abertura do mercado de telecomunicações para quaisquer prestadores a partir de 31 de dezembro de 2001, a antecipação das metas se colocou com um elemento relevante para a estratégia empresarial dos grupos econômicos controladores de concessões.

Também para garantir a efetividade desse mecanismo competitivo, a Anatel estabeleceu regras próprias, rígidas e abrangentes para o controle de participação societária cruzada, justamente para impedir que arranjos societários esvaziassem a competição pela universalização.[186] Aliás, esse incentivo, de caráter concorrencial, alavancou os investimentos no setor,[187] representando, ainda que parcialmente, uma *estratégia de implementação* (elemento 10) bem-sucedida – conforme explorarei em detalhes adiante.

Os demais eixos (uso dos recursos do FUST e aportes orçamentários diretos) representam formas de financiamento para novas atividades relacionadas à universalização, ou seja, adicionais àquelas assumidas pelas concessionárias (art. 81 da LGT). Conforme já mencionado, a LGT vedou o uso de outras ferramentas de financiamento de atividades, como subsídios cruzados entre serviços ou segmentos de usuários, após a criação do FUST, o que ocorreu com o advento da Lei do FUST, em 2000.[188] Houve um prazo de um ano de transição, necessário para iniciar a arrecadação do fundo.

Tem-se aqui a *dimensão econômico-financeira do programa* (elemento 9). Por um lado, temos os recursos investidos pelas próprias concessionárias, que integram o equilíbrio econômico-financeiro de seus contratos de concessão, considerando seu valor incluído no montante pago

---

[186] Na linha da já mencionada Resolução nº 101, de 4 de fevereiro de 2019.

[187] FARACO, Alexandre Ditzel; PEREIRA NETO, Caio Mário da Silva; COUTINHO, Diogo Rosenthal. Universalização das telecomunicações: uma tarefa inacabada. *Revista de Direito Público da Economia*, Belo Horizonte, v. 2, p. 9-58, abr./jun. 2003, p. 33.

[188] No Capítulo 3 retomarei esse ponto, haja vista que a legislação que modificou a Lei do FUST também impactou essa característica na LGT.

a título de outorga em prol da União. Por outro, há a possibilidade de alocação de recursos do FUST ou mesmo a aplicação direta de recursos orçamentários.

Desse modo, a universalização dos serviços de telecomunicações ficaria assegurada, por um lado, pela manutenção das obrigações contraídas pelas concessionárias do STFC no âmbito do PGMU I, e, por outro lado, pela aplicação dos recursos do FUST, voltada para implantação de novas obrigações – além de haver sempre a possibilidade de aportes diretos de recursos públicos, ou compromissos de interesse da coletividade.

Aqui vale uma análise mais aprofundada do *papel institucional dos agentes governamentais* (elemento 5) e da relação entre eles (*os mecanismos jurídicos de articulação*, elemento 7). Retomo o que já foi exposto: as novas obrigações de universalização devem observar as políticas públicas fixadas pelos Poderes Legislativo e Executivo,[189] cabendo ao Ministério das Comunicações formular as políticas, as diretrizes gerais e as prioridades que orientarão as aplicações do FUST, bem como definir os programas, os projetos e as atividades financiados com recursos do Fundo.[190]

O Ministério das Comunicações deve atuar em coordenação com a Anatel, dada a necessidade de especificar as atividades que serão realizadas, bem como a inclusão do seu custo na Lei Orçamentária.[191] A implementação das novas obrigações, entendida como a adoção das medidas materiais para viabilizar sua execução por terceiros, seria objeto de Planos de Metas de Universalização (PMUs), definidos pela Anatel.

Em termos de análise dos agentes governamentais envolvidos, nota-se que o programa é altamente centralizado na União, não havendo espaço institucional para a participação de estados e municípios – ao menos formalmente. Muito embora a LGT preveja abertura para o uso

---

[189] Importante notar que essa prerrogativa legal foi exercida, pela primeira vez, apenas no governo Luís Inácio Lula da Silva, por meio do Decreto nº 4.733, de 10 de junho de 2003, inclusive como forma de reação a atritos com a Anatel – cuja maioria do Conselho Diretor tinha sido indicada pela gestão anterior. Sobre o ponto, *vide* PEREIRA NETO, Caio Mário da Silva; LANCIERI, Filippo Maria; ADAMI, Mateus Piva. O diálogo institucional das agências reguladoras com os Poderes Executivo, Legislativo e Judiciário: uma proposta de sistematização. *In*: SUNDFELD, Carlos Ari; ROSILHO, André (orgs.). *Direito da regulação e políticas públicas*. São Paulo: Malheiros, 2014, p. 151.

[190] Art. 2º da Lei do FUST.

[191] Art. 4º, inc. II, da Lei do FUST.

de recursos orçamentários de qualquer ente federado, não foi possível identificar qualquer iniciativa nesse sentido, no âmbito da política pública federal. Portanto, não existem, dentro dos mecanismos jurídicos de articulação, previsão de qualquer forma de coordenação federativa.

Isso me leva à análise dos *agentes não governamentais* (elemento 6), tanto na ponta da execução quanto da demanda pelos serviços.

Conforme já explicitado, a execução propriamente dita seria realizada por meio de particulares selecionados por leilões reversos, nos quais o vencedor é definido por meio da demanda pela menor contrapartida de recursos do FUST para a execução do programa.[192] Ou seja, a implantação de novas metas de universalização não seria atividade exclusiva das concessionárias, sendo atribuída a qualquer particular que estivesse disposto a conduzi-la, selecionado pela menor contrapartida financeira estatal – embora isso não tenha se efetivado na prática.

Na ponta da demanda é possível identificar, a princípio, os usuários de baixa renda, de localidades afastadas, bem como o atendimento à demanda de telecomunicações dos serviços públicos de saúde, educação e segurança pública (o que já evidencia a *escala e público-alvo*, elemento 8).[193]

Vale notar que esse sistema, calcado no uso de fundos setoriais ou leilões reversos para a disputa dos recursos públicos destinados à universalização, é utilizado em uma série de países, como Chile e Peru, tendo sido bem-sucedido em efetivamente promover a ampliação do acesso às telecomunicações.[194] Mesmo em países desenvolvidos e com redes de telecomunicações mais maduras, como é o caso dos Estados Unidos, existem iniciativas similares, focadas no oferecimento de subsídios diretos aos usuários, como é o caso do programa *Lifeline*.[195] Abordarei em maior profundidade esses pontos no Capítulo 3.

---

[192] Resolução nº 269, de 9 de julho de 2001.

[193] Os dados serão explorados adiante, notadamente neste item 1.3 e ao longo do Capítulo 2.

[194] Pereira Neto, Caio Mário da Silva. *Universal Access to Telecommunications in Developing Countries*: The Brazilian Case. 2005. JSD Dissertation, Yale Law School, New Haven, 2005, p. 284.

[195] Disponível em: https://www.lifelinesupport.org/ls/. Acesso em: 1º out. 2020.

1.3.2. Estratégia de implementação e funcionamento efetivo do programa

O programa de universalização foi inicialmente bem-sucedido, ao menos na ampliação da disponibilidade do serviço de telefonia fixa, como resultado de investimentos em implantação de redes para o atendimento das metas de universalização fixadas nos contratos de concessão – excedendo, inclusive, a própria demanda pelo serviço (Gráfico 1).

Gráfico 1 – Acessos fixos em serviço (STFC)

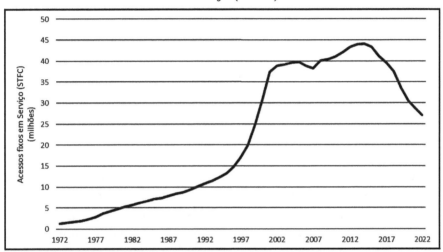

Fonte: Elaboração própria.[196]

---

[196] O gráfico faz referência aos valores absolutos de acesso, desde 1972, e foi elaborado a partir de dados coletados nos sistemas da Anatel, considerando empresas concessionárias e autorizadas (https://informacoes.anatel.gov.br/paineis/acessos/historico; acesso em: 22 fev. 2023).

Gráfico 2 – Acessos instalados *versus* em serviço

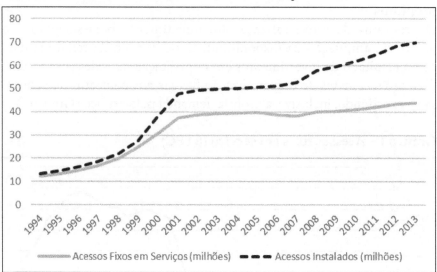

Fonte: Elaboração própria.[197]

Em 2021, o número de acessos fixos em serviço retornou aos níveis de 2000. O Gráficos 2, por sua vez, demonstra que a expansão do serviço não foi acompanhada pelo seu efetivo uso. Ao contrário, o cumprimento das metas de universalização teve como efeito colateral uma grande ociosidade das linhas instaladas – abordarei no Capítulo 2 a forma com que tais metas foram fixadas e sua evolução ao longo do tempo.

No caso dos TUPs, observou-se um movimento similar, mas com uma redução ainda maior, que ocorreu muito em decorrência dos movimentos de substituição de metas de universalização, que serão abordados no próximo capítulo (Gráfico 3). Já em 2014, indicava-se que cada aparelho gerava um prejuízo de R$ 600 por ano, correspondente a R$ 500 milhões anuais.[198]

---

[197] Os dados referentes aos acessos instalados envolvem empresas autorizadas e concessionárias, e foram obtidos na consultoria Teleco (https://www.teleco.com.br/ntfix.asp; acesso em: 22 fev. 2023). A Anatel não disponibiliza atualmente informações de acessos instalados do STFC em suas bases públicas de dados – mesmo os dados relativos ao ano de 2013 foram estimados pela consultoria.

[198] Sobre o assunto, *vide* GARCIA, Alexandre. Telefones públicos dão prejuízo de R$ 500 milhões por ano em média, *R7*, 10 ago. 2014. Disponível em:

Gráfico 3 – TUP em serviço

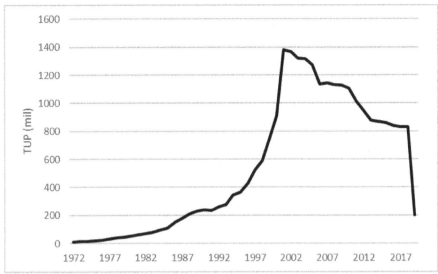

Fonte: Elaboração própria.[199]

Um elemento relevante nesse aspecto foi o incentivo posto para que as concessionárias fossem obrigadas a acelerar os investimentos de forma antecipar sua chegada no então promissor mercado de telefonia móvel – o que justifica o crescimento acentuado até 2002. A maioria das empresas buscou o reconhecimento do cumprimento antecipado das metas de universalização, o que habilitou seu grupo econômico a entrar, em definitivo, em um novo mercado.[200]

---

https://noticias.r7.com/economia/telefones-publicos-dao-prejuizo-de-r-500-milhoes-por-ano-em-media-10082014. Acesso em: 14 ago. 2021.

[199] O gráfico faz referência ao número de TUP em serviço entre 1972 e 2019, e foi elaborado a partir de dados coletados nos sistemas da Anatel (https://informacoes.anatel.gov.br/paineis/acessos/historico; acesso em: 22 fev. 2023).

[200] Apenas uma concessionária, a Brasil Telecom, não obteve a certificação de antecipação do cumprimento das metas, o que a obrigou a atrasar o lançamento de sua operação móvel. Isso levou um de seus acionistas, a Telecom Itália, a deixar seu bloco de controle (embora não a participação acionária) para poder lançar sua operação móvel – a TIM. Para mais detalhes sobre a operação societária e os instrumentos regulatórios usados nessa oportunidade, *vide* PEREIRA NETO, Caio Mário da Silva; ADAMI, Mateus Piva. Estruturas alternativas para lidar com limitações regulatórias de controle societário: alguns exemplos do setor de

A competição pela universalização pode ser apontada como responsável substancial obtido pela política pública, sendo esse instrumento muito bem-sucedido ao alinhar os incentivos para a realização de um grande volume de investimentos em um prazo relativamente curto.

Pode-se afirmar, assim, que esse eixo focado nas concessionárias cumpriu, entre 1997 e 2005, aquilo que estava previsto – ou seja, o cumprimento das metas do PGMU I. A atestação do cumprimento das metas de universalização, antecipado ou não, autorizou a prorrogação dos contratos de concessão, que passaram a expirar em 2025. No âmbito do processo de prorrogação, o qual detalharei adiante, foi incluída disposição prevendo uma revisão quinquenal das metas de universalização e qualidade dos serviços, bem como para a imposição de novos condicionamentos.[201]

Essa disposição contratual foi seguida pela Anatel, embora com alguns atrasos, tendo resultado em um procedimento de revisão dos contratos de concessão e, principalmente, para fins do presente estudo, dos PGMUs. De fato, ao longo do tempo, foram aprovados os Decretos nº 4.769, de 27 de junho de 2003 (PGMU II), nº 6.424, de 4 de abril de 2008 (PGMU II,5), nº 7.512, de 30 de junho de 2011 (PGMU III), nº 9.619, de 20 de dezembro de 2018 (PGMU IV), e nº 10.610, de 27 de janeiro de 2021 (PGMU V).

No âmbito dos eixos II e III, ou seja, uso de recursos advindos do FUST ou orçamentários, não foram observados grandes avanços. Na ponta de aplicação orçamentária, alguns programas governamentais foram criados, de forma esparsa e sem uma inteligência central.[202] Apesar de a arrecadação do FUST ter atingido valores relevantes, os projetos levados adiante com seu financiamento foram ínfimos.

De fato, o PMU III[203] tem por objeto a universalização do STFC em Instituições de Assistência às Pessoas com Deficiência Auditiva, tendo sido aprovado pelo Decreto nº 6.039, de 7 de fevereiro de 2007.[204] Ele

---

telecomunicações. In: COUTINHO, Diogo R.; ROCHA, Jean Paul Veiga da; SCHAPIRO, Mário G. (orgs.). *Direito econômico atual*. São Paulo: GEN, 2015. p. 245-271.

[201] Cláusula 3.2. dos Contratos de Concessão.

[202] No Capítulo 2 os principais programas que utilizam recursos orçamentários serão abordados de forma exemplificativa.

[203] Os dois primeiros PMUs foram objeto de impugnação junto ao TCU e jamais foram implantados. Esse ponto será abordado no Capítulo 2.

[204] Objeto de regulamentação pelo Ministério das Comunicações por meio da Portaria nº 263, de 27 de abril de 2006.

tem por objeto o pagamento da assinatura básica (exceto o consumo de tráfego advindo do terminal), bem como a aquisição de equipamentos necessários à comunicação de pessoas com deficiência auditiva (art. 2º). Essa iniciativa consumiu cerca de R$ 100 mil, conforme o último relatório da Anatel com informações disponíveis.[205] O PMU IV tramita desde 2009[206] e teria por objeto o atendimento de localidades com menos de 100 mil habitantes, complementando os PGMUs, mas jamais evoluiu.[207]

Portanto, o eixo do programa de universalização relacionado ao FUST não avançou, sendo possível afirmar, inclusive, que essa falha acabou contaminando também o primeiro eixo – o que será analisado a seguir, em relação aos *aspectos críticos do desenho jurídico-institucional* (elemento 12). A realização de aportes públicos diretamente pela União será tratada no Capítulo 2.

1.4. Aspectos críticos do desenho jurídico-institucional: resultados do modelo até 2019

A análise dos aspectos jurídicos da política de universalização das telecomunicações, a partir do modelo teórico utilizado, permite notar avanços, ao menos com relação aos objetivos inicialmente propostos. Houve grande expansão das redes de telefonia fixa e disponibilidade de serviços, em um ritmo muito superior ao que seria obtido sem a privatização das concessionárias vinculadas ao sistema Telebrás.

O arranjo institucional contribuiu substancialmente para esse desfecho, notadamente em relação à competição para a antecipação das metas até 2005, ano da prorrogação dos contratos. É certo que as empresas que não atingissem as metas não teriam seus contratos prorrogados, mas o grande catalizador dos investimentos foi a vedação à exploração de outras atividades no setor pelos grupos econômicos das concessionárias.

A possibilidade de entrar em um novo mercado antes dos demais competidores foi fundamental para a rápida expansão das redes – o que

---

[205] ANATEL – AGÊNCIA NACIONAL DE TELECOMUNICAÇÕES. *Relatório Anual – 2012*. Disponível em: https://www.gov.br/anatel/pt-br/centrais-de-conteudo/publicacoes/relatorio-anual. Acesso em: 3 set. 2021.

[206] *Vide* Portaria nº 555, de 28 de setembro de 2007, do Ministério das Comunicações.

[207] ANATEL – AGÊNCIA NACIONAL DE TELECOMUNICAÇÕES. *Relatório Anual – 2015*. Disponível em: https://www.gov.br/anatel/pt-br/centrais-de-conteudo/publicacoes/relatorio-anual. Acesso em: 3 set. 2021.

é comprovado pelo fato de que apenas uma concessionária não antecipou suas metas. Em um cenário de abertura progressiva de mercado, essa moeda de troca foi extremamente eficaz, revelando um aprendizado institucional valioso.[208]

Conforme mencionado, o escopo da universalização, tanto em relação às metas estabelecidas por meio do PGMU I (e reproduzidas, em alguma medida, no âmbito dos demais PGMUs), quanto pelo rol de atividades exemplificativas previstas na Lei do FUST, pauta-se, em regra, pelo aumento da *disponibilidade do serviço* – e não pela *fruição* propriamente dita. Igualmente, tem como foco atividades relacionadas ao STFC, deixando de lado outros serviços, como SCM e o SMP, modalidades que suportam, respectivamente, o acesso à internet em banda larga fixa e móvel. Exceção feita, em alguma medida, às obrigações de implantação de redes de transporte de alta velocidade, denominada *backhaul*, conforme abordarei adiante, mas igualmente destinada a viabilizar a disponibilidade de serviço e não a garantir sua fruição.

De fato, as obrigações de universalização foram desenhadas para que o atendimento direto a usuários de baixa renda fosse feito, em geral, de forma reflexa, por meio da disponibilidade dos serviços das instituições públicas de educação, saúde e segurança. Assim, com exceção das obrigações previstas na Lei do FUST relacionadas à complementação do PGMU, fornecimento de acessos individuais e equipamentos de interface a instituições de assistência a deficientes e implantação de telefonia rural, o rol exemplificativo não atinge diretamente a oferta de serviços a usuários de baixa renda.

Esse rol de atividades já é objeto de crítica justamente pela falta de foco, dada a já abordada multiplicidade de objetivos, e acrescento aqui também a ausência de uma referência explícita a certas atividades destinadas a atender usuários de baixa renda, como a possibilidade de subsídio direto (*v.g.* redução das contas ou distribuição de terminais).

Essa opção pela ampliação da disponibilidade seria justificada, em tese, em um primeiro momento em função da baixa capilaridade das

---

[208] Atualmente seria difícil replicar o modelo, haja vista que o mercado de telecomunicações já está aberto. Uma forma de alinhar os objetivos seria por meio de incentivos concedidos a particulares que atingissem determinadas metas, por exemplo: (i) aumentando o limite máximo de acumulação de radiofrequência – atualmente um dos ativos mais valorizados no setor, por viabilizar o atendimento de mais usuários do SMP; (ii) isentando o dever de compartilhamento de infraestrutura por um período; ou (iii) reduzindo a incidência dos encargos setoriais.

redes de telecomunicações no Brasil. Essa constatação motivou a adoção do mecanismo de antecipação de metas e a própria dinâmica da prorrogação da concessão – *i.e.* um contrato curto seguido de uma prorrogação mais longa, de forma a obrigar a realização dos investimentos e, na prática, sancionar pesadamente o inadimplemento da obrigação. No entanto, os dados mais atuais demonstram que a política de universalização já poderia ter mudado seu enfoque – o que evidencia o sucesso dos seus objetivos originais, ao menos daqueles fixados no PGMU I –, quando da prorrogação dos contratos de concessão em 2005.

É o que se extrai dos dados apresentados no Gráfico 2. O aumento da disponibilidade das linhas pelas operadoras (que chegou a 70 milhões em 2013) se opõe à queda no uso do serviço (34 milhões de linhas em serviço em 2019). Esse descasamento entre oferta e demanda se reflete nas receitas associadas ao STFC, que declinaram no período compreendido entre 2000 e 2022 (terceiro trimestre), conforme se infere do Gráfico 4, a seguir.

Gráfico 4 – Receita bruta – Telecomunicações

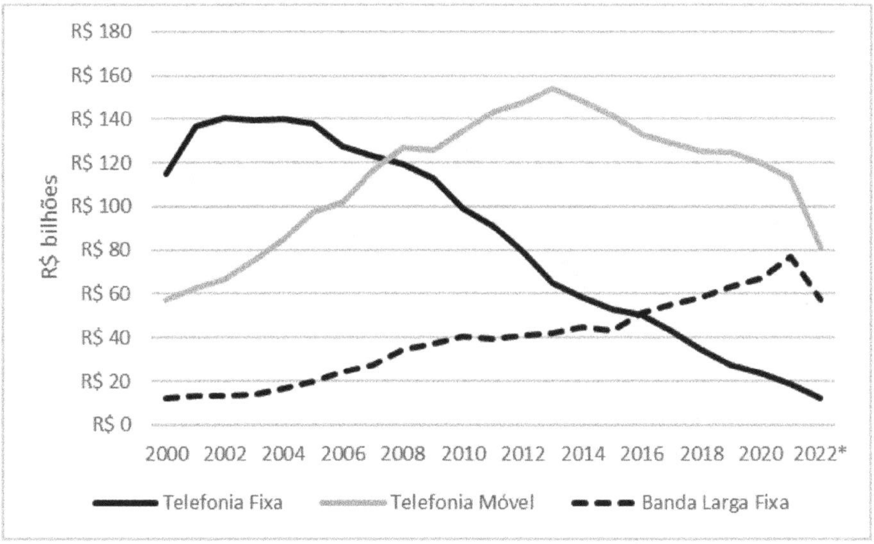

Fonte: Elaboração própria.[209]

---

[209] Os dados são referentes à receita bruta por serviço, atualizados pelo Índice Nacional de Preços ao Consumidor Amplo (IPCA), até setembro de 2022, elaborados a partir de dados coletados nos sistemas do Sindicato Nacional das Empresas de Telefonia e de Serviço Móvel

Observa-se que há um excesso de disponibilidade para um serviço que não é mais demandado pela população em geral, o que aponta uma vida curta para os investimentos realizados com o escopo de universalização. Isso se reflete nos dados setoriais, posto que as receitas do STFC permaneceram estáveis por alguns anos, mesmo após um grande aumento da disponibilidade do serviço, sem que esta tenha sido convertida em efetivo acesso – aspecto que atingiu a atividade independentemente do regime de prestação, público ou privado.

Basta comparar com o número de acessos em telefonia móvel, serviço explorado em regime privado e sem a adoção de ferramentas explícitas de universalização em sentido estrito, mas que, conforme será abordado no Capítulo 2, desempenhou papel importante na ampliação de acesso, embora insuficiente. Os dados mostram que a densidade do serviço móvel é superior a um terminal por habitante (Gráfico 5) – sendo essa a principal forma de acesso à internet atualmente (Gráficos 6 e 7).

Gráfico 5 – Acessos SMP

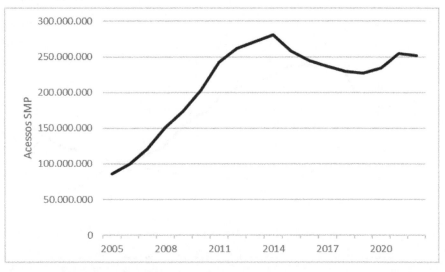

Fonte: Elaboração própria.[210]

Celular e Pessoal (Conexis Brasil Digital), disponível em: https://conexis.org.br/wp-content/uploads/2023/01/DESEMPENHO_SETOR_TELECOM_3T22.pdf; acesso em: 22 fev. 2023.

[210] O gráfico foi elaborado a partir de dados coletados nos sistemas da Anatel (https://informacoes.anatel.gov.br/paineis/acessos/telefonia-movel; acesso em: 22 fev. 2023).

Gráfico 6 – Acessos móveis por tecnologia

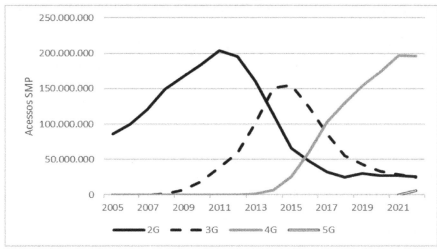

Fonte: Elaboração própria.[211]

Gráfico 7 – Percentual (%) de acessos por meio de banda larga móvel (SMP) em relação ao total de acessos em banda larga

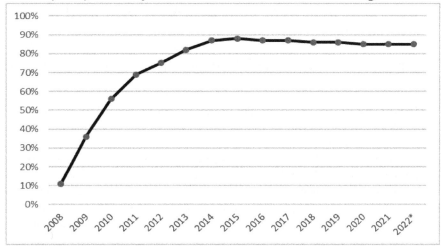

Fonte: Elaboração própria.[212]

[211] O gráfico foi elaborado a partir de dados coletados nos sistemas da Anatel (https://informacoes.anatel.gov.br/paineis/acessos/telefonia-movel; acesso em: 22 fev. 2023).

[212] O gráfico foi elaborado a partir de dados extraídos do relatório setorial referente ao mês de setembro de 2022, publicado pela Conexis (disponível em https://conexis.org.br/numeros/estatisticas/; acesso em: 24 fev. 2023).

Esse cenário de declínio da telefonia fixa objeto das concessões já era corroborado por dados da Pesquisa Nacional por Amostra de Domicílios (PNAD) de 2013, que demonstravam que 92,5% dos domicílios possuíam algum tipo de telefone, sendo que, em 54% dos casos, o único telefone disponível era justamente o móvel.[213] A partir do quadro delineado é possível extrair algumas conclusões sobre a política pública de universalização das telecomunicações, principalmente sobre o seu objeto *declarado* – o STFC.

Em primeiro lugar, nota-se que o STFC foi tecnológica e economicamente superado pelo SMP, atraindo a preferência dos usuários já no início do primeiro ciclo do programa de concessões.[214] Em parte a expansão do serviço, principalmente com relação à população de baixa renda – público-alvo da universalização do STFC –, deve-se inicialmente à flexibilidade de pagamento por meio da adoção de planos de serviço pré-pagos.[215]

Outro aspecto relevante, ao menos em um primeiro momento, eram os incentivos à aquisição de terminais, em decorrência de uma assimetria regulatória proporcionada por uma cobrança elevada para a terminação de chamadas nas redes das operadoras móveis através de interconexão. Em síntese, sempre que uma operadora termina uma chamada em uma rede móvel ela deve pagar, em favor da detentora da rede, o Valor pelo Uso da Rede Móvel (VU-M), uma vez que, no Brasil, adota-se

---

[213] MINISTÉRIO DAS COMUNICAÇÕES. *Alternativas para a revisão do modelo de prestação de serviços de telecomunicações.* Relatório Final do Grupo de Trabalho entre o Ministério das Comunicações e a ANATEL, Brasília, 2016.

[214] O que contraria uma das diretrizes postas pela LGT, no sentido de que o modelo setorial deveria "ser concebido com a pretensão de que tenha a mais longa vida possível, de maneira a não se tornar prematuramente obsoleto pela evolução tecnológica" (MINISTÉRIO DAS COMUNICAÇÕES. *Exposição de Motivos nº 231, de 10 de dezembro de 1996*, p. 14). Evidentemente não faria sentido focar os esforços de universalização justamente na atividade que restaria tecnologicamente ultrapassada mais rapidamente.

[215] Os planos pré-pagos chegaram a representar mais de 80% do total de contratos de SMP. A introdução dos chamados "planos controle", que não estabelecem limites de utilização, mas a remuneração ocorre por meio de fatura mensal, e não pela aquisição de créditos, tornou o pré-pago menos atrativo. Há uma tendência de queda na contratação da modalidade pré-paga sendo que, atualmente, a maior parcela das contratações é realizada na modalidade pós-paga (disponível em: https://informacoes.anatel.gov.br/paineis/acessos/telefonia-movel; acesso em: 15 ago. 2021).

a cobrança apenas junto ao usuário que iniciou a chamada (*calling party pays*). Isso gera, assim, um dever de remunerar o uso da rede da prestadora que atende o usuário receptor da chamada, diretamente pela prestadora de origem.

Nos anos 2000, o VU-M era bastante elevado, sendo uma importante fonte de receitas das operadoras, o que as incentivava a ter uma base grande de usuários receptores de chamadas. Se por um lado o custo de realizar uma chamada para outras operadoras[216] era severamente impactado pelo VU-M (enquanto componente do custo da chamada), uma base robusta assegurava uma fonte de receita estável e com risco de inadimplemento reduzido, posto que pago por outras operadoras. Embora esse incentivo tenha sido substancialmente reduzido ao longo do tempo, em função de intervenções da Anatel para a redução do VU-M, ele tornou viável o acesso a terminais até a introdução no mercado de modelos mais acessíveis.

Em segundo lugar, igualmente, em relação ao SCM, pode-se afirmar que o uso de aplicativos para a realização de chamadas também gerou nova competição para o STFC. Veja-se o exemplo da telefonia de longa distância, que é substituída por qualquer tipo de aplicação que utilize serviços de voz, como Skype e WhatsApp.

Nesse sentido, em que pese a vantagem da mobilidade, houve também um crescimento do acesso fixo à internet, o que indica que o maior atrativo foi efetivamente a possibilidade de acesso a essa funcionalidade. É o que se verifica a partir da análise dos Gráfico 8, a seguir.

---

[216] O que também explica a diferenciação de chamadas realizadas dentro das redes da própria operadora, muitas vezes não cobradas.

Gráfico 8 – Acessos banda larga fixa

[Line chart showing Acessos - Banda Larga Fixa from 2007 to 2022, rising from approximately 8.000.000 in 2007 to approximately 44.000.000 in 2022]

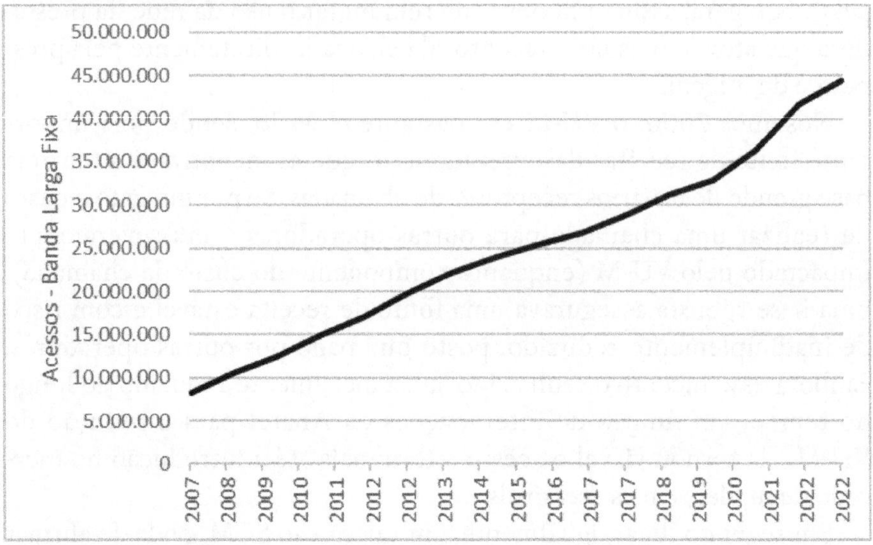

Fonte: Elaboração própria.[217]

No entanto, segundo dados da Anatel, a densidade de acesso à banda larga fixa corresponde a 52 conexões por 100 domicílios – ou seja, menos da metade da densidade da telefonia móvel. Além disso, os dados revelam enorme disparidade quando regionalizados: na região Sudeste há densidade de 66 conexões por 100 domicílios, enquanto esse valor é de 29,3 na região Nordeste.[218]

Portanto, os recursos da universalização deveriam acompanhar essa tendência, privilegiando formas de acesso à internet, móvel e fixa, o que não ocorreu (ao menos de forma efetiva).[219]

---

[217] O gráfico foi elaborado a partir de dados coletados nos sistemas da Anatel (https://informacoes.anatel.gov.br/paineis/acessos/banda-larga-fixa; acesso em: 24 fev. 2023).
[218] Dados de junho de 2021, obtidos em: https://informacoes.anatel.gov.br/paineis/acessos/banda-larga-fixa. Acesso em: 15 ago. 2021. A Agência passou a utilizar como critério de densidade o critério populacional e não mais o número de domicílios. Segundo essa métrica, o Brasil possui uma densidade de 20,1 acessos por 100 habitantes, tendo a região Sudeste 25,1 e a Nordeste 11,7 acessos por 100 habitantes, a título de comparação, com dados de julho de 2022.
[219] *Vide*, nesse sentido, Voto nº 85/2015-GCIF, Conselheiro Igor de Freitas, de 5 de junho de 2015.

Em terceiro lugar, a focalização da política pública se mostrou equivocada ao longo do tempo por não deslocar os esforços da ampliação de rede destinada ao STFC para o atendimento dos usuários finais, notadamente os de baixa renda, seja em termos de subsídios em contas, seja em aquisição de equipamentos – mesmo enquanto o serviço tinha alguma atratividade. A focalização é um aspecto relevante tanto para a eficácia quanto para a eficiência do programa governamental – o que ajuda a explicar o sucesso de programas como o Bolsa Família.[220]

Embora durante o governo Luís Inácio Lula da Silva tenha havido iniciativas nesse sentido, por meio da criação de planos específicos para tais usuários, não se pode dizer que foram bem-sucedidas – conforme abordarei no Capítulo 2. Pode-se apontar que não havia subsídio direto, mas apenas planos estruturados para serem mais baratos do que os tradicionais, pós-pagos, e, sobretudo, envolvendo apenas telefonia fixa.

Assim, em um contexto no qual o serviço de telecomunicações passou progressivamente a ser um meio para o acesso a outra funcionalidade, a internet, mesmo esse tipo de iniciativa ficou comprometida. Ou seja, a oferta ocorreu de forma já tardia, além de ter se dado sobre um serviço sem atratividade para o público – fato reconhecido pela própria Anatel.[221]

Em quarto lugar, o uso dos recursos do FUST, apesar de efetivamente arrecadados, foi nulo, apesar de ser apontado pela LGT como o meio preferencial para a implantação da universalização dos serviços de telecomunicações. As razões pelas quais isso ocorreu serão mais bem abordadas adiante, mas é possível afirmar que esse fator pode, inclusive, ter influenciado os dois primeiros aspectos.

Talvez um lado positivo da não utilização do FUST seja, justamente, não ter ampliado ainda mais a disponibilidade de um serviço não mais atrativo para os usuários, o que representaria um desperdício de recursos públicos, que ficou restrito ao montante comprometido com as metas de universalização previstas nos contratos de concessão do STFC.

---

[220] Coutinho, Diogo Rosenthal. O direito nas políticas sociais brasileiras: um estudo do Programa Bolsa Família. In: Schapiro, Mario G.; Trubek, David M. (orgs.). Direito e desenvolvimento: um diálogo entre os BRICS. São Paulo: Saraiva, 2011. p. 73-122; e Mesquita, Clarissa Ferreira de Melo. O papel do direito na articulação governamental necessária às políticas públicas: uma avaliação do Programa Bolsa Família (PBF). Cadernos Gestão Pública e Cidadania, São Paulo, v. 21, nº 70, dez. 2016.

[221] Análise nº 25/2016-GCIF, Conselheiro Igor de Freitas, de 12 de fevereiro de 2016.

Em quinto lugar, a ausência de aplicação dos recursos do FUST também gerou impactos na competição do setor, uma vez que não permitiu que prestadores de serviços, para além das concessionárias, pudessem utilizá-los (apesar de isso nunca ter ocorrido). A própria LGT coloca o caráter neutro da universalização para a competição como uma condição, e isso significa, também, utilizar a ferramenta para incentivar a própria concorrência no setor – em linha com o exposto.

Caso não houvesse restrição ao uso de recursos do FUST para prestadores de serviço em regime privado, por exemplo, haveria um universo de mais de 16.000 autorizadas de SCM[222] que poderiam se interessar pela implementação de projetos – há muitas delas de pequeno porte e regionalizadas.

Em sexto lugar, observa-se que inexiste algum grau de regionalização da política pública,[223] o que pode decorrer da ausência de mecanismos de coordenação federativa, mediante a participação formal de estados e municípios. Ou seja, em regra, as metas relacionadas à disponibilidade dos serviços foram (e ainda são) traçadas de forma uniforme, não levando em consideração particularidades regionais que podem influenciar o objeto da atuação estatal.

Em sétimo lugar, por fim, um outro efeito da falta de coordenação federativa e regionalização da política pública diz respeito à carga tributária. A tributação sobre o setor representa uma parcela substancial do custo final do serviço, variando entre 30% a 40% do seu valor. A particularidade, no caso brasileiro, é a de que o ente titular do serviço não possui competência exclusiva para tributá-lo – o que abre espaço para atuação, principalmente, dos estados, que o faz por meio do ICMS.[224]

Embora não seja objeto do estudo adentrar na tributação do setor, é certo que há carga tributária elevada para uma atividade considerada essencial e que possui diversas externalidades positivas, conforme já

---

[222] Conforme dados da consultoria Teleco, disponíveis em: https://www.teleco.com.br/scm_prest.asp, referentes a junho de 2021. Acesso em: 15 ago. 2021.

[223] Para além de uma diretriz principiológica prevista no art. 3º, inc. II, do Decreto do FUST.

[224] MINISTÉRIO DAS COMUNICAÇÕES. *Alternativas para a revisão do modelo de prestação de serviços de telecomunicações*. Relatório Final do Grupo de Trabalho entre o Ministério das Comunicações e a ANATEL, Brasília, 2016, p. 113. O estudo também menciona que a alíquota do ICMS incidente varia de 25% a 35% a depender do estado.

destacado. Esse é um aspecto que claramente influencia o fator acesso por parte do usuário, além de representar um custo mais elevado para quaisquer políticas públicas que busquem a universalização dos serviços de telecomunicações – caso esse ponto não seja contemplado.[225]

1.5. Conclusão parcial

O Capítulo 1 procurou atingir três objetivos principais: (i) estabelecer as bases teóricas e metodológicas do estudo; (ii) identificar, a partir da legislação, o arranjo institucional estático e sua composição, segundo as bases teóricas postas; e (iii) justificar as perguntas de pesquisa propostas na Introdução.

Com relação ao terceiro objetivo, a ideia foi demonstrar, a partir de uma ótica com enfoque econômico, os impactos da modernização regulatória empreendida na década de 1990, com base principalmente em dados produzidos pela Anatel, além de outras fontes, quando necessário. Os dados apresentados demonstram que houve avanço relevante na penetração das telecomunicações, mas, a partir de um dado momento, os resultados mais expressivos foram obtidos a partir dos serviços explorados em regime privado, a partir de autorizações.

De fato, os serviços explorados a partir de autorizações contribuíram notavelmente para expansão do efetivo acesso às telecomunicações, tendo como principal exemplo o serviço de telefonia móvel na modalidade pré-paga. Já os serviços explorados em regime público, restritos à telefonia fixa local e à longa distância, perderam sua capacidade de atrair usuários.

O impacto das novas tecnologias nesse cenário é claro, representado pela conexão à internet e uso de aplicativos de comunicação. Por um lado, a telefonia móvel, com mais flexibilidade em relação às formas de cobrança (*i.e.* pré-pago), ofereceu ao menos por um período um serviço mais acessível em termos financeiros do que a telefonia fixa. Por outro lado, o uso dos aplicativos, em si, tornou os custos de comunicação muito inferiores – basta mencionar o caso das ligações de longa distância e internacionais.

---

[225] Não é por outra razão que tanto a Anatel quanto o Ministério da Fazenda conduzem estudos sobre a tributação no setor. *Vide*, respectivamente, Consulta Pública nº 13/2021 e Tomada de Subsídios nº 01/2021/SDI/SEPEC/ME.

No entanto, as ferramentas estabelecidas em prol da universalização não foram ajustadas ao longo do tempo. Esse cenário colocou pressão sobre os serviços concedidos, uma vez que as obrigações de universalização relacionadas à telefonia fixa restaram mantidas – aspecto que colocou em xeque a própria continuidade do serviço. Com a queda de receitas e a manutenção das despesas, as concessões passaram a se tornar insustentáveis no longo prazo.[226] Paradoxalmente, a universalização em sentido estrito encontrou limites que não foram superados, abrindo espaço para a prevalência de outras ferramentas voltadas para a expansão dos serviços.

Como balanço geral do modelo, portanto, pode-se destacar, principalmente: (i) aumento das redes de telefonia fixa, evidenciando disponibilidade do serviço; (ii) ociosidade em parcela relevante dos acessos fixos, salientando sua não utilização; (iii) alta penetração do serviço móvel; (iv) carência de redes de suporte para a prestação de serviço de internet em alta velocidade – serviço atualmente buscado pela sociedade; e (v) ausência de uma política pública de universalização focada no efetivo acesso (e não apenas disponibilidade) aos serviços de internet em alta velocidade.

Assim, o resultado de mais de 20 anos da política pública de universalização idealizada pela LGT passa ao largo do conceito de universalização proposto no presente capítulo. É nesse contexto que se inserem as duas perguntas de pesquisa, justificando o tema escolhido e a abordagem aqui proposta.

A primeira pergunta de pesquisa questiona os motivos pelos quais o arranjo institucional estático, tal qual idealizado pela LGT, gerou esses resultados, desalinhados em relação aos objetivos por ela inicialmente traçados. Para tanto, o Capítulo 2 fará uma análise dos principais movimentos dos atores institucionais em torno da universalização no primeiro período de análise (até o ano de 2019), de forma a identificar como as ferramentas foram utilizadas no âmbito do arranjo institucional efetivo.

Já a segunda pergunta de pesquisa busca avaliar se as mais de duas décadas de experiência dos atores institucionais influenciaram o movi-

---

[226] Esse ponto será retomado ao longo do Capítulo 2 e, conforme abordarei no Capítulo 3, já existem litígios envolvendo essa questão.

mento de alteração institucional mais intenso, experimentado a partir de 2019 (segundo recorte de pesquisa), bem como sua capacidade de, teoricamente, solucionar os problemas efetivamente percebidos em relação ao arranjo institucional. O Capítulo 3 tem por objetivo analisar esses pontos, utilizando instrumentos da análise institucionalista.

2. O RUMO EFETIVO DAS POLÍTICAS DE UNIVERSALIZAÇÃO: COMO CHEGAMOS AQUI?

O objetivo deste capítulo é diagnosticar as razões pelas quais os resultados indicados no tópico anterior foram alcançados, com o objetivo de responder à primeira pergunta de pesquisa: *por que o arranjo original de universalização estabelecido na Lei Geral de Telecomunicações (LGT) não funcionou da forma ali prevista?*

Uma resposta possível e que será explorada passa pelo arranjo institucional dinâmico, tal como ele foi construído ao longo dos anos após o advento da LGT, a partir de eventos imprevisíveis quando da aprovação da lei e com os quais o arranjo institucional original (estático) não conseguiu lidar. Dadas as limitações à universalização em sentido estrito, os atores institucionais fizeram uso de outras ferramentas para tentar atingir esse objetivo, com os resultados já indicados no Capítulo 1.

O presente capítulo está organizado de forma cronológica, tendo como referencial a atuação dos atores institucionais que, em minha avaliação, influenciaram o arranjo institucional da política pública de universalização ao longo dos anos. Ao final, farei uma análise crítica a fim de elucidar um conjunto de fatores para responder à primeira pergunta de pesquisa – e, assim, abrir espaço para que a segunda seja trabalhada ao longo do Capítulo 3.

Procurei detalhar as ações praticadas pelos atores institucionais na profundidade necessária para que seja possível extrair as conclusões presentes ao final do capítulo, inclusive a título de transparência e para permitir uma comunicação mais clara com interlocutores não familiarizados com o setor.

Importante retomar aqui o corte indicado na Introdução, dado que a análise a seguir será voltada para compreender os movimentos que marcaram o setor e o escopo do presente estudo até a aprovação do chamado "novo modelo", por meio da Lei nº 13.879/2019. É certo que outros desdobramentos de enorme relevância como a aprovação da Lei nº 14.109/2020 certamente devem ser analisados, mas não contribuem diretamente para o diagnóstico a que se propõe o presente capítulo. Igualmente, a conclusão do processo de revisão quinquenal dos contratos de concessão do Serviço Telefônico Fixo Comutado (STFC), que originaram o Plano Geral de Metas de Universalização V (PGMU V), bem como a aprovação do edital de 5G no âmbito da Agência Nacional de Telecomunicações (Anatel) e o posterior leilão, também constituem eventos posteriores ao corte temporal, não integrando, portanto, este capítulo. Por essa razão as considerações sobre evoluções posteriores ao novo modelo serão tratadas no Capítulo 3.

Por fim, esclareço que o referencial teórico será detalhado igualmente no Capítulo 3, por uma razão muito simples: a estrutura do trabalho evidencia que os instrumentos derivados da análise institucional foram selecionados a partir das características e dos fatos relacionados à política pública no caso concreto. E o principal objetivo do capítulo é exatamente expor e compreender como o arranjo institucional da universalização funcionou, mediante a análise da efetiva movimentação dos atores institucionais e o manejo das ferramentas postas à sua disposição.

Os conceitos e teorias relacionados aos agentes de veto, às mudanças institucionais, à dependência de trajetória, ao *bypass* institucional, sinalizados na Introdução, são levantados como uma tentativa de explicar as razões pelas quais os resultados da política pública foram os apontados no Capítulo 1. Reputo-os como úteis para esse objetivo, sendo que não representam uma seleção *a priori* pelo pesquisador, na qual procuro encaixar a realidade – quando o que busco aqui é exatamente o oposto: explicá-la com a ajuda da lente proporcionada pelas teorias institucionais.

2.1. A universalização das telecomunicações na pauta do Tribunal de Contas da União: uma decisão capaz de moldar o destino do setor?

A atuação do Tribunal de Contas da União (TCU) como órgão de controle da Administração Pública tem sido estudada em grande profundidade nos últimos anos, principalmente pelo crescente protagonismo que o órgão tem assumido nas diversas frentes em que atua. Conforme aponta a doutrina,[227] o próprio TCU tem interpretado suas atribuições constitucionais e legais de forma ampla, o que torna viável a interferência não apenas em projetos de infraestrutura, mas também na regulação setorial e na própria execução de políticas públicas.

O manejo de suas competências sancionatórias sobre agentes públicos, aliado à possibilidade de analisar praticamente qualquer ato emanado da Administração Pública Federal, abre espaço para que o TCU seja dotado de uma posição *sui generis* no ordenamento brasileiro. Nenhum projeto de infraestrutura de grande porte avança sem passar por um detalhado escrutínio do órgão de controle, que interfere nas escolhas dos próprios administradores.[228]

Nesse sentido, pode-se afirmar que o TCU exerce uma espécie de papel de *agente de veto*, com capacidade de impedir esforços de alteração institucional.[229] Não é diferente no setor de telecomunicações, que está sob análise constante do Tribunal, seja avaliando a atuação ordinária da Anatel na regulação do setor, seja no controle de con-

---

[227] Sobre o caminho para o agigantamento das funções do TCU, *vide* ROSILHO, André. *Tribunal de Contas da União*: competências, jurisdição e instrumentos de controle. São Paulo: Quartier Latin, 2019.

[228] Gustavo Leonardo Maia Pereira, por exemplo, mapeou a intervenção do TCU em projetos de infraestrutura nos setores rodoviário, óleo e gás, portuário, aeroportuário e elétrico. A partir daí concluiu que: "[d]a análise dos casos apresentados, verifica-se, porém, que, tanto na dimensão liberal, como na perspectiva gerencial, do controle, o TCU tem uma compreensão expansiva de suas competências. Sob o prisma liberal, o Tribunal não tem se restringido à fiscalização da legalidade dos aspectos financeiros das atividades das agências. Tem, na verdade, realizado um controle amplo de juridicidade de todos os atos regulatórios, inclusive de normas setoriais. Sob o enfoque gerencial, o Tribunal não se limita a levantar dados e informações, expedir sugestões e atuar colaborativamente, busca maneiras de efetivamente interferir na regulação, fazendo prevalecer as suas preferências em detrimento das escolhas discricionárias do regulador" (PEREIRA, Gustavo Leonardo Maia. *TCU e o controle das agências reguladoras de infraestrutura*: controlador ou regulador? 2019. Dissertação (Mestrado em Direito) – Fundação Getulio Vargas, São Paulo, 2019, p. 182-183).

[229] Uso a expressão "agente de veto" de forma adaptada. Aprofundarei a análise desse ponto no Capítulo 3, ao tratar especificamente da figura do agente de veto e suas características.

tratações[230] – aí se incluindo aqueles relativos à política pública de universalização.

Não pretendo aprofundar as discussões e polêmicas em torno do TCU e de como ele desempenha suas atividades. O que busco avaliar aqui é se e como o TCU, por meio de suas decisões, contribuiu para influenciar o comportamento dos atores institucionais do setor de telecomunicações e, assim, no caminho trilhado pela política pública de universalização posta até 2019. As decisões a seguir tratadas já foram objeto de outros estudos, por diversos autores,[231] mas meu objetivo aqui é analisar a existência de um vínculo entre elas e a forma com que os demais atores manejaram as ferramentas postas à sua disposição dentro do arranjo institucional.

2.1.1. Tribunal de Contas da União e a atuação coercitiva: o fracasso na licitação para a implantação dos planos de metas de universalização

Ao final do governo Fernando Henrique Cardoso, a Anatel promoveu a Licitação nº 001/2001/SPB-ANATEL, com valor estimado de R$ 1,5 bilhão, voltada para implantar os Planos de Metas de Universalização (PMUs), aprovados, respectivamente, pelos Decretos nº 3.753 e nº 3.754, ambos de 29 de fevereiro de 2001, conforme já destacado no Capítulo 1. O objetivo era atender instituições de ensino médio e profissionalizante, tanto com o fornecimento de serviços de telecomunicações quanto dos equipamentos necessários à sua utilização. Assim, o projeto tinha por escopo aplicar recursos do Fundo de Universalização dos

---

[230] *Vide*, por exemplo, Acórdão nº 2.121/2017, Rel. Min. Bruno Dantas, j. em 27.09.2017, que tratou da análise de Termos de Ajustamento de Conduta (TAC) entre a Anatel e uma operadora de telefonia. Outros exemplos, focados na política pública de universalização, serão explorados ao longo do presente capítulo, bem como no Capítulo 3.

[231] *Vide*, por exemplo, PEREIRA NETO, Caio Mário da Silva. *Universal Access to Telecommunications in Developing Countries*: The Brazilian Case. 2005. JSD Dissertation, Yale Law School, New Haven, 2005, p. 253; FARACO, Alexandre Ditzel; COUTINHO, Diogo Rosenthal. A universalização dos serviços regulados. *In*: PEREIRA NETO, Caio Mário da Silva; PINHEIRO, Luís Felipe Valerim (coords.). *Direito da infraestrutura*. São Paulo: Saraiva, 2017, p. 315; PEREIRA NETO, Caio Mário da Silva; ADAMI, Mateus Piva. O desafio da universalização de telecomunicações: um balanço após 15 anos de LGT. *In*: GUERRA, Sergio (org.). *Regulação no Brasil*: uma visão multidisciplinar. Rio de Janeiro: FGV, 2014, p. 208.

Serviços de Telecomunicações (FUST) para viabilizar acesso à internet para esse público-alvo.

O TCU, provocado pelos deputados da oposição Sérgio Miranda de Matos Brito (então filiado Partido Comunista do Brasil – PCdoB) e Walter de Freitas Pinheiro (então filiado ao Partido dos Trabalhadores – PT), suspendeu a licitação,[232] posteriormente reconhecendo a procedência da representação.[233] Em síntese, a Corte de Contas entendeu que haveria uma série de irregularidades no edital, em especial, para os fins deste estudo, o direcionamento da licitação às concessionárias do STFC.

Ali já era possível perceber uma divergência interna entre os órgãos de instrução atuantes junto ao TCU. A 1ª Secex apontou que a licitação deveria ser destinada a prestadoras de serviços de telecomunicações, mas não restrita àquelas com outorgas em regime público. Isso porque não haveria óbice à imposição de deveres de universalização a empresas atuantes em regime privado que desejassem assumi-los de forma espontânea.

Por sua vez, a então Secretaria de Fiscalização de Desestatização (Sefid) apontou que: (i) o objeto da licitação era pertinente ao Serviço de Rede de Transporte de Telecomunicações (SRTT) (antecessor do Serviço de Comunicação Multimídia – SCM), voltado para a transmissão de dados e alheio ao STFC,[234] portanto, seria impróprio restringir o objeto da licitação às concessionárias do STFC; e (ii) ao mesmo tempo, o serviço de transmissão de dados necessário ao provimento de conexão à internet não poderia receber recursos do FUST – dado que tais recursos poderiam ser destinados apenas a serviços explorados em regime público.

Antes mesmo do desfecho final da questão no âmbito do TCU, a própria Anatel anulou o Edital de Licitação nº 001/2001/SPB-ANATEL,[235] o que fez com que a análise do órgão de controle acabasse não aprofundando o mérito dos posicionamentos de Secex e Sefid. Assim, os proje-

---

[232] Decisão nº 1.095/2001, Plenário, Rel. Min. Iram Saraiva, j. em 12.12.2001.
[233] Decisão nº 1.308/2002, Plenário, Rel. Min. Iram Saraiva, j. em 02.10.2002.
[234] Apesar de a velocidade a ser contratada, à época, corresponder aos 64 kbps que caracterizam o STFC, o que permitiria o acesso discado à internet.
[235] Ato nº 27.130, de 12 de julho de 2002.

tos estabelecidos nos PMUs foram deixados de lado e a licitação não foi retomada até o final do governo Fernando Henrique Cardoso.

2.1.2. Tribunal de Contas da União e sua atuação consultiva: a leitura definitiva quanto à destinação dos recursos do Fundo de Universalização dos Serviços de Telecomunicações

Com a transição para o governo Luís Inácio Lula da Silva, o então Ministro das Comunicações, Miro Teixeira, apresentou consulta formal ao TCU acerca da forma de utilização dos recursos do FUST.[236] Tal expediente provavelmente foi adotado em função do receio de um novo questionamento, como o que comprometeu a aplicação dos recursos pela gestão anterior. A consulta trazia como base, principalmente, o seguinte objeto para ilustrar as intenções do governo:

> Contratação da empresa que irá implantar, manter e operar o serviço de acesso para utilização de serviços de redes digitais de informação destinadas ao acesso público, inclusive da Internet, a estabelecimentos de ensino, bibliotecas e instituições de saúde. Este serviço deverá ser composto de (1) provimento de conexão em banda larga nas interligações dos equipamentos terminais com os provedores de acesso a redes digitais de informação e à Internet; (2) provimento de acesso a redes digitais de informações e à Internet; (3) provimento de equipamentos terminais para operação do serviço e respectivos *softwares* que o viabilizem; (4) administração e operação dos sistemas e dos serviços disponibilizados.

Assim, o objetivo era verificar a possibilidade de uso do FUST para arcar com conexão em banda larga, bem como para a aquisição dos equipamentos necessários à fruição do serviço. Novamente, tal qual o caso anterior, houve divergência interna entre os órgãos de instrução do TCU.[237]

---

[236] André Rosilho aborda figura da consulta e sua utilização pelo TCU, chamando a atenção para a insegurança jurídica que tais respostas, historicamente, têm proporcionado – resultado, portanto, diametralmente oposto ao que seria esperado dessa figura (ROSILHO, André. *Tribunal de Contas da União*: competências, jurisdição e instrumentos de controle. São Paulo: Quartier Latin, 2019, p. 141).

[237] Acórdão nº 1.107/2003, Plenário, Rel. Min. Humberto Guimarães Souto, j. em 13.08.2003.

2. O RUMO EFETIVO DAS POLÍTICAS DE UNIVERSALIZAÇÃO: COMO CHEGAMOS AQUI?

A 1ª Secex manteve o seu posicionamento, no sentido de que não apenas serviços explorados em regime público, mas também aqueles sujeitos ao regime privado poderiam receber recursos do FUST, sendo acompanhada pelo Ministério Público de Contas. Seu raciocínio se apoia no fato de que autorizadas poderiam, voluntariamente, assumir compromissos de interesse da coletividade, nos termos do art. 135 da LGT. A diferença para o regime público é justamente que, neste, é possível a imposição de obrigações, enquanto na forma do art. 135 da LGT as empresas assumiriam novos encargos voluntariamente.

Além disso, a Lei do FUST teria aberto essa possibilidade diante das referências à conexão em alta velocidade como objeto de financiamento (art. 5º, inc. VIII). Por fim, o órgão de instrução chama a atenção para o fato de que a existência de financiamento retira o ônus do caráter da universalização, transformando-a em atividade atrativa e, portanto, seria benéfico à sociedade ampliar o número de agentes interessados na disputa por projetos.

Noto, aqui, que esse posicionamento converge com o conceito amplo de universalização posto no Capítulo 1, inclusive com relação à fundamentação jurídica utilizada. Assim, o resultado das licitações para a alocação dos recursos do FUST seria visto como uma assunção voluntária de compromissos de interesse da coletividade, dado que a Lei do FUST possuía um rol exemplificativo de projetos, sendo então mencionadas as redes de alta velocidade.

Também houve, por parte da 1ª Secex, um posicionamento favorável à aplicação descentralizada dos recursos do FUST, por meio de convênios, a fim de conduzir projetos de telecomunicações em parceria com entidades de estados e municípios. Conforme abordarei no Capítulo 3, esse é um aspecto relevante e que ainda é negligenciado mesmo após as alterações legislativas ocorridas a partir de 2019.

Prevaleceu, no entanto, uma leitura restrita quanto ao objeto dos projetos aptos a receber recursos do FUST, bem como quanto à forma a ser utilizada. A Sefid manteve seu posicionamento, indicando que a universalização relativa às atividades objeto da consulta, conforme os arts. 64 e 65, § 1º, ambos da LGT, demandaria a criação de um novo serviço de telecomunicações, voltado para a exploração de banda larga, como condição para a percepção de recursos do fundo setorial.

Essa lógica decorreria, nessa visão, da própria Constituição Federal de 1988 (CF/88), dado que a universalização seria um elemento caracterizador do serviço público e, portanto, só poderia envolver o instrumento de delegação previsto em seu art. 175.[238] Ou seja, uma leitura estrita do conceito de universalização acabou pautando a decisão do TCU, na linha indicada no Capítulo 1, aliada a uma visão particular dos efeitos da titularidade dos serviços de telecomunicações pela União.[239]

A Sefid ainda apontou que não haveria necessidade de descentralizar os recursos, uma vez que competiria à União estabelecer os PMUs e neles poderiam estar contempladas as necessidades locais. Aponta-se a importância da coordenação federativa, mas limitada à descentralização para a fiscalização dos serviços. A esse ponto o Ministro Relator retomou a questão da titularidade, aqui com um viés de exclusividade: seria

---

[238] "53. Note-se que o art. 175, C.F., define a responsabilidade do poder público em relação ao provimento dos serviços públicos, mas possibilita a delegação de tal provimento por meio de dois instrumentos de delegação: *concessão e permissão*. Já o art. 21, XI, C. F., especifica que compete à União explorar diretamente os serviços de telecomunicações, mas, nesse caso, refere-se a três instrumentos para a prestação indireta desses serviços: autorização, concessão ou permissão. A compatibilização dos dispositivos constitucionais decorre do fato de que os serviços de telecomunicações podem ser prestados em regime público, mediante *concessão ou permissão*, ou privado, mediante *autorização*.

54. Seguindo essa lógica, a LGT, que regulamentou o art. 21, XI, C. F., definiu, em seu art. 64, que a União deve assegurar a existência, a universalização e a continuidade das modalidades de serviço de telecomunicações prestados em regime público. Sendo a universalização um atributo assegurado pela União, o poder público só poderá transferi-lo a um ente delegado, que, nos termos do art. 175, C. F., são concessionários ou permissionários. Como a LGT, em seu art. 188, reserva ao permissionário um caráter excepcional, a concessão afigura-se como o instrumento próprio para a delegação dos serviços de telecomunicações prestados em regime público (art. 83 da LGT). Essa é mais uma razão pela qual afirma-se que as obrigações de universalização são exclusivamente atribuíveis aos prestadores em regime público, os *concessionários*" (Acórdão nº 1.107/2003, Plenário, Rel. Min. Humberto Guimarães Souto, j. em 13.08.2003, destaques no original).

[239] Entendo que a titularidade do serviço de telecomunicações pela União não restringe as formas de atuação do Estado, inclusive no desenvolvimento de políticas públicas de universalização. Pelo contrário, trata-se de ampliar o leque de instrumentos à disposição do Estado, sendo incorreta a vinculação do aporte de recursos com um instrumento específico (concessão). De fato, minha leitura parece alinhada aos movimentos de reforma da legislação setorial, dado que passaram a permitir de forma expressa a universalização de atividades em regime privado – não sem controvérsias. Retomarei esse ponto no Capítulo 3.

vedado a estados e municípios procederem com licitações que resultassem na outorga de serviços cuja competência é da União.[240]

Como resultado, em resposta à consulta, o TCU concluiu pela possibilidade de uso dos recursos do FUST para a contratação, mas impôs uma série de condições. Partindo da premissa de que se trata de atividade relacionada à universalização e que a LGT teria restringido a exploração de tais atividades a concessões exploradas sob o regime público, outorgadas pela União enquanto titular dos serviços por força constitucional, apontou-se que: (i) a Anatel deveria propor a criação de uma nova modalidade de serviço, explorada em regime público, para viabilizar a aplicação dos recursos do FUST, para aprovação pelo Poder Executivo; (ii) seriam então licitadas e outorgadas novas concessões, regionalizadas ou não, para atender a esse objeto; e (iii) a iniciativa não poderia ser feita de forma descentralizada, ou seja, não poderia haver participação de estados e municípios na contratação, haja vista se tratar de serviço de titularidade da União.

2.1.3. Exercício de veto e impactos para o setor

Embora a visão anteriormente retratada seja muito restritiva em relação à LGT e à própria Lei do FUST, em sua redação original jamais houve questionamento da decisão do TCU pelo Poder Executivo ou mesmo pela Anatel. Conforme explorarei adiante, o órgão regulador chegou a avançar na elaboração de um regulamento para a nova modalidade de serviço explorada em regime público requerida pelo TCU – o Serviço de Comunicação Digital (SCD). No entanto, essa iniciativa jamais resultou em um novo serviço, conforme abordarei ao tratar das iniciativas da Anatel para lidar com o tema.

Portanto, pode-se afirmar que o órgão de controle interferiu diretamente em um momento importante do ciclo da política pública, afetando a formulação de alternativas e influenciando diretamente na

---

[240] "Entretanto, como se trata de concessão de serviços públicos cuja titularidade é constitucionalmente exclusiva do governo federal, os estados e municípios não podem promover as licitações de outorga, que, por força da LGT, devem ficar a cargo da Agência Nacional de Telecomunicações – ANATEL." (Acórdão nº 1.107/2003, Plenário, Rel. Min. Humberto Guimarães Souto, j. em 13.08.2003).

tomada de decisão.²⁴¹ De fato, o TCU definiu a estrutura de implementação da política pública, em lugar dos atores institucionais competentes, e também circunscreveu o seu objeto, reduzindo as alternativas disponíveis para o uso da ferramenta FUST a apenas uma: a instituição de um novo serviço explorado em regime público.

Por essas razões, talvez seja possível apontar esse como um dos primeiros precedentes que inauguraram uma fase progressivamente mais interventiva do órgão de controle sobre os setores de infraestrutura, inclusive sobre aspectos centrais das políticas públicas setoriais. Na prática, o TCU funcionou aqui como uma espécie de "regulador informal", tendo interferido diretamente no arranjo institucional da universalização.

Vale notar que, apesar das dificuldades para a criação do SCD, a alternativa foi sempre considerada como um caminho viável, não apenas pelos atores institucionais, mas também pela doutrina.²⁴² O estabelecimento de um novo serviço de telecomunicações foi considerado como uma decisão administrativa de simples implementação, o que não se mostrou verdadeiro. Isso demonstra que a atuação do TCU se deu a partir de uma avaliação estritamente jurídico-formal, sem considerar de qualquer forma o impacto na política pública²⁴³ – mesmo quando, ao longo dos anos, a decisão seguiu se mostrando impraticável.

Assim, formalmente, o STFC continuaria por muitos anos como único serviço explorado em regime público e que, portanto, poderia receber os recursos do FUST segundo a leitura do TCU, ao menos até a revisão trazida pela Lei nº 14.109/2020. Conforme abordarei a seguir, os diversos atores envolvidos nesse debate reagiram de forma a contornar o caminho colocado pelo órgão de controle. Adotaram caminhos alternativos para a implementação da política pública de universalização, realizando ajustes no arranjo institucional de forma a evitar a necessidade de utilização dos recursos do FUST.

---

[241] SECCHI, Leonardo. Políticas públicas: conceitos, esquemas de análise, casos práticos. São Paulo: Cengage Learning, 2012, p. 37.
[242] FARACO, Alexandre Ditzel. Regulação das telecomunicações: entre concorrência e universalização. In: SHAPIRO, Mario Gomes (org.). Direito e economia na regulação setorial. São Paulo: Saraiva, 2009, p. 73 e ss.
[243] ROSILHO, André. Tribunal de Contas da União: competências, jurisdição e instrumentos de controle. São Paulo: Quartien Latin, 2019, p. 143.

Curiosamente, as ferramentas utilizadas foram calcadas em compromissos de interesse da coletividade e no uso intensivo do art. 135 da LGT, exatamente o fundamento rechaçado pelo TCU para viabilizar a aplicação de recursos do FUST em regime privado. Trata-se de um bom exemplo acerca de como a realidade pode acabar se impondo sobre a interpretação jurídica.

De todo modo, o resultado final é conhecido: o FUST, ferramenta mais importante da universalização segundo a LGT, terminou inutilizado. A seguir, analiso como os atores institucionais se portaram ao longo do tempo e manejaram as ferramentas disponíveis, considerando as restrições postas pela interpretação do TCU, de forma a expor o arranjo institucional efetivo que moldou o caminho trilhado pela universalização até 2019.

2.2. A reação do Poder Executivo ao Tribunal de Contas da União: os arremedos da política pública à margem da Lei Geral de Telecomunicações

O Ministério das Comunicações, autor da consulta ao TCU, não adotou qualquer medida para contrapor ou questionar a posição ali externada, mesmo havendo divergências internas ao próprio órgão, pela dificuldade de adotar um novo serviço como ferramenta de universalização. De fato, o insucesso dos PMUs e do SCD gerou uma série de iniciativas para contornar a não utilização do FUST, que foram encabeçadas pelo Poder Executivo, as quais serão abordadas a seguir sinteticamente, seguindo como critério principal a cronologia dos eventos.

Destaca-se que o objetivo aqui não é aprofundar o detalhamento de cada um dos atos, mas sim demonstrar como o arranjo institucional original da política pública de universalização, tal qual traçado no Capítulo 1, não foi concretizado. Igualmente, não constitui objetivo do item adentrar em todos os litígios e todas as controvérsias relacionadas a cada ato, mas apenas à medida que forem relevantes para a minha análise.

Considerando, ademais, a divisão de competências entre o Poder Executivo e a Anatel, como já destacado no capítulo anterior, é certo que várias das atividades desempenhadas por um contam com a participação ativa do outro. Por se tratar de competências imbricadas, a divisão foi realizada tentando privilegiar a preponderância do papel de cada órgão nas iniciativas abordadas. Por essa razão, em muitos pontos

– por exemplo, os PGMUs – é difícil não mencionar a atuação da Anatel, embora, tecnicamente, a competência para a sua aprovação seja do Poder Executivo.

Por fim, para além da nota metodológica, cabe referir que o Poder Executivo buscou, ao menos em duas oportunidades, estabelecer rumos para as políticas públicas de telecomunicações, que deveriam, ao menos em tese, ter pautado todas as iniciativas que abordarei ao longo do presente item.

De fato, é possível mencionar o Decreto nº 4.733, de 10 de junho de 2003, que explicitamente teve por objetivo dispor sobre as políticas públicas de telecomunicações, tendo pautado, na maior parte do recorte temporal aqui analisado, a atuação da Administração Pública Federal. Como finalidades das políticas públicas estão a inclusão social e a universalização na forma da LGT, além de garantia de atendimento adequado.[244]

Além dessas diretrizes gerais, um dos objetivos fixados é bastante claro: *"garantir o acesso a todos os cidadãos à Rede Mundial de Computadores (Internet)"* – ou seja, já em 2003 havia uma diretriz clara para que as políticas públicas de telecomunicações fossem voltadas para o acesso à internet. Outros objetivos também devem ser mencionados: (i) acesso individualizado a ao menos um serviço de telecomunicação; (ii) ampliação de acesso, mediante tarifas e preços justos e razoáveis; (iii) organização das telecomunicações visando à inclusão social.[245]

Para fins de garantir o acesso à internet, o Decreto nº 4.733, de 10 de junho de 2003, estabeleceu uma alocação de competência que, além de refletir a organização setorial prevista na LGT, tratada no Capítulo 1, é ainda mais específica quanto aos atores institucionais envolvidos: (i) "o Ministério das Comunicações fica incumbido de formular e propor políticas, diretrizes, objetivos e metas, bem como exercer a coordenação da implementação dos projetos e ações respectivos, no âmbito do programa de inclusão digital"; e (ii) "a Agência Nacional de Telecomunicações – ANATEL deverá desenvolver instrumentos, projetos e ações que possibilitem a oferta de planos de serviços de telecomunicações, observando as diretrizes e metas estabelecidas pelo Ministério das Comunicações e

---

[244] Cf. art. 3º, incs. I, II e VII, do Decreto nº 4.733, de 10 de junho de 2003.
[245] Cf. art. 4º do Decreto nº 4.733, de 10 de junho de 2003.

o regime de tratamento isonômico como instrumento para redução das desigualdades sociais".[246]

Desde 2003, portanto, a política pública de universalização tem, ao menos como objetivo formal, proporcionar o acesso à internet, além de viabilizar o acesso individual a "um" serviço de telecomunicação. Já se torna evidente que a telefonia fixa não estava no centro das políticas públicas setoriais, sendo indiferente a forma de acesso aos serviços de telefonia para fins de universalização. Embora o próprio Decreto possua uma detalhada orientação com relação aos serviços de telefonia fixa comutada,[247] as preocupações ali são direcionadas preponderantemente a aspectos concorrenciais (*i.e.* garantia de acesso às redes pelos competidores), de regulação tarifária e direitos dos consumidores. O STFC é tratado ali de forma relativamente isolada das outras frentes – muito provavelmente em função do próprio escopo dos contratos de concessão.

Essas diretrizes vigoraram até 2018, quando o Decreto nº 4.733, de 10 de junho de 2003, foi substituído pelo Decreto nº 9.612, de 17 de dezembro de 2018, já nos últimos dias do governo Michel Temer.[248] Como era de se esperar, os objetivos das políticas públicas passaram a focar, ainda mais, na oferta de banda larga, tanto fixa quanto móvel.[249] Chama a atenção que a norma menciona tanto objetivos voltados para a ampliação da cobertura quanto o estabelecimento de um ambiente que

---

[246] Cf. parágrafo único do art. 4º do Decreto nº 4.733, de 10 de junho de 2003, incluído pelo Decreto nº 5.581, de 10 de novembro de 2005.

[247] Cf. art. 7º do Decreto nº 4.733, de 10 de junho de 2003.

[248] O novo decreto de políticas públicas atendeu, explicitamente, a um comando do TCU, derivado da constatação de ausência de uma política pública clara para o setor de telecomunicações, pautada por instrumentos não coordenados e sem visão de longo prazo – cf. TCU, Acórdão nº 28/2016, Rel. Min. Bruno Dantas, j. em 20.01.2016. É o que se depreende do processo normativo que gerou a proposta de decreto (Nota Técnica Conjunta nº 54/2017/SEI-MCTIC, de 17 de outubro de 2017).

[249] "Com efeito, é clara a percepção de que a banda larga deveria ocupar daqui para frente o centro da política pública de telecomunicações, o que gera a necessidade de uma profunda avaliação de diversas questões regulatórias, presentes na LGT e nas normas infralegais, como o modelo de prestação de serviço de telecomunicações em regime público, o instituto da reversibilidade, a revisão do fundo de universalização dos serviços de telecomunicações, etc." (Nota Técnica Conjunta nº 54/2017/SEI-MCTIC, de 17 de outubro de 2017, p. 5).

propicie condições econômicas para o uso e fruição de tais serviços.[250] A universalização compreendida como efetivo acesso, e não disponibilidade, também está tratada nesse Decreto.

Outra inovação, ainda no campo das ferramentas, é a previsão de diretrizes mais concretas para nortear os compromissos de expansão advindos da celebração de termos de ajustamento de conduta, de leilões de radiofrequência ou outros atos regulatórios expedidos pela Anatel. Em alguma medida, como demonstrarei adiante, tanto neste item quanto ao tratar do papel do órgão regulador, o Decreto apenas incorpora, ao menos quanto aos leilões de radiofrequência, experiências já utilizadas no setor.

Embora não tenha metas específicas ou tenha resultado efetivamente em compromissos assumidos por operadores de telecomunicações, o Decreto nº 9.612, de 17 de dezembro de 2018, substituiu explicitamente dois programas que serão tratados adiante: o Plano Nacional de Banda Larga e o Programa Brasil Inteligente – mantendo-se, apenas, as atribuições alocadas à Telebrás.[251]

Feitas essas considerações iniciais, abordarei como essas diretrizes de política pública foram (ou não) observadas pelos atores institucionais, tendo resultado em alternativas concretas para balizar os rumos dos programas de universalização de telecomunicações, considerando, ainda, os contornos conferidos pela decisão do TCU com relação ao uso de recursos do FUST.

2.2.1. O PGMU II e o início da substituição das metas de universalização

Uma primeira iniciativa é a chamada substituição das metas de universalização, iniciada com a prorrogação dos contratos de concessão em 2005 – os quais passaram a prever revisões quinquenais para as metas de universalização e qualidade. Assim, a cada quinquênio a Anatel proporia alterações nos contratos de concessão e no próprio PGMU, este último sendo aprovado pelo Poder Executivo, conforme exposto no Capítulo 1.

A prorrogação dos contratos de concessão foi debatida pela Anatel no âmbito da Consulta Pública nº 426, de 27 de dezembro de 2002, em

---

[250] Arts. 1º, incs. I e II e 5º do Decreto nº 9.612, de 17 de dezembro de 2018.
[251] Art. 12 do Decreto nº 9.612, de 17 de dezembro de 2018.

2. O RUMO EFETIVO DAS POLÍTICAS DE UNIVERSALIZAÇÃO: COMO CHEGAMOS AQUI?

um contexto no qual as metas imputadas no PGMU trouxeram efetiva ampliação do STFC, tanto em termos de disponibilidade quanto em acesso.[252] Também se observou crescimento elevado das receitas das concessionárias, evidenciando um serviço em ascensão.[253]

Os desafios a serem enfrentados pelo novo PGMU, na visão da Anatel, corresponderiam: (i) necessidade de levar o STFC a localidades com menos de 300 habitantes; (ii) concentração de TUPs em áreas com disponibilidade de acessos individuais e nas quais os usuários tinham acesso ao Serviço Móvel Celular; (iii) número significativo de terminais ociosos; (iv) embora calculadas com base nos custos, as tarifas ainda impediam o acesso de parcela da população aos serviços, mesmo quando disponíveis; e (v) a competição na telefonia local não havia se desenvolvido devido ao poder de mercado detido pelas concessionárias.[254]

Nesse contexto, o PGMU I foi substituído pelo Decreto nº 4.769, de 27 de junho de 2003 (o PGMU II), que estabeleceu novos níveis de obrigações para as concessionárias do STFC, procurando manter, contudo, o equilíbrio econômico-financeiro dos contratos prorrogados até 2025.[255] Assim, não foram realizados novos investimentos, mas os recursos das concessionárias originalmente comprometidos com o PGMU foram remanejados para novas finalidades.[256] Por exemplo, houve redução da meta de densidade de TUPs, de 8 TUP/1000 habitantes em 31 de dezembro de 2005 para 6 TUP/1000 habitantes em 1º de janeiro de 2006, como meio de financiar outras metas sem prever aportes adicionais de recursos.

---

[252] Análise nº 089/2003-GCAV, de 5 de junho de 2003, p. 14. Enquanto a disponibilidade do serviço cresceu 143,7% entre julho de 1998 e abril de 2000, o crescimento da planta em serviço correspondeu a 110%, resultando em aproximadamente 11.000.000 de acessos ociosos.

[253] Foi apontado um aumento da receita líquida das concessionárias, de R$ 12,26 bilhões em 1998, para R$ 25,31 bilhões em 2001. Na ponta dos investimentos, no mesmo período o volume passou de R$ 6,43 bilhões para R$ 18,66 (Análise nº 089/2003-GCAV, de 5 de junho de 2003, p. 21).

[254] Análise nº 089/2003-GCAV, de 5 de junho de 2003, p. 21.

[255] Análise nº 089/2003-GCAV, de 5 de junho de 2003, p. 23.

[256] Por exemplo: "[n]o caso específico da redução na densidade de TUPs, visa a canalização de recursos para investimentos em acesso coletivo rural, como em Unidade de Atendimento de Cooperativa" (Análise nº 089/2003-GCAV, de 5 de junho de 2003, p. 22).

Essa é uma tônica que marca a substituição de metas como ferramenta da universalização: a visão de que as metas podem ser transformadas em uma espécie de saldo a ser aplicado em finalidades revistas ao longo do tempo. O trecho transcrito a seguir evidencia essa constatação:

> Do exposto, *depreende-se que o PGMU 2006 consiste, na verdade, em redirecionamento das disponibilidades econômicas e técnicas existentes no PGMU de 1998, para concentrá-las em Postos de Serviços em áreas urbana ou rural*, de modo a proporcionar não só acesso a serviços de telecomunicações mais modernos, como também a facilidades que utilizam o STFC como via de conexão a Provedores de Acesso a Serviços de Internet (PASI), assim como o recebimento de textos, imagens e gráficos, em meio eletrônico.[257] (Destaque nosso)

Aqui chamo a atenção para duas iniciativas de modernização das metas de universalização, voltadas para contemplar os desafios postos pela Anatel, ainda que o foco tenha permanecido no STFC (considerado, ainda, como o "mais importante serviço de telecomunicações").[258]

A primeira foi a introdução dos Postos de Serviços de Telecomunicações (PST), uma espécie de telecentro de uso coletivo que permitiria não apenas o acesso aos serviços de voz providos pelos TUPs, mas também às funcionalidades disponibilizadas por provedores de internet. Ou seja, em alguma medida, seria uma estrutura contendo equipamentos e conectividade para acesso à internet para a livre navegação pelo usuário, similar a uma *lan house* privada, mas contando com acesso discado à internet.

O objetivo original era a implantação progressiva dos PSTs, como nas demais metas de universalização, iniciando em 1º de janeiro de 2007 e atingindo cobertura total, em todos os municípios do país e independentemente da população atendida, até 1º de janeiro de 2011. No entanto, dificuldades na implantação dessa meta levaram a sucessivas alterações de escopo e prorrogação dos prazos de instalação,[259] o que demandou nova atuação dos atores institucionais, conforme abordarei a seguir.

---

[257] Análise nº 089/2003-GCAV, de 5 de junho de 2003, p. 28.
[258] Análise nº 089/2003-GCAV, de 5 de junho de 2003, p. 16.
[259] *Vide* Decreto nº 5.972, de 29 de novembro de 2006, e Decreto nº 6.155, de 11 de julho de 2007.

2. O RUMO EFETIVO DAS POLÍTICAS DE UNIVERSALIZAÇÃO: COMO CHEGAMOS AQUI?

Esse movimento é relevante por reconhecer que a disponibilização pura e simples do STFC não é suficiente para atender às demandas da sociedade. Aqui duas características chamam a atenção: (i) a oferta de acesso à internet, ainda que pela via discada; e (ii) a disponibilização dos equipamentos necessários à fruição dessa facilidade.

Uma segunda inovação é o Acesso Individual Classe Especial (AICE), que pode ser definido como um plano de serviço destinado à universalização do acesso individual.[260] O PGMU II faz referência apenas a características gerais do AICE, como condições especiais para sua oferta e tarifação, mas não detalha sua operacionalização, remetendo essa responsabilidade à regulamentação da Anatel[261] – detalharei esses aspectos adiante, ao tratar da atuação da agência reguladora. O PGMU II apenas indica que, a partir de 1º de janeiro de 2006 os planos de serviço enquadrados como AICE devem ser ofertados pelas concessionárias.

Destaco essa meta por duas razões: i) há o reconhecimento explícito de que a disponibilidade de rede é apenas um elemento do programa de universalização, que não garante, por si só, o acesso efetivo ao serviço, notadamente em regiões nas quais o baixo poder aquisitivo da população atendida é um desafio; ii) chama a atenção o fato de que o PGMU II não traz qualquer previsão de algum tipo de subsídio direto a tais usuários (a partir da supressão de outras metas), ou mesmo o uso de recursos adicionais, como o FUST, para financiamento dessa iniciativa.

2.2.2. O PGMU 2,5: indícios de exaurimento do Serviço Telefônico Fixo Comutado e o escambo regulatório
2.2.2.1. Posto de Serviço de Telecomunicações nascido como meta obsoleta

O uso da ferramenta de substituição de metas pelos atores institucionais ocorreu novamente em 2008, com a aprovação do chamado PGMU 2,5, por meio do Decreto nº 6.424, de 4 de abril de 2008 (chamado assim, justamente, por ocorrer fora de uma revisão quinquenal). Ele se ori-

---

[260] Art. 3º, inc. I, do PGMU II.
[261] Art. 19 do PGMU II. A proposta original do PGMU II previa um detalhamento maior para o AICE, mas a versão final aprovada optou por deixar para a regulamentação da Anatel o seu detalhamento – Análise nº 089/2003-GCAV, de 5 de junho de 2003, p. 30.

ginou a partir da Consulta Pública nº 842, de 7 de novembro de 2007, com o objetivo de adaptar as metas dos PSTs e

> implantar infraestrutura de rede de suporte do Serviço Telefônico Fixo Comutado destinado ao uso do público em geral – STFC para conexão em banda larga por meio de protocolo IP em alta velocidade nos municípios onde essa infraestrutura não exista, tendo em conta a eficácia das políticas públicas em relação às necessidades da sociedade brasileira.[262]

A movimentação se justificou pelo fato de que já em 2008 os PSTs teriam baixíssima utilização – por se valerem de internet discada, já obsoleta por dispor de acesso em baixa velocidade. As obrigações relacionadas aos PSTs, telecentros para acesso à internet (serviço destinado ao usuário final), foram parcialmente substituídas pelo *backhaul*, uma infraestrutura de suporte para transmissão de dados (um serviço em atacado, destinado a outras operadoras).[263] Os PSTs ficaram restritos ao atendimento às cooperativas situadas em zonal rural, apenas quando houvesse demanda pela instalação dos equipamentos por parte dos próprios interessados.[264]

O *backhaul* é definido como "a infraestrutura de rede de suporte do STFC para conexão em banda larga, interligando as redes de acesso ao *backbone* da operadora". Trata-se de uma rede intermediária de transporte de dados, que conecta as localidades à infraestrutura de transporte de dados de grande capacidade. Sua ampliação é importante para que ela não seja uma espécie de "gargalo", permitindo a oferta de capacidade de transmissão de dados em velocidades maiores para o usuário final, mediante investimentos na parcela local da rede.

Já a Tabela 2, a seguir, esclarece o caráter progressivo das metas em relação às localidades atendidas, destacando a abrangência do programa de expansão do *backhaul*,[265] em metas que deveriam ser cumpridas integralmente até 31 de dezembro de 2010.

---

[262] Cf. *Diário Oficial da União* de 8 de novembro de 2007, p. 53.
[263] *Vide* Análise nº 144/2008-GCPA.
[264] *Vide* Análise nº 144/2008-GCPA.
[265] Para as localidades em que o *backhaul* fosse disponibilizado apenas pela modalidade de satélite, as velocidades mínimas foram adequadas ao uso dessa tecnologia (art. 13-A, § 4º, do PGMU II, alterado pelo PGMU II,5).

2. O RUMO EFETIVO DAS POLÍTICAS DE UNIVERSALIZAÇÃO: COMO CHEGAMOS AQUI?

Tabela 2 – Velocidades do *backhaul* – PGMU 2,5

População do município	Quantidade de municípios	%	Capacidade mínima
Até 20.000 habitantes	3.077	89,5	8 Mbps
De 20.001 até 40.000	268	7,8	16 Mbps
De 40.001 até 60.000	63	1,8	32 Mbps
Acima de 60.001	31	0,9	64 Mbps

Fonte: ANATEL (2007-2008, p. 8).

Apenas localidades desprovidas de *backhaul* com essas características mínimas seriam atendidas pela meta de universalização. O objetivo seria ofertar essa capacidade a provedores de serviço atuantes nas localidades, bem como aos próprios municípios, para estimular a oferta de banda larga. Assim, o uso dessa infraestrutura seria remunerado a título de exploração industrial de rede por parte das concessionárias.

Caso a substituição da meta originasse algum tipo de saldo positivo em favor da concessionária, novas localidades deveriam ser atendidas, ou as capacidades máximas da rede seriam ampliadas, tudo na forma da regulamentação a ser editada pela Anatel.

A Agência, então, editou seu primeiro regulamento específico sobre metas de universalização, algo até então inédito, por meio da Resolução nº 539, de 23 de fevereiro de 2010. Nessa oportunidade, a Anatel definiu as regras de comercialização aplicáveis ao *backhaul*, atribuindo as mesmas regras já existentes para a exploração industrial de linha dedicada (EILD),[266] além de definir a metodologia para o cálculo dos saldos referidos no PGMU 2,5.[267]

---

[266] Arts. 12 e 13 da Resolução nº 539, de 23 de fevereiro de 2010. Vale notar que a Anatel estabeleceu uma espécie de tabelamento de preço para a comercialização do *backhaul*, limitando-o aos valores de referência estabelecidos pela regulamentação aplicável à exploração industrial de linha dedicada. Sobre o assunto, *vide* PEREIRA NETO, Caio Mário da Silva; ADAMI, Mateus Piva. O desafio da universalização de telecomunicações: um balanço após 15 anos de LGT. In: GUERRA, Sergio (org.). *Regulação no Brasil*: uma visão multidisciplinar. Rio de Janeiro: FGV, 2014, p. 216.

[267] Resolução nº 539, de 23 de fevereiro de 2010.

Esse movimento de substituição de metas para a implantação do *backhaul* foi questionado,[268-269] com os mesmos argumentos que prevaleceram na decisão do TCU: os recursos da universalização só poderiam ser destinados a serviços explorados em regime público, e a transmissão de dados em alta velocidade não se enquadraria aí. A Anatel justificou o investimento pelo fato de que seria uma estrutura comum de suporte ao STFC e ao SCM, o que tornaria possível a substituição.

2.2.2.2. O escambo regulatório: a banda larga nas escolas

De forma paralela ao PGMU 2,5, e como condição a essa substituição (demandada pelas concessionárias), o governo Luís Inácio Lula da Silva implantou o Programa Banda Larga nas Escolas (PBLE), que envolveu outros atores institucionais aqui enfatizados.[270] O objetivo era atender gratuitamente a integralidade dos estabelecimentos de ensino situados em área urbana[271] a partir de 31 de dezembro de 2010, com velocidade mínima de 2 Mbps, até 31 de dezembro de 2025 (prazo final das concessões).[272] Como resultado, tem-se cerca de 65 mil escolas beneficiadas, atendendo um universo de 30 milhões de alunos, a uma velocidade média de 5 Mbps.[273-274-275]

---

[268] Vale notar, contudo, que prevaleceu o fato de ser uma infraestrutura comum ao STFC e ao SCM, o que justificaria o investimento (Acórdão nº 3.305/2010, Plenário, Rel. Min. Raimundo Carreiro, j. em 08.12.2010).

[269] Também houve questionamento em sede judicial, que será abordado adiante, quando tratarei do papel do Poder Judiciário.

[270] CINTRA DE MELO, Lílian. Direito e política pública para inclusão digital: o programa banda larga nas escolas. *In*: BIER, Clerilei Aparecida; BADR, Eid; XIMENES, Julia Maurmann (orgs.). *Direitos sociais e políticas públicas*. Florianópolis: CONPEDI, 2015, p. 426.

[271] As escolas situadas em áreas rurais foram atendidas pelo GESAC, de que tratarei adiante.

[272] Informações extraídas do Termo Aditivo nº 001/2008/SPV-ANATEL.

[273] Com base em dados de agosto de 2020, disponíveis em: https://www.gov.br/anatel/pt-br/regulado/universalizacao/plano-banda-larga-nas-escolas. Acesso em: 12 jan. 2021.

[274] Para mais detalhes e aspectos críticos do programa, *vide* CINTRA DE MELO, Lílian. Direito e política pública para inclusão digital: o programa banda larga nas escolas. *In*: BIER, Clerilei Aparecida; BADR, Eid; XIMENES, Julia Maurmann (orgs.). *Direitos sociais e políticas públicas*. Florianópolis: CONPEDI, 2015; e LIMA, Alex Felipe Rodrigues; LIMA, Helena Karla Barbosa; SACHSIDA, Adolfo. *Avaliando o impacto do Programa Banda Larga nas Escolas sobre a qualidade educacional*. Brasília: Ipea, 2018.

[275] *Vide* Programa Nacional de Tecnologia Educacional (ProInfo), concebido como um complemento do PBLE.

2. O RUMO EFETIVO DAS POLÍTICAS DE UNIVERSALIZAÇÃO: COMO CHEGAMOS AQUI?

O PBLE representou, efetivamente, uma assunção voluntária de obrigações por empresas integrantes do grupo econômico das concessionárias em levar internet banda larga para estabelecimentos de ensino. Apesar de a página oficial do Ministério da Educação mencionar que o programa foi criado por meio do PGMU 2,5,[276] observa-se que não há qualquer referência à prestação de serviços de banda larga às escolas.[277] Pela própria lógica fixada na decisão do TCU, inclusive, não poderia haver uso de recursos destinados à universalização do serviço para subsidiar atividade explorada em regime privado.

Veja-se, portanto, que não se tratou: (i) de obrigação assumida no âmbito das concessões de STFC, dado que a obrigação foi assumida no âmbito das autorizações de SCM; (ii) de aplicação de recursos do FUST; ou mesmo (iii) de alguma forma de publicização do regime do SCM. Foi, simplesmente, uma condição negocial imposta pelo governo para aprovar o PGMU 2,5.[278]

---

[276] "O Programa Banda Larga na Escola foi lançado no dia 04 de abril de 2008 pelo Governo Federal, por meio do Decreto 6.424 que altera o Plano Geral de Metas para a Universalização do Serviço Telefônico Fixo Comutado Prestado no Regime Público (PGMU). Com a assinatura do Termo Aditivo ao Termo de Autorização de exploração da Telefonia Fixa as operadoras autorizadas trocam a obrigação de instalarem Postos de Serviços Telefônicos (PST) nos municípios pela instalação de infraestrutura de rede para suporte a conexão à Internet em alta velocidade em todos os municípios brasileiros e conectar todas as escolas públicas urbanas até o ano de 2010 mantendo o serviço sem ônus até o ano de 2025" (MINISTÉRIO DA EDUCAÇÃO, Perguntas frequentes sobre o Programa Banda Larga nas Escolas, *Gov.br*. Disponível em: http://portal.mec.gov.br/busca-geral/193-secretarias-112877938/seed-educacao-a-distancia-96734370/15914-perguntas-frequentes-sobre-o-programa-banda-larga-nas-escolas. Acesso em: 12 jan. 2021).

[277] O equívoco é reproduzido, por exemplo, no estudo do IPEA, "Avaliando o impacto do Programa Banda Larga nas Escolas sobre a qualidade educacional" (LIMA, Alex Felipe Rodrigues; LIMA, Helena Karla Barbosa; SACHSIDA, Adolfo. *Avaliando o impacto do Programa Banda Larga nas Escolas sobre a qualidade educacional*. Brasília: Ipea, 2018).

[278] "Para fazer com que a troca de obrigação fosse equânime, também foi acrescentado ao Termo de Autorização para Exploração do Serviço de Comunicação Multimídia de cada operadora de telefonia fixa (Telecomunicações de São Paulo S/A, Telemar Norte Leste S/A, Brasil Telecom S/A, Cia. De Telecomunicações do Brasil Central e Sercomtel S/A.), um Aditivo com a obrigação de conectar todas as escolas públicas urbanas nas respectivas áreas de atuação, dando origem ao PBLE)" (CINTRA DE MELO, Lílian. Direito e política pública para inclusão digital: o programa banda larga nas escolas. *In*: BIER, Clerilei Aparecida;

Operou-se, aqui, um verdadeiro escambo regulatório. O governo estabeleceu uma forma controversa de exigir algo entendido como uma espécie de "contrapartida" por parte dos grupos econômicos das concessionárias, em função da substituição de uma meta de universalização considerada obsoleta pelo próprio Poder Público. Exatamente na linha rechaçada pelo TCU, as autorizações de SCM detidas pelas concessionárias do STFC incorporaram, voluntariamente, com base no art. 135 da LGT, compromissos de interesse da coletividade, a fim de viabilizar o uso da ferramenta de substituição de metas.

2.2.3. Programa Nacional de Banda Larga: foco no SCM

Em 2010, houve a aprovação do Programa Nacional de Banda Larga (PNBL), por meio do Decreto nº 7.175, de 12 de maio de 2010,[279] tendo como objetivos, entre outros, "massificar" o acesso à banda larga e promover a inclusão digital.[280] Não há, na norma, diretrizes mais específicas acerca da forma de implementação do programa, embora existam atribuições específicas de competências para o Comitê Gestor do Programa de Inclusão Digital (CGPID),[281] bem como para a Anatel. Também não se verificam quaisquer previsões relativas à coordenação do Ministério das Comunicações com outros atores institucionais, para além da Anatel, para fins de implementação do PNBL.[282]

BADR, Eid; XIMENES, Julia Maurmann (orgs.). *Direitos sociais e políticas públicas*. Florianópolis: CONPEDI, 2015, p. 426).

[279] O PNBL aproveitou um arranjo institucional já existente, implantado pelo Decreto nº 6.948, de 25 de agosto de 2009, para concretizar o Programa de Inclusão Digital previsto na Lei nº 11.196, de 21 de novembro de 2005, em especial o seu Comitê Gestor.

[280] Art. 1º, incs. I e III do PNBL.

[281] Ao menos na redação original do Decreto, posteriormente as competências desse comitê foram integralmente deslocadas para o Ministério, por meio do Decreto nº 8.776, de 11 de maio de 2016.

[282] "Destaca-se também que não foi observado um fórum ou comitê em que se discutiram os assuntos multidisciplinares do Programa Nacional de Banda Larga, de forma a coordenar atividades necessárias para implementação de ações do PNBL que envolvam diversos órgãos governamentais" (ARAÚJO, Paulo Sisnando Rodrigues de. Considerações sobre o Programa Nacional de Banda Larga (PNBL). *Revista do Tribunal de Contas da União*, [s. l.], nº 124, 2012. Disponível em: https://revista.tcu.gov.br/ojs/index.php/RTCU/issue/view/6. Acesso em: 12 mar. 2021. p. 30).

2. O RUMO EFETIVO DAS POLÍTICAS DE UNIVERSALIZAÇÃO: COMO CHEGAMOS AQUI?

Com base nessas disposições, foram celebrados termos de compromisso nos quais as operadoras de telecomunicações detentoras de outorga do SCM e SMP[283] assumiram obrigações de ofertas no varejo (usuários finais) e atacado (outras prestadoras de menor porte). Tais compromissos foram propostos pelas concessionárias do STFC, no âmbito do procedimento de revisão quinquenal dos contratos de concessão.[284]

Na ponta do varejo, havia obrigação de disponibilizar planos de serviço com as seguintes características para 5.385 municípios:[285] (i) oferta de banda larga com um mínimo de 1 Mbps de velocidade por um valor máximo de R$ 35 mensais, independentemente da contratação de qualquer outro serviço; e (ii) oferta de pacote de telefone fixo e internet banda larga com velocidade de 1 Mbps por um valor máximo de R$ 69,90 mensais. A oferta no varejo deveria abranger uma área mínima das localidades, sendo que a sua ampliação estaria condicionada à disponibilidade das redes ou da cobertura da prestadora.[286]

Na ponta do atacado, havia a previsão de oferta de infraestrutura para 4.161 municípios,[287] destinada a autorizados do SCM inscritos no SIMPLES, conforme a Lei Complementar nº 123, de 14 de dezembro de 2006, como meio de incentivar a entrada de novos agentes nesses mercados.[288] As condições comerciais dessa oferta de atacado foram fixadas por meio do Termo de Compromisso, quanto a prazo, a preço e à composição dos serviços envolvidos. Outro ponto importante é o estabelecimento de velocidades mínimas para a oferta, superiores ao *backhaul* previsto no PGMU 2,5 – aspecto que retomarei a seguir.

---

[283] O Termo de Compromisso previa a possibilidade de utilização do SMP como alternativa (Cláusula Primeira, § 2º, do Termo de Compromisso celebrado pela operadora Vivo, utilizado aqui como exemplo).

[284] *Vide* Análise nº 199/2011-GCER, de 1º de abril de 2011, p. 47 e item 4.37 do Voto, de 7 de abril de 2011 (fls. 3.202 do Processo nº 53500.003600/2009-00).

[285] Informações extraídas de https://www.gov.br/anatel/pt-br/regulado/plano-nacional-de-banda-larga. Acesso em: 12 jan. 2021.

[286] Cláusula Primeira, §§ 13 a 16 do Termo de Compromisso.

[287] Informações extraídas de: https://www.gov.br/anatel/pt-br/regulado/plano-nacional-de-banda-larga. Acesso em: 12 jan. 2021.

[288] Cláusula Segunda do Termo de Compromisso.

O PNBL foi encerrado em 2016, com a expiração dos termos de compromisso, muito embora, segundo informações da Anatel, algumas empresas ainda comercializem os planos de serviço nas condições estabelecidas no âmbito do programa. Alguns aspectos merecem destaque, para fins do presente estudo.

O primeiro é o uso do eufemismo "massificação" para evitar a expressão "universalização" aplicada a uma política pública de expansão de acesso que não possui qualquer relação com o arranjo institucional originalmente estabelecido pela LGT, na linha do exposto no capítulo anterior. É sintomática a necessidade de afastar o PNBL dos programas atrelados ao FUST, ao PGMU, às concessões e ao regime público como um todo.

Como no PBLE, o caminho escolhido foi a assunção voluntária de compromissos de interesse da coletividade por empresas de SCM, aqui por meio de acordos firmados junto ao Ministério das Comunicações – fundamentalmente as próprias concessionárias ou as empresas integrantes de seus grupos econômicos.

Novamente, tratou-se de uma negociação entre os atores institucionais envolvidos e as concessionárias, sem envolver aportes de recursos públicos. De fato, não há previsão de comprometimento orçamentário no âmbito dos esforços do PNBL,[289] para além dos investimentos em infraestrutura previstos para serem realizados por meio da Telebras.

Isso leva a um outro aspecto do PNBL que merece atenção, que é o próprio processo de reativação da Telebras, que possui as diretrizes mais concretas no âmbito do decreto. Quando da privatização, a Telebras permaneceu fundamentalmente como uma sociedade vazia, por ser uma *holding* já desprovida de suas subsidiárias, o que foi revertido pelo PNBL.

São várias as frentes de atuação da Telebras, das quais destaco duas: (a) no atacado, de forma similar ao que ocorre com a meta de universalização relacionada ao *backhaul*, disponibilizar rede para fomentar a atuação de provedores de varejo e, consequentemente, a competição nas ofertas aos usuários finais; e (b) no varejo, como provedor de última

---

[289] ARAÚJO, Paulo Sisnando Rodrigues de. Considerações sobre o Programa Nacional de Banda Larga (PNBL). *Revista do Tribunal de Contas da União*, [s. l.], nº 124, 2012. Disponível em: https://revista.tcu.gov.br/ojs/index.php/RTCU/issue/view/6. Acesso em: 12 mar. 2021. p. 30.

instância, a oferta de serviços diretamente a usuários finais quando não houver "oferta adequada" dos serviços de internet em banda larga, como uma espécie de provedor de última instância.

Ou seja, o papel da Administração Pública na ampliação do acesso à banda larga foi deslocado do modelo do FUST para outro, de aplicação direta de recursos públicos orçamentários por uma empresa estatal. De fato, o conjunto de ações de infraestrutura e investimentos previstos para a Telebras representava cerca de R$ 9,38 bilhões para serem executados até 2014.[290] Todo o movimento em torno da Telebras ocorreu por meio de serviços explorados em regime privado (SCM), para o qual a estatal obteve autorização específica junto à Anatel – e não para o serviço também explorado em regime público (STFC). O uso de uma estatal e a destinação de recursos públicos para finalidades que passam ao largo do objeto das concessões demonstra, de forma bastante contundente, o exaurimento das políticas públicas operacionalizadas por meio desses instrumentos.

Por fim, um último aspecto que merece menção é a referência expressa ao uso dos leilões de radiofrequência para baratear o acesso à banda larga como diretriz para o exercício da regulação por parte da Anatel.[291] Esse ponto foi retomado no âmbito do PGMU III, conforme abordarei a seguir.

2.2.4. PGMU III: mais alguns passos para fora do Serviço Telefônico Fixo Comutado

O governo Dilma Rousseff seguiu exatamente o mesmo caminho trilhado anteriormente. Em 2011, as metas de universalização do PGMU II, com as alterações do PGMU 2,5, foram novamente substituídas pelo Decreto nº 7.512, de 30 de junho de 2011 (o PGMU III). A revisão foi precedida pelas Consultas Públicas nº 13, de 30 de março de 2009 e nº 34, de 3 de setembro de 2010.

---

[290] ARAÚJO, Paulo Sisnando Rodrigues de. Considerações sobre o Programa Nacional de Banda Larga (PNBL). *Revista do Tribunal de Contas da União*, [s. l.], nº 124, 2012. Disponível em: https://revista.tcu.gov.br/ojs/index.php/RTCU/issue/view/6. Acesso em: 12 mar. 2021. p. 30.

[291] Art. 6º, inc. V, do PNBL.

Um aspecto interessante, e que ressalta a relação entre o PGMU III e o PNBL, foi um pedido do Ministério das Comunicações para postergar o andamento da revisão quinquenal dos contratos de concessão, que deveria ser realizada até o final do ano de 2010. Como justificativa, o então Ministro Paulo Bernardo apontou que seria conveniente aprofundar as discussões em torno do PGMU, tendo em vista sua importância para o PNBL.[292] De fato, os termos de compromisso mencionados foram assinados no mesmo dia da publicação do PGMU III (30 de junho de 2021), sendo naquela mesma oportunidade encaminhados à Anatel.

A relação das iniciativas, embora não esteja refletida nos atos administrativos que as formalizam, é próxima. O PGMU III manteve as obrigações de *backhaul*, nos exatos termos do PGMU 2,5, tendo como justificativa a existência de compromissos de oferta no varejo no âmbito do PNBL,[293] inclusive no atacado. Houve uma interação entre as ferramentas de substituição de metas de compromissos de abrangência – na mesma linha do PBLE.

Isso não significa que não tenha havido o uso da ferramenta de substituição de metas no âmbito do PGMU III. Houve redução das obrigações relacionadas às atividades menos atrativas, como os TUPs, por meio da redução das exigências mínimas de densidade (*i.e.* número de terminais por habitante em cada localidade). Isso foi acompanhado pela introdução de novas metas, como o atendimento de locais situados em áreas rurais com TUPs, sob demanda, além do aumento de percentual de TUPs adaptados a pessoas com deficiência.

Aqui também já observo o início de uma prática que evidencia o exaurimento do STFC explorado em regime público: a previsão de "sal-

---

[292] *Vide* Ofício nº 92/2010/MC, de 14 de dezembro de 2010 (fls. 3.231 do Processo nº 53500.003600/2009-00). O pedido foi repetido pelo Ofício nº 20/2011, que resultou na extensão da data até 30 de junho de 2011, quando o PGMU III foi finalmente publicado.

[293] Item 4.41 do Voto de 07.04.2011 (fls. 3.202 do Processo nº 53500.003600/2009-00). Esse ponto também é mencionado no Relatório do Grupo de Trabalho: "O PGMU III não estabeleceu novas metas de ampliação das capacidades do *backhaul*, devido à inclusão de metas relativas à prestação de banda larga no varejo, por meio do PNBL – Plano Nacional de Banda Larga" (MINISTÉRIO DAS COMUNICAÇÕES. *Alternativas para a revisão do modelo de prestação de serviços de telecomunicações*. Relatório Final do Grupo de Trabalho entre o Ministério das Comunicações e a ANATEL, Brasília, 2016, p. 101).

dos" decorrentes da supressão de metas, sem previsão de aplicação específica no próprio PGMU.

Fundamentalmente, na concepção de manter o equilíbrio econômico-financeiro dos contratos de concessão do STFC, a redução de obrigações deveria gerar um saldo. Caso o serviço fosse atrativo, tal saldo seria aplicado no âmbito do próprio escopo contratual – como foi, ainda que com alguma polêmica, em relação ao *backhaul* no PGMU 2,5. No caso, essa previsão abrangia tanto a redução da densidade de TUPs quanto os valores relacionados à exploração do *backhaul*, correspondendo a "saldos" que, de forma genérica, seriam "utilizados em favor de obrigações de universalização".[294]

Isso indica, de forma bastante clara, os limites da ferramenta de substituição de metas, ou seja, o próprio escopo dos contratos de concessão. Isso deveria já indicar, para os atores institucionais, a necessidade de seguir outro caminho – aspecto que, conforme abordarei a seguir, também foi evidenciado a partir de outras fontes.

O PGMU III também trouxe outras inovações. Nessa oportunidade já houve uma indicação adicional de que a universalização exclusivamente baseada no STFC estava exaurida – para além das obrigações de implantação de *backhaul* e do próprio PNBL. O PGMU III trouxe disposições específicas acerca da destinação do uso de radiofrequências associadas tanto ao STFC quanto ao SMP, especificamente para o uso das subfaixas de radiofrequência de 451 MHz a 458 MHz e de 461 MHz a 468 MHz, com contrapartidas na forma de atendimento a áreas rurais e regiões remotas.[295] As obrigações associadas a tais subfaixas incluíam, além das aplicáveis aos serviços de voz tipicamente objeto do STFC, o acesso à internet em banda larga, de forma gratuita, em todas as escolas públicas rurais situadas na área de prestação do serviço.[296]

Foi prevista também a obrigação de compartilhamento de rede com as concessionárias do STFC,[297] para que fosse possível a disponibilização de atendimento às solicitações de acesso individual para domicílios

---

[294] Arts. 29 e 30 do PGMU III.
[295] Essa disciplina foi introduzida após o envio da minuta do PGMU para o Ministério das Comunicações (fls. 3.207 a 3.216 do Processo nº 53500.003600/2009-00).
[296] Art. 3º, inc. II, do PGMU III.
[297] Art. 3º, inc. III, do PGMU III.

rurais situados à distância geodésica igual ou inferior a 30 quilômetros dos limites da localidade sede municipal atendida com acessos individuais do STFC.[298] A meta seria exigível apenas a partir da disponibilização da rede por parte da empresa detentora da radiofrequência necessária para o suporte ao serviço.[299]

O PGMU III menciona que as subfaixas de radiofrequência de 451 MHz a 458 MHz e de 461 MHz a 468 MHz, bem como as subfaixas de radiofrequência de 2.500 MHz a 2.690 MHz, deveriam ser licitadas até 30 de abril de 2012. Estas últimas foram utilizadas para a introdução da tecnologia 4G no país, posteriormente expandida por meio da alocação de outras subfaixas.

Embora o PGMU III não tenha vinculado formalmente as licitações destinadas à alocação das subfaixas de 450 MHz e 2.500 MHz, isso foi feito pela Anatel, conforme abordarei adiante, ao tratar do papel desempenhado pelo órgão regulador. Para o momento, vale notar alguns pontos, relacionados à postura do Poder Executivo: (i) previu, no âmbito do PGMU, obrigações imputáveis a prestadoras interessadas na aquisição das radiofrequências (SMP ou SCM), ainda que como suporte ao STFC; e (ii) a disponibilização de banda larga para escolas, objeto naturalmente atrelado ao SCM ou ao SMP.

Tem-se aqui uma situação distinta do *backhaul*, na qual a rede do STFC objeto da concessão suporta serviços de banda larga. No PGMU III, criou-se uma obrigação que, posteriormente, foi assumida pelas operadoras de SMP no âmbito dos leilões de radiofrequência, a fim de suportar parcialmente obrigações decorrentes do contrato de concessão do STFC relativas à oferta de telefonia fixa rural – para a qual foi prevista a criação de planos de serviço específicos, na forma da regulamentação, em linha com o AICE.[300]

O PGMU III também manteve a figura do AICE, seguindo a mesma linha de não detalhar as suas características, deixando esse aspecto para a regulamentação da Agência. Dessa forma, manteve-o como um plano de serviço específico, sem a destinação de recursos públicos para viabilizar o acesso da população beneficiada ao STFC. Conforme abordarei

---

[298] Art. 9º, § 1º, do anexo ao PGMU III.
[299] Art. 9º, § 2º, do anexo ao PGMU III.
[300] Art. 9º do anexo ao PGMU III.

adiante, o Poder Executivo não adotou qualquer medida para ajustar uma iniciativa que, claramente, não cumpriu suas metas iniciais – atribuindo à regulamentação o dever de garantir sua viabilidade técnica e econômica.

Outra alteração foi a substituição dos PSTs por unidades do Posto de Serviço Multifacilidades (PSM), definidos como "conjunto de instalações de uso coletivo que oferte facilidades de telecomunicações do tipo acesso de voz, acesso à internet, digitalização e transmissão de texto e imagem".[301] Passou-se a exigir uma velocidade mínima para acesso à internet, correspondente a 64 Kbps – exatamente a mesma que caracteriza o STFC – apesar de as ofertas comerciais de banda larga, à época, já atingirem velocidades muito superiores, como evidencia o próprio PNBL. Foi mantida a característica de atendimento sob demanda, exclusivamente para as cooperativas rurais, na linha das alterações introduzidas pelo PGMU 2,5.[302]

Posteriormente à aprovação do PGMU III, a Anatel reviu o regulamento de universalização, então aprovado pela Resolução nº 539, de 23 de fevereiro de 2010, substituindo-o pela Resolução nº 598, de 23 de outubro de 2012. Com relação ao *backhaul* instalado por força dos PGMUs, a nova regulamentação procurou detalhar mais as condições de sua exploração, mantendo a lógica de fixação de preço máximo e com a inclusão de uma previsão no sentido de que as concessionárias deveriam destinar 50% da capacidade do *backhaul* ao atendimento da demanda de empresas não integrantes de seu grupo econômico, mediante solicitação.

2.2.5. Os estudos do Ministério das Comunicações e a certeza do exaurimento das concessões do Serviço Telefônico Fixo Comutado

Em 22 de setembro de 2015, o Ministério das Comunicações editou a Portaria nº 4.420, com a finalidade de constituir um grupo de trabalho destinado a "debater diferentes alternativas e cenários regulatórios refe-

---

[301] Art. 4º, inc. XVI, do anexo ao PGMU III.

[302] Na Resolução nº 539, de 23 de fevereiro de 2010, a Anatel, provavelmente ciente de que a velocidade mínima prevista para o PSM não despertaria procura pelo serviço, procurou criar uma diferenciação entre PSM "básico" e PSM "em parceria". Nessa segunda modalidade, a velocidade deveria ser superior a 64 Kbps, mas não seria obrigatória sua oferta. Embora o texto normativo não mencione, os valores cobrados pelo serviço não seriam regulados – ou seja, seriam aplicáveis não às regras do STFC explorado em regime público, mas do SCM.

rentes ao setor de telecomunicações, de modo a promover a segurança jurídica e a estabilidade de regras necessárias à manutenção de estímulos à realização de investimentos em redes de telecomunicações que suportam serviços de banda larga", considerando "a importância de examinar o arcabouço normativo das telecomunicações à luz da evolução tecnológica e da crescente relevância da banda larga frente à telefonia fixa". O grupo de trabalho foi constituído de representantes do próprio Ministério, da Anatel, de especialistas, acadêmicos e representantes de outros órgãos públicos, do setor privado e da sociedade civil.[303]

Antes de adentrar nos resultados dessa iniciativa, é importante consignar que a Anatel desempenhou um papel relevante no fomento desse debate em torno da necessidade de repensar a forma de exploração das telecomunicações. De fato, as discussões que antecederam a revisão do PGMU III – que abordarei logo adiante – foram fundamentais para esse movimento.

Destaco aqui a avaliação realizada com base na Análise 25/2016--GCIF, de 12 de fevereiro de 2016, que tinha por objetivo justamente a proposta de revisão do PGMU III.[304] Naquela oportunidade, a Anatel já tinha consignado que o modelo de concessão estava exaurido e não

---

[303] Os membros do grupo de trabalho foram indicados pela Portaria nº 4.840, de 29 de outubro de 2015. Participaram da iniciativa, além dos atores institucionais governamentais já estudados, operadoras (grande e pequeno portes), entidades da sociedade civil, universidades, agentes do setor financeiro, fornecedores de equipamentos, consultorias nacionais e estrangeiras, representantes de provedores de aplicação de internet, entre outros. Conforme aponta a Nota Técnica Conjunta nº 54/2017/SEI-MCTIC, de 17 de outubro de 2017: "Naquela oportunidade, o Ministério das Comunicações lançou a Consulta Pública nº 1, de 23 de novembro de 2015, para recebimento de contribuições até 15 de janeiro de 2016. Como resultado, na Consulta Pública, houve 5.715 visualizações por meio da plataforma www.participa.br/revisaomodelo e mais de 900 contribuições escritas. O Grupo de Trabalho também analisou diversas contribuições escritas e realizou 28 reuniões setoriais, ouvindo 56 entidades, com representação da academia, de especialistas, de movimentos sociais e entidades de defesa do consumidor, do governo, da indústria, de provedores de aplicações de Internet, de bancos de investimento, de concessionárias de STFC, de empresas competitivas e de pequenos provedores de acesso à Internet" (p. 4).
[304] A Consulta Pública nº 53, de 11 de dezembro de 2013, foi realizada com o escopo de avaliar a pertinência da manutenção de um serviço explorado em regime público, considerando o declínio dos serviços que são objeto da concessão, em função do comportamento dos usuários em buscar aplicações fundamentadas na internet (*vide*, nesse sentido, Informe nº 15/2013/PRUV/PRRE, de 12 de novembro de 2013).

2. O RUMO EFETIVO DAS POLÍTICAS DE UNIVERSALIZAÇÃO: COMO CHEGAMOS AQUI?

havia sentido em estabelecer novas metas de universalização: a solução deveria passar, necessariamente, por uma ampla revisão de modelo. As concessões não comportariam os ajustes necessários, dentro do que está estabelecido em seu objeto, mesmo nas revisões quinquenais.[305]

É nesse contexto que se insere o relatório final produzido pelo grupo de trabalho, publicado em 6 de abril de 2016, o qual trouxe apontamentos relevantes que deveriam, em alguma medida, nortear a elaboração de políticas públicas de telecomunicações, inclusive com relação à universalização, tema deste livro. Procurarei, aqui, sumarizar os principais achados pertinentes para o presente estudo.

Uma primeira constatação foi a insustentabilidade das concessões do STFC,[306] com respaldo em procedimento conduzido pela Anatel.[307] Conforme é possível aferir a partir dos dados por mim abordados no Capítulo 1, as receitas vinculadas à telefonia fixa são decrescentes. E, em linha com o exposto até o momento, observa-se que o nível de obrigações estabelecido para as concessionárias se manteve o mesmo ao longo dos anos. Não por outra razão é que o movimento de atualização dos PGMUs é qualificado como substituição de metas, buscando manter sempre a equivalência econômica entre a meta original e aquela substituída.

Embora com alguma variação entre as concessionárias, o diagnóstico geral foi o de que, em algum momento até o final de 2025, as concessionárias que atuam nas maiores regiões do PGO já estariam insustentáveis,

---

[305] Essa constatação foi antecedida, inclusive, pela realização do seminário "Concessões em Telecomunicações", promovido pela Anatel em parceria com a FGV Direito São Paulo, realizado em 17 de junho de 2015 (registros em https://www.youtube.com/watch?v=9N-C3iCiSmQ e https://www.youtube.com/watch?v=MI8U-iNId_k). Entre várias ponderações apontando o final das concessões do STFC como um caminho, destaca-se o posicionamento do Ministro Bruno Dantas, no sentido de que o seu objeto não poderia ser alterado, nem mesmo por previsão legal (AQUINO, Miriam. TCU afirma que banda larga em concessão, só com licitação, *Telesíntese*, 17 jun. 2015. Disponível em: https://www.telesintese.com.br/tcu-afirma-que-banda-larga-em-concessao-com-licitacao/. Acesso em: 17 jan. 2020).

[306] MINISTÉRIO DAS COMUNICAÇÕES. *Alternativas para a revisão do modelo de prestação de serviços de telecomunicações*. Relatório Final do Grupo de Trabalho entre o Ministério das Comunicações e a ANATEL, Brasília, 2016, p. 30.

[307] Cf. Voto nº 85/2015-IF, de 5 de junho de 2015, aprovado pelo Conselho Diretor da Anatel por unanimidade pelo Acórdão nº 215, de 15 de junho de 2015.

enfrentando sucessivos momentos de fluxo de caixa negativo.[308] Ela está ligada tanto à competição com outros serviços explorados em regime privado (SCM e SMP), além de aplicativos (OTT),[309] quanto ao fato de que a expansão da disponibilidade do STFC não foi acompanhada do acesso efetivo.

Ou seja, a ampliação da cobertura da rede fixa foi igualmente acompanhada pela sua ociosidade, dado que o número de localidades com acesso individual disponível, mas não em uso, aumentou 85%.[310] A Tabela 3, a seguir, extraída do estudo, ilustra essa situação.

Tabela 3 – Ociosidade STFC

	Localidades atendidas	Acessos instalados	Acessos em serviços
PGMU I	33.569	42.11.180	37.550.882
PGMU II	38.696	44.087.420	31.313.713
PGMU III	40.734	44.439.527	28.314.488

Fonte: MINISTÉRIO DAS COMUNICAÇÕES. *Alternativas para a revisão do modelo de prestação de serviços de telecomunicações*. Relatório Final do Grupo de Trabalho entre o Ministério das Comunicações e a ANATEL, Brasília, 2016, p. 103.

---

[308] "Mesmo que, para algumas concessionárias, os resultados financeiros estimados não indiquem uma completa inviabilidade do serviço no prazo que resta até o termo final dos contratos de concessão, é certo que, mantidas as tendências vigentes, o STFC prestado em regime público passará a perceber um Valor Presente Líquido (VPL) negativo em um futuro não distante. No caso de concessionárias instaladas em áreas de baixa rentabilidade e/ou que tenham mantido estrutura de capital aquém do desejado, é possível que venham até mesmo a experimentar períodos consecutivos de fluxo de caixa negativo, o que pode, no limite, comprometer a sustentabilidade e continuidade do serviço concedido" (MINISTÉRIO DAS COMUNICAÇÕES. *Alternativas para a revisão do modelo de prestação de serviços de telecomunicações*. Relatório Final do Grupo de Trabalho entre o Ministério das Comunicações e a ANATEL, Brasília, 2016, p. 31).

[309] MINISTÉRIO DAS COMUNICAÇÕES. *Alternativas para a revisão do modelo de prestação de serviços de telecomunicações*. Relatório Final do Grupo de Trabalho entre o Ministério das Comunicações e a ANATEL, Brasília, 2016, p. 105.

[310] MINISTÉRIO DAS COMUNICAÇÕES. *Alternativas para a revisão do modelo de prestação de serviços de telecomunicações*. Relatório Final do Grupo de Trabalho entre o Ministério das Comunicações e a ANATEL, Brasília, 2016, p. 103.

2. O RUMO EFETIVO DAS POLÍTICAS DE UNIVERSALIZAÇÃO: COMO CHEGAMOS AQUI?

Assim, além de não impactarem substancialmente a expansão do serviço, as metas também induzem uma alocação ineficiente de recursos, quando se observa que as obrigações veiculadas nos PGMUs obrigam a manutenção do STFC em localidades nas quais não há qualquer demanda pelo serviço – representando um custo sem qualquer receita. Essa constatação evidencia que os recursos de universalização vinculados ao regime público e investidos por meio do PGMU não atingem sequer o objetivo de expandir o STFC, quanto mais a massificação da banda larga.

Um dado apresentado que chama a atenção é a diferença entre o crescimento de acessos à internet banda larga fixa e móvel, dado também já explorado no Capítulo 1, no período compreendido entre 2010 e 2015 – o que sugere a necessidade de resolver a questão do acesso de forma distinta para cada um dos meios (Tabela 4).

Tabela 4 – Banda larga fixa *versus* móvel

Meio de acesso	Número de acessos em 2010 (milhões)	Número de acessos em 2015 (milhões)	Percentual de crescimento (%)
Fixa	15	25,4	70%
Móvel	19	185	878%

Fonte: MINISTÉRIO DAS COMUNICAÇÕES. *Alternativas para a revisão do modelo de prestação de serviços de telecomunicações*. Relatório Final do Grupo de Trabalho entre o Ministério das Comunicações e a ANATEL, Brasília, 2016, p. 236.

Por essas razões, o documento aponta, inclusive com amparo nas contribuições recebidas por meio da consulta pública realizada, que as políticas públicas de telecomunicação devem passar a enfocar os serviços de banda larga, fixa e móvel, em vez do STFC.[311]

O documento ainda tece algumas considerações sobre o Programa Banda Larga nas Escolas destacando que, em que pese a grande cobertura já atingida pela iniciativa em 2014 (96% das escolas urbanas), seria possível apontar os seguintes problemas: (i) a precariedade do arranjo

---

[311] MINISTÉRIO DAS COMUNICAÇÕES. *Alternativas para a revisão do modelo de prestação de serviços de telecomunicações*. Relatório Final do Grupo de Trabalho entre o Ministério das Comunicações e a ANATEL, Brasília, 2016, p. 254.

que viabilizou o programa, que não prevê explicitamente remuneração ou investimentos pelas operadoras; (ii) as baixas velocidades ofertadas – em decorrência da primeira crítica, em alguma medida; (iii) ausência de coordenação federativa e limitações do programa quanto à velocidade conduzem estados e municípios a criarem seus próprios programas, sobrepondo iniciativas; e (iv) no caso dos estabelecimentos rurais, a ausência de uma política para conferir os estabelecimentos com infraestrutura mínima para que o acesso à internet seja proveitoso.[312]

Em contraste com o cenário apontado no capítulo introdutório, o estudo aponta que o estabelecimento de um ambiente de aprendizagem *on-line* permitiria uma evolução das tecnologias utilizadas em sala de aula, proporcionando maior envolvimento dos alunos e transformando as escolas em "plataformas educativas".[313] Esse ambiente poderia gerar uma economia, segundo estimativas do Ministério das Comunicações, em torno de R$ 1 bilhão por ano.

Acerca das fontes de financiamento para as políticas públicas propostas no documento, aponta-se o uso dos meios já admitidos na LGT (*i.e.* fundos setoriais, recursos orçamentários e desonerações tributárias), além dos "saldos" decorrentes da desoneração das concessões do STFC. Nesse ponto, em síntese, o estudo sugere que as concessionárias poderiam assumir obrigações novas, voltadas para implantação de banda larga, em contrapartida à extinção do STFC explorado em regime público.[314]

Especificamente com relação ao uso de recursos do FUST, o estudo parte da premissa adotada pelo TCU, indicando que apenas os serviços explorados em regime público podem receber recursos do fundo, embora aponte que essa restrição impeça a realização de investimentos em atividades que efetivamente sejam objeto de demanda pela socie-

---

[312] MINISTÉRIO DAS COMUNICAÇÕES. *Alternativas para a revisão do modelo de prestação de serviços de telecomunicações*. Relatório Final do Grupo de Trabalho entre o Ministério das Comunicações e a ANATEL, Brasília, 2016, p. 236.

[313] MINISTÉRIO DAS COMUNICAÇÕES. *Alternativas para a revisão do modelo de prestação de serviços de telecomunicações*. Relatório Final do Grupo de Trabalho entre o Ministério das Comunicações e a ANATEL, Brasília, 2016, p. 237.

[314] MINISTÉRIO DAS COMUNICAÇÕES. *Alternativas para a revisão do modelo de prestação de serviços de telecomunicações*. Relatório Final do Grupo de Trabalho entre o Ministério das Comunicações e a ANATEL, Brasília, 2016, p. 256.

2. O RUMO EFETIVO DAS POLÍTICAS DE UNIVERSALIZAÇÃO: COMO CHEGAMOS AQUI?

dade.[315] Assim, uma vantagem quanto aos modelos que utilizam concessões como base seria a possibilidade de utilizar os recursos do FUST imediatamente, sem a necessidade de alteração legal.[316]

Também indica que, embora a experiência internacional apresente modelos bem-sucedidos no uso de fundos setoriais para a universalização dos serviços, o Brasil apresenta um contexto adverso, no qual os fundos são historicamente contingenciados,[317] aspecto que já indica a necessidade de se atentar ao Ministério da Fazenda como ator institucional relevante. Há, ainda, uma proposta para que na utilização dos recursos do FUST exista alguma espécie de mecanismo para garantir a concorrência, como a adoção de leilões reversos nos quais os interessados disputam os projetos pela menor contrapartida pública.[318]

Como conclusão geral sobre o FUST, o estudo aponta o seguinte:

> Claro está, que, considerando uma evolução do modelo de telecomunicações em direção a um mercado mais aberto e não mais baseado em concessões, é imprescindível e urgente a modernização da legislação que trata do FUST de forma a: i) expandir o objeto de aplicação do fundo e possibilitar futuras revisões face às novas tecnologias, ii) incentivar tanto a oferta

---

[315] "Constata-se, portanto, previsão legal que exige a aplicação dos recursos somente em serviços prestados em regime público, o que, todavia, não se coaduna com a atual necessidade de expansão dos serviços de suporte à banda larga, prestados em regime privado. Os Acórdãos do TCU nº 1107/2003 e nº 2148/2005 confirmam a interpretação de que os recursos do fundo só podem ser utilizados para a universalização dos serviços de telecomunicações prestados em regime público" (MINISTÉRIO DAS COMUNICAÇÕES, 2016, p. 121). Em outro trecho, o documento menciona que grande parte das modificações no modelo de telecomunicações pode ser feita por alterações infralegais, como a extinção das concessões, mas não a aplicação de recursos do FUST (MINISTÉRIO DAS COMUNICAÇÕES. *Alternativas para a revisão do modelo de prestação de serviços de telecomunicações*. Relatório Final do Grupo de Trabalho entre o Ministério das Comunicações e a ANATEL, Brasília, 2016, p. 261).

[316] MINISTÉRIO DAS COMUNICAÇÕES. *Alternativas para a revisão do modelo de prestação de serviços de telecomunicações*. Relatório Final do Grupo de Trabalho entre o Ministério das Comunicações e a ANATEL, Brasília, 2016, p. 272.

[317] MINISTÉRIO DAS COMUNICAÇÕES. *Alternativas para a revisão do modelo de prestação de serviços de telecomunicações*. Relatório Final do Grupo de Trabalho entre o Ministério das Comunicações e a ANATEL, Brasília, 2016, p. 230.

[318] MINISTÉRIO DAS COMUNICAÇÕES. *Alternativas para a revisão do modelo de prestação de serviços de telecomunicações*. Relatório Final do Grupo de Trabalho entre o Ministério das Comunicações e a ANATEL, Brasília, 2016, p. 257.

quanto a demanda de serviços; iii) revistar a forma de aplicação e gestão dos recursos arrecadados, a exemplo dos setores Elétrico e Audiovisual, de forma a assegurar que os recursos gerados pelo setor permaneçam no setor e tenham sua aplicação direcionada para suas reais finalidades.[319]

Com base nesse documento, o Ministério das Comunicações editou a Portaria nº 1.455, de 8 de abril de 2016, que, ao reconhecer a existência de óbices ao investimento em redes de telecomunicações de suporte à banda larga, bem como o caráter essencial da internet para o exercício da cidadania,[320] estabeleceu os seguintes objetivos para as políticas públicas de telecomunicações: (i) expansão das redes de transporte; (ii) ampliação da cobertura e das redes de acesso; e (iii) atendimento a órgãos públicos, prioritariamente para os serviços de educação e saúde, com banda larga.

Para tanto, determinou que a Anatel elaborasse um plano que viabilizasse a migração das atuais concessões do STFC para um "regime de maior liberdade", em troca de investimentos em banda larga – prioritariamente na expansão das redes de transporte.[321] Em linha com a proposta do estudo, seriam calculados "saldos" decorrentes da extinção ou readequação de diversas obrigações estabelecidas nos contratos de concessão, como as próprias metas do PGMU, controle tarifário, ônus bianual pago pelas concessionárias, eliminação da reversibilidade e a eliminação do prazo contratual de 2025.[322] Como abordarei adiante, a Portaria nº 1.455, de 8 de abril de 2016, gerou impactos sobre o processo de revisão do PGMU III.

O estudo, portanto, fez uma análise bastante profunda da situação do setor de telecomunicações, quase 20 anos após o início do modelo trazido pela LGT e 15 anos após o advento da Lei do FUST, tendo contato com a participação de diversos atores institucionais. O diagnóstico setorial é aderente ao exposto no Capítulo 1, no sentido de reconhecer um exaurimento do modelo de universalização já em 2016.

---

[319] MINISTÉRIO DAS COMUNICAÇÕES. *Alternativas para a revisão do modelo de prestação de serviços de telecomunicações.* Relatório Final do Grupo de Trabalho entre o Ministério das Comunicações e a ANATEL, Brasília, 2016, p. 296.
[320] Art. 1º da Portaria nº 1.455, de 8 de abril de 2016.
[321] Art. 3º da Portaria nº 1.455, de 8 de abril de 2016.
[322] Art. 3º, § 3º, da Portaria nº 1.455, de 8 de abril de 2016.

2. O RUMO EFETIVO DAS POLÍTICAS DE UNIVERSALIZAÇÃO: COMO CHEGAMOS AQUI?

É certo, ainda, que o estudo realizou uma revisão importante quanto às ferramentas postas à disposição dos atores institucionais e propôs uma série de caminhos que poderiam conduzir à expansão das telecomunicações no Brasil com enfoque em projetos voltados à banda larga. E esse caminho passava, em alguma medida, pelo encerramento das concessões do STFC ou por uma alteração substancial de seu formato, bem como por uma revisão da forma de aplicação dos recursos do FUST.

2.2.6. Programa Brasil Inteligente

Pouco tempo após a publicação dos resultados do grupo de trabalho e a aprovação da Portaria nº 1.455, de 8 de abril de 2016, o Poder Executivo instituiu o Programa Brasil Inteligente, por meio do Decreto nº 8.776, de 11 de maio de 2016, no último dia do governo Dilma Rousseff. Aqui o eufemismo "massificação" foi deixado de lado, dado que o programa textualmente aponta, como seu objetivo, a universalização do acesso à internet no país.[323]

A análise do detalhamento dos objetivos mencionados pelo Programa Brasil Inteligente mostra um grande alinhamento à Portaria nº 1.455, de 8 de abril de 2016, focado na ampliação de redes de transporte e acesso, bem como na ampliação da cobertura móvel. Também há preocupação em apontar o uso de determinadas tecnologias – como adoção de fibra ótica –, além do fomento ao desenvolvimento regional (Norte e Nordeste), promoção de cidades inteligentes, pesquisa e desenvolvimento de tecnologias de quinta geração, adoção de soluções para Internet das Coisas, entre outras.

O Decreto autoriza explicitamente a Anatel a adotar o caminho de encerramento das concessões do STFC, ainda que não indique, expressamente, qual seria o "regime de maior liberdade" a ser adotado. Tal definição foi deixada a cargo do órgão regulador, que também selecionaria as "metas relativas à banda larga" exigidas como contrapartida à flexibilização ou encerramento das concessões do STFC.

Contrariando o discurso oficial,[324] o Programa Brasil Inteligente se mostra, em geral, como uma grande lista de boas intenções para o setor,

---

[323] Art. 1º do Decreto nº 8.776, de 11 de maio de 2016.
[324] "O objetivo do programa, que é uma nova fase do Programa Nacional de Banda Larga (PNBL), é garantir o acesso à banda larga de alta velocidade para 95% da população e

sem indicar ou detalhar, de forma mais concreta, elementos mínimos para direcionar a Administração ao atendimento do grande rol de objetivos nele previsto. Com exceção do atendimento de órgãos públicos, com prioridade para estabelecimentos de ensino e saúde, há ausência de referência a qualquer objetivo específico do programa destinado a viabilizar o acesso efetivo dos usuários, menciona-se apenas ampliação de cobertura da banda larga. Não foi possível identificar metas concretas associadas a esse programa materializadas em qualquer ato do Ministério das Comunicações.[325]

Embora o Programa Brasil Inteligente não tenha substituído o PNBL, é certo que, quando de sua edição, os resultados alcançados pelo programa existente estavam aquém do planejado.[326] Além disso, o próprio PNBL, como o Banda Larga nas Escolas, também demandava algum tipo de atualização, algo que aparentemente foi deixado de lado.

2.2.7. PGMU IV: ignorando todas as evidências, ainda as concessões e o Serviço Telefônico Fixo Comutado

Embora pelas regras do contrato de concessão a revisão contratual quinquenal subsequente fosse realizada em 31 de dezembro de 2015, sucessivos atrasos por parte da Anatel estenderam o procedimento até 30

---

aumentar de 53% para 70% o número de municípios cobertos com redes de fibras ópticas até 2018. A velocidade média das conexões deverá ser de 25 Mbps e o número de acessos na banda larga fixa e móvel deve passar de 206 milhões para 300 milhões. A ampliação do PNBL, lançado em 2010, já vinha sendo discutida há alguns anos, mas nunca chegou a ser concretizada" (CRAIDE, Sabrina. Ministério lança programa para ampliar acesso à internet em alta velocidade, *Agência Brasil*, Brasília, 9 maio 2016. Disponível em: https://agenciabrasil.ebc.com.br/geral/noticia/2016-05/ministerio-lanca-programa-para-ampliar-o-acesso-internet-em-alta-velocidade. Acesso em: 18 jan. 2021).

[325] Uma explicação possível é o fato, já mencionado, de que o Programa Brasil Inteligente foi lançado no último dia do governo Dilma Rousseff, o que pode ter prejudicado sua implementação.

[326] Veridiana Alimonti destaca a baixa adesão ao programa, que chegou a apenas 7,9% do total de conexões em banda larga fixa no Brasil. A autora cita como razão problemas na divulgação do produto, bem como as características de velocidade e franquia, que acabaram o tornando ainda menos atrativo ao longo do tempo (ALIMONTI, Veridiana. O Programa Nacional de Banda Larga e o Banda Larga para Todos: uma perspectiva da sociedade civil. *In*: KNIGHT, Peter; FEFERMAN, Flavio; FODITSCH, Natália (orgs.). *Banda larga no Brasil*: passado, presente e futuro. São Paulo: Figurati, 2016, p. 86).

de junho de 2017,³²⁷ o que impactou também o cronograma do novo PGMU.

2.2.7.1. Os antecedentes do PGMU IV: a movimentação no âmbito da Anatel

Conforme exposto, alguns movimentos originados no âmbito da Anatel, em conjunto com o Ministério das Comunicações, levaram a uma análise profunda do modelo de exploração de telecomunicações, principalmente das concessões do STFC e seu papel. Isso se refletiu diretamente nas atividades relacionadas à revisão quinquenal do PGMU, a partir do que se infere dos principais documentos que instruíram o processo administrativo correspondente – cujos apontamentos detalharei aqui.

O primeiro documento é a já mencionada Análise nº 25/2016-IF, de 12 de fevereiro de 2016, que sistematizou uma série de iniciativas adotadas no âmbito da Anatel e que convergiam sempre em um mesmo diagnóstico: o exaurimento do modelo de concessões do STFC. Nota-se que o documento foi elaborado em paralelo com a realização dos estudos que balizaram a edição da Portaria nº 1.455, de 8 de abril de 2016, e do Programa Brasil Inteligente, refletindo em grande medida as conclusões ali expostas.

Esse documento parte da premissa de que é incorreto manter a essencialidade do serviço apenas em função de determinação legal ou regulamentar, ignorando a realidade: os usuários já não desejavam mais consumir o STFC, um serviço já não considerado atrativo para a população em geral. A Tabela 5, a seguir, extraída da Análise nº 25/2016-IF, compara a situação do Brasil a de outros países em 2013, extraído de um estudo contratado pela Anatel para a revisão regulatória do setor de telecomunicações.

---

³²⁷ *Vide* Resolução nº 673, de 30 de dezembro de 2016, que alterou a data de revisão prevista nos contratos de concessão.

Tabela 5 – Panorama internacional de acesso às telecomunicações (2013)

	Alemanha	Austrália	EUA	Índia	Malásia	Reino Unido	Brasil
População (MM)	80,6	23,1	316,5	1.279,5	29,5	64,1	204,3
Assinaturas de telefonia fixa por 100 habitantes	59%	44%	42%	2%	15%	53%	22%
Assinaturas móvel por 100 habitantes	119%	107%	96%	71%	145%	124%	135%
Assinaturas banda larga fixa por 100 habitantes	35%	25%	29%	1%	8%	36%	10%
Assinaturas banda larga móvel por 100 habitantes	45%	11%	93%	3%	13%	87%	52%
Domicílios que possuem computador	89%	84%	80%	12%	65%	88%	49%
Domicílios com acesso à internet	88%	83%	77%	13%	65%	88%	42%
Indivíduos que utilizam a internet	84%	83%	84%	15%	67%	90%	52%

Fonte: MINISTÉRIO DAS COMUNICAÇÕES. *Alternativas para a revisão do modelo de prestação de serviços de telecomunicações*. Relatório Final do Grupo de Trabalho entre o Ministério das Comunicações e a ANATEL, Brasília, 2016, p. 47.

A tabela permite inferir algumas conclusões interessantes. Primeiro, nota-se a baixa penetração do STFC, apesar dos esforços de universalização – ponto comum com Índia e Malásia. Segundo, apesar das políticas públicas voltadas para a expansão da banda larga fixa, a penetração ainda era muito baixa, em torno de 10% da população – embora, sob a ótica dos equipamentos necessários à conexão, 49% dos domicílios dispunham de um computador, o que mostra que o gargalo da política pública, nesse caso, era principalmente o acesso ao serviço. Assim, o foco em *backhaul* e nas demais iniciativas não estava surtindo muito efeito.

2. O RUMO EFETIVO DAS POLÍTICAS DE UNIVERSALIZAÇÃO: COMO CHEGAMOS AQUI?

Entretanto, em terceiro lugar, os dados da telefonia móvel já eram substancialmente superiores: (i) 135% de penetração; e (ii) 52% de acesso à banda larga móvel. Ou seja, os esforços realizados para o aumento da cobertura da telefonia móvel, explorada em regime privado – e que detalharei ao tratar do papel da Anatel – foram muito mais efetivos em termos de expansão real do SMP.

Não obstante, naquele momento, havia uma proposta de revisão dos contratos de concessão e das obrigações do PGMU III que, fundamentalmente, mantinham a lógica de ampliar a oferta de banda larga por meio da imposição de obrigações relacionadas à oferta de *backhaul* por parte das concessionárias – estratégia em vigor desde 2008, quando do advento do PGMU 2,5. Ou seja, os estudos iniciados em 2013 para a revisão do PGMU, que vigoraria entre 2016 e 2020, manteriam fundamentalmente a lógica anterior, tendo o STFC ainda como centro da política pública e, ao menos oficialmente, sendo o centro dos esforços de universalização.

Em brevíssima síntese, a Análise nº 25/2016-IF propõe, como caminhos para solucionar os problemas identificados: (i) rejeitar a proposta de PGMU IV então vigente; (ii) com base no art. 19, inc. III, da LGT, iniciar processo voltado para a proposta de revisão do escopo do serviço explorado em regime público, na forma do art. 18, inc. I, da LGT; (iii) restringir o escopo das atuais concessões aos acessos coletivos (TUP) em localidades desprovidas de acesso individual ou do SMP; e (iv) adaptar os termos da oferta de acessos individuais pelas atuais concessionárias do STFC, para regime privado, condicionada à assunção de obrigações de interesse da coletividade, com base no art. 135 da LGT.

Uma das principais críticas em relação à proposta então vigente para o PGMU IV estaria na extensão das obrigações relacionadas ao *backhaul*. Embora reconhecendo que as disposições do PGMU 2,5 ainda seriam razoáveis e compatíveis com o escopo da concessão,[328] a ampliação do

---

[328] "4.2.163. Naquele contexto, exigir um acréscimo na capacidade das redes de transporte das concessionárias entre 2 Mbps e 64 Mbps, a depender da população e da localização do município, guardava vínculo técnico, econômico e jurídico com as concessões do STFC. Mesmo tendo sido idealizadas para suportar a oferta de banda larga, as metas de *backhaul* estabelecidas no PGMU II foram plenamente razoáveis com as obrigações das concessionárias no horizonte restante do contrato. Tecnicamente, porque havia perspectiva de crescimento da demanda pelo serviço prestado em regime público até 2025, ao contrário do

backhaul prevista na minuta do PGMU IV, com tecnologia de fibra ótica, excederia muito a vinculação com o STFC, dadas as elevadas capacidades exigidas, em desacordo com o objeto dos contratos de concessão. Além disso, esse movimento acarretaria o estabelecimento de um subsídio cruzado do STFC em favor do SCM, o que é vedado pela legislação.[329]

O segundo documento que destaco é o Parecer nº 00508/2016/PFE--ANATELSEDE/PGF/AGU, elaborado pela Procuradoria Federal Especializada (PFE) da Anatel. Embora não seja um documento estritamente atrelado à revisão do PGMU III, nele o órgão consultivo analisou os aspectos legais pertinentes ao modelo proposto pela Análise nº 25/2016--IF, já considerando as diretrizes da Portaria nº 1.455, de 8 de abril de 2016, e do Programa Brasil Inteligente.

A importância do documento, em minha visão, é a de conferir respaldo jurídico para as opções apontadas, especificamente em relação à possibilidade de manutenção de apenas serviços explorados em regime privado, à luz dos arts. 21, inc. XI, e 175, ambos da CF/88.[330] Dessa forma, embora não tenha apontado ilegalidade em uma nova ampliação do *backhaul*, inclusive utilizando a tecnologia de fibra ótica,[331] conferiu respaldo para as alterações propostas.

---

que se vislumbra hoje, de forma que o acréscimo de *backhaul* exigido no PGMU não ultrapassava um limite de razoabilidade em relação à capacidade de rede necessária ao STFC. O vínculo jurídico é meramente uma consequência: não se distorce o objeto do contrato com demandas totalmente desvinculadas das obrigações de oferta do STFC" (Análise nº 25/2016-IF, p. 87-88).

[329] "4.2.211. Assim, por todas as razões expostas acima, entendo que não há amparo jurídico para a inclusão, no PGMU, das metas de implementação de infraestrutura de *backhaul* em fibra óptica. De um lado, essas metas, de ampliação da capacidade de transmissão instalada, não se justificam como garantia de acesso ao STFC, representando um desvirtuamento do objeto do contrato e uma sobreposição do PGMU com outras políticas públicas em vigor. De outro lado, a inclusão dessas metas implica a concessão de subsídios a serviços de conexão à internet em banda larga, prestados sob o regime privado, prática vedada pela LGT" (Análise nº 25/2016-IF, p. 98).

[330] Abordarei essa controvérsia no Capítulo 3, ao tratar dos desafios ao modelo trazido pela Lei nº 13.879/2019.

[331] Cf. p. 70 do Parecer. Há, portanto, uma controvérsia entre o posicionamento da Procuradoria e a Análise nº 25/2016-IF.

2. O RUMO EFETIVO DAS POLÍTICAS DE UNIVERSALIZAÇÃO: COMO CHEGAMOS AQUI?

Além disso, o documento elaborado pela Procuradoria Federal Especializada, ao contrário da Análise nº 25/2016-IF (que não tece maiores considerações sobre o tema), destaca a importância de revisitar a legislação que rege o FUST, a fim de tornar viável a sua utilização em um ambiente permeado apenas por serviços explorados em regime privado. Partindo sempre da premissa adotada originalmente pelo TCU, aponta que, idealmente, a alteração legislativa deveria ser realizada em paralelo com qualquer iniciativa de adaptação das concessões, total ou parcial. Isso porque, em um cenário de adaptação por todas as concessionárias, nem ao menos a aplicação dos recursos na forma incipiente seria possível, haja vista que não haveria qualquer serviço explorado em regime público apto a recebê-los.[332]

No entanto, os movimentos pensados pela Anatel para subsidiar o Ministério das Comunicações foram comprometidos por duas razões, ambas relacionadas ao advento do PLC 79/2016, que abordarei ao tratar do papel do Poder Legislativo no desempenho das políticas de universalização. A primeira é que, apesar de os estudos não apontarem a necessidade de alteração legislativa para a adaptação das concessões, a existência de um projeto de lei arrefeceu a via administrativa, temerosa de seguir um caminho posteriormente incompatível com a legislação. A segunda é a própria demora na aprovação do PLC 79/2016, em função de sua judicialização – o que terminou por ocorrer apenas em 2019.

2.2.7.2. O PGMU IV finalmente aprovado: suas características e o afastamento, ainda que parcial, do diagnóstico

Nesse contexto, a Anatel, por meio do Acórdão nº 4, de 7 de janeiro de 2017, enviou uma proposta de PGMU IV para apreciação do Ministério das Comunicações, que levou a ajustes substanciais em relação à proposta original do órgão regulador. As divergências entre esses atores institucionais fizeram com que o novo PGMU fosse aprovado apenas posteriormente, já ao final do governo Michel Temer, por meio do Decreto nº 9.619, de 20 de dezembro de 2018.

De alguma forma, o PGMU IV seguiu, fundamentalmente, as mesmas linhas adotadas anteriormente, apostando na ferramenta de substituição de metas como meio para modernizar o objeto dos contratos de conces-

---

[332] Cf. p. 89 do Parecer.

são – notadamente após a atuação do Ministério das Comunicações em relação ao texto final. A Anatel concebeu um PGMU que não contaria com a adaptação das concessões, afinal, tal instituto não seria desenhado para ser compulsório, o que deixaria margem para um grupo econômico manter sua concessão. Por consequência isso demandaria a manutenção de todo arcabouço normativo, ainda que apenas para um único caso.[333]

Em termos de escopo, as metas de acessos individuais foram adaptadas para atender apenas sob demanda, e dentro de um prazo de 120 dias, as localidades com mais de 300 habitantes – e não mais em sete dias,[334] que foi mantido apenas para as localidades que já contem com acessos individuais e, portanto, já possuem uma estação telefônica e rede disponível.

Por sua vez, o AICE foi mantido, sem modificações com relação à sua estrutura, apesar de seguir com pouca relevância. Houve substancial redução das obrigações referentes à instalação de TUPs, além da supressão em definitivo da obrigação relativa ao PSM – dada a ausência de demanda por este último.[335] A Tabela 6, a seguir, permite visualizar a supressão relacionada aos TUPs e, ao mesmo tempo, verificar a dimensão da obrigação, mantida em níveis elevados por anos a fio, ainda que sem utilização efetiva.[336]

Tabela 6 – Supressão dos TUPs no PGMU IV

Concessionária	TUP PGMU III	TUP PGMU IV	TUP retirados
Oi	587.375	133.105	454.270
Vivo	161.982	41.482	120.500
Algar	11.591	2.219	9.372
Sercomtel	2.076	484	1.592
Total	763.024	177.290	585.734

Fonte: ANATEL – AGÊNCIA NACIONAL DE TELECOMUNICAÇÕES. *Informe 33/2018/SEI/PRUV/SPR*, de 20 de março de 2018.

---

[333] *Vide*, nesse sentido, itens 5.121 e 5.122 do Voto nº 26/2016/SEI/OR, de 30 de dezembro de 2016.
[334] Art. 4º do PGMU IV.
[335] Cf. item 5.134 do Voto nº 26/2016/SEI/OR, de 30 de dezembro de 2016.
[336] Tabela extraída do Informe nº 33/2018/SEI/PRUV/SPR, de 20 de março de 2018, item 3.50.

2. O RUMO EFETIVO DAS POLÍTICAS DE UNIVERSALIZAÇÃO: COMO CHEGAMOS AQUI?

No entanto, algumas inovações foram adotadas. O PGMU IV, repetindo em alguma medida a prática do PGMU III, previu a existência de um "saldo" em favor da União, mas agora em maior extensão.[337-338] Em linha com o intuito de extinguir antecipadamente as concessões, conforme resultado do estudo promovido pelo Ministério das Comunicações e na esteira do PLC 79/2016, os valores relativos à supressão de determinadas metas de universalização consideradas obsoletas não foram imediatamente alocados para uma nova finalidade – ou, ao menos, não integralmente.[339]

Caberia à Anatel a apresentação de um plano para a aplicação dos saldos, considerando o cenário de mudança de adaptação das concessões do STFC, sendo essa talvez a única ponte com o diagnóstico que resultou na Portaria nº 1.455, de 8 de abril de 2016 e nas disposições do Programa Brasil Inteligente voltadas para a adaptação das concessões. Essa foi a solução encontrada pela Anatel para viabilizar a espera pela nova legislação, sem comprometer recursos públicos com um escopo já defasado (STFC) ou ficar exposta ao risco de questionamento (pela imposição de metas de *backhaul* em fibra ótica, de acordo com a Análise nº 25/2016/IF).

É nesse contexto que se insere a segunda inovação, consiste no estabelecimento de uma nova meta de universalização, relacionada à implantação de redes de acesso fixo sem fio para suportar o STFC em localidades com baixa densidade populacional. O Ministério das Comunicações havia provocado a Anatel no sentido de não deixar todos os recursos da desoneração do PGMU para aplicação futura, solicitando

---

[337] Ele teria a seguinte composição: (i) os saldos positivos decorrentes da exploração do *backhaul* instalado para o cumprimento das obrigações de universalização; (ii) o montante relativo à redução da densidade de TUPs, prevista no PGMU III; e (iii) o montante relativo à supressão definitiva da meta do PSM. O valor total dos saldos, tal qual calculado pela Anatel, correspondia a R$ 3,7 bilhões. Sobre o assunto, *vide* ANATEL publica saldo das desonerações do PGMU. *Telesíntese*, 22 maio 2018. Disponível em: http://www.telesintese.com.br/anatel-publica-saldo-das-desoneracoes-do-pgmu/. Acesso em: 20 set. 2021.

[338] Na proposta de revisão quinquenal dos contratos de concessão em 2016, esse movimento levou a não assinatura do aditivo do contrato de concessão pelas concessionárias, por divergências tanto com relação à metodologia de cálculo dos saldos quanto por sua própria existência. Cf. item 5.519 do Voto nº 26/2016/SEI/OR, de 30 de dezembro de 2016.

[339] Cf. itens 5.167 e 5.168 do Voto nº 26/2016/SEI/OR, de 30 de dezembro de 2016.

opções que viabilizassem a aplicação imediata, independentemente do avanço do PLC 79/2016.[340] Vale notar que a opção adotada, efetivamente, pelo Ministério das Comunicações não constava do cardápio enviado pela Anatel.

A exemplo do *backhaul*, a nova meta de universalização seria suporte a um outro serviço de telecomunicações prestado em regime privado, o SMP, para ampliar a cobertura das redes de 4G. Tem-se aqui mais uma frente, em que houve direcionamento dos recursos das concessões a um objetivo mais alinhado às necessidades sociais – principalmente se confrontada com a origem dos recursos, as metas de instalação de TUPs.

A exigência de uma rede móvel substancialmente mais robusta do que a necessária para suportar os serviços de voz que integram o objeto da concessão torna a meta questionável.[341] Na prática, ela pode ser considerada como uma complementação da rede do SMP, representando o uso de recursos de universalização para atividades exploradas em regime privado – novamente, em linha com o movimento vedado pelo TCU. Inclusive, por essa razão, a Anatel encontrou dificuldades em dar cumprimento à meta em questão, tendo provocado o Ministério das Comunicações para que este apresentasse maior detalhamento quanto à sua implementação,[342] além de ter externado, por vezes, contrariedade com relação ao escopo.[343] O problema persistiu até

---

[340] *Vide* Informe nº 33/2018/SEI/PRUV/SPR, de 20 de março de 2018, que enviou estudos com possibilidades de destinação dos recursos da supressão de metas do PGMU III ao Ministério das Comunicações.

[341] Não por outra razão, houve questionamento judicial acerca da imposição da meta em questão, conforme aprofundarei adiante, ao tratar do papel do Poder Judiciário.

[342] Cf. Informe nº 101/2019/CPAE/SCP, de 16 de dezembro de 2019: "3.88. A conclusão desses estudos é que os custos operacionais não são compensados pelas receitas potenciais da operação, nem no atacado nem no varejo.
3.89. Não obstante, essa simulação continua a enfrentar as mesmas barreiras anteriores: (i) o subsídio cruzado ao SMP por meio de investimentos feitos por empresas no STFC (potencial vedação da LGT); e (ii) a não obrigatoriedade de atendimento das localidades, sob alto risco de as empresas decidirem por não explorar o SMP deixando a infraestrutura aplicada pela política pública do PGMU IV inutilizada".

[343] *Vide*, por exemplo, declaração do presidente da Anatel, Conselheiro Leonardo Euler, veiculada por periódico especializado: "A atual política pública, embora bem intencionada, causa enorme insegurança jurídica, um dos principais problemas do Brasil para atração de investimentos. Não por acaso foi objeto de judicialização (a Telefônica está questionando

a aprovação do PGMU V (e nele persiste), conforme destacarei no Capítulo 3.

2.2.8. Panorama sobre a atuação do Poder Executivo

O item pretendeu destacar a atuação do Poder Executivo, por meio do Ministério das Comunicações, como ator institucional relevante na política pública de universalização, bem como as ferramentas por ele utilizadas. Essas iniciativas, contudo, não representam um rol exaustivo dos esforços do Poder Executivo – com ou sem amparo da Anatel – para a ampliação do acesso aos serviços de telecomunicações.[344]

Cito, por exemplo, o caso do programa Governo Eletrônico – Serviço de Atendimento ao Cidadão (Gesac), cujo objetivo é promover a inclusão digital no território brasileiro através de conexão em banda larga via terrestre e satélite,[345] sob gestão da Telebras.[346] Trata-se de uma iniciativa interessante, que faz parcerias diretamente entre Governo Federal e localidades com deficiência de atendimento, usando recursos federais – sem a aplicação do FUST. O programa vem sendo aprimorado ao longo dos anos, ampliando sua forma de atuação, inicialmente focada no atendimento de estabelecimentos de interesse público (como estabelecimentos de ensino e saúde, além de entidades sem fins lucrativos).

Segundo dados do Ministério das Comunicações, o Gesac atualmente atende cerca de 12.700 localidades, incluindo mais de 9.500 escolas rurais.[347] Ele também fundamenta o programa Wi-Fi Brasil, que tem

---

o PGMU). Para Euler, ao estabelecer as metas de 4G, o PGMU atual "distorce o objeto material do contrato de concessão" (POSSEBON, Samuel. Euler reitera que PGMU precisa mudar, *Teletime*, 28 ago. 2019. Disponível em: https://teletime.com.br/28/08/2019/euler-reitera-que-pgmu-precisa-mudar/. Acesso em: 31 jan. 2021).

[344] O TCU chegou a identificar 18 ações simultâneas voltadas para viabilizar políticas de inclusão digital em curso no ano de 2005, desenvolvidas em 15 ministérios e outros órgãos federais (Cf. Acórdão nº 2.148/2005, Rel. Min. Ubiratan Aguiar, j. em 07.12.2005). No mesmo sentido, *vide* Nota Técnica Conjunta nº 54/2017/SEI-MCTIC, de 17 de outubro de 2017, p. 11.

[345] O programa é regulamentado atualmente pela Portaria nº 7.174, de 6 de dezembro de 2017, tendo sido instituído pela Portaria MC nº 256, de 13 de março de 2002.

[346] A Telebras, em parceria com a Viasat, opera o Satélite Geoestacionário de Defesa e Comunicações (SGDC), que provê o acesso à internet utilizado no programa.

[347] URUPÁ, Marcos. Ministro Fábio Faria destaca papel da Telebras em programa de conexão por WiFi, *Teletime*, 6 jan. 2021. Disponível em: https://teletime.com.br/06/01/2021/

por escopo a disponibilização de internet gratuita e ilimitada para regiões não atendidas e de baixa renda. O objetivo é permitir que a conexão exceda os estabelecimentos usualmente atendidos pelo Gesac, viabilizando o acesso irrestrito à internet – tornando o acesso disponível, por exemplo, em praças públicas.

Também vale menção ao Programa de Inovação Educação Conectada, instituído pelo Decreto nº 9.204, de 23 de novembro de 2017, com coordenação entre o Ministério das Comunicações e o Ministério da Educação para viabilizar o atendimento de estabelecimentos de ensino de educação básica, tanto urbanos quanto rurais.[348] Um ponto interessante aqui é o uso de recursos do Fundo Nacional para o Desenvolvimento da Educação (FNDE), repassado aos estabelecimentos de educação para a contratação de serviços de telecomunicações junto a operadoras privadas, nas hipóteses em que o serviço está disponível, representando um caso importante de viabilização de acesso à demanda. Com relação aos estabelecimentos rurais, o Ministério das Comunicações recebe recursos e providencia a contratação dos serviços de telecomunicações. O programa tem sido ampliado e pretende alcançar cobertura total dos estabelecimentos de ensino elegíveis no país.

O Ministério das Comunicações, ao ponderar os impactos da pandemia sobre o ambiente educacional, sintetiza a abrangência desse conjunto de programas, somado ao PBLE, da seguinte forma:

> Considerando a emergência de saúde pública de importância internacional decorrente do coronavírus (Covid-19), vislumbra-se a necessidade de aprimoramento das políticas públicas atuais que levam conectividade às instituições de ensino. De acordo com o Censo Escolar 2020, das 138.487 escolas públicas do ensino básico, 61% possuem acesso à internet em banda larga. Por meio do programa Wi-Fi Brasil, este Ministério, em parceria com o Ministério da Educação, provê banda larga via satélite para 9.725 escolas públicas, predominantemente rurais. Adicionalmente, cerca de 65 mil esco-

---

ministro-fabio-faria-destaca-papel-da-telebras-em-programa-de-conexao-por-wifi/. Acesso em: 12 mar. 2021.

[348] Os critérios de elegibilidade foram estabelecidos, para o ano de 2020, na Portaria nº 9, de 2 de julho de 2020, da Secretaria de Educação Básica do Ministério da Educação.

2. O RUMO EFETIVO DAS POLÍTICAS DE UNIVERSALIZAÇÃO: COMO CHEGAMOS AQUI?

las públicas urbanas são atendidas por meio do Programa Banda Larga nas Escolas – PBLE.[349]

Embora essas iniciativas sejam muito relevantes como exemplos de políticas públicas setoriais voltadas para a expansão de acesso às telecomunicações, nota-se que elas se destinam ou a tratar de situações específicas, como acesso a estabelecimentos de ensino, ou ocorrem de alguma forma à margem do arranjo institucional originalmente estabelecido pela LGT – ou, ao menos, não estando completamente a ele integrado.

Selecionei, assim, os PGMUs e as demais iniciativas aqui detalhadas por uma razão: essas são as que deveriam possuir, na forma do arranjo institucional original, o maior impacto no retrato da universalização das telecomunicações, tal qual descrito no Capítulo 1. São, ainda, aquelas que demonstram as dificuldades em implantar uma política de universalização efetiva à margem da principal ferramenta indicada pela legislação para essa finalidade: a aplicação de recursos do FUST.

Os programas mencionados indicam que a política de universalização não foi deixada de lado, ao contrário, houve um esforço, que transcendeu vários governos, para o desenvolvimento de iniciativas voltadas para esse objeto. No entanto, a avaliação do conjunto de iniciativas, junto aos resultados apresentados no Capítulo 1, demonstra que nem todas as ferramentas disponíveis foram efetivamente utilizadas, e, mesmo quando o diagnóstico já estava sensivelmente claro, o uso de ferramentas já exauridas foi mantido.

De fato, em linha com os dados apresentados no Capítulo 1, o Poder Executivo já tinha uma boa indicação de que o STFC no centro da política pública era um problema, ao menos desde 2008, quando do advento do PGMU 2,5 e a introdução do *backhaul* como meta de universalização. Em que pese a modernização do objeto dos PGMUs, que sempre incorporaram o *backhaul* como meta, o movimento evidenciou também as sérias limitações trazidas pelo escopo dos contratos de concessão – conforme destacado nas discussões em torno da tramitação do PGMU IV.

---

[349] Ofício nº 8.327/2021/MCOM, de 16 de abril de 2021.

A partir da análise desse ator institucional, observo que duas ferramentas foram utilizadas intensamente: (i) a substituição de metas no âmbito dos contratos de concessão do STFC; e (ii) a assunção negociada de compromissos de interesse da coletividade por parte de autorizadas, em regime privado. Em ambos os casos, as ferramentas procuram contornar o serviço que o arranjo institucional colocou como central na política pública de universalização, o STFC.

A necessidade de fazer frente a uma nova demanda, a banda larga, trouxe novos desafios em um ambiente institucional que se tornou, com o passar do tempo, cada vez mais engessado, muito devido às limitações colocadas pela decisão do TCU e pela manutenção do contrato de concessão como ponto central. De alguma forma, essa decisão acabou circunscrevendo o espaço a ser ocupado pelo Estado no desenho de políticas públicas de universalização das telecomunicações. E, mais do que isso, o principal instrumento atingido foi, justamente, aquele apontado como principal (embora não exclusivo) motor da universalização: a aplicação dos recursos do FUST.

As esparsas referências ao uso do FUST na documentação que embasa a presente análise corroboram essas afirmações. Ele não é esquecido, mas não são realizados maiores esforços para buscar a sua aplicação, justamente porque se parte da premissa adotada pelo TCU que apenas uma alteração legislativa poderia viabilizar o acesso aos recursos do fundo. Com exceção talvez do estudo conduzido pelo Ministério das Comunicações, em 2016, pouco se aprofundou em alternativas para solucionar esse impasse. E, mais do que isso, nenhuma providência concreta foi adotada – ao menos até o ano de 2020, conforme tratarei adiante, no Capítulo 3.

2.3. A reação da Anatel ao Tribunal de Contas da União: Serviço de Comunicação Digital e as ferramentas alternativas ao arranjo institucional da universalização

A Anatel participou ativamente de parcela relevante dos programas analisados anteriormente, notadamente dos PGMUs, até por conta de suas responsabilidades legais enquanto ator institucional nos termos do arranjo original da LGT. Contudo, seus esforços para a expansão dos serviços de telecomunicações não se limitaram a eles – ou à tentativa de dar cumprimento à decisão do TCU para viabilizar a aplicação dos recursos do FUST.

Ao contrário, o órgão regulador desempenhou um papel proativo em busca da expansão dos serviços (universalização em sentido amplo), em linha com as diretrizes gerais estabelecidas pelo Poder Executivo ao exercer suas competências na definição de políticas públicas setoriais, mesmo quando tais competências foram desempenhadas de forma superficial ou pouco precisa. Assim, o papel da Anatel enquanto ator institucional é relevante para o escopo da pesquisa, bem como as ferramentas por ela utilizadas com o objetivo de avançar na pauta da universalização.

Retomo, aqui, o fato de que desde o Decreto nº 4.733, de 10 de junho de 2003, havia uma diretriz clara no sentido de que deveriam ser buscadas formas de ampliação da conectividade à internet, aspecto que foi aprofundado pelo Decreto nº 9.612, de 17 de dezembro de 2018, que passou a tratar do acesso às bandas largas móvel e fixa. Embora permeados de diretrizes pouco específicas, sem adentrar minimamente em meios para cumpri-las e caracterizados por inúmeros objetivos, essas normas pautaram a atuação da Anatel em termos de políticas de universalização.

Pretendo aqui analisar as principais iniciativas adotadas pelo órgão regulador nesse sentido, reiterando uma ressalva: a definição de competências previstas na LGT não permite a compartimentalização absoluta das responsabilidades. Aqui tratarei, portanto, de iniciativas que dependem, em alguma medida, do aval do Poder Executivo mas que, em minha avaliação, demandam maior intensidade de atuação por parte da Anatel.

2.3.1. A ferramenta idealizada pelo Tribunal de Contas da União: o Serviço de Comunicação Digital

Dado que o TCU limitou a aplicação dos recursos do FUST aos serviços explorados em regime público, a única forma de viabilizar o uso do fundo setorial seria a criação de novo serviço de telecomunicações. A alternativa, tratada anteriormente, de ampliação do escopo das concessões do STFC quando de sua prorrogação foi descartada, deixando um único caminho. Nesse sentido, a Anatel procurou criar o SCD pensando justamente em atender aos requisitos colocados pelo TCU e compatibilizar os objetivos presentes na Lei do FUST com uma ferramenta capaz de viabilizá-los.

2.3.1.1. Características do Serviço de Comunicação Digital: notas sobre o seu processo normativo

O SCD foi desenhado para contemplar exatamente os pontos levantados pelo TCU, de modo a criar um serviço explorado em regime público cujo escopo estivesse vinculado à oferta de conectividade à internet, promovendo a inclusão social por meio do atendimento dos objetivos fixados pelo art. 5º da Lei do FUST.[350] Ele também incluiu o provimento dos equipamentos e *softwares* necessários à fruição dos serviços.[351]

É interessante notar, com relação ao seu objeto, que o SCD já era, em 2003, quando do início do processo normativo, completamente vinculado ao provimento de acesso à internet, o que se infere a partir da grande preocupação em desvinculá-lo do conceito de SVA previsto na LGT. Adicionalmente, também é mencionado, em diversas oportunidades, o caráter essencial do serviço a ser explorado por meio do SCD, apontando-o como única forma de utilização dos recursos do FUST. Ou seja, desde 2003, poucos anos após a instituição do fundo, o STFC já não era considerado como meio efetivo para aplicação dos seus recursos.

Foram seguidos todos os passos definidos pela LGT para a criação de um serviço explorado em regime público, inicialmente com a elaboração de estudos conduzidos pela Anatel,[352] bem como propostas de um

---

[350] Análise nº 19/2004-GCRD, Relator Conselheiro Rubens Donati Jorge, de 1º de outubro de 2004, p. 20. Nesse mesmo sentido, *vide* Informe nº 82/UNPCP/UNPC/SUN, de 1º de dezembro de 2003: "Serviço tem como objetivo garantir a disponibilidade em toda extensão territorial nacional de serviços de boa qualidade, acessíveis ao público; a disseminação de serviços e recursos com vistas a ampliar e aprimorar as formas de acesso, entre outros, de estabelecimentos de ensino fundamental, médio e profissionalizante, bibliotecas e instituições de assistência a deficientes, pessoas portadoras de necessidades especiais carentes, instituições de saúde, órgãos de segurança pública, regiões remotas e de fronteira e em cumprimento ao disposto na LGT, pelas orientações do TCU, bem como da Lei nº 9.998, de 17 de agosto de 2000 – Lei do Fust" (p. 3). Importante notar que a Anatel já estava trabalhando no SCD antes mesmo do advento da última decisão do TCU, em outubro de 2003.

[351] Art. 5º da proposta de regulamento enviada ao Ministério das Comunicações.

[352] Os estudos técnicos do SCD acerca de sua viabilidade técnica e econômico-financeira foram objeto de contratação junto ao CPqD, que também elaborou diretrizes para pautar o desenvolvimento dos demais documentos – tais como regulamentos e metas de universalização – *vide* Processo nº 53000.035253/2003-11.

2. O RUMO EFETIVO DAS POLÍTICAS DE UNIVERSALIZAÇÃO: COMO CHEGAMOS AQUI?

regulamento,[353] um Plano Geral de Outorgas[354] e um Plano Geral de Metas de Universalização,[355] posteriormente submetidos à avaliação do Poder Executivo.

A proposta de PGO estabeleceu 11 regiões, nas quais haveria uma concessão cada, atuando sem exclusividade. O processo normativo também revela a preocupação de usar uma lógica de subsídio cruzado entre as áreas de prestação de serviço, como se infere, por exemplo, da segregação do estado de São Paulo em duas regiões distintas, casadas uma com o estado do Espírito Santo e outra (que incluía a capital e a região metropolitana) com os estados do Pará e Amapá.[356]

A proposta de PGO também procurava solucionar outro problema, já identificado, que seria o acesso às redes das demais operadoras de interesse coletivo – como o SCM –, tendo a Anatel estabelecido obrigações de compartilhamento.[357-358] O receio era que ocorresse o mesmo problema identificado no STFC, quando as empresas-espelho não conseguiram prosperar, sendo uma parcela desse resultado atribuída à dificuldade no compartilhamento de rede com as incumbentes.[359]

2.3.1.2. Aspectos críticos do Serviço de Comunicação Digital

Já no início do processo normativo, o SCD sofreu pesadas críticas por parte de dois integrantes do Conselho Diretor, quando da reunião que aprovou a minuta do regulamento para consulta pública.

---

[353] Consulta Pública nº 480, de 24 de novembro de 2003.
[354] Consulta Pública nº 493, de 19 de janeiro de 2004.
[355] Consulta Pública nº 494, de 19 de janeiro de 2004.
[356] Informe nº 82/UNPCP/UNPC/SUN, de 1º de dezembro de 2003, p. 10-11. Para a definição das regiões foi utilizado um indicador denominado "Índice de Aplicação de Recursos do FUST", além do IDH e da renda *per capita* regional.
[357] Informe nº 004/2004/SUE, de 10.11.2004.
[358] O TCU reconheceu a importância da questão, tendo considerado a atuação da Anatel insuficiente quanto ao tema: "[m]uitas empresas só poderão participar da concorrência pelos recursos do Fust caso possam usar a infraestrutura existente e controlada pelas concessionárias de STFC e outras operadoras com redes já instaladas. Esse uso da infraestrutura existente, por outras empresas – chamadas de entrantes – é denominado acesso a redes, ou o termo em inglês *unbundling*" (Acórdão nº 2.148/2005, Rel. Min. Ubiratan Aguiar, j. em 07.12.2005).
[359] O que motivou a Anatel a realizar intervenção nos preços praticados, conforme se observa no Despacho nº 172/2004/PBCP/SPB, de 12 de maio de 2004.

A votação contou com dois votos desfavoráveis, dos conselheiros Luiz Guilherme Shymura de Oliveira e José Leite Pereira Filho.[360]

A ideia inicial era de que o SCD fosse explorado concomitantemente nos regimes público e privado, tal como o STFC – sendo que o FUST estaria disponível apenas para o primeiro caso.[361] Ou seja, o novo serviço seguiria o modelo de dualidade de regimes, previsto na LGT, tal qual ocorreu com o STFC, aspecto que motivou parte das críticas.

O Conselheiro Luiz Guilherme Schymura de Oliveira fundamentou seu voto contrário, principalmente, por vislumbrar a sobreposição do SCD com outros serviços já regulados pela Agência, o que poderia gerar questionamento e protelar, em vez de viabilizar, o uso dos recursos do FUST. O principal problema seria a criação de uma assimetria regulatória entre serviços com funcionalidades muito similares ou idênticas, em um ambiente em que competiriam entre si.

Para o conselheiro José Leite Pereira Filho, no entanto, o problema residiria no objeto do SCD, que deveria ser mais amplo do que a implantação de redes digitais de informações destinadas ao acesso público, sob pena de excluir o atendimento de outros programas governamentais relevantes – como as iniciativas voltadas para a segurança pública, por exemplo. Em linha com o conselheiro Luiz Guilherme Schymura de Oliveira, ele aponta a sobreposição com outros serviços, indicando o SCM como principal problema. Destaca, ainda, que naquele momento o SCM já tinha muitas autorizações expedidas pela Anatel, o que poderia gerar um grande conflito em caso de aprovação do SCD.

O conselheiro defendeu, ainda, que deveria ser criada uma modalidade do SCM em regime público, para afastar a sobreposição.[362] Apesar dessa sugestão, ele também critica a falta de limitação de responsa-

---

[360] Cf. item 5.2. da ata da 278ª Reunião do Conselho Diretor da Anatel, de 19 de novembro de 2003.

[361] *Vide* art. 53 da proposta de regulamento e art. 2º da proposta inicial de PGO.

[362] Talvez em função das observações dos conselheiros todos os documentos instrutórios posteriores possuem um parágrafo indicando que o SCD não se confunde com os demais serviços de telecomunicações regulados pela Anatel ou mesmo em relação ao SVA. Contudo, não foi possível, a partir da documentação analisada, compreender a distinção entre o SCD e o SCM, dado que aparentemente não houve preocupação em se fundamentar essa afirmação – apesar de várias contribuições em todas as consultas públicas terem destacado esse ponto.

2. O RUMO EFETIVO DAS POLÍTICAS DE UNIVERSALIZAÇÃO: COMO CHEGAMOS AQUI?

bilidade da União em caso de a licitação ser deserta ou de desequilíbrio econômico-financeiro da concessionária. Isso porque, nesses casos, considerando se tratar de regime público, caberia à União garantir a existência e a continuidade do serviço – segundo o art. 64 da LGT. Por fim, destacou que, naquele momento, nem os países desenvolvidos tinham atribuído característica de obrigação de universalização ao provimento de acesso à internet.[363]

De fato, conforme apontado pelos conselheiros, o SCM viabiliza o acesso à internet, ainda que em regime privado. Ainda que permanecesse sem acesso a recursos de numeração, a funcionalidade principal para a qual o serviço foi pensado, ao menos com relação à atividade explorada junto ao usuário final, é rigorosamente a mesma. O risco de introdução de uma assimetria regulatória injustificada tornar-se-ia bastante elevado.

Por essa razão, a minuta efetivamente aprovada e enviada ao Ministério das Comunicações previa a exploração do SCD apenas em regime público, muito em função das observações do conselheiro José Leite Pereira Filho, que acabou contribuindo para a redação final do documento.[364]

De todo modo, embora as críticas, à época, estivessem talvez mais dirigidas a uma preocupação com um prejuízo para o serviço explorado em regime privado, observa-se que, a partir da perspectiva atual, talvez o SCD viesse a padecer do mesmo mal sofrido pelas concessões do STFC atualmente. A assimetria regulatória potencialmente seria prejudicial ao novo serviço, e não aos prestadores de SCM. Além disso, todo o movimento de revisão periódica dos PGMUs seria replicado para esse novo serviço, em alguma medida.

No campo das hipóteses, a aprovação do SCD poderia ter esvaziado o movimento das concessões do STFC em direção ao *backhaul*, tornando ainda mais complexa a manutenção daquele serviço, ao menos no formato de concessões. Ainda assim, o cenário de revisões periódicas das

---

[363] Apesar de suas considerações acerca da sobreposição com o SCM, o conselheiro terminou por aprovar o modelo final enviado ao Ministério das Comunicações, conforme se infere a partir da Ata da 318ª Reunião do Conselho Diretor da Anatel, de 6 de outubro de 2004.

[364] Análise nº 19/2004-GCRD, Relator Conselheiro Rubens Donati Jorge, de 1º de outubro de 2004, p. 1.

metas seria algo não apenas plausível, mas esperado, dada a dinamicidade do setor – a começar pela própria velocidade definida como "banda larga" para o SCD.

Talvez o ponto mais problemático da proposta seja a inexistência de qualquer parâmetro para a utilização dos recursos do FUST. As propostas de regulamentação PGO e PGMU do serviço não indicam como o fundo seria aplicado. Durante as consultas públicas, pelo que se infere das contribuições nelas apresentadas, a Anatel pretendia utilizar um sistema de ressarcimento, no qual não haveria comprometimento com a realização de investimentos na infraestrutura necessária ao serviço, mas apenas para cobrir a própria prestação do serviço, que não pudesse ser coberta pela sua exploração eficiente.[365]

2.3.1.3. A peculiar e longa tramitação do Serviço de Comunicação Digital até o limbo

A proposta para instituição do SCD foi enviada pela Anatel ao Ministério das Comunicações,[366] para que fosse seguido o procedimento necessário à instituição de um novo serviço explorado em regime público – qual seja, a publicação de um Decreto aprovando-o e instituindo o seu PGO. No entanto, a tramitação não avançou conforme inicialmente planejado pela Anatel:[367] ao contrário, iniciou um longo conflito entre os atores institucionais, evidenciando a descoordenação entre eles.

---

[365] Vide contribuição nº 725 na Consulta Pública nº 480/2003. A controvérsia sobre o ponto não foi esclarecida, havendo posicionamento da Procuradoria da Anatel indicando não se tratar de um "problema jurídico": "5) A questão do que será ressarcido pelo FUST. Exclusivamente sob a ótica jurídica, cabe interpretação restritiva acerca do teor do artigo 1º da Lei 9.998/2000, devendo o administrador pautar sua atuação dentro dos estritos limites impostos pela norma. Isso porque o conceito de 'exploração eficiente do serviço' é equivalente ao que a mais autorizada doutrina penalista convencionou chamar de 'elemento normativo de tipo', ou seja, vocábulos que encerram parcela de subjetividade e cuja conceituação deva ser buscada dentro do caso particular e fora da ciência jurídica" (Parecer nº 437/2004/PGF/PF/ADTB-Anatel, de 30 de junho de 2004).

[366] Vide Ofício n.1242/2004/PR-ANATEL, de 8 de outubro de 2004.

[367] Faço aqui referência aos autos do Processo nº 53000.046501/2004-31, que contém a documentação referente ao processo de instituição do SCD a partir do envio dos documentos a ele relacionados ao Ministério das Comunicações.

2. O RUMO EFETIVO DAS POLÍTICAS DE UNIVERSALIZAÇÃO: COMO CHEGAMOS AQUI?

Em um primeiro momento, a equipe técnica do Ministério das Comunicações apontou uma inconsistência nos estudos enviados, acerca da necessidade de desoneração do FUST na hipótese de o projeto ser superavitário, conforme previsto no parágrafo único do art. 8º da Lei do FUST.[368-369] Segundo constatado pelo Ministério, os estudos realizados pela Anatel teriam considerado essa desoneração facultativa – apesar de o parecer elaborado pela sua PFE a apontarem como mandatória. Em virtude dos impactos sobre a viabilidade do serviço, o Ministério das Comunicações solicitou que a Anatel reavaliasse os estudos realizados, bem como as minutas de PGO e PGMU.[370]

Essa solicitação foi enviada à Anatel em 15 de fevereiro de 2005. O processo só recebeu novo impulso em outubro de 2005, quando houve um questionamento por parte do TCU quanto à tramitação do SCD, diretamente à Anatel. O TCU solicitou uma lista das ações necessárias à instituição do serviço, bem como a indicação das dificuldades a serem enfrentadas em cada etapa.[371]

Em resposta, a Anatel indicou como pendência o desenvolvimento de uma "metodologia que permita determinar o montante referente a parcela de custo não recuperável a que as concessionárias terão direito

---

[368] "Art. 8º Durante dez anos após o início dos serviços cuja implantação tenha sido feita com recursos do Fust, a prestadora de serviços de telecomunicações que os implantou deverá apresentar balancete anual, nos moldes estabelecidos pela Anatel, detalhando as receitas e despesas dos serviços. Parágrafo único. A parcela da receita superior à estimada no projeto, para aquele ano, com as devidas correções e compensações, deverá ser recolhida ao Fundo".

[369] "228. A desoneração de recursos representa a possibilidade das empresas beneficiadas pelo Fust, com o decorrer do tempo, passarem a depender cada vez menos do mencionado fundo. A ideia implícita é que as empresas concessionárias teriam quantidade de clientes suficiente para permitir a recuperação dos custos incorridos no atendimento das entidades beneficiadas pelo Fust.

229. Assim, a ideia de desoneração dos recursos está relacionada à existência de um serviço de telecomunicações que atenda não somente às entidades beneficiadas pelo Fust, mas também a outros consumidores potenciais do mercado" (Acórdão nº 2.148/2005, Rel. Min. Ubiratan Aguiar, j. em 07.12.2005).

[370] Processo nº 53000.046501/2004-31, p. 45.

[371] Processo nº 53000.046501/2004-31, p. 49.

ao ressarcimento por meio do fundo".[372] A contratação de uma consultoria para a o desenvolvimento dessa metodologia encontrou óbice na disponibilidade de recursos orçamentários. O órgão regulador também foi bastante claro no sentido de que tanto o PGO quanto o PGMU deveriam ser *"totalmente revistos"* por conta da adoção da desoneração mandatória do FUST, premissa não adotada nos estudos feitos pela Anatel. Na prática, a área técnica da Anatel sinaliza que todo o trabalho realizado deveria ser refeito a partir da nova premissa quanto à desoneração do FUST.

Apesar das conclusões da Anatel, o processo ficou sem andamento até 21 de março de 2007, quando o presidente da Anatel, conselheiro Plínio de Aguiar Júnior, reage a uma provocação da Superintendência de Universalização do órgão, que solicitou orientações quanto à desoneração do FUST[373] – causa de toda a paralisia administrativa até aqui. A área técnica, inclusive, destacou trecho da decisão do TCU que apontaria o caráter facultativo da desoneração do FUST nos projetos, o que convalidaria os estudos já realizados.

Apesar da indicação de controvérsia sobre o posicionamento do Ministério das Comunicações e da PFE sobre a desoneração do FUST, a resposta emitida pela presidência da Anatel foi bem simples: como não houve publicação do Decreto que instituiria o serviço no regime público, nada havia a ser feito.[374] Em atenção a essa ponderação, a área técnica determina o arquivamento dos autos, em 26 de junho de 2007, inicialmente considerando que "para o deslinde do presente feito, depende-se de Decreto Presidencial [...], o que, por consequência, limita a legitimidade da Anatel para impulsioná-lo".[375]

Novamente, o processo permaneceu inerte até 30 de outubro de 2009, mais de dois anos após o arquivamento. Nessa data, a Superintendência de Universalização da Anatel produziu um documento, indicando fundamentalmente que: (i) a desoneração do FUST não era mandatória; (ii) o TCU, em uma decisão de 2005, havia reconhecido que

---

[372] Item 4.3.2. do Informe nº 90/UNPC/SUN, de 10 de novembro de 2005, acostado ao Processo nº 53000.046501/2004-31, p. 56-57.
[373] Processo nº 53000.046501/2004-31, p. 60-61.
[374] Processo nº 53000.046501/2004-31, p. 59.
[375] Processo nº 53000.046501/2004-31, p. 62.

o Ministério das Comunicações teria errado em sua análise;[376] e (iii) destacou que a justificativa da presidência da Anatel para a inação do órgão estava equivocada, haja vista que, justamente, se pretendia subsidiar o Ministério das Comunicações para que fosse editado o Decreto instituindo o serviço em regime público.[377] O documento trouxe ainda dois aspectos adicionais, quais sejam, a tramitação do Projeto de Lei nº 1.841/2007, que alteraria o escopo da Lei do FUST para permitir investimentos em serviços explorados em regime privado e, ainda, o advento do PGMU 2,5, que introduziu o *backhaul* como meta de universalização – e, assim, possibilitaria o acesso à banda larga por meio da ampliação da rede de suporte ao STFC.

A partir dessas constatações, a Superintendência de Universalização propõe revisitar as razões de arquivamento do processo, nos seguintes termos:

> 4.15. Neste contexto, evidencia-se a necessidade de alterar a fundamentação utilizada para o arquivamento do presente processo, uma vez que, diante dos fatos acima relacionados, o real motivo para seu término é a desnecessidade da criação do SCD, mediante a retificação do Despacho Ordinatório de Encerramento e Arquivamento de Processo (fls. 62).
>
> 4.16. Consigne-se que, futuramente, caso seja detectada a necessidade de criação de serviço prestado em regime público para a utilização de serviços de redes digitais de informações em alta velocidade, destinadas ao acesso público, inclusive para acesso à internet, o mesmo poderá ser proposto pelo Ministério das Comunicações para posterior remessa ao Exmo. Sr. Presidente da República, ou seja, o arquivamento do presente processo não representa a impossibilidade de criação do SCD ou outro serviço com escopo idêntico.

Portanto, após dois anos do primeiro arquivamento, a Anatel revisitou o tema apenas para retificar os motivos de sua inação, apontando como razão a existência de um projeto de lei e a inclusão do *backhaul* como meta de universalização. Faço a seguir algumas observações, tendo em vista o cenário resultante desse procedimento: apesar das considerações da área técnica da Anatel, houve absoluta inviabilidade de utili-

---

[376] Acórdão nº 2.148/2005, Rel. Min. Ubiratan Aguiar, j. em 07.12.2005.
[377] Informe nº 24/2009/UNPCP/ANPC/SUN, de 30 de outubro de 2009.

zação dos recursos do FUST dentro do período de análise do presente trabalho (*i.e.* aprovação da Lei nº 13.879/2019).

2.3.1.4. Uma análise da cronologia do desastre

Detalhei o procedimento de criação do SCD a fim de compreender as razões pelas quais a única ferramenta de universalização que comportaria o uso dos recursos do FUST, tal qual apontada pelo TCU, por determinação incorporada por todos os atores institucionais, não prosperou.

Destaco aqui que não reputo o SCD como a melhor alternativa para a alocação dos recursos do FUST, dado que potencialmente ele seria acometido dos mesmos problemas que atingiram as concessões do STFC. No entanto, conforme apontado por todos os órgãos envolvidos, esse foi o caminho selecionado pelos atores institucionais – ao menos pela Anatel.

Por essa razão, esperava-se um comprometimento mínimo por parte dos atores institucionais diretamente envolvidos com essa via de implementação da política pública de universalização, ao menos com relação ao eixo envolvendo o FUST. Se técnica ou juridicamente o SCD fosse considerado inviável, que se adotasse outra solução – como a criação de um regime público para o SCM, serviço já regulado pela Anatel, conforme sugerido por ao menos um conselheiro do órgão.

A partir da análise documental, é possível atribuir o insucesso do SCD a uma série de equívocos, alguns que podem ser reputados até mesmo como grosseiros.

O primeiro é a questão da desoneração do FUST, se mandatória ou não, ponto que efetivamente impediu a tramitação do processo de aprovação do SCD junto ao Ministério das Comunicações. Causa algum espanto o desalinhamento entre a área técnica e a Procuradoria Federal Especializada. Foram realizados procedimentos internos, audiências e consultas públicas, diversas oportunidades em que a questão poderia ter sido debatida antes ou concomitantemente à elaboração dos estudos técnicos e minutas de atos normativos. Dada a importância do SCD, é realmente difícil compreender como esse aspecto foi desconsiderado e, efetivamente, acabou bloqueando o andamento da iniciativa.

O segundo ainda diz respeito à questão da desoneração, sob a ótica da interpretação conferida pela Procuradoria Federal Especializada. Nota-se que o órgão jurídico pautou a sua interpretação quanto ao cará-

2. O RUMO EFETIVO DAS POLÍTICAS DE UNIVERSALIZAÇÃO: COMO CHEGAMOS AQUI?

ter mandatório da desoneração em uma leitura da decisão do TCU sobre o tema. Chama a atenção a ausência de consulta à Corte de Contas, diante de uma divergência quanto a uma decisão por ela proferida, apesar de ter havido uma comunicação a ela direcionada indicando a divergência e a necessidade de atualizar os estudos técnicos.

Adicionalmente, em linha com o apontado posteriormente pela área técnica da Anatel (curiosamente, a mesma área que elaborou a resposta ao TCU), a leitura quanto à desoneração nos estudos foi equivocada, conforme destacado pelo próprio TCU em decisão proferida em 2005. O TCU indicou que os estudos técnicos levaram em consideração a premissa da desoneração, a partir da análise das fórmulas utilizadas pelo CPqD para o cálculo do VPL dos investimentos considerados.[378]

Ou seja, não havia erro a ser corrigido nos estudos técnicos e, consequentemente, na documentação enviada para análise e aprovação por parte do Ministério. A partir da documentação analisada, concluo que a Anatel foi simplesmente incapaz de indicar que os estudos estavam corretos sob a ótica da premissa da desoneração junto ao Ministério das Comunicações quando provocada.

O terceiro erro é pertinente ao comportamento do presidente da Anatel, quando provocado pela área técnica. Sua resposta denota uma profunda falta de compreensão quanto ao escopo do processo, uma vez que o Decreto instituindo o serviço em regime público não foi aprovado justamente por pendências atribuídas à Anatel. Caberia ao órgão regulador, naquele momento, adotar as medidas necessárias para seguir com a instituição do SCD – seja a elaboração de novos estudos, uma consulta ao TCU, a indicação da suficiência das atividades realizadas –, mas jamais aguardar o movimento do Poder Executivo.[379]

Por fim, o quarto erro reside na fundamentação para o arquivamento final do processo. Observa-se que a revisão do arquivamento está pautada tanto na existência de um projeto de lei que alteraria a destinação dos recursos do FUST para beneficiar também serviços explorados em

---

[378] Acórdão nº 2.148/2005, Rel. Min. Ubiratan Aguiar, j. em 07.12.2005.

[379] Inclusive, por uma razão muito simples: se fosse instituído o serviço explorado em regime público, a União passaria a ter responsabilidade por sua existência, continuidade e universalização. Não sendo economicamente viável, isso poderia gerar um passivo significativo para os cofres públicos.

regime privado quanto em considerações acerca dos efeitos da inclusão do *backhaul* como meta de universalização no âmbito do PGMU 2,5. Identifico aí alguns aspectos principais que, conforme abordarei oportunamente, parecem caracterizar a política de universalização das telecomunicações do Brasil como um todo.

A questão da tramitação de uma proposta legislativa como supostamente suficiente para tornar inócua a instituição de um serviço apontado como fundamental à implementação de uma política pública fala por si só – lembrando os 13 anos decorridos até alteração da Lei do FUST. Transfere-se a responsabilidade ao Poder Legislativo, com os resultados que puderam ser observados: completo esvaziamento do FUST como motor da universalização no país.

E, como já visto anteriormente, essa não foi a única situação em que a Anatel optou por aguardar a tramitação de um projeto de lei para realizar um movimento que, juridicamente, estava completamente ao seu alcance. Ainda que tenham passado apenas quatro anos entre as primeiras iniciativas para o encerramento das concessões e a aprovação da Lei nº 13.879/2019, a espera por uma modificação legislativa também pautou essa outra frente de atuação.

Outro ponto que merece destaque é a referência ao *backhaul* como instrumento apto para viabilizar o acesso à banda larga. Há certa contradição em usar essa justificativa para afastar o SCD, pois há assunção da premissa de que o investimento com recursos do PGMU, portanto vinculados ao regime público, favorece uma atividade que não é explorada nesse regime – o que parece contrariar a orientação do TCU que está no início de todo esse direcionamento.

Além disso, a iniciativa do *backhaul* não pode ser comparada à do SCD, por diversas razões. Trata-se de uma infraestrutura de atacado, não destinada aos usuários finais. Ainda que sua instalação possa contribuir para aumentar a disponibilidade do serviço, isso não necessariamente vem acompanhado de redução dos preços praticados.

Por fim, ambas as referências, tanto ao projeto de lei quanto ao *backhaul*, denotam uma espécie de acomodação institucional, seja pela alocação da responsabilidade de agir a outro poder, seja pela adoção de medidas alternativas, ainda que seus efeitos sabidamente não sejam suficientes para cumprir os objetivos da política pública de universalização.

2.3.2. A Anatel e seu papel no acesso individual classe especial

Conforme destacado, quando tratei dos PGMUs, a Anatel ficou incumbida de implantar o AICE mediante regulamentação dessa meta de universalização estabelecida a partir do PGMU II. Fundamentalmente, o AICE é um plano de serviço de oferta obrigatória por parte das concessionárias, pautado por condições comerciais mais acessíveis, cujo objetivo principal seria a ampliação do acesso individual.

A instituição do AICE decorre do fato de que a ampliação da rede de telefonia fixa não representou, na mesma medida, a adição de novos usuários, aspecto materializado pela ociosidade das redes percebida desde o PGMU II. Trata-se de uma ferramenta da política pública de universalização que, ao contrário das demais, procura focar não na disponibilidade do serviço, mas em viabilizar o acesso efetivo por parte dos usuários finais.

O AICE começou a vigorar em 2005, com fundamento na Resolução nº 427, de 16 de dezembro de 2005, sem foco em um público específico – *v.g.* usuários de baixa renda. O objetivo da Anatel era introduzir o novo plano de serviço progressivamente, iniciando nas localidades com mais de 500.000 habitantes em 30 de junho de 2006, tendo como horizonte 31 de dezembro de 2007 para ser disponibilizado em todo o país.[380]

Como característica, o AICE trouxe a obrigatoriedade da forma pré-paga de pagamento, sendo facultada a oferta do mesmo plano na modalidade pós-paga, apostando no modelo bem-sucedido do SMP.

Além disso, a Anatel fixou uma estrutura tarifária específica, alocando os valores máximos que poderiam ser cobrados em relação a cada item – instalação, mudança de endereço, manutenção da disponibilidade, fruição de tráfego (local, longa distância e para outros serviços). Esperava-se que a introdução dessa estrutura tarifária nova levasse também ao aumento da competição no STFC,[381] por meio do estímulo à cria-

---

[380] Art. 6º da Resolução nº 427, de 16 de dezembro de 2005.
[381] Cf. ANATEL – AGÊNCIA NACIONAL DE TELECOMUNICAÇÕES. Anatel publica o regulamento do Acesso Individual Classe Especial (AICE), Brasília, 20 dez. 2005. Disponível em: https://www.anatel.gov.br/Portal/verificaDocumentos/documento.asp?numeroPublicacao=116366&assuntoPublicacao=Anatel%20publica%20regulamento%20do%20Aice%20no%20Di%E1rio%20Oficial%20da%20Uni%E3o%20%20&caminhoRel=null&filtro=1&documentoPath=biblioteca/releases/2005/release_20_12_2005rl.pdf. Acesso em: 9 fev. 2021.

ção de planos alternativos similares por outras empresas, o que de fato ocorreu.[382]

Embora a regulamentação mencione que os custos do AICE serão arcados pela concessionária, não se observa, claramente, o deslocamento de recursos para o subsídio a esse serviço – ao contrário, por exemplo, do que ocorreu com outras metas de universalização introduzidas, como o *backhaul*. Suas características indicam se tratar, de fato, de uma simples reorganização da cesta tarifária, de modo a buscar um serviço final a preço reduzido, quando observadas certas circunstâncias.[383] De fato, observa-se que a redução no valor da assinatura básica é compensada por uma taxa de completamento e manutenção do valor do minuto, tornando o uso do telefone mais oneroso.[384]

Como meta para a inclusão de novos usuários, a Anatel esperava a adesão de 4,5 milhões de domicílios em um horizonte de dois anos, atraídos fundamentalmente pelas condições teoricamente mais acessíveis proporcionadas pelo AICE. Efetivamente, não foi o que ocorreu.

Quando da revisão do AICE, em 2012, por ocasião da aprovação do PGMU III, a Anatel contabilizou apenas 142.263 acessos em serviço que utilizavam o referido plano.[385] Ou seja, a meta original de expansão ficou muito aquém daquela originalmente estimada pela Anatel a ser atendida pelo AICE.

A explicação apresentada pela área técnica foi justamente relacionada à ausência de foco no desenho original do programa. Isso porque, quando da elaboração do PGMU II e da regulamentação do AICE, não havia um critério objetivo para viabilizar a discriminação dos usuários,

---

[382] Item 4.2.5 da Análise nº 147/2012-GCMB, de 26 de março de 2012.
[383] Como o consumo mensal inferior a 60 minutos de telefonia fixa (ANATEL – AGÊNCIA NACIONAL DE TELECOMUNICAÇÕES. Anatel publica o regulamento do Acesso Individual Classe Especial (AICE), Brasília, 20 dez. 2005. Disponível em: https://www.anatel.gov.br/Portal/verificaDocumentos/documento.asp?numeroPublicacao=116366&assuntoPublicacao=Anatel%20publica%20regulamento%20do%20Aice%20no%20Di%E1rio%20Oficial%20da%20Uni%E3o%20%20&caminhoRel=null&filtro=1&documentoPath=biblioteca/releases/2005/release_20_12_2005rl.pdf. Acesso em: 9 fev. 2021).
[384] CANÊDO-PINHEIRO, Mauricio; LIMA, Luiz Renato. *Estimando a demanda domiciliar por telefones fixos com dados agregados brasileiros*. Texto para discussão nº 4, IBRE/FGV. FGV: Rio de Janeiro, 2009, p. 4.
[385] Item 4.2.7 da Análise nº 147/2012-GCMB, de 26 de março de 2012.

obrigando o órgão regulador a desenhar um plano que poderia, em tese, ser contratado por qualquer classe de usuário, independentemente de localização ou renda. Assim, não foi possível estabelecer uma estrutura tarifária que não prejudicasse a oferta dos demais planos de serviço das operadoras, o que poderia ter impacto sobre o cumprimento das demais metas de universalização.[386]

Em 2007, contudo, foi introduzido o Cadastro Único para Programas Sociais do Governo Federal (CadÚnico), por meio do Decreto nº 6.135, de 26 de junho de 2007, que tem justamente por objetivo a "identificação e caracterização socioeconômica das famílias brasileiras de baixa renda, a ser obrigatoriamente utilizado para seleção de beneficiários e integração de programas sociais do Governo Federal" (art. 1º). O PGMU III, aprovado em 2011, incorporou tal definição ao AICE, o que resultou no direcionamento desse programa à figura do Assinante de Baixa Renda.[387] A partir daí a Anatel teria como desenhar um programa circunscrito a um público-alvo determinado, selecionando os beneficiários por meio de um critério objetivo e não discriminatório, que, à época, correspondia a 22 milhões de domicílios.[388]

No redesenho do programa não se previu, contudo, algum aporte de recursos públicos via FUST, ou mesmo algum tipo de substituição de metas de universalização para favorecer o acesso individual de famílias inscritas no CadÚnico ao STFC. No entanto, buscou-se criar uma forma de subsídio interno às concessões, prevendo a recomposição da margem do AICE via Fator X,[389] o que contribuiria para neutralizar o déficit estimado em cerca de R$ 800 milhões para o conjunto de concessionárias como decorrência da oferta do plano de serviço.[390]

A nova regulamentação, que permanece vigente, incorporou essas alterações, conforme se extrai da Resolução nº 586, de 5 de abril de 2012. Na revisão, considerou-se que era mais adequado o estabeleci-

---

[386] Item 4.2.8 da Análise nº 147/2012-GCMB, de 26 de março de 2012.
[387] *Vide* art. 4º, incs. II e VII, do PGMU III.
[388] Item 4.2.19 da Análise nº 147/2012-GCMB, de 26 de março de 2012.
[389] O Fator X é um instrumento regulatório que viabiliza o compartilhamento entre concessionária e usuários dos ganhos econômicos, no momento da aplicação dos reajustes tarifários. No setor de telecomunicações, o Fator X é atualmente disciplinado pela Resolução nº 684, de 9 de outubro de 2017.
[390] Itens 4.2.11 e 4.2.40 da Análise nº 147/2012-GCMB, de 26 de março de 2012.

mento de um plano de oferta obrigatória pós-pago, com uma franquia mínima de 90 minutos, com a possibilidade de compra de créditos pré-pagos caso a franquia fosse ultrapassada.[391] Também foi aumentado o limite máximo incidente sobre a tarifa de assinatura, referente à manutenção da disponibilidade do serviço, de 60% para 33% sobre o valor usualmente praticado pelas concessionárias no plano básico.[392]

Houve, portanto, uma mudança substancial na estrutura do plano, que abandou a aposta na forma exclusivamente pré-paga, assumindo características que posteriormente foram adotadas para os planos conhecidos como "controle" pelas operadoras móveis, nos quais há uma franquia de dados contratada na forma pós-paga, sendo facultada a aquisição de créditos extras.

Considerando os impactos econômicos que a adoção do AICE nesses moldes assumiria, a Anatel propôs que a oferta fosse feita de forma escalonada, inicialmente a usuários com renda familiar de um salário mínimo, nos primeiros 12 meses. Posteriormente, seriam incluídos os usuários com renda familiar de até dois salários mínimos e, ao final de 24 meses, a oferta seria irrestrita para todos os domicílios constantes do CadÚnico.[393] A Anatel ressalvou a possibilidade de, caso não houvesse um bom ritmo de adesões ao AICE, segundo as novas regras, acelerar o cronograma de implementação.

Tendo em vista a mudança do enfoque do programa, os usuários não enquadrados nos critérios de elegibilidade do novo AICE seriam migrados para um plano de serviço específico, de oferta obrigatória pelas concessionárias, que fosse tão ou mais vantajoso quanto à sua versão anterior.[394]

Apesar das modificações da inclusão de incentivos econômicos mais intensos, o AICE permaneceu sem atingir o público originalmente previsto. Em 2 de agosto de 2013, a Anatel reavaliou o cronograma de implantação do programa, justamente porque o ritmo de adesões estava muito aquém do esperado. De fato, conforme estudo realizado pelo órgão regulador, até maio de 2013 apenas 98.855 assinantes haviam ade-

---

[391] Arts. 7º e 11, inc. VII, ambos da Resolução nº 586, de 5 de abril de 2012.
[392] Art. 11 da Resolução nº 586, de 5 de abril de 2012.
[393] Art. 14 da Resolução nº 586, de 5 de abril de 2012.
[394] Arts. 16 e 17 da Resolução nº 586, de 5 de abril de 2012.

2. O RUMO EFETIVO DAS POLÍTICAS DE UNIVERSALIZAÇÃO: COMO CHEGAMOS AQUI?

rido ao AICE, o que representava 0,69% do público-alvo da primeira etapa (*i.e.* na faixa de renda de até um salário mínimo).[395]

Cogitou-se que a baixa adesão poderia estar relacionada à existência de ofertas atrativas do SMP na modalidade pré-paga, dada a existência de planos de serviço contemplando a possibilidade de acesso à internet gratuitamente ou a um custo muito baixo.[396] Outro aspecto ponderado é o de que as ligações abrangidas pelo plano não permitiam ligações fixo-móvel ou longa distância sem a aquisição de créditos.[397] Também foi apontada uma possível deficiência na publicidade do AICE por parte das concessionárias como causa da baixa adesão – apesar de se tratar de obrigação regulatória.[398]

Diante desse cenário, o Conselho Diretor ponderou que seria prudente a antecipação do cronograma de disponibilização do AICE, de forma a já atingir a faixa com rendimento superior a dois salários mínimos. Partiu-se da premissa de que, havendo disponibilidade a uma faixa de renda maior, haveria também maior interesse na contratação do plano de serviço.[399] Nesse contexto, optou-se pela antecipação do cronograma previsto na Resolução nº 586, de 5 de abril de 2012, como medida anterior ao estudo de um novo modelo.[400]

---

[395] *Vide* Informe 01/2013-PRUV/SPR, de 28 de junho de 2013, nos autos do Processo nº 53500.016438/2010.

[396] "Atualmente, é possível contratar planos do SMP pré-pagos sem taxa de adesão, sem recarga mínimas, e ainda, com a possibilidade de ganhar bônus (crédito) em ligações no momento da recarga. Há planos que permitem chamadas diárias ilimitadas entre celulares da mesma operadora por R$ 0,25 (vinte e cinco centavos). Dependendo do aparelho, é possível, inclusive, ganhar o acesso gratuito à internet no momento da contratação do plano pré-pago do SMP" (Informe 01/2013-PRUV/SPR, de 28 de junho de 2013, nos autos do Processo nº 53500.016438/2010).

[397] Informe 01/2013-PRUV/SPR, de 28 de junho de 2013, nos autos do Processo nº 53500.016438/2010.

[398] Análise nº 365/2013-GCMB, de 2 de agosto de 2013, itens 4.2.10 e 4.2.12.

[399] "Neste ponto, entendo ser razoável a expectativa de que o número de adesões se amplie com a expansão da oferta para as demais faixas de renda (mais que 2 SM, até 3 SM). Há uma propensão maior a consumir um serviço a mais com a renda maior, assim, famílias que, por exemplo, possuem o SMP pré-pago, podem demonstrar interesse por adquirir também o serviço fixo" (Análise nº 365/2013-GCMB, de 2 de agosto de 2013, item 4.2.11).

[400] *Vide* Acórdão nº 269/2013-CD, de 8 de agosto de 2013.

O AICE nunca chegou próximo de atingir as metas de adesão originalmente propostas, mesmo após ter havido um redimensionamento para o público-alvo do CadÚnico. Vale salientar aqui que a Anatel levou cinco anos para incorporar o cadastro federal como critério de elegibilidade para esse programa, o que pode ser considerado um longo período, principalmente tendo em vista o fato de o AICE, já em sua primeira fase, não ter atraído um número mínimo de usuários.

Mesmo a partir do diagnóstico, em 2013, no sentido de baixa adesão, e da tentativa de antecipação da meta com relação às faixas de renda elegíveis, não houve sucesso. Na revisão quinquenal dos contratos de concessão, que resultou na aprovação do PGMU IV, a Anatel apontou a existência de apenas 181.653 usuários para o AICE, com dados de 2016.[401]

Apesar disso, não houve uma tentativa de readequar o AICE por parte da Anatel – sendo certo que a Resolução nº 586, de 5 de abril de 2012, permanece regendo essa iniciativa. Os PGMUs subsequentes tampouco trouxeram alguma inovação, seja por iniciativa da Anatel ou ministerial.

De fato, os próprios autos do processo normativo evidenciam que o AICE sofreu, desde o início, forte competição com a telefonia móvel, tornando-o, na prática, um produto muito pouco viável. Mesmo quando tentou emular a forma de pagamento pré-paga, o AICE não foi bem-sucedido. Posteriormente, quando foi possível conferir um novo enfoque ao programa, a área técnica da Anatel apontou que, novamente, o SMP já era capaz de ofertar um serviço de voz mais diverso (ligações para terminais fixos, móveis e longa distância), com valor reduzido e, ainda, em alguns casos, permitir o acesso à internet.

Mesmo diante desse diagnóstico, o Conselho Diretor da Anatel manteve as características do plano e apenas antecipou a disponibilização para uma faixa de renda superior, com o objetivo de atrair novos usuários ao AICE. Chama a atenção a justificativa utilizada pela Anatel nesse caso, haja vista que, sendo o programa destinado a conectar usuários de baixa renda, alterar o critério de elegibilidade (i.e., aumentando o nível de renda), apenas para elevar o número de contratantes, não é razoável.

---

[401] Item 5.77 do Voto nº 26/2016/SEI/OR, de 9 de janeiro de 2017.

Trata-se de uma ferramenta de política pública, não um fim em si: se ele não é atrativo aos usuários, a razão deve ser identificada e os problemas solucionados – o que jamais ocorreu.[402]

2.3.3. Obrigações de cobertura no Serviço Móvel Pessoal: a principal ferramenta da universalização em sentido amplo?

Outra ferramenta utilizada pelos atores institucionais para a universalização do serviço, em sentido amplo, foram os compromissos de abrangência vinculados ao SMP. Conforme apontado no Capítulo 1 e ao longo do presente capítulo, o SMP obteve uma expansão muito grande tanto em termos de disponibilidade quanto de acesso por parte dos usuários finais.

Com o objetivo de compreender como se formou esse cenário, procuro expor e discutir a forma com que o SMP ganhou protagonismo em matéria de universalização dos serviços de telecomunicações, mesmo sem ser um serviço explorado em regime público – ao menos atualmente. Para tanto, analisarei as origens do SMP, em 2001, bem como os meios utilizados pela Anatel ao longo do tempo para imputar obrigações de cobertura às operadoras de telefonia móvel.

2.3.3.1. A origem do Serviço Móvel Pessoal nas concessões do Serviço Móvel Celular: origem dos compromissos de cobertura

O SMP, embora explorado em regime privado, tem origem em contratos de concessão do então SMC. Esse serviço foi delegado à iniciativa privada seguindo regras estabelecidas pela Lei nº 9.295, de 19 de julho de 1996 – a Lei Mínima –, bem como em sua regulamentação, em especial o Decreto nº 2.056, de 4 de novembro de 1996. Essas concessões, portanto, antecederam o próprio advento da LGT.

Em síntese, os contratos de concessão[403] foram celebrados prevendo mecanismos típicos do regime geral de concessões trazido pela Lei

---

[402] Veja-se, por exemplo, o posicionamento da Anatel quando da revisão do PGMU IV (item 5.205 do Voto nº 26/2016/SEI/OR, de 9 janeiro de 2017).

[403] Utilizo, aqui, para referência, o contrato de concessão celebrado pela CTBC Telecom. Disponível em: https://www.anatel.gov.br/Portal/verificaDocumentos/documento.asp?numeroPublicacao=166&assuntoPublicacao=null&caminhoRel=null&filtro=1&documentoPath=biblioteca/contrato/concessao/contrato_ctbc97.htm. Acesso em: 15 fev. 2021.

nº 8.987/1995, como controle tarifário e previsão de reversibilidade de bens para garantia da continuidade dos serviços.[404] Utilizavam, ainda, obrigações de expansão progressiva da oferta de serviços, traduzindo-se tanto em disponibilidade de cobertura quanto em prazos para o atendimento das solicitações de serviço por parte dos usuários.

No caso das metas de cobertura, os contratos de concessão traziam anexos listando municípios e distritos situados na área de concessão, prevendo o seu atendimento progressivo dentro de um período de cinco anos. Vale notar que os municípios e distritos eram enquadrados em categorias, para as quais era exigido maior ou menor grau de atendimento – conferindo, para os municípios e distritos de maior porte, discricionariedade para a operadora selecionar, dentro dos limites contratuais, quais seriam ou não atendidos.[405]

Já com relação às metas de atendimento de solicitações de habilitação de serviço, a concessionária tinha uma meta progressiva para a redução dos prazos, de 180 dias no primeiro ano para cinco dias no quinto ano de vigência contratual. Aqui a obrigação estava vinculada à disponibilidade do serviço e, portanto, não levava em consideração o porte do município ou distrito: havendo a ativação do serviço o prazo de atendimento era o mesmo.[406]

Com o advento da LGT, abriu-se espaço para a adaptação dos contratos de concessão anteriores,[407] oportunidade que foi aproveitada pela Anatel para a criação do SMP. De fato, esse foi o primeiro movimento no setor em torno da adaptação de concessões para autorizações, antecedendo em quase duas décadas as discussões em torno do destino das concessões do STFC.

A Anatel criou uma regra de transição, materializada na Resolução nº 318, de 27 de setembro de 2002, estabelecendo os passos que deveriam ser seguidos para as operadoras que optassem pela mudança de

---

[404] *Vide*, respectivamente, Cláusulas Décima Quarta e Trigésima Segunda do Contrato de Concessão do SMC.

[405] Anexo VIII ao Contrato de Concessão do SMC. Por exemplo, para o grupo de menor porte, exigia-se o atendimento de 70% da lista de municípios e distritos até o quinto ano de vigência do contrato. Para o grupo contendo as capitais, exigia-se 100% de atendimento já no final do primeiro ano de vigência do contrato.

[406] Cf. Cláusula Vigésima Quarta e Anexo IX do Contrato de Concessão do SMC.

[407] Art. 214, inc. IV, da LGT.

regime. Como contrapartida ao abandono do regime de concessão, as concessionárias estariam livres do regime tarifário, bem como do instituto da reversibilidade de bens. Caso optassem por manter o regime do SMC não poderiam ter suas concessões prorrogadas.[408]

Os termos de autorização do SMP objeto da conversão, por sua vez, explicitamente estabeleceram como obrigação a manutenção das metas previstas de atendimento e cobertura decorrentes das concessões do SMC. O descumprimento de tais obrigações poderia ensejar a aplicação de penalidades e até mesmo a extinção dos termos de autorização.[409]

Observa-se, portanto, que a origem do SMP explorado em regime privado contempla as obrigações decorrentes da adaptação das concessões, tendo, já de partida, assumido compromissos de abrangência, análogos em alguma medida às obrigações de universalização impostas às concessões de STFC. Ao menos no que diz respeito à disponibilidade dos serviços, essa era uma preocupação já presente no nascimento do SMP.

2.3.3.2. Compromissos de abrangência nos leilões de radiofrequência

Desde sua origem, o SMP já embutiu uma lógica de expansão de cobertura e acesso ao serviço, e isso foi de algum modo mantido e amplificado pela Anatel ao longo dos anos, mediante o uso de sua gestão sobre o espectro de radiofrequências como ferramenta. Conforme mencionado no Capítulo 1, as radiofrequências necessárias à exploração dos serviços de telecomunicações são consideradas como bens públicos da União pela LGT, sendo sua alocação, como regra, precedida de realização de licitações públicas – principalmente nos casos em que o uso se der em caráter de exclusividade.[410]

---

[408] Art. 214, inc. VI, da LGT.
[409] Cláusula 4.1. do Termo de Autorização nº 008/2004/PVCP/SPV – ANATEL.
[410] A Lei nº 13.879/2019 alterou parcialmente essa lógica, ao permitir a prorrogação sucessiva de termos de autorização, tornando, em tese, a exigência de um prévio leilão dispensável em caso de uma radiofrequência já alocada anteriormente. No entanto, como a prorrogação do direito de uso da radiofrequência nesses casos está condicionada à assunção de compromissos de interesse da coletividade (art. 167, § 3º, da LGT), a lógica permanece fundamentalmente a mesma da descrita no presente item.

O Regulamento de Licitações da Anatel possui redação similar à presente no art. 136, § 3º, da LGT, permitindo que, nos editais de licitação, seja *"exigida contrapartida proporcional à vantagem econômica que usufruírem, na forma de compromissos de interesse dos usuários"*.[411] Com base nessas disposições, o órgão regulador tem incluído, nos editais de licitação de radiofrequências, obrigações de cobertura relacionadas ao SMP e implantação de redes de telecomunicações como contrapartida adicional ao pagamento de valor pela outorga.

Ou seja, do valor atribuído ao direito de exploração daquele bem, essencial à exploração de serviços de telecomunicações, notadamente os que envolvam mobilidade, são descontados os compromissos de abrangência indicados pela Anatel. O restante é exigido a título de valor pela outorga, correspondendo a um pagamento pecuniário que é distribuído entre os fundos setoriais geridos pela Anatel – entre eles, o FUST. O critério de julgamento dos leilões historicamente leva em consideração o segundo elemento, atribuindo o direito de uso à prestadora que oferecer o maior valor pela exploração da radiofrequência.

Esse procedimento tem sido regularmente adotado pela Anatel. É o que se observa no Leilão de 3G,[412] por exemplo, que contava com metas progressivas de ampliação de cobertura – representada pela disponibilidade do serviço em localidades de menor porte. O objetivo era ampliar a cobertura para que, ao menos, uma operadora estivesse presente nas sedes das localidades. Posteriormente, a Anatel também passou a estabelecer os compromissos de abrangência tendo por objetivo a presença de mais operadoras nas localidades, conforme o número de habitantes, o que fomenta a competição pelo serviço.[413]

Vincula-se o "filé", aqui representado pela radiofrequência a ser explorada em áreas com alta atratividade e perspectiva de retornos econômicos, com o "osso", representado não apenas pelo atendimento de áreas com menor retorno, mas também por meio de uma miríade de outras obrigações.

---

[411] *Vide* art. 14, inc. V, da Resolução nº 65, de 29 de outubro de 1998.
[412] Edital de Licitação nº 002/2007/SPV – ANATEL, de 23.10.2007.
[413] *Vide* Edital de Licitação nº 004/2012/PVCP/SPV – Anatel, de 17.04.2012. *Vide*, ainda, https://www.gov.br/anatel/pt-br/regulado/universalizacao/telefonia-movel-compromissos-de-abrangencia. Acesso em: 21 fev. 2021.

2. O RUMO EFETIVO DAS POLÍTICAS DE UNIVERSALIZAÇÃO: COMO CHEGAMOS AQUI?

Isso é particularmente relevante para o setor de telecomunicações, haja vista que o valor atribuído às radiofrequências é muito elevado. Veja-se, na Tabela 7, o histórico do valor pago a título de outorga pelo direito de uso das radiofrequências.[414]

Tabela 7 – Valor de outorga/leilões de radiofrequência

Licitações de celular	Ano	Valor (R$ bilhões)
Banda B	1997-1998	10,093
Banda D	2000	2,559
Banda E	2000	0,522
Leilão de sobras	2002	0,638
Sobras Banda E	2004	0,122
Sobras	2007	
3G	2007	5,338
Banda H e sobras	2010	2,730
Sobas	2011	0,235
4G e 450 MHz	2012	2,930
700 MHz	2014	5,852
Licitação de sobras	2015	0,853
5G	2021	4,9

Fonte: Consultoria Teleco. Disponível em: https://www.teleco.com.br/licitacoes.asp. Acesso em: 28 fev. 2023.

---

[414] Conforme apontado pelo TCU, o Leilão de 700 MHz não contou com compromissos de abrangência, o que pode explicar, em parte, o valor mais elevado de outorga: "Contudo, a agência mudou, sem justificar, sua abordagem no edital da segunda licitação dedicada ao serviço 4G – 2/2014-SOR/SPR/CD-Anatel. Nesse caso, apesar de a vigência das autorizações estar prevista para acabar apenas em 2029, com possibilidade de renovação por mais quinze anos, a Anatel optou por, ao contrário do que ocorreu nas últimas licitações de espectro, não definir nenhum tipo de compromisso de interesse dos usuários, seja de abrangência ou de qualidade. Deixou-se, portanto, de se prever obrigação de que as operadoras ofereçam o serviço 4G, nas faixas de radiofrequência 700 MHz, 2,5 GHz ou qualquer outra, para os mais de 4.400 municípios com população de até 30 mil habitantes" (TCU, Acórdão nº 28/2016, Rel. Min. Bruno Dantas, j. em 20.01.2016). Por outro lado, o Leilão de 5G contou com compromissos no valor de R$ 42,3 bilhões, conforme abordarei no Capítulo 3.

Como se pode observar, os leilões de radiofrequência somam valores substancialmente elevados, o que permite a adoção de compromissos de interesse da coletividade com um volume grande de obrigações. Dos montantes indicados subtrai-se o valor consumido com os compromissos de abrangência presentes nos respectivos editais, conforme a percepção das operadoras – e que formam seus lances a partir desses estudos.[415]

Essa prática permitiu à Anatel, ao longo dos anos, preencher uma série de lacunas na oferta de serviços de telecomunicações ao longo do tempo, mesmo sem utilizar diretamente as ferramentas atreladas à universalização em sentido estrito previstas no arranjo institucional original da LGT – o que levou alguns autores a indicar uma confusão entre os regimes público e privado.[416]

Grande parcela do país, em tese, possui cobertura com tecnologia 4G na maior parte de seu território. Digo "em tese" porque se pressupõe que um município é atendido quando houver cobertura correspondente a 80% de sua área urbana em relação àqueles para os quais o atendimento é previsto em compromissos de abrangência.[417] Assim, a realidade das áreas rurais é distante desse retrato, o que justificou, ao longo do tempo, a adoção de medidas específicas por parte da Anatel para dirimir esse problema.

Por exemplo, o Edital de Licitação nº 004/2012/PVCP/SPV estabeleceu como compromisso o atendimento de todas as escolas públicas

---

[415] "Para Bechara, o leilão do 4G teve um bom ágio, levando em consideração tanto as obrigações das operadoras, quanto as políticas de cobertura da faixa rural. "Foram quase R$ 3 bilhões. Poucos setores, talvez o de petróleo, têm uma capacidade de, em época de crise e em dois dias de leilão, completar tal aquisição", afirma. "Sem esses deveres, com apenas a licitação da faixa 2,5 GHz, certamente esse valor pularia para uns R$ 7 bilhões" (AMARAL, Bruno do. Anatel deverá fazer leilão de 3,5 GHz ainda este ano, *Teletime*, 26 jun. 2012. Disponível em: https://teletime.com.br/26/06/2012/anatel-devera-fazer-leilao-de-35-ghz-ainda-este-ano/. Acesso em: 12 mar. 2021). Sobre o assunto, conferir PEREIRA NETO, Caio Mário da Silva; ADAMI, Mateus Piva. Leilão de 4G: balanços e desafios. *Valor Econômico* (Caderno Opinião), São Paulo, 4 jul. 2012. p. A10.

[416] *Vide* BOLONHÊS, Amanda Cristófaro. A (con)fusão entre os regimes público e privado: análise à luz da prestação dos serviços de telefonia móvel no Brasil. *Revista de Direito das Comunicações*, São Paulo, v. 8, p. 29-61, jul./dez. 2014.

[417] Disponível em: https://www.gov.br/anatel/pt-br/regulado/universalizacao/telefonia-movel. Acesso em: 14 fev. 2021.

rurais, dentro da área de cobertura de cada prestadora, de forma gratuita, com conexões de dados. Segundo informações da Anatel, cerca de 29.000 escolas foram atendidas por tais compromissos até agosto de 2020, que representam um caso excepcional de disponibilização de serviço ao usuário final.[418] Outras obrigações já referidas, como aquelas presentes no PGMU III e no PGMU IV, também estavam destinadas ora a utilizar o SMP para viabilizar o atendimento rural por meio do STFC, ora para utilizar os recursos atrelados às concessões do STFC para induzir a oferta de SMP nas áreas rurais.

Apesar de haver lacunas importantes, a imposição de compromissos de abrangência, conforme é possível aferir a partir das demais experiências abordadas no presente capítulo, tem sido uma das únicas formas de viabilizar o direcionamento de recursos à expansão de serviços que, efetivamente, são ofertados ao usuário final e por ele demandados.

2.3.3.3. Aspectos críticos: uso (quase) exclusivo de uma ferramenta limitada

O crescimento do SMP, conforme indicado no Capítulo 1 e nos tópicos anteriores deste capítulo, foi bastante intenso e superior aos demais serviços de telecomunicações. De fato, o Brasil acabou seguindo uma tendência comum em países subdesenvolvidos, apresentando uma penetração proporcionalmente mais elevada em telefonia móvel em relação aos serviços fixos, conforme destacado.

Portanto, a experiência com a implantação de compromissos de abrangência pode ser considerada como bem-sucedida, uma vez que efetivamente aumentou o número de usuários para os serviços de telecomunicações. Mesmo não havendo intervenção em preços ou a existência de um subsídio externo associado aos compromissos de cobertura, nesse caso, a expansão do serviço resultou em universalização sob a ótica de acesso por novos usuários.

Importante notar que, principalmente a partir da introdução do 3G, isso também significou acesso à internet, dada a oferta de planos de serviço que contam com essa facilidade. Embora as limitações desse tipo de iniciativa tenham sido evidenciadas durante a pandemia – inclusive

---

[418] Informação disponível em: https://www.gov.br/anatel/pt-br/regulado/universalizacao/atendimento-rural. Acesso em: 14 fev. 2021.

levando a várias discussões legislativas, como abordarei adiante –, não se pode deixar de reconhecer o aumento dos níveis de acesso à internet como decorrência direta dos compromissos de abrangência.

Isso mostra, também, os problemas relacionados a não implementação da política de universalização conforme o arranjo original previsto na LGT, notadamente a partir do uso de recursos do FUST. Embora haja efetivo acesso, os planos de serviço possuem limitações de consumo de dados, demandando a aquisição de créditos suplementares para garantir a continuidade do acesso à internet.

Em um cenário no qual há tanto uma redução de renda pelo desemprego, aumento de consumo de dados dada a substituição do contato presencial pelo virtual, quanto a dificuldade de complementar o acesso com banda larga fixa (ainda que em acesso coletivo), a dificuldade em manter o acesso à internet é grande. Trata-se, justamente, do cenário descrito na Introdução: o serviço está disponível, as escolas podem estar preparadas para, ainda que transitoriamente, ministrar cursos em ambiente virtual, mas os alunos não possuem meios de acessar o conteúdo.

Para essa finalidade é difícil imaginar outra solução senão a aplicação direta de recursos públicos, como é o caso do FUST. No caso dos leilões de radiofrequência, uma parcela da arrecadação a título de outorga e, posteriormente, pelo ônus cobrado pela Anatel a título de prorrogação do direito de uso das radiofrequências e das concessões do STFC, é direcionada ao FUST – o que correspondeu a 45,2% de sua arrecadação em 2019.[419]

No entanto, dado que o fundo não é utilizado, essa arrecadação na prática simplesmente tem subtraído recursos do setor, sem qualquer tipo de efeito para a universalização. Por essa razão, tem-se defendido que os leilões de radiofrequência deveriam ser integralmente pautados em compromissos de abrangência,[420] com um pagamento mínimo

---

[419] ANATEL – AGÊNCIA NACIONAL DE TELECOMUNICAÇÕES. *Relatório Anual – 2019*. Disponível em: https://www.gov.br/anatel/pt-br/centrais-de-conteudo/publicacoes/relatorio-anual. Acesso em: 3 set. 2021.

[420] "Segundo ele [Leonardo Euler de Moraes], esse não será um leilão arrecadatório. Isso porque além da implantação do 5G, as empresas terão compromissos de investimentos como a cobertura de internet em estradas brasileiras e em localidades que ainda não contam com internet nenhuma. 'Espera-se que, em 20 anos, sejam de mais de R$ 40 bilhões

por outorgas, justamente para maximizar os investimentos no próprio setor.[421]

De fato, em um contexto de não aplicação de recursos externos, a implantação dos compromissos de interesse da coletividade acaba de alguma forma impactando o próprio preço dos serviços. É dizer, o custo dos compromissos e da própria outorga é diretamente repassado aos consumidores finais, uma vez que não há controle sobre os preços praticados. Paradoxalmente, ao mesmo tempo em que os compromissos contribuem para aumentar os níveis de acesso, eles também podem afastar usuários, principalmente nos segmentos de baixa renda dos serviços.

Essa constatação é especialmente sensível se houver algum erro no dimensionamento dos compromissos de cobertura, por exemplo, estabelecendo como obrigação um investimento que seria realizado naturalmente pelas operadoras. Nesse caso, o prejuízo seria duplo: por um lado, haveria uma distorção nos critérios de seleção do leilão, e por outro lado, seria descontado um valor da outorga que não representaria necessariamente um investimento novo.[422]

Contudo, considerando o contexto descrito até aqui, qualquer aplicação direta de recursos públicos tem se mostrado uma tarefa difícil, conforme os exemplos do FUST e do SCD evidenciam. É muito mais simples vincular a implementação de políticas públicas de universalização a ativos, como as concessões ou radiofrequências. E a Anatel tem seguido essa linha, focando seus esforços, no que diz respeito a essa última frente, em atrelar compromissos de abrangência aos leilões de radiofrequência, sendo essa, talvez, uma de duas principais ferramentas voltadas

---

em investimentos', diz" (FELCZAC, Claudia. Maior leilão da história trará o 5G ao Brasil, *Agência Brasil*, 2 maio 2021. Disponível em: https://agenciabrasil.ebc.com.br/economia/noticia/2021-05/maior-leilao-da-historia-trara-o-5g-ao-brasil. Acesso em: 27 ago. 2021).

[421] Não é por outra razão que a Lei nº 13.879/2019, ao estabelecer as condições para as prorrogações sucessivas pelo direito de uso de radiofrequência indicou claramente que a outorga pode ser integralmente substituída pela assunção de compromissos de investimento por parte da operadora (art. 167, § 3º, da LGT).

[422] Aponto, nesse sentido, a ponderação de Nuno Alvim, no evento "Aspectos Regulatórios e Concorrenciais do Edital de Licitação ANATEL 5G", promovido pelo IBRAC, em 29 de setembro de 2020. Disponível em: https://www.youtube.com/watch?v=EbGu2WLwIRA. Acesso em: 27 ago. 2021.

para a universalização dos serviços por ela regulados, ainda que em sentido amplo.

Assim, outro aspecto que merece referência é a dependência da realização de leilões de radiofrequência ou das prorrogações dos direitos de uso já outorgados. Isso porque as autorizações são concedidas usualmente com prazos entre 15 e 20 anos, prorrogáveis. Esse fato limita temporalmente a seleção dos compromissos de abrangência, o que pode comprometer eventuais ajustes necessários para contemplar novas prioridades estabelecidas por políticas públicas supervenientes.

Além disso, os efeitos obtidos pela adoção dos compromissos de abrangência podem contribuir para um estado de acomodação institucional, no qual os resultados obtidos, ainda que não ideais, prejudicam a busca de soluções mais abrangentes. Ou seja, podem definir um estado de dependência de trajetória para os atores institucionais, notadamente em um ambiente no qual houve algum tipo de restrição a alternativas por meio de agentes de veto, como foi o caso.[423]

Por fim, até pelo exposto no Capítulo 1 e no início do presente capítulo, não reputo que a imposição de compromissos de abrangência seja uma subversão do regime privado que rege o SMP, transmutando-o em regime público – apesar dos efeitos aqui apontados. Primeiro, não se pode ignorar que a LGT prevê expressamente a possibilidade de imposição desse tipo de compromissos no âmbito de leilões de radiofrequência (arts. 135 e 136, § 3º, da LGT). Segundo, ao impor os compromissos, a Anatel ou a União não se comprometem com a existência e a continuidade do serviço explorado em regime privado – o que, concomitantemente à universalização, caracterizam a hipótese de exploração do serviço em regime público (art. 64 da LGT).

O problema, em minha visão, não é jurídico-formal, mas sim decorrente do uso intensivo e quase exclusivo de uma ferramenta que, isolada, tem sido incapaz de viabilizar um arranjo institucional que resulte em

---

[423] Miriam Wimmer apontou a inexistência, na prática, de alternativas para a implementação de políticas públicas de universalização como motivo para a priorização dos compromissos de abrangência atrelados aos editais de licitação de radiofrequências, em sua exposição no evento "Aspectos Regulatórios e Concorrenciais do Edital de Licitação ANATEL 5G", promovido pelo IBRAC, em 29 de setembro de 2020. Disponível em: https://www.youtube.com/watch?v=EbGu2WLwIRA. Acesso em: 27 ago. 2021.

uma efetiva universalização, de forma ampla, das telecomunicações – no sentido que propus no Capítulo 1.

2.3.4. A Anatel e o Poder Legislativo

Dado que as limitações ao uso do FUST como ferramenta de universalização decorrem de uma interpretação da LGT e da Lei do FUST por parte do TCU, é natural que a solução de alteração legislativa tenha sido buscada, inclusive com participação ativa da Anatel. Embora a análise do papel desempenhado pelo Poder Legislativo seja objeto de tópico próprio, destaco aqui duas iniciativas de modificação legislativa adotadas pela Anatel com a finalidade de influenciar o arranjo institucional da universalização no setor das telecomunicações: (i) a adaptação do modelo de concessões para autorizações; e (ii) alterações na Lei do FUST.

2.3.4.1. A legislação do "novo modelo" e o papel da Anatel em sua aprovação

Conforme exposto anteriormente, a Anatel, em conjunto ao Ministério das Comunicações, conduziu estudos para avaliar alternativas para as concessões do STFC em 2016. A solução encontrada foi a adaptação das concessões em autorizações em troca da assunção de compromissos de interesse da coletividade relacionados à disponibilização de rede de banda larga.

À época da realização dos estudos, entendeu-se inicialmente pela desnecessidade de alteração legislativa para a realização dessa adaptação, razão pela qual a Anatel avançou, dentro de sua esfera de competência na regulamentação do novo modelo. No entanto, dada a proximidade da aprovação do PLC 79/2016,[424] considerou-se que seria possível iniciar os estudos necessários considerando sua aprovação como premissa. Para tanto, o órgão regulador promoveu a Consulta Pública nº 02/2017,

---

[424] *Vide*, nesse sentido, que o Voto nº 26/2016/SEI/OR, Conselheiro Otávio Luiz Rodrigues Junior, de 9 de janeiro de 2017, explicitamente se refere ao PLC nº 79/2016 como pendente apenas de sanção presidencial.

com base no Acórdão nº 4, de 9 de janeiro de 2017, bem como em atenção ao Programa Brasil Inteligente, anteriormente descrito.[425]

Foram submetidas à consulta pública as seguintes minutas: (i) novo Plano Geral de Outorgas; (ii) regulamento de adaptação; (iii) termo de autorização do serviço adaptado; e (iv) metodologia de cálculo dos saldos. Além disso, a Anatel também aproveitou a oportunidade para coletar subsídios junto à sociedade mediante questões abertas, focando nos seguintes temas: (i) formas de ampliação do acesso à banda larga; (ii) meios para uso do FUST para expansão da banda larga, seja alteração legislativa ou a instituição de um SCM em regime público; (iii) uso do excedente do Fundo de Fiscalização das Telecomunicações (FISTEL) para investimentos em telecomunicações; e (iv) priorização de projetos e políticas públicas em caso de destinação efetiva de recursos a partir de fundos setoriais.

As características da legislação e da regulamentação de adaptação das concessões serão tratadas no Capítulo 3. Contudo, considerando a relação dessa frente com a pesquisa, a cronologia e a forma de atuação da Anatel se afiguram importantes.

Após o encerramento da Consulta Pública nº 02/2017, em junho de 2017, a área técnica da Anatel analisou as contribuições e consolidou uma nova versão dos documentos de adaptação em novembro do mesmo ano. Ali se indicou uma quebra de expectativa quanto à aprovação do PLC 79/2016, tendo a área técnica opinado pelo seguimento dos trabalhos, dado o tempo já decorrido a partir de um diagnóstico de exaurimento do modelo de concessões, com perspectivas de agravamento.[426]

---

[425] Essas atividades foram realizadas no âmbito dos processos administrativos nº 53500.013266/2013-71 (revisão dos contratos de concessão do STFC) e 53500.056574/2017-14 (proposta de regulamento de adaptação das concessões do STFC).

[426] "3.51. Nesse contexto, surgem duas opções ao Conselho Diretor da Anatel. (i) arquivar o projeto de alteração do regime de prestação do STFC; ou (ii) dar andamento ao presente projeto, independentemente do andamento do Projeto de Lei.

3.52. Na primeira opção tem-se o cenário de nada mais ser feito e concluir-se-ia o presente processo registrando-se os trâmites procedimentais para tal fim. Porém, essa não parece a abordagem mais adequada considerando todo o diagnóstico setorial já levantado ao longo dos mais de 2 (dois) anos em que o presente projeto encontra-se em debate. De fato, os mesmos motivadores que levaram à proposição inicial da área técnica permanecem atualmente e, em alguns casos, mais agravados, considerando o contínuo desinteresse da população pelo STFC (conforme dados apresentados nos relatórios da área técnica que

Considerando a compatibilidade da proposta com o texto do projeto de lei em tramitação e a constatação de que sua aprovação seria prescindível para a adaptação, a iniciativa foi levada adiante considerando dois cenários possíveis, contando ou não com a alteração legislativa.

Não obstante a intenção da área técnica, claramente a adaptação de modelo perdeu tração com a demora na aprovação do PLC 79/2016, cujas razões abordarei no tópico que avalia o papel do Poder Judiciário. Essa constatação é refletida pelo fato de que a PFE da Anatel só veio a se manifestar quase um ano depois,[427] provocando uma nova manifestação da área técnica da Agência após o decurso de mais um ano.[428]

A data dessa última manifestação chama a atenção por ter evidenciado a movimentação da área técnica da Anatel um dia após a aprovação da Lei nº 13.879/2019. Portanto, apesar de ter havido a intenção de avançar com o projeto sem o amparo legislativo, na prática, observo que a tramitação foi diretamente impactada pela demora em sua aprovação. Dois motivos principais podem ter causado essa recalcitrância.

Primeiro, o TCU havia questionado duramente as conclusões dos estudos realizados em 2016, bem como a intenção de a Anatel levar adiante um modelo de adaptação.[429] Tanto é assim que uma das determinações do Acórdão nº 4, de 9 de janeiro de 2017, foi, exatamente, levantar subsídios para afastar as críticas do TCU. Um dos pontos questionados foi a construção da metodologia para estabelecer o valor do saldo para investimentos em banda larga.

Conforme apontado inicialmente neste capítulo, não se pode desconsiderar o impacto das críticas do TCU sobre os demais atores institucionais, notadamente, no caso, a própria Anatel. Isso evidencia uma faceta do poder de veto do TCU, ainda que informal, no sentido de gerar paralisia administrativa mesmo sem uma decisão final sobre o tema – dado que sempre há a possibilidade de aplicação de penalidades aos gestores.

Segundo, embora houvesse razoável consenso em torno da possibilidade de alteração de regime na forma proposta pela Anatel (*i.e.* inde-

---

embasaram a Consulta Pública nº 2/2017), a contínua perda de receita desse serviço, dentre outros" (Informe nº 149/2017/SEI/PRRE/SPR, de 24 de novembro de 2017).

[427] Parecer nº 587/2018/PFE-ANATEL/PGF/AGU, de 14 de setembro de 2018.
[428] Informe nº 118/2018/SEI/PRRE/SPR, de 4 de outubro de 2019.
[429] Acórdão nº 3.076/2016, Rel. Min. Bruno Dantas, de 30 de novembro de 2016.

pendentemente de alteração legislativa), o mesmo não ocorria em relação à quantificação do valor correspondente às obrigações que seriam assumidas pelas ex-concessionárias. Isso passa por um tema sensível no setor de telecomunicações, que diz respeito à reversibilidade dos bens vinculados ao contrato de concessão.[430] A PFE apresentou uma divergência quanto ao critério proposto pela área técnica, o que poderia provocar questionamentos posteriores caso qualquer um dos caminhos fosse seguido, por colocar incertezas com relação à metodologia de cálculo utilizada.

A combinação desses dois fatores, em minha visão, parece justificar o andamento mais lento das iniciativas de adaptação das concessões do STFC em autorizações. O receio de questionamento quanto ao critério de cálculo dos saldos, notadamente acerca dos bens reversíveis, levou a Anatel a aguardar o desfecho do PLC 79/2016. É importante notar que o órgão regulador não o fez passivamente.[431]

Para além do atendimento às solicitações de praxe por parte do Congresso Nacional, como o comparecimento em audiências públicas relativas ao PLC 79/2016, a Anatel produziu documentos voltados tanto para o aprofundamento de aspectos técnicos relativos à iniciativa quanto para esclarecimento do público em geral sobre os seus efeitos.

Embora tenha inicialmente considerado inapropriada sua manifestação sobre o tema, considerando as iniciativas em curso no âmbito da Agência,[432] e até opinado, pela mesma razão, contrariamente à aprovação do projeto,[433] posteriormente houve mudança de postura que resul-

---

[430] Vide Capítulo 3 sobre as polêmicas envolvendo a reversibilidade no setor e seus impactos para a adaptação de regime.

[431] Por provocação do Ministério das Comunicações, mediante o Ofício nº 36460/SEI-MC, de 6 de novembro de 2015, a Anatel avaliou o PLC 79/2016 no âmbito do Processo nº 53500.206942/2015-10.

[432] Conforme externado por meio do Informe nº 55/2015/SEI/PRRE/SPR, de 29 de dezembro de 2015. Disponível em: https://sei.anatel.gov.br/sei/modulos/pesquisa/md_pesq_documento_consulta_externa.php?Yj72kUioo_zl4_Elere_NErKAAYpCDMs-B4uhQFHnURwuIxTMfpEtYCRIVyWx6vIwl7HYSQu7hDQuo5UAlafZzqIjolylBGpsc--sYdWfFheuOtqdwigtsKHflolkz0HsU. Acesso em: 9 mar. 2023.

[433] "Diante das informações acima relatadas, embora reconheça a oportunidade da discussão, a Anatel esclarece que quaisquer modificações do regime de prestação dos serviços e dos contratos de outorga devem ser discutidas com parcimônia e atenção aos aspectos técnicos. A Anatel é CONTRÁRIA no tocante à aprovação do Projeto de Lei nº 3.453/2015,

2. O RUMO EFETIVO DAS POLÍTICAS DE UNIVERSALIZAÇÃO: COMO CHEGAMOS AQUI?

tou na produção de documentos bastante contundentes, inclusive em caráter de urgência.[434]

Fundamentalmente, a Anatel conferiu suporte técnico irrestrito aos principais pontos do PLC 79/2016, inclusive quanto ao critério de reversibilidade de bens ali indicado – o que eliminaria parte da celeuma que, ao que tudo indica, teria contribuído para paralisação da frente administrativa da adaptação das concessões. Porém, não só, trouxe dados relevantes para sustentar os impactos negativos de eventual rejeição do projeto de lei, como os decorrentes da manutenção do regime de concessão e o dever de a União seguir garantindo a existência, continuidade e universalização do STFC.

A Anatel apontou que eventual assunção do serviço diretamente pela União, em 2025 ou antes, em caso de extinção antecipada das concessões, geraria a necessidade de aportes anuais da ordem de R$ 43 bilhões por parte do Tesouro, caso não houvesse um interessado em assumir o serviço.[435] Trata-se de um argumento bastante contundente junto ao Poder Legislativo e que dá a dimensão dos custos atrelados a um serviço que, na avaliação de todos os atores setoriais envolvidos, não gera benefícios à coletividade.

---

chamando a atenção para a necessidade do debate, especialmente por meio das Análises de Impacto Regulatório desenvolvidas pela Agência" (Informe nº 1/2016/SEI/ARI, de 4 de fevereiro de 2016).

[434] Memorando nº 256/2019/ARI, de 10 de março de 2019, expedido após a manifestação favorável ao projeto pela Comissão de Ciência, Tecnologia, Inovação, Comunicação e Informática (CCT) da Câmara dos Deputados.

[435] "3.117. Deve-se considerar o risco de que essa licitação seja deserta, isto é, que não haja interessados na prestação de serviço pouco demandado pela sociedade. A baixa atratividade da concessão se torna ainda mais evidente quando se observa o custo de obtenção de uma autorização para explorar telefonia fixa no regime privado, ou seja, sem obrigações de universalização e de continuidade, por exemplo, que é de R$ 400,00 (quatrocentos reais).
3.118. Uma vez que não haja interessados no mercado em assumir as concessões do STFC em 2025, caberia ao Poder Concedente, ou seja, a União, a assunção da prestação do STFC.
3.119. A assunção dessa obrigação a partir de 1º de janeiro de 2026, ou imediatamente após a devolução de concessões, exigiria a utilização de recursos orçamentários da ordem de R$ 43.000.000.000,00 (quarenta e três bilhões de reais) ao ano para cobrir as despesas operacionais associadas à prestação do serviço. Sendo a União a responsável pela operação do serviço, tais recursos deverão advir do Orçamento geral da União" (Informe nº 27/2019/PRRE/SPR, de 29 de abril de 2019).

Com a conversão na Lei nº 13.879/2019, o debate em torno da reversão proporcional dos bens das concessionárias foi superado, permitindo o avanço da proposta na esfera regulatória. Foi realizado novo procedimento de consulta pública sobre os documentos necessários para a adaptação de modelo,[436] com novas manifestações da área técnica[437] e PFE durante o ano de 2020.[438] Conforme abordarei no Capítulo 3, esse esforço resultou na aprovação da Resolução nº 741, de 8 de fevereiro de 2021.[439]

Em pouco mais de um ano a partir da aprovação da Lei nº 13.879/2019, portanto, uma parcela relevante da atividade relacionada à adaptação do modelo avançou, o que reforça a dependência dessa frente junto ao Poder Legislativo, seja por divergências internas, seja pelo posicionamento de órgãos de controle. No entanto, esse movimento levou mais de cinco anos para ser concretizado, o que demonstra a dificuldade em alterar os rumos das políticas públicas setoriais sem amparo do Poder Legislativo.

2.3.4.2. As propostas de alteração da legislação do Fundo de Universalização dos Serviços de Telecomunicações

Especificamente com relação ao uso do FUST, a Anatel, ao menos em duas oportunidades, elaborou projetos de lei para modificar o regime legal e tentar contornar as restrições derivadas da interpretação da Lei do FUST. A primeira decorreu justamente da Consulta Pública nº 02/2017, em paralelo à constatação de que não seria adequado estabelecer um regime público para o SCM, conforme questionamento direcionado à sociedade acerca dessa hipótese.[440]

O anteprojeto de lei decorrente dessa consulta pública buscou se inspirar na Contribuição para o Desenvolvimento da Indústria Cinematográfica Nacional (Condecine) e na Conta de Desenvolvimento Energético (CDE). A ideia seria criar uma Conta de Desenvolvimento das

---

[436] Cf. decisão veiculada pelo Acórdão nº 09, de 7 de fevereiro de 2020.
[437] Informes nº 65/2020/PRRE/SPR, de 15 de julho de 2020 e 131/2020/PRRE/SPR, de 8 de setembro de 2020.
[438] Parecer nº 530/2020/PFE-ANATEL/PGF/AGU, de 27.08.2020.
[439] Aprovada nos termos do Acórdão nº 07, de 8 de fevereiro de 2021.
[440] Informe nº 149/2017/SEI/PRRE/SPR, de 24 de novembro de 2017.

Telecomunicações, gerida por um comitê integrado pelos múltiplos atores que integram o setor, revogando a Lei do FUST.

A inovação aqui, para além de explicitar a possibilidade de direcionar os recursos para atividades exploradas em regime privado, seria a realização de um planejamento anual para o dimensionamento das necessidades de investimento, limitadas ao resultado de 1% da receita operacional bruta das empresas de telecomunicações. Nessa oportunidade, inclusive, a existência da proposta foi apontada como um redutor dos riscos indicados pelo TCU com relação à adaptação de modelo.[441]

Outro anteprojeto de lei foi apresentado em 2019, pensado conjuntamente à primeira versão do PERT.[442] Aqui o principal objetivo foi criar uma ferramenta adicional e perene como fonte de recursos, havendo alteração tanto da LGT quanto da Lei do FUST – e não revogação desta última. Novamente, entre várias alterações, a principal foi o esclarecimento quanto à destinação dos recursos para serviços explorados em regime privado.

É possível observar que a Anatel, em paralelo a outras iniciativas já descritas, também identificou que o uso dos recursos do FUST dependeria de uma alteração legal, tendo apresentado propostas nesse sentido. Sem dúvida, o insucesso da criação do SCD está intimamente relacionado a esses movimentos, em uma via de mão dupla.

Por um lado, a Anatel deixou de regulamentar o SCD por conta da existência de um projeto de lei que ampliaria a forma de utilização dos recursos do FUST. Por outro lado, em que pese a ideia de estabelecimento de um novo serviço em regime público ter surgido em outras

---

[441] "565. Em relação à preocupação quanto à impossibilidade de utilização de recursos públicos para investimentos em áreas pouco competitivas, cabe explicar que essa preocupação parte da premissa de que hoje os recursos públicos arrecadados para o FUST foram empregados em baixa proporção no setor de telecomunicações. Nesse contexto, é importante registrar que no presente processo consta minuta de Projeto de Lei que prevê a criação de uma nova contribuição de intervenção no domínio econômico a qual substituirá a CIDE-FUST. Os recursos arrecadados mediante a cobrança da nova contribuição poderão ser utilizados em diversos projetos de infraestrutura de diversos serviços de telecomunicações, o que, em alguma medida, afasta algumas das dificuldades que existem em relação à utilização dos recursos da CIDE-FUST" (Parecer nº 587/2018/PFE-ANATEL/PGF/AGU, de 14 de setembro de 2018).

[442] Vide Análise nº 143/2019/AD, Rel. Cons. Aníbal Diniz, de 13 de junho de 2019.

oportunidades, a opção mais adequada, sob a ótica do órgão regulador, sempre foi uma alteração legal que viabilizasse o uso do fundo para o financiamento de atividades exploradas em regime privado. O SCD, portanto, jamais foi uma ferramenta de universalização na visão desse ator institucional.

2.3.5. Panorama sobre a atuação da Anatel

As ferramentas mencionadas anteriormente, em linha com o que já indiquei com relação ao Ministério das Comunicações, não exaurem os esforços da Anatel para atrair investimentos para o setor, com reflexos nas políticas de universalização. É possível mencionar os esforços relacionados à celebração de termos de ajustamento de conduta,[443] bem como a imposição de obrigações de fazer,[444] como exemplos nesse sentido.

Ambos os casos compartilham a mesma fonte de recursos: penalidades decorrentes de infrações administrativas cometidas pelas operadoras. Embora, assim, a ideia seja interessante e importante, decorrendo de movimentos para a adoção de meios consensuais de resolução de conflitos no âmbito da Agência, além de abrir espaço para aplicação de teorias de regulação responsiva, ela encontra um limite claro: a ocorrência de infrações.

No setor de telecomunicações, o valor das penalidades aplicadas, conjuntamente considerado, é elevado. E, como em vários outros seto-

---

[443] O Termo de Ajustamento de Conduta é regido pela Resolução nº 629, de 16 de dezembro de 2013. Há a previsão de assunção de "compromissos adicionais" por parte das operadoras, que podem abranger a concessão temporária de benefícios aos usuários, ou a execução de projetos com VPL negativo. Evidenciando a dependência de trajetória da Agência, a segunda opção tem sido utilizada, nas experiências pontuais de TACs já celebrados (CONHEÇA os Termos de Ajustamento de Conduta (TACs), *Gov.br*, 17 nov. 2020. Disponível em: https://www.gov.br/anatel/pt-br/regulado/obrigacoes-contratuais/conheca-os-termos-de-ajustamento-de-conduta-tacs. Acesso em: 5 fev. 2021). Sobre o assunto, *vide* AMARAL, Bruno do. Anatel e Vivo assinam TAC de R$ 435 milhões, *Teletime*, 23 jul. 2021. Disponível em: https://teletime.com.br/02/03/2022/anatel-e-vivo-assinam-tac-de-r-435-milhoes/. Acesso em: 28 fev. 2023.

[444] Sobre o assunto, *vide* FREITAS, Luciano Charlita de *et al*. Obrigação de fazer em sanções regulatórias no Brasil: aplicação ao setor de telecomunicações. *Revista de Direito, Estado e Telecomunicações*, [s. l.], v. 11, nº 2, p. 71-86, 2019. Disponível em: https://periodicos.unb.br/index.php/RDET/article/view/27019/23476. Acesso em: 5 set. 2021.

res, há alguma dificuldade em converter as penas em arrecadação efetiva.[445] Ainda que em tese tal arrecadação deva ser parcialmente revertida em recursos do FUST, como se viu, a dificuldade em aplicar os valores arrecadados em iniciativas concretas realmente compromete a expansão dos serviços a partir dessa fonte.

Aqui a Anatel busca utilizar essa fonte para complementar as redes de telecomunicações a partir das lacunas identificadas no Plano Estrutural de Redes de Telecomunicações (PERT), ou seja, fundamentalmente projetos destinados à ampliação de disponibilidade do serviço. Ainda que seja com complemento muito bem-vindo, não parece salutar atrelar a expansão de acesso a um recurso finito e que, idealmente, sequer existiria – ou teria valores muito limitados.

Grande parte das iniciativas da Anatel depende de uma relação institucional muito próxima com o Ministério das Comunicações. A primeira fica responsável por subsidiar a atuação do segundo – embora não o vincule, como visto, por exemplo, no PGMU IV. Ou seja, ambos os atores institucionais, Ministério das Comunicações e Anatel, para o exercício de suas competências, dependem de uma relação mútua e retroalimentada, na qual o primeiro deveria definir os rumos da política pública e aprovar determinados atos voltados para sua implementação (PGMUs e estabelecimento de serviços explorados em regime público). Enquanto isso, caberia ao órgão regulador levantar os dados e opções cabíveis para a atuação do Poder Executivo, implementando a política quando na sua esfera de competência.[446]

No caso do SCD, o Ministério das Comunicações acabou bloqueando a iniciativa ao não dar seguimento à análise após a identificação de uma controvérsia, apontada posteriormente como inexistente. No entanto, isso não esvazia a responsabilidade da Anatel que, apesar de ter indicado a instituição de um serviço em regime público como solução, paralisou essa iniciativa tão logo houve resistência por parte do Ministério. Aqui

---

[445] Um levantamento entre 2001 e 2014 apontou que apenas 4,81% das multas aplicadas pela Anatel foram efetivamente recolhidas no período (FREITAS, Luciano Charlita de *et al*. Obrigação de fazer em sanções regulatórias no Brasil: aplicação ao setor de telecomunicações. *Revista de Direito, Estado e Telecomunicações*, [s. l.], v. 11, nº 2, 2019, p. 76).

[446] Trata-se de uma dinâmica importante que não deve ser menosprezada, e cujo mau funcionamento pode resultar em problemas de implementação de políticas públicas. Retomarei esse ponto adiante, ao analisar como o TCU enxergou esse cenário.

fica claro um jogo de isenção de responsabilidades pelo SCD, no qual apenas a Anatel procurou justificar sua posição – sendo um dos argumentos usados com recorrência no setor, correspondente à existência de um projeto de lei para alterar a destinação do FUST.

De fato, analisando as ferramentas que prosperaram em termos de universalização do serviço, identifico que as duas principais estão relacionadas a aprimoramentos de práticas já existentes: (i) a já referida substituição de metas dos PGMUs; e (ii) a imposição de compromissos de abrangência nos editais de licitação de radiofrequências. Em ambos os casos, os instrumentos, conforme mencionado, já são aplicados há muitos anos, com questionamentos muito pontuais – alguns dos quais já relatados, outros serão abordados no item sobre o papel do Poder Judiciário.

A implantação de *backhaul*, principal meta objeto de substituição desde o PGMU 2,5, efetivamente resultou no aumento de disponibilidade e capacidade das redes fixas de suporte ao SCM, com adição de novos acessos. É o que se infere a partir da comparação entre o aumento de número de usuários nas localidades logo após a instalação da estrutura e as localidades em que o serviço já estava disponível.[447]

A substituição de metas deriva da prorrogação dos contratos de concessão, oportunidade na qual houve uma atualização das metas de universalização vinculadas aos contratos de concessão STFC, conforme descrito anteriormente, quando tratei do PGMU II. Trata-se de uma experiência relativamente bem-sucedida que posteriormente foi replicada no âmbito dos demais PGMUs, progressivamente avançando para fora do STFC.

Não é diferente o cenário com relação aos compromissos de abrangência do SMP, com sucesso ainda maior em termos de adesão de usuários. Conforme mencionado anteriormente, sua origem remete aos contratos de concessão do SMC, que já continham metas de ampliação de cobertura e atendimento. Essa lógica foi mantida com a adaptação ao SMP e reproduzida em larga escala durante os leilões de radiofrequência conduzidos pela Anatel.

---

[447] MINISTÉRIO DAS COMUNICAÇÕES. *Alternativas para a revisão do modelo de prestação de serviços de telecomunicações*. Relatório Final do Grupo de Trabalho entre o Ministério das Comunicações e a ANATEL, Brasília, 2016, p. 100.

2. O RUMO EFETIVO DAS POLÍTICAS DE UNIVERSALIZAÇÃO: COMO CHEGAMOS AQUI?

O ponto comum entre ambas as iniciativas é, exatamente, a existência de precedentes bem-sucedidos sob a ótica jurídica, que acabaram por condicionar a atuação tanto da Anatel quanto do Poder Executivo. As demais ferramentas demandam construções mais complexas e, mesmo quando encontram precedentes no setor, como é o caso da adaptação de concessões, ou decorrem diretamente de determinações de órgãos de controle, como o SCD, sofrem com entraves. Em ambas as situações, a única forma de eliminar parte dos gargalos e viabilizar os caminhos apontados pela Anatel foi a alteração legislativa, o que mostra o grau de dificuldade em solucionar problemas setoriais já conhecidos por meio da via administrativa.

Mesmo no caso do AICE, com amparo expresso no PGMU, foram várias dificuldades para a implantação de um programa atrativo, sendo este o único claramente voltado para a universalização de acesso, e não apenas disponibilidade de serviço. E, mesmo sendo uma iniciativa vinculada a um serviço explorado em regime público, não se buscou alocar recursos do FUST para a redução de contas dos usuários integrantes do CadÚnico, ainda quando constatada a baixa penetração do plano de serviço. A alternativa, curiosamente, foi ampliar a faixa de renda de elegibilidade do programa em vez de o modificar de forma mais profunda.

Isso evidencia dois pontos. Primeiro, mesmo uma grande redução nos valores do STFC, o que poderia ser decorrência de um bom desenho do AICE, não resultaria efetivamente em acréscimo de usuários, pois o serviço em si é desinteressante e seu custo permaneceria elevado para o grau de utilidade a ele atribuído pela população.[448] O serviço rapida-

---

[448] "Do ponto de vista dos resultados, e de seus desdobramentos em termos de políticas públicas, mostra-se que a redução do valor da assinatura mensal tem um impacto muito pequeno na densidade de telefones fixos. Por exemplo, a redução de 50% proposta pelo Ministério das Comunicações aumentaria em apenas 3,30% o número de domicílios com telefone fixo. Atualmente a maior parte dos domicílios de baixa renda possui apenas um tipo de telefone, móvel (pré-pago) ou fixo. Nesse caso, o resultado encontrado indica que é bastante provável que grande parte destes domicílios opte por permanecer com o telefone móvel pré-pago como único acesso domiciliar aos serviços de telefonia" (CANÊDO-PINHEIRO, Mauricio; LIMA, Luiz Renato. *Estimando a demanda domiciliar por telefones fixos com dados agregados brasileiros*. Texto para discussão nº 4, IBRE/FGV. FGV: Rio de Janeiro, 2009, p. 32).

mente perdeu sua utilidade de suporte à internet (*i.e.* acesso discado, em baixa velocidade), sendo sua rede apenas parcialmente dedicada como suporte a ele. Segundo, que os PGMUs, nas substituições de metas, foram muito mal desenhados, por apostarem que a expansão do STFC a localidades cada vez menores levaria a maior penetração do serviço e, mesmo após a constatação do equívoco, manteve-se a lógica em grande medida.[449]

Portanto, as ferramentas utilizadas pela Anatel, individualmente ou conjuntamente ao Poder Executivo, focaram, em grande medida: (i) em um serviço em declínio, o STFC; e (ii) na expansão de rede do SCM e do SMP. Essa segunda via de atuação pode efetivamente agregar novos usuários, seja em função do atingimento de um segmento que não enfrente a barreira de renda, seja pela redução de preços praticados em função da competição.

2.4. A reação do Poder Legislativo ao Tribunal de Contas da União: muitas ideias, pouca ação

O cenário descrito demonstra que tanto o Ministério das Comunicações quanto a Anatel não conseguiram levar adiante a iniciativa do SCD, ou qualquer outra similar, tendo avançado na pauta de universalização por meio de outras ferramentas, a despeito da lacuna que poderia ser coberta pela aplicação de recursos do FUST.

O Poder Legislativo, diante das dificuldades em implementar ferramentas com base no FUST, cuja arrecadação jamais foi interrompida, seria um candidato natural a solucionar o gargalo criado pela conjunção de fatores iniciada com a decisão do TCU. É importante verificar, assim,

---

[449] *Vide*, nesse sentido, já em 2006: "No caso da nova etapa da universalização da telefonia, porém, não se pode nem dizer que os benefícios a serem obtidos não compensam os custos. Na verdade, recai-se em uma situação ainda mais primária: os elevados custos, relativos aos desembolsos para montagem da infraestrutura necessária ao provimento do acesso telefônico fixo individual, trarão ínfimos benefícios, uma vez que a demanda por telefonia nas localidades muito pequenas será extremamente baixa e, em muitos casos, nula. É sem dúvida o pior dos mundos em termos de qualidade da despesa pública" (SCHYMURA, Luiz Guilherme; CANÊDO-PINHEIRO, Mauricio. Infraestrutura no Brasil: a inconsistência das políticas públicas. *In*: BRESSER-PEREIRA, Luiz Carlos (org.). *Economia brasileira na encruzilhada*. São Paulo: FGV, 2006, p. 258).

2. O RUMO EFETIVO DAS POLÍTICAS DE UNIVERSALIZAÇÃO: COMO CHEGAMOS AQUI?

o seu papel no arranjo institucional setorial, à luz dos resultados indicados no Capítulo 1, bem como no caminho da universalização exposto.

Afirmo, com base no que foi apresentado até aqui, que os demais atores institucionais, em diversas oportunidades, relegaram suas competências aguardando justamente uma mudança nas regras. Afinal, bastaria uma alteração legislativa para dirimir de forma imediata todas as dificuldades enfrentadas, seja, por exemplo, pela ampliação da destinação dos recursos – incluindo os serviços em regime privado –, ou, ainda, pela criação de um serviço explorado em regime público diretamente pela lei.

Apesar do cenário de distorção do arranjo institucional original da política pública para a universalização dos serviços de telecomunicações, notadamente pela não utilização dos recursos do FUST, não se verificou qualquer movimentação efetiva por parte do Poder Legislativo para sanar a situação. E isso não se deve à falta de proposições, dado que, em um levantamento não exaustivo, foi possível identificar ao menos 149 projetos de lei entre 1997 e 2021 na Câmara dos Deputados sobre o tema. No Senado identifiquei, dentro do mesmo período, 34 proposições.[450]

Dentro do recorte temporal predominantemente adotado no presente capítulo, ou seja, até 2019,[451] foram apresentadas 146 proposições, entre Câmara e Senado, com os mais variados objetivos. Esclareço, desde já, que não pretendo avaliar o conteúdo de todas as proposições, mas explorar exemplos de aderência, ou não, a soluções para os problemas identificados anteriormente.

Um primeiro conjunto de projetos de lei buscou simplesmente extinguir o FUST (como é o caso do Projeto de Lei nº 7.249/2017, de autoria do deputado Paulo Henrique Lustosa, PP/CE). A lógica por trás da proposição é simples: sem aplicação, trata-se de instrumento meramente arrecadatório, onerando os usuários sem qualquer contrapartida.

---

[450] O levantamento utilizou o sistema do Congresso Nacional, tendo utilizado como palavra-chave a expressão "FUST". Realizei uma pesquisa adicional utilizando as palavras-chave "universalização" e "telecomunicações" para confirmar a consistência dos resultados.

[451] Tratarei das iniciativas posteriores no próximo capítulo, ao abordar a aprovação das alterações na Lei do FUST.

Nessa mesma linha está a Proposta de Emenda à Constituição nº 187/2019, de autoria multipartidária no âmbito do Senado, cujo objetivo é exigir a edição de lei complementar para a criação de fundos públicos, bem como a extinção daqueles que não forem ratificados tempestivamente. A proposta também prevê, como conteúdo mínimo da lei complementar, a necessidade de detalhar a operacionalização do fundo criado.

Ambos os casos evidenciam que o uso de fundos setoriais não é algo simples, dada a visão de que os recursos ali arrecadados dificilmente possuem uma destinação que justifique o ônus criado para a sociedade. Seria esse um arranjo excepcional e que deveria ser cuidadosamente delineado para funcionar adequadamente, aspecto que, em grande medida, o histórico do FUST demonstra ser correto.

Também há uma linha de projetos que aparentemente ignora a realidade. É o caso de uma parcela das proposições que se destina a simplesmente ampliar o rol de destinação dos recursos, aparentemente desconsiderando as reais dificuldades para a efetivação dos investimentos do FUST – bem como o evidente caráter exemplificativo do rol já presente na lei (como é o caso do Projeto de Lei nº 6.993/2010, de autoria do deputado Antônio Roberto, PV/MG). O propósito de tais projetos não é claro, sendo certo que sua eventual aprovação simplesmente formalizaria a inclusão de mais atividades potencialmente financiadas com recursos do FUST, que, na prática, não seriam viáveis.

Na mesma linha, pode-se citar o Projeto de Lei nº 4.178/2004 (de autoria do deputado Paulo Bernardo, PT/PR), bem como o Projeto de Lei nº 283/2009 (de autoria do senador Flexa Ribeiro, PSDB/PA). Nesses casos, o problema da focalização do uso dos recursos do FUST seria diretamente solucionado, permitindo explicitamente a realização de subsídios diretos a usuários de baixa renda. Proposta mais abrangente já foi apresentada em 2003, com a conversão do FUST em Fundo de Universalização dos Serviços de Telecomunicações e dos Serviços de Informação (FUS-TI), por meio do Projeto de Lei nº 2.066/2003 (de autoria do deputado Gilberto Kassab, PFL/SP).

Igualmente, no entanto, a restrição ao atendimento de usuários por serviços explorados em regime público é mantida.

Outras propostas avançaram para enfrentar justamente esses gargalos, seja pela criação de um serviço em regime público diretamente por lei, seja pela abertura da possibilidade de serviços em regime privado receberem recursos do FUST.

Na primeira linha, podemos citar o Projeto de Lei nº 4.335/2016 (de autoria do deputado Miro Teixeira, REDE/RJ), que propunha a instituição de um SCM explorado em regime público, voltado para disponibilizar, de forma gratuita, o acesso à internet em locais públicos em geral. A ideia seria criar uma concessão de *wi-fi*, aproveitando a grande quantidade de terminais de SMP disponíveis e sua compatibilidade com o padrão, para ampliar as condições de acesso à internet, conforme se extrai da exposição de motivos do projeto de lei.[452]

Por outro lado, a abertura para atividades exploradas em regime privado também foi um caminho trilhado pelo Poder Legislativo, contando com diversas iniciativas ao longo dos anos. Aqui, talvez a iniciativa mais importante tenha partido exatamente do Poder Executivo, ao encaminhar, já em 2001, o Projeto de Lei nº 3.997/2001, visando justamente à possibilidade de destinar recursos do FUST a serviços explorados em regime privado. Trata-se de uma reação ao posicionamento inicial do TCU ao analisar os primeiros editais lançados pelo governo Fernando Henrique Cardoso.

O referido projeto de lei foi retirado por iniciativa do governo posterior, de Luís Inácio Lula da Silva, em 2003, sob a justificativa de que a ampliação da destinação dos recursos para prestadoras em regime privado não seria suficiente, por não haver referência aos prestadores de SVA, o que, na visão externada, impediria a oferta de internet.[453]

A justificativa pressupõe que haveria a necessidade de prever subsídios para o SVA além do próprio serviço de telecomunicações que lhe serve de suporte, a fim de viabilizar o acesso à internet – dado que, naquele momento, o provimento do serviço ainda era contratado à parte da conexão à internet. No entanto, bastaria um ajuste simples, passível

---

[452] "Observa-se, pelos dados acima, uma alteração no perfil e na preferência do cidadão, que demanda mais serviços de internet e utiliza, para isso, aparelhos móveis. Portando, para que se almeje a universalização do serviço de internet pública tanto o legislador quanto o gestor público deverão observar o grande contingente de brasileiros que utilizam o serviço de telefonia móvel e, desses, parcela significativa com aparelhos aptos a acessarem esse meio de comunicação" (Exposição de Motivos do Projeto de Lei nº 4.335/2016).

[453] *Vide* Mensagem nº 74, de 20 de fevereiro de 2003. A justificativa foi elaborada pelo então Ministro das Comunicações, Miro Teixeira.

de ser realizado no bojo do próprio processo legislativo, para contemplar o ponto. O Poder Executivo não apresentou novas propostas diretamente após esse primeiro momento, nem mesmo quanto aos projetos elaborados pela Anatel.

Iniciativas posteriores seguiram caminhos similares. Cito, por exemplo, o Projeto de Lei nº 311/2007 (de autoria do senador Flexa Ribeiro, PSDB/PA), que previa a inclusão, entre as destinações do FUST, da ampliação de cobertura do SMP ou outro serviço que viesse a substituí-lo. A exposição de motivos do projeto em questão evidencia que, em 2007, já havia uma boa visão sobre os problemas para o uso do FUST enquanto ferramenta de política pública de universalização, já apontando tanto a queda do STFC quanto a ascensão do SMP, além da acumulação de recursos sem destinação no fundo setorial.[454] Nota-se que, aqui, que o SCM seria deixado de lado, prejudicando eventuais iniciativas voltadas para a oferta de internet fixa.

No caso, considerando a interpretação conferida pelo TCU à legislação, outra solução para destravar o uso dos recursos do FUST passaria, em sede legislativa, por incluir explicitamente todos os serviços explorados em regime privado. É o caso, por exemplo, do Projeto de Lei nº 3.839/2000 (de autoria do deputado Íris Simões, PTB/PR)[455] e do Projeto de Lei nº 3.199/2015 (de autoria do deputado Luiz Cláudio, PR/RO), bem como do substitutivo ao Projeto de Lei nº 7.406/2014 (de autoria do deputado Jorge Tadeu Mudalen, DEM/SP).

As decisões do TCU são explicitamente referidas no caso do Projeto de Lei nº 7.236/2017 (de autoria do deputado Daniel Vilela, PMDB/GO), como aspecto que conduz à restrição do uso dos recursos do FUST, propondo o seu direcionamento ao regime privado também

---

[454] "Nesse contexto, o Fundo de Universalização dos Serviços de Telecomunicações (FUST) foi desenhado, originalmente, para financiar apenas obrigações de universalização pelas concessionárias dos serviços explorados em regime público. No entanto, é preciso destacar que o FUST já arrecadou cerca de R$ 5 bilhões, ainda não aplicados nas finalidades previstas, o que evidencia restrição demasiadamente rígida das hipóteses em que os recursos do Fundo podem efetivamente ser utilizados" (Exposição de Motivos do Projeto de Lei nº 311/2007).

[455] A proposição inicial visava estender explicitamente o uso do FUST ao SMC, tendo recebido, em 2002, uma emenda para abarcar também serviços explorados em regime privado.

como solução.⁴⁵⁶ Isso também ocorreu em relação ao Projeto de Lei nº 4.061/2019 (de autoria do deputado José Medeiros, PODE/MT), que utilizou como base um anteprojeto da Anatel, mas sem sequer incluir as alterações trazidas pelo Ministério das Comunicações⁴⁵⁷ – o que demonstra a baixa atuação do Poder Executivo junto ao Legislativo.

Cabe notar, por fim, um movimento que atentou à questão orçamentária, aspecto que pode explicar em parte a acomodação institucional que acompanhou os movimentos do Poder Executivo e da Anatel ao longo dos anos em relação ao FUST. O Projeto de Lei nº 125/2017 (de autoria do senador Otto Alencar, PSD/BA), além de propor a ampliação da destinação do FUST ao regime privado, também previa a impossibilidade de contingenciamento do fundo. A exposição de motivos menciona a realidade já descrita anteriormente: o FUST foi, na prática, esvaziado, utilizado quase que em sua totalidade para finalidades absolutamente alheias aos serviços de telecomunicações.⁴⁵⁸

Conforme abordarei no próximo capítulo, a iniciativa que efetivamente prosperou tomou por base o Projeto de Lei nº 103/2007 (de autoria do senador Aluízio Mercadante, PT/SP), que adotou uma solu-

---

[456] "Atualmente, os recursos do Fundo de Universalização dos Serviços de Telecomunicações – FUST só podem ser utilizados para universalização do Serviço Telefônico Fixo Comutado – STFC, único serviço prestado em regime público e principal objeto da política pública à época da desestatização do setor de telecomunicações, com a privatização do Sistema Telebrás. Esse é, inclusive, o posicionamento do Tribunal de Contas da União – TCU, exarado nos Acórdãos nº 1.107/2003 e nº 2.148/2005. Diante disso, a utilização dos recursos do Fundo fica bastante prejudicada" (Exposição de Motivos do Projeto de Lei nº 7.236/2017).

[457] Esse aspecto foi, inclusive, apontado pela mídia especializada (POSSEBON, Samuel. Deputado apresenta projeto sobre Fust idêntico ao anteprojeto da Anatel, *Teletime*, 12 jul. 2019. Disponível em: https://teletime.com.br/12/07/2019/deputado-apresenta-projeto-sobre-fust-identico-ao-anteprojeto-da-anatel/. Acesso em: 22 ago. 2021).

[458] "A maior parte de seus recursos foi utilizada em ações não relacionadas à universalização, em grande medida por meio de autorizações previstas em medidas provisórias. Com base nesse mecanismo, cerca de R$ 15,2 bilhões do Fust foram desvinculados e utilizados para outras despesas, principalmente para o pagamento da dívida pública mobiliária interna e para o pagamento de benefícios previdenciários. O saldo do Fundo, em 30 de junho de 2016, era de cerca de R$ 3,2 bilhões" (Exposição de Motivos do Projeto de Lei nº 125/2017).

ção de ampliação do uso dos recursos para o regime privado, apenas em 2020.

A análise dos projetos de lei demonstra que vários deles, em momentos diversos, poderiam solucionar os gargalos de aplicação do FUST. Parlamentares dos mais variados partidos apresentaram propostas, inclusive de cunho semelhante, para todos os caminhos possíveis. No entanto, em mais de 19 anos, não foi possível viabilizar uma forma de utilizar os recursos arrecadados.

Uma hipótese para justificar a atuação do Poder Legislativo é a de que, embora a solução fosse conhecida, não havia pressão suficiente dos demais atores institucionais (aqui, governamentais ou não) para uma mudança. Não houve uma janela de oportunidade efetiva para uma mudança institucional calcada em uma nova legislação, cenário que pode ter sido alterado em função da pandemia, ponto que retomarei no Capítulo 3.

Isso pode se justificar pelo relativo sucesso das demais ferramentas descritas anteriormente, que efetivamente ampliaram, em alguma medida, a disponibilidade dos serviços de telecomunicações. E isso foi possível sem a aplicação de recursos públicos, destinados ao pagamento de outras despesas. Esse cenário pode explicar a razão pela qual o Poder Executivo patrocinou ostensivamente, por curto período, apenas uma iniciativa, ficando ao largo do debate legislativo em torno do uso do FUST.

2.5. A reação via Poder Judiciário

O Poder Judiciário é um ator institucional peculiar, que tipicamente só atua se provocado por outros atores interessados e sempre nos limites da provocação. Há um histórico de movimentação judiciária em torno do setor de telecomunicações, o qual já foi analisado em trabalhos anteriores com grande grau de profundidade.[459] Isso demonstra que tanto a sociedade civil quanto empresas e órgãos de controle tendem a se movimentar com relação a temas sensíveis, que interfiram em seus próprios interesses ou nos interesses por eles representados.

---

[459] FARACO, Alexandre Ditzel; PEREIRA NETO, Caio Mário da Silva; COUTINHO, Diogo Rosenthal. A judicialização de políticas regulatórias de telecomunicações no Brasil. *Revista de Direito Administrativo*, Rio de Janeiro, nº 265, p. 25-44, 2014.

2. O RUMO EFETIVO DAS POLÍTICAS DE UNIVERSALIZAÇÃO: COMO CHEGAMOS AQUI?

É certo, portanto, que o Poder Judiciário poderia desempenhar um papel nas mudanças institucionais experimentadas pela política pública de universalização aqui estudada – e, algumas vezes, chegou perto de o fazer. No entanto, considerando a importância do tema, os elevados valores envolvidos, a existência de diversas divergências interpretativas, bem como os sinais de imobilidade administrativa, foram poucas as oportunidades em que houve acionamento judicial de alguma matéria a ele pertinente.

Entre os questionamentos, destaco a seguir três que merecem abordagem.

2.5.1. Ação Direta de Inconstitucionalidade da Lei Geral de Telecomunicações

O primeiro é a ADI nº 1.668/DF, ajuizada em face da LGT pouco tempo após a sua publicação,[460] em 1997. Entre os diversos pontos de impugnação, uma linha de questionamento em especial é pertinente ao objeto da presente pesquisa, trata da competência do Poder Executivo para deliberar sobre a instituição ou eliminação de serviço em regime público,[461] a extensão do poder normativo da Anatel,[462] a própria dualidade de regimes[463] e a possibilidade de a Anatel estabelecer as modalidades de serviço.[464]

Em relação ao primeiro ponto, a alegação era a de que o Poder Executivo não poderia ter competência para selecionar ou eliminar a prestação de serviço em regime público, pois isso seria matéria reservada à legislação.[465] Quanto ao segundo, entendeu-se que a Anatel teria recebido competência ampla demais, que poderia extravasar os limites da própria legislação.[466] O terceiro ponto demonstra desconforto com uma mesma atividade sendo tratada, simultaneamente, como "serviço

---

[460] ADI 1668/DF, Rel. Min. Edson Fachin, j. em 01.03.2021.
[461] Art.18, inc. I, II e III, da LGT.
[462] Art. 19, inc. IV e X, da LGT.
[463] Art. 65 da LGT.
[464] Art. 69 da LGT.
[465] Posicionamento do Ministro Sepúlveda Pertence, durante a apreciação da medida cautelar relativa à ADI nº 1.668/DF (p. 152).
[466] *Vide*, igualmente, posicionamento do Ministro Sepúlveda Pertence, durante a apreciação da medida cautelar (ADI nº 1.668/DF-MC, p. 159).

público" e "atividade econômica", o que, na visão da impugnação, esvaziaria o sentido do art. 175 da CF/88, que demanda prévia licitação para a outorga de concessão – e a autorização de serviço, em regra, prescinde dessa formalidade.[467] Quanto ao último ponto, havia o entendimento de que as modalidades de serviço deveriam estar previstas em lei, havendo excesso de delegação normativa.[468]

Em relação a essas disposições, em sede cautelar houve apenas a determinação de interpretação conforme o art. 19, incs. IV e X, para que "a competência da Agência Nacional de Telecomunicações para expedir normas subordina-se aos preceitos legais e regulamentares que regem a outorga, prestação e fruição dos serviços de telecomunicações no regime público e no regime privado".[469] Os demais pontos não tiveram medida cautelar deferida.

A discussão é relevante, pois trata diretamente dos pilares da LGT, com influência direta sobre o modelo trazido pela Lei nº 13.879/2019, conforme discorrerei no próximo capítulo. Aqui, coloca-se um ponto relevante sobre a forma com que a União pode exercer a titularidade sobre os serviços cuja competência lhe é outorgada pelo art. 21, inc. X, da CF/88. Ademais, conforme a votação da cautelar evidencia, haveria aí impossibilidade de uso do regime privado e/ou impossibilidade de a Anatel criar serviços não previstos pela legislação, tais como o SMP e o SCM. Além de serem os serviços mais utilizados hoje, foram os usados como base, na prática, para o avanço das políticas de universalização, por meio da substituição de metas e dos compromissos de abrangência, referidos anteriormente.

A decisão final sobre o mérito da ação foi tomada mais de 23 anos após seu ajuizamento, tendo mantido apenas a interpretação conforme sobre a extensão do poder normativo da Anatel referido no art. 19, incs.

---

[467] Voto do Ministro Marco Aurélio na apreciação da medida cautelar (ADI nº 1.668/DF-MC, p. 154).
[468] Voto do Ministro Marco Aurélio na apreciação da medida cautelar (ADI nº 1.668/DF-MC, p. 188).
[469] Importante notar, aqui, que o Ministro Sepúlveda Pertence aponta, especificamente, em seu voto, que a Anatel está subordinada "à legislação, e, eventualmente, às normas de segundo grau, de caráter regulamentar, que o Presidente da República entenda baixar" (ADI nº 1.668/DF-MC, p. 160).

IV e X, da LGT. Manteve-se, assim, o modelo legal que possui abertura para as alterações trazidas pela Lei nº 13.897/2019.

2.5.2. O PGMU e a substituição de metas

Outra frente judicial que poderia ter alterado os rumos da política de universalização das telecomunicações diz respeito às alterações de metas dos PGMUs. Aqui trato de dois questionamentos distintos, relativos: (i) à introdução do *backhaul* no PGMU 2,5; e (ii) à previsão de instalação de redes de acesso sem fio no âmbito do PGMU IV.[470]

No primeiro caso, a ação foi ajuizada pela PROTESTE – Associação Brasileira de Defesa do Consumidor, uma entidade voltada para a proteção dos consumidores com grande atuação no setor de telecomunicações.[471] Ali se apontou que as alterações trazidas pelo PGMU 2,5, ao substituir os PSTs pelo *backhaul*, introduziriam um elemento estranho ao STFC, o que seria ilegal por representar a destinação de recursos de universalização a outro serviço – no caso, o SCM. A decisão em primeira instância, no entanto, não entrou no mérito do pedido, extinguindo o processo em função do advento do PGMU III, embora tenha reconhecido a existência de controvérsia sobre o assunto e a necessidade de dilação probatória para esclarecê-la.

O segundo caso decorreu de provocação de uma concessionária, a Telefônica Brasil S.A., em face das disposições do PGMU IV.[472] Especificamente, a concessionária buscou questionar a inclusão das metas de instalação de acesso fixo sem fio, dado que sua utilização seria mais atinente ao SMP do que ao STFC.

O caso guarda alguma similaridade com o anterior, haja vista que o argumento de fundo é o mesmo: a meta de universalização foi alterada

---

[470] Há um terceiro caso correlato, mas cujo impacto é indireto para a política de universalização, que questiona a imposição de preços para a comercialização do *backhaul* por parte da Anatel. Nesse caso a ação foi ajuizada pela Associação Brasileira de Concessionárias do Serviço Telefônico Fixo Comutado (Abrafix). Para maiores detalhes, ver FARACO, Alexandre Ditzel; PEREIRA NETO, Caio Mário da Silva; COUTINHO, Diogo Rosenthal. A judicialização de políticas regulatórias de telecomunicações no Brasil. *Revista de Direito Administrativo*, Rio de Janeiro, nº 265, p. 25-44, 2014.

[471] Ação Civil Pública nº 2008.34.00.011445-3, tramitada perante a 6ª Vara da Seção Judiciária do Distrito Federal.

[472] Mandado de Segurança nº 36432 MC / DF, Rel. Min Celso de Mello, j. em 29.04.2019.

para além do objeto do contrato de concessão. A justificativa para a substituição também é similar, no sentido de que a infraestrutura serviria para suportar também o STFC, o que legitimaria a meta. Mais uma similaridade em relação ao desfecho, uma vez que a ação não teve seu mérito apreciado, por ter sido extinta sem julgamento de mérito, em função da inadequação da via eleita.

Aqui observo que dois atores de natureza distinta (terceiro setor e empresa privada), defendendo interesses diversos, utilizaram raciocínios similares para apontar uma distorção no processo de substituição de metas de universalização, que passaram a se orientar ao atendimento da nova demanda: o acesso à internet. Caso procedentes, tais ações poderiam colocar limites mais restritos nos esforços da Anatel e do Poder Executivo para, de forma incremental, direcionar novos investimentos para fora do STFC.

Mesmo sem adentrar no mérito das demandas, o insucesso dos questionamentos manteve o *status quo*, com espaço liberado para a adoção de novas medidas de universalização no âmbito das substituições de metas cada vez mais fora do escopo do STFC. Analisarei no próximo capítulo o PGMU V à luz dessa constatação.

2.5.3. Ação Direta de Inconstitucionalidade por Omissão 37 e a omissão do uso dos recursos do Fundo de Universalização dos Serviços de Telecomunicações

Um último caso foi iniciado pela Ordem dos Advogados do Brasil (OAB), partindo das constatações do TCU acerca da não utilização do FUST, bem como das evidências de que os recursos arrecadados já teriam sido destinados a outras finalidades, representando um prejuízo para a política pública de universalização. Isso levou ao ajuizamento da Ação de Inconstitucionalidade por Omissão[473] em 2016, junto ao Supremo Tribunal Federal, em que se requeria, em síntese, a suspensão das cobranças do FUST, a adoção de medidas para viabilizar a implementação de projetos por ele financiados, além da restituição dos valores destinados a outras finalidades. O pedido abrangia, também, de forma subsidiária, uma determinação para que o Poder Legislativo alte-

---

[473] ADO 37/DF, Rel. Min. Ricardo Lewandowski, julgada monocraticamente em 27.09.2018.

rasse a LGT, caso o STF assim entendesse necessário, no sentido de viabilizar o financiamento de projetos vinculados a serviços explorados em regime privado (se utilizando da figura do "apelo ao legislador").

O pedido não foi conhecido por razões formais (*i.e.* não cabimento de ADO), mas é interessante notar que os argumentos trazidos pelo Poder Executivo e pela Anatel reforçam as constatações acerca da complexidade em se seguir o arranjo institucional original da política de universalização das telecomunicações previsto na LGT.

Ambas as manifestações sustentam que a legislação e o entendimento do TCU convergem no sentido de impedir a alocação de recursos do FUST para serviços explorados em regime privado. Assim, diante do fato de que o STFC já estaria em "estágio avançado de universalização", não faria sentido realizar investimentos complementares em relação a esse serviço. E, dessa forma, seria necessária alteração legislativa para redefinir os objetivos do fundo, o que seria demonstrado pela existência de vários projetos de lei em tramitação.

Tanto a Anatel quanto o Poder Executivo utilizam outras iniciativas que não fazem uso do FUST, como o PNBL, a substituição de metas e os compromissos de abrangência nos editais de licitação de radiofrequências para indicar que não há omissão em sua atuação, no que diz respeito à esfera administrativa.

Por sua vez, a Anatel aponta que uma solução passaria pela instituição de serviço em regime público, providência que, em sua visão, seria tarefa complexa, por se tratar de atividade que atrairia para o Poder Público uma série de controles – *v.g.* tarifário, reversibilidade, universalização. Pondera que a primeira rodada de concessões foi viável justamente em função de o processo de desestatização ter resultado em transferência de bens e de uma carteira de clientes já existentes, o que não ocorreria em uma nova concessão.

Ademais, o órgão regulador pondera que seguiu a determinação do TCU e enviou ao Poder Executivo uma proposta para a criação do SCD, jamais aprovada. O relato sobre o arquivamento do processo remete ao histórico que expus anteriormente. O Poder Executivo, por sua vez, não menciona o SCD em sua manifestação.

Por fim, um aspecto que chama a atenção na manifestação do Poder Executivo é a afirmação de que não houve remanejamento dos recursos do FUST para outras finalidades.[474] Trata-se de uma divergência importante, que aprofundarei adiante.

2.5.4. Panorama da atuação do Poder Judiciário

O objetivo deste tópico foi demonstrar que, sob a ótica de atuação do Poder Judiciário, não houve grande impacto para a política pública de universalização. Para um horizonte de mais de duas décadas, considerando os vários movimentos descritos ao longo do presente capítulo, foram poucas as oportunidades em que houve demanda pela intervenção desse ator institucional.

De fato, para além dos casos mencionados, seria possível também indicar a paralisação da tramitação do PLC 79/2016, que decorreu de uma interferência do STF em função do descumprimento do rito procedimental prévio ao envio do referido projeto para sanção presidencial.[475] O impacto foi o atraso na aprovação da Lei nº 13.879/2019, em cerca de dois anos, dada a necessidade de retomar uma parte da tramitação legislativa, com resultado direto no processo administrativo de adaptação do modelo das concessões conduzido pela Anatel, conforme já descrito.

Nos demais casos, conforme exposto, ainda que não tenha havido qualquer julgamento de mérito, o Poder Judiciário foi palco de disputas interessantes que reforçam algumas das constatações que fiz ao longo do capítulo, como as incertezas quanto às substituições de metas e as explicações poucos convincentes para a não utilização dos recursos do FUST.

Em relação a esse segundo ponto, talvez a acomodação institucional provocada pelas medidas de contorno às restrições postas pela legislação, na forma circunscrita pela decisão do TCU, tenha resultado também em uma acomodação dos órgãos de controle e da própria sociedade civil. Em outras palavras, o sucesso das demais ferramentas para a imple-

---

[474] "Insta mencionar que a Nota Técnica nº 14863/2016-MP, a SOF/MPDG destacou que não foi identificado no Sistema Integrado de Planejamento e Orçamento (SIOP) nenhuma alteração orçamentária no período de 2000 a 2016, que destinasse recursos do FUST para atendimento a outras ações orçamentárias diversas daquelas previstas no art. 5º da Lei nº 9.998, de 2000 [...]" (Informações nº 160/2016/NUINP/CGU/AGU-SF, p. 26).

[475] Mandado de Segurança nº 34.562/DF, Rel. Min. Alexandre de Moraes, j. em 05.10.2017. Em síntese, o projeto de lei foi enviado à sanção presidencial sem decisão acerca dos recursos apresentados por diversos parlamentares.

mentação de políticas de universalização no setor pode ter tirado a evidência do FUST enquanto um problema, desestimulando litígios.

2.6. Conclusão parcial: como, então, chegamos até aqui?

A seguir, indico os principais fatores que, em minha visão, caracterizaram a política pública de universalização das telecomunicações entre 1997 e 2019, analisando-os criticamente.

2.6.1. Papel do Tribunal de Contas da União na definição do arranjo institucional da política pública

Como observado anteriormente, as primeiras iniciativas para uso do FUST, instrumento apontado como principal motor da universalização dos serviços de telecomunicações pela LGT, foram obstruídas pelo TCU. Ou seja, durante o primeiro momento de acionamento do que seria a principal forma de universalizar os serviços, houve uma ruptura com o caminho considerado apto pelo Poder Executivo. Pode-se afirmar que o órgão exerceu e exerce efetivamente um poder de veto, seja pela possibilidade de suspender atos que considere ilegais, ou pela aplicação de penalidades pecuniárias diretamente aos gestores responsáveis.

Das decisões do TCU extraio duas regras principais: (i) os recursos só poderiam ser investidos em um serviço explorado em regime público; e (ii) não seria possível destinar serviços diretamente a iniciativas estaduais e municipais. Essas diretrizes acabaram por restringir os caminhos da utilização do fundo setorial enquanto ferramenta de universalização e foram seguidas à risca pelos demais atores, sem qualquer tipo de questionamento. Conforme bem resumiu a ITU, em 2013, ao tratar da situação do FUST:[476]

> "On-going legal and political disputes regarding the purpose, structure and future use of the fund. Due to these constraints, the regulator has stimulated broadband deployment through licensing requirements and alternative programmes".

---

[476] ORGANIZAÇÃO DAS NAÇÕES UNIDAS (ONU). União Internacional de Telecomunicações (UIT), *Universal Service Fund and Digital Inclusion for All*. 2013, p. 99. Disponível em: https://www.itu.int/dms_pub/itu-d/opb/pref/D-PREF-EF.SERV_FUND-2013-PDF-E.pdf. Acesso em: 12 mar. 2021.

Ao longo dos anos, o TCU criticou duramente a Anatel e o Governo Federal por não terem viabilizado investimentos com o uso de recursos do FUST – algo que, em grande medida, decorreu do próprio posicionamento do órgão de controle. Pode-se afirmar que, de alguma forma, o TCU exerceu um *poder de veto* sobre o processo decisório relativo à forma de implementação da política pública em questão, em um momento crucial, assumindo para si a tarefa de indicar o único meio de utilizar os recursos do fundo setorial.

Novamente, ainda que formal e juridicamente possível (e questionável), a opção posta pelo órgão de controle não se mostrou viável na prática, por fatores que procurarei explicitar adiante em meu esforço para sistematizar os achados expostos e responder à primeira pergunta de pesquisa. Destaco apenas dois últimos pontos sobre o comportamento do TCU.

Primeiro, mesmo confrontado com as dificuldades, em mais de uma oportunidade, o TCU jamais reconsiderou seu posicionamento, tendo, inclusive, optado por reforçá-lo sempre que possível.[477]

Segundo, apesar do alto poder de coerção exercido pelo TCU, seria possível que os demais atores institucionais buscassem formas de viabilizar o FUST, mesmo mediante alternativas ou, em última instância, exercendo pressão sobre o Poder Legislativo para a mudança das regras – sem mencionar a judicialização de suas decisões. Portanto, não é correto atribuir ao TCU um papel decisivo na definição dos contornos da universalização, dado que os demais atores não reagiram da forma esperada, pelas razões que procurarei abordar na sequência.

---

[477] "88. É oportuno ainda relembrar as disposições do Acórdão/TCU nº 1107/2003, exarado em resposta à Consulta formulada pelo Ministério das Comunicações, o qual estabeleceu que a instituição de uma nova modalidade de serviço de telecomunicações a ser prestado em regime público [que é o caso do SCD] é, consoante a atual legislação, a única forma de se implementar a universalização de serviços de acesso a redes digitais de informação, pretensão maior do Governo Federal. Assim, a resposta dada pelo TCU minimizou riscos de que futura licitação tivesse questionamentos judiciais. Logo, é inconsistente a atribuição de um risco jurídico alto para o SCD" (Acórdão nº 2.148/2005, Rel. Min. Ubiratan Aguiar, j. em 07.12.2005).

2.6.2. Poder Executivo e Anatel: letargia deliberada?

A acomodação dos demais atores institucionais – nomeadamente Poder Executivo e da Anatel – com relação ao FUST pode ser analisada sob duas óticas, a da despesa, ou seja, dos esforços necessários ao efetivo uso do fundo, bem como da receita, que abrange os aspectos relativos à arrecadação e à necessidade de fazer frente às necessidades orçamentárias (não necessariamente relativas ao setor de telecomunicações). É o que abordarei a seguir.

2.6.2.1. Na ponta da despesa, o caminho mais fácil

Os movimentos do Poder Executivo e da Anatel deixam claro que o acesso à internet se colocou, ao menos desde 2003, como objetivo central das políticas públicas de telecomunicações. O caminho mais natural seria que o escopo da universalização fosse rapidamente ajustado, o que acabou ocorrendo por vias alheias ao FUST e, ainda assim, deixando lacunas importantes.

Os fatos analisados demonstram que ambos os atores institucionais, protagonistas no arranjo institucional original, perceberam há anos que as concessões do STFC representavam um entrave para o avanço na política de universalização, e não uma solução – certeza que apenas se intensificou a cada PGMU.

No entanto, em vez de buscar sua extinção, tendo como exemplo a adaptação do SMC para o SMP, elas se tornaram um dos alicerces da política pública, por meio da ferramenta de substituição de metas, aliada aos compromissos de interesse da coletividade assumidos pelas prestadoras. O outro alicerce corresponde aos compromissos de abrangência presentes nos editais de licitação de direito de uso de radiofrequências.

Ambas as ferramentas decorrem de práticas relativamente já consolidadas no setor e foram replicadas ao longo dos anos, com aprimoramentos nos dois casos, em termos das obrigações neles presentes. Revela-se aqui uma *dependência de trajetória*, restringindo a variedade das ferramentas efetivamente utilizadas pelo Poder Público para a universalização dos serviços de telecomunicações.

Elas igualmente partilham uma mesma característica: a imposição de obrigações previamente estabelecidas diretamente às prestadoras, que se obrigam a implantá-las por força do contrato de concessão, como moeda de troca ou como contrapartida ao direito de uso de um ativo (*i.e.* radiofrequência). A expansão dos serviços é simplesmente um ônus assumido pelas operadoras, e não um negócio em si – retomarei esse ponto no próximo capítulo.

Outro ponto comum é a complexidade envolvida na adoção de ambas as ferramentas. É muito mais simples conduzir um processo de substituição de metas e o estabelecimento de compromissos de abrangência do que organizar e regular um novo serviço explorado em regime público (como o SCD), ou ainda operacionalizar a realização de leilões reversos para alocar os recursos de um fundo setorial, gerindo múltiplos processos de contratação e respectivos contratos.

Ao lado dessas ferramentas mais bem-sucedidas (mas ainda com limitações), outras tantas foram implementadas, mas com sucesso questionável, como é o caso do PNBL, por exemplo. Iniciativas como o GESAC certamente teriam maior eficácia se coordenadas com os demais esforços – e poderiam se valer não de recursos orçamentários, mas de aplicação direta do FUST.

Por fim, noto que a substituição de metas nos contratos de concessão acabou gerando, em alguma medida, algo vedado pela própria LGT: o subsídio cruzado entre os serviços. As obrigações voltadas para a implantação do *backhaul*, em capacidade muito superior à demandada pelo STFC, evidenciam, na verdade, um investimento para suportar o SCM, e não o objeto da concessão. Na linha da Exposição de Motivos da LGT, a manutenção de subsídios cruzados como ferramenta contraria o objetivo de fomento à competição.[478]

Afirmo, assim, que Poder Executivo e Anatel optaram por um caminho mais cômodo e menos sujeito a questionamentos, em uma espécie de acomodação institucional, mesmo que esse caminho tenha representado um desvio em relação ao arranjo institucional previsto na LGT, inclusive quanto ao uso de subsídios cruzados. Dado o relativo sucesso das ferramentas adotadas, com ênfase especial aos compromissos de abrangência e à substituição de metas, não havia razão para uma mudança de rumo ou mesmo pressão para que uma alternativa envolvendo o FUST fosse adotada.

---

[478] MINISTÉRIO DAS COMUNICAÇÕES. *Exposição de Motivos nº 231, de 10 de dezembro de 1996*, p. 18.

2.6.2.2. Na ponta da receita, o superávit primário e o desvio de recursos do Fundo de Universalização dos Serviços de Telecomunicações

Esse conjunto de fatores explica parte da letargia dos atores institucionais, pela ótica do gasto público. Outra parte da explicação pode estar relacionada com o viés arrecadatório ou orçamentário, influenciada por outros atores institucionais. Fato é que, em um país em constante ajuste fiscal durante quase todo o período de análise, esse é um aspecto que não pode ser deixado de lado[479] e contribui para explicar a peculiar situação brasileira.[480] Afinal, um fundo que arrecada algo próximo de R$ 1 bilhão anualmente representa um ativo valioso nesse contexto.

Esse ponto agrega o Ministério da Fazenda como um ator relevante, dado que o controle das despesas é um de seus encargos, aspecto também legado do mesmo movimento de reforma do Estado dos anos 1990 que gerou a LGT. O TCU, porém, afastou essa preocupação, em um primeiro momento, ao indicar que o contingenciamento do FUST decorria não de uma determinação da equipe econômica, mas sim pela falta de previsão orçamentária de responsabilidade do próprio Ministério das Comunicações.[481]

---

[479] Embora ela não tenha sido determinante nos primeiros anos do governo Luís Inácio Lula da Silva, com o crescimento econômico experimentado, o agravamento do cenário das contas públicas nos anos subsequentes pode ter contribuído para que o FUST não fosse utilizado – e tampouco alterado.

[480] A UIT, ao analisar a situação dos fundos de universalização das Américas, aponta que a maior parte do valor arrecadado, mas não utilizado, decorre da consideração do FUST no estudo. Ou seja, isso significa que o Brasil é o único país nas Américas que, apesar da arrecadação completa, jamais utilizou o fundo setorial (ORGANIZAÇÃO DAS NAÇÕES UNIDAS (ONU). União Internacional de Telecomunicações (UIT), *Universal Service Fund and Digital Inclusion for All*. 2013, p. 97. Disponível em: https://www.itu.int/dms_pub/itu-d/opb/pref/D-PREF-EF.SERV_FUND-2013-PDF-E.pdf. Acesso em: 12 mar. 2021).

[481] "Há quem diga que esse fato se deve à intenção deliberada de o Executivo Federal utilizar os recursos do Fust para aumentar o superávit primário. Todavia, conforme informações do Ministério da Fazenda e do Ministério do Planejamento, Orçamento e Gestão, esse fato se deve, na verdade, às propostas orçamentárias do próprio Ministério das Comunicações feitas ano a ano, as quais não previram a destinação total da previsão de arrecadação do Fust às ações do Programa de Universalização dos Serviços de Telecomunicações e, dessa forma, as diferenças verificadas entre a previsão de arrecadação do Fust e a autorização de despesa nas ações desse programa foram automaticamente destinadas à reserva de contingência" (Acórdão nº 2.148/2005, Rel. Min. Ubiratan Aguiar, j. em 07.12.2005).

No entanto, a destinação dos recursos do FUST, ao contrário do que informado pela Advocacia Geral da União no âmbito da ADO nº 37/DF, correntemente tem sido dirigida a finalidades absolutamente alheias à legislação que rege o fundo, no sentido de não terem sido destinadas ao setor de telecomunicações – independentemente do artifício orçamentário utilizado para que tal resultado seja atingido.

Isso tem sido feito por dois mecanismos: (i) as Desvinculações de Receitas de União (DRU), aprovadas por meio de Emendas Constitucionais;[482] e (ii) por meio de Medidas Provisórias que desvinculam os recursos do FUST, os seus "excedentes" para as finalidades mais diversas. O movimento não é recente e tem sido analisado pelo TCU, não sendo restrito ao FUST, atingindo também os demais fundos setoriais – como o FISTEL e FUNTTEL.[483] Dos aproximadamente R$ 20 bilhões arrecadados entre 2001 e 2016, a Corte de Contas identificou que R$ 17,28 bilhões já teriam sido gastos. O Gráfico 13, a seguir, reproduzido a partir de dados do Acórdão nº 749/2017, é autoexplicativo.[484]

---

[482] *Vide* Emendas Constitucionais nº 27/2000, 42/2003, 56/2007, 68/2001, 93/2016. Há previsão de desvinculação de 30% das receitas do FUST, válida até 2023.

[483] Embora não seja objeto do presente estudo, cabe indicar que FISTEL e FUNTTEL arrecadaram, respectivamente, R$ 85,4 bilhões (entre 1997 e 2016) e R$ 7 bilhões (entre 2001 e 2016). No caso do FISTEL, apenas 5% foram destinados em conformidade com seus objetivos legais originais, percentual que atingiu 50% no caso do FUNTTEL (TCU, Acórdão nº 2.127/2017, Rel. Min. Marcos Bemquerer, j. em 27.09.2017).

[484] TCU, Acórdão nº 749/2017, Rel. Min. Bruno Dantas, j. em 12.04.2017.

Gráfico 9 – Destinação efetiva do FUST

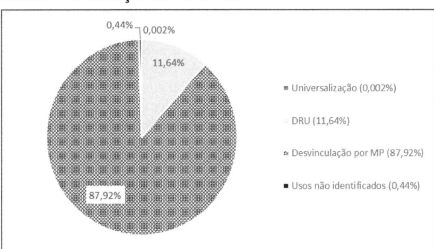

Fonte: Elaboração própria.[485]

O TCU, contrariando sua percepção inicial, concluiu nessa oportunidade que a "a maior parte dos recursos do FUST foi utilizada para o pagamento da dívida pública mobiliária interna e para o pagamento de benefícios previdenciários", o que foi viabilizado principalmente por meio de diversas medidas provisórias editadas entre 2008 e 2015.[486]

De fato, uma análise histórica da previsão orçamentária do FUST[487] demonstra que houve intenção efetiva de utilização do fundo apenas nos primeiros anos, quando da elaboração dos PMU – entre 2001 e 2003. Embora sempre houvesse uma parcela atribuída à "reserva de contingência", os valores efetivamente destinados a ações voltadas para a universalização eram compatíveis com as iniciativas previstas.

---

[485] O gráfico foi elaborado a partir de dados presentes no Acórdão nº 749/2017.
[486] Conforme apontado pelo TCU, Acórdão nº 28/2016, Rel. Min. Bruno Dantas, j. em 20.01.2016 e detalhado no Acórdão nº 749/2017, Rel. Min. Bruno Dantas, j. em 12.04.2017.
[487] Conforme dados obtidos por meio do Sistema Integrado de Planejamento e Orçamento. Disponível em: https://www1.siop.planejamento.gov.br/QvAJAXZfc/opendoc.htm?document=IAS%2FExecucao_Orcamentaria.qvw&host=QVS%40pqlk04&anonymous=true. Acesso em: 11 ago. 2021. A pesquisa foi realizada a partir da Unidade Orçamentária 41902 (FUST).

O cenário mudou a partir de 2004, quando a reserva de contingência passou a representar quase a totalidade dos recursos arrecadados, sendo os desembolsos, conforme mencionado, realizados em valores irrisórios.

A arrecadação desvinculada das efetivas necessidades setoriais proporciona, no entanto, um cenário ideal para a prática adotada pelo Poder Executivo (aspecto que, como tratarei no próximo capítulo, poderia ser considerado no desenho da ferramenta). Considerando a tolerância quanto à atribuição de uma "nova destinação" aos "excedentes" dos fundos (e aqui me refiro aos três, FUST, FISTEL e FUNTTEL), basta não haver planejamento para que esse resultado seja atingido.[488-489] Esse ponto, inclusive, foi corroborado pela Anatel por meio de resposta a pedido de acesso à informação.[490]

---

[488] Por meio do Acórdão nº 953/2018, Rel. Min. Vital do Rêgo, j. em 02.05.2018, e do Acórdão nº 2.737/2018, Rel. Min. Vital do Rêgo, j. em 28.11.2018, o TCU entendeu pela possibilidade de desvinculação dos recursos do FISTEL, observadas determinadas condições, entre elas o atendimento das necessidades da Anatel e o direcionamento de recursos para o FUST e o FUNTTEL.

[489] Ao discorrer sobre as garantias nos contratos de parcerias público-privadas, Maurício Portugal Ribeiro e Lucas Navarro Prado abordam esse aspecto, inclusive mencionando o FUST como exemplo: "[s]e o pagamento simplesmente não ocorrer, não há garantia a ser acionada, eis que, embora a garantia vincule a receita, não obriga a realização da despesa. Aliás, há inúmeros casos de receitas vinculadas e até mesmo de despesas constitucionais e legais obrigatórias que não obrigam o efetivo gasto público" (PORTUGAL RIBEIRO, Maurício; PRADO, Lucas Navarro. *Comentários à Lei de PPP – Parcerias Público-Privadas*: fundamentos econômico-jurídicos. São Paulo: Malheiros, 2007, p. 221). No mesmo sentido, *vide* CARVALHO, André Castro. *Vinculação de receitas públicas e princípio da não afetação*: usos e mitigações. 2010. Dissertação (Mestrado em Direito Econômico e Financeiro) – Faculdade de Direito, Universidade de São Paulo, São Paulo, 2010. Disponível em: doi:10.11606/D.2.2010.tde-24022011-091027. Acesso em 5 set. 2021. p. 196.

[490] "No que se refere aos recursos do FUST, não há o que se falar em contingenciamento pois, historicamente, os valores arrecadados pelo FUST foram alocados na Ação Orçamentária de Reserva de Contingência. Esse tipo de Ação Orçamentária é utilizado para alocação de dotações globais, não especificamente destinadas a determinado órgão, unidade orçamentária, programa ou categoria econômica, cujos recursos podem ser utilizados para abertura de créditos adicionais, em caso de necessidade de aplicação em políticas públicas estabelecidas pelos Poderes Executivo e Legislativo, conforme definido na Lei nº 9.472, de 16 de julho de 1997" (Resposta ao Pedido de Acesso à Informação nº 01217.001236/2021-23).

2. O RUMO EFETIVO DAS POLÍTICAS DE UNIVERSALIZAÇÃO: COMO CHEGAMOS AQUI?

Evita-se utilizar a expressão "contingenciamento", o que resulta no artifício que viabilizou a resposta assertiva apresentada ao STF. No entanto, desconsiderando-se o lado puramente técnico, fato é que: (i) os recursos não foram aplicados em iniciativas voltadas para a universalização das telecomunicações; e (ii) o superávit do FUST, em 2020, é de R$ 6,5 bilhões, diante de uma arrecadação total de R$ 24 bilhões[491] – o que evidencia a utilização para outas finalidades, conforme apontado pelo TCU. Nesse sentido, no mínimo, a resposta apresentada ao STF se mostra equivocada, como reconhecido pelo Ministério da Fazenda:

> Entretanto, recursos originalmente pertencentes ao FUST foram desvinculados do atendimento das finalidades específicas da Lei que instituiu o Fundo, por força de autorizações contidas em diversas normas jurídicas discriminadas no Anexo I, como exposto conceitualmente no texto da Nota Técnica. *Portanto, a resposta à questão presente no Recurso é afirmativa: recursos originalmente vinculados ao FUST foram dele desvinculados e destinados a finalidades alheias às estabelecidas no art. 5º da Lei nº 9.998, de 2000.*[492] (Grifos do autor)

Não é objeto do presente estudo adentrar no caráter técnico da destinação orçamentária, ou mesmo apurar os artifícios que foram utilizados.[493] A omissão no uso dos recursos gera, nesse cenário, automaticamente o seu desvio para outras finalidades, aspecto que se agrava diante do sucesso, ainda que parcial, das demais ferramentas utilizadas ao longo do período estudado.

---

[491] Conforme dados da Anatel, com superávit considerando 2020 e arrecadação até julho de 2021. Disponível em: https://www.gov.br/anatel/pt-br/regulado/arrecadacao/fust. Acesso em: 31 ago. 2021.

[492] Resposta ao Pedido de Acesso à Informação nº 03005.050086/2021-01.

[493] André Castro Carvalho chama a atenção para esse ponto, que excede uma lógica estritamente jurídica: "Talvez – aí conjecturamos apenas com base em ilações políticas, e não jurídica – tal ressalva seja oriunda da praxe pátria em não se dar a devida atenção às obrigações orçamentárias legais e constitucionalmente expressas. Ou, então, em virtude das costumeiras tredestinações por meio de *manobras* jurídicas para que os comandos legais não sejam cumpridos conforme teleologicamente concebidos" (CARVALHO, André Castro. *Vinculação de receitas públicas e princípio da não afetação*: usos e mitigações. 2010. Dissertação (Mestrado em Direito Econômico e Financeiro) – Faculdade de Direito, Universidade de São Paulo, São Paulo, 2010, p. 197).

De qualquer forma, a hipótese de que o Governo Federal deixou deliberadamente de lado o uso do FUST por questões orçamentárias é plausível, considerando ser substancial a arrecadação junto ao setor por ele promovida.[494] Igualmente, não representa, em minha visão, a única explicação para o destino conferido a essa ferramenta, até porque a prática de contingenciamento foi iniciada após uma primeira tentativa frustrada de uso.

2.6.3. Ausência de coordenação ministerial

Outro fator que contribui para explicar o afastamento do modelo original previsto pela LGT diz respeito ao fato de que o Ministério das Comunicações se mostrou bastante inoperante com relação ao tema da universalização. Conforme exposto no Capítulo 1, caberia ao Ministério tanto o desenho quanto a coordenação da implementação das políticas públicas setoriais.

Embora existam afirmações no sentido contrário, ou seja, de que todos os órgãos encarregados da política pública de universalização têm atuado de forma coordenada, inclusive com relação ao Poder Legislativo,[495] a análise anterior aponta justamente o contrário. A falta de alinhamento é notada até mesmo por algumas manifestações colhidas na documentação analisada, com é o caso do esforço conjunto entre

---

[494] "Também chama atenção o montante da reserva de contingência associada ao órgão superior Ministério das Comunicações, da ordem de R$ 10,79 bilhões, corresponde a 33,65% da reserva total da União (R$ 32 bilhões). O montante recai principalmente nos fundos do setor previstos na Lei 9.472/1997, entre os quais foram objeto de análise no presente trabalho o Fistel e o Fust" (TCU, Acórdão nº 28/2016, Rel. Min. Bruno Dantas, j. em 20.01.2016).

[495] "Da mesma forma, não se vislumbra uma falha estrutural na atuação do Poder Público, já que os diversos órgãos competentes, como a Anatel, o MCTIC e o Poder Legislativo, vêm atuando de forma coordenada, no âmbito de suas respectivas esferas de competência.
Não se pode esquecer que, no setor de telecomunicações, as mudanças tecnológicas se apresentam de forma muito acelerada. Por isso, em maior ou menor grau, há sempre um descompasso entre a legislação e a realidade fática. Não obstante, a experiência e as informações disponíveis mostram que as instituições estão funcionando adequadamente, discutindo com a sociedade as necessárias mudanças na legislação a fim de assegurar, da melhor forma possível, a expansão dos serviços e a melhoria da qualidade de sua prestação" (Manifestação da Advocacia Geral da União no âmbito da ADO nº 37/DF).

2. O RUMO EFETIVO DAS POLÍTICAS DE UNIVERSALIZAÇÃO: COMO CHEGAMOS AQUI?

Anatel e Ministério das Comunicações que resultou nos estudos sobre a adaptação das concessões, em 2016.[496]

Esse aspecto também chamou a atenção do TCU, em mais de uma oportunidade. Quando avaliou as dificuldades para a implementação do SCD, o órgão identificou diversas evidências de que Ministério das Comunicações e Anatel atuavam de forma absolutamente independente. Cito alguns fatos mapeados pelo órgão de controle:[497] (i) processo normativo do SCD iniciado sem qualquer interlocução com o Ministério das Comunicações; (ii) alta rotatividade dos Ministros, com orientações diferentes para o uso do FUST; (iii) necessidade de coordenação interministerial, dada a pulverização de iniciativas de inclusão digital conduzidas por vários Ministérios, sem orçamento relevante; e (iv) falta de corpo técnico capacitado a discutir temas complexos pertinentes à universalização dos serviços.

De fato, em um curto espaço de tempo, três ministros diferentes assumiram a pasta. O primeiro, Miro Teixeira, formulou a consulta ao TCU sobre o uso dos recursos do FUST, mas não seguiu em seu cargo. Seu sucessor, Eunício Oliveira, não simpatizava com o SCD e contava com uma alteração legislativa que atribuiria, em sua visão, a alocação dos recursos do FUST diretamente ao Ministério das Comunicações.[498]

---

[496] "4.2.10. Para finalizar essa breve contextualização, incapaz de retratar todas as informações recebidas pelo Conselho desde que se debruçou neste processo pela última vez há dois anos, não se vislumbrava a possibilidade de desenvolver uma avaliação em conjunto com o Ministério das Comunicações. Sem prejuízo da independência decisória do órgão regulador, parece-me que evoluiremos no campo institucional se dermos o exemplo de como construir uma solução regulatória coesa e tempestiva à abordagem política da questão" (Análise nº 25/2016-IF, p. 38).

[497] Cf. itens 71, 104, 106 e 272 do Acórdão nº 2.148/2005, Rel. Min. Ubiratan Aguiar, j. em 07.12.2005.

[498] Segundo declarações públicas colhidas pelo TCU (item 78 do Acórdão nº 2.148/2005, Rel. Min. Ubiratan Aguiar, j. em 07.12.2005), o então Ministro se referia ao PL 3.337/2004, que introduziria a Lei das Agências. Vale notar que, embora o substitutivo apresentado pelo deputado Leonardo Picciani de fato previsse que o FUST teria sua gestão e implementação realizadas pelo Ministério (art. 28), isso em nada impactaria os demais fatores apontados acima e que obstaram o uso de seus recursos, em especial a necessidade de criação de um serviço explorado em regime público. Vale observar, ainda, que a chamada Lei das Agências, Lei nº 13.848, de 25 de junho de 2019, foi aprovada anos depois, sem tratar do assunto em questão.

Hélio Costa, por sua vez, não externou posição clara, tampouco adotou medidas concretas para solucionar o problema, muito embora tenha atribuído, durante sua gestão, um "risco jurídico alto" relativo ao SCD em manifestação junto ao órgão de controle.

A ausência de um corpo técnico preparado para lidar com esse tipo de pauta foi atribuída ao movimento de criação da própria Anatel, que teria recebido a maior parte dos profissionais capacitados, esvaziando, na prática, o Ministério.[499] Não seria surpresa, assim, que a agência acabasse assumindo o protagonismo que, em parte, deveria partir do Ministério das Comunicações.[500]

Por fim, a coordenação interministerial envolve dois fatores. Um de competência do próprio Ministério das Comunicações, que deveria realizar um planejamento abrangente e de longo prazo consolidando as políticas públicas de universalização. Outro envolvendo a Casa Civil, a fim de viabilizar a articulação intragovernamental e evitar a multiplicidade de projetos – além de alinhar a questão orçamentária com os Ministérios competentes.[501]

Embora alguns desses fatores possam ter sido superados ao longo do tempo, noto que críticas similares foram novamente feitas pelo TCU mais recentemente, ao apontar: (i) a inexistência de um instrumento de planejamento setorial, com o objetivo de "consolidar as diversas ações e planos específicos existentes no setor de telecomunicações em um único instrumento de institucionalização, que explicite a lógica de intervenção estatal no setor, no médio e no longo prazo";[502] e (ii) uma inversão de papéis no início do processo de revisão do modelo de telecomunicações, no qual a iniciativa teria partido da Anatel, e não do Ministério das Comunicações.[503]

---

[499] Item 105 do Acórdão nº 2.148/2005, Rel. Min. Ubiratan Aguiar, j. em 07.12.2005.
[500] Abordarei no Capítulo 3 o ponto da necessidade de desenvolvimento de capacidades estatais para o exercício desse tipo de iniciativa.
[501] Item 163 do Acórdão nº 2.148/2005, Rel. Min. Ubiratan Aguiar, j. em 07.12.2005.
[502] Acórdão nº 28/2016, Rel. Min. Bruno Dantas, j. em 20.01.2016.
[503] "168. Mesmo considerando a importância do planejamento estratégico da agência, entende-se que a discussão do modelo de telecomunicações não deveria partir de um instrumento de planejamento da Anatel, mas sim de um planejamento setorial a partir de uma visão de futuro do ministério competente, no caso o MCTIC (antigo Ministério das Comunicações), no qual fossem estabelecidos os objetivos da política pública em médio e

2. O RUMO EFETIVO DAS POLÍTICAS DE UNIVERSALIZAÇÃO: COMO CHEGAMOS AQUI?

A demora na opção pela adaptação das concessões, mesmo diante de um diagnóstico claro no sentido de que uma alteração legislativa seria desnecessária, em um estudo conduzido conjuntamente entre Ministério e Anatel, mostra que mesmo diante de um consenso as medidas práticas dificilmente são adotadas.

Essa falta de coordenação e planejamento por parte do Ministério das Comunicações, enquanto representante do Poder Executivo, contribui também para a explicação da razão pela qual um problema conhecido e muito bem mapeado, como os gargalos jurídicos que impedem o uso dos recursos do FUST, jamais tenha sido solucionado. Essa descoordenação se reflete, inclusive, na relação com o Poder Legislativo.

Conforme mencionado anteriormente, inúmeros projetos de lei foram propostos para tentar enfrentar os gargalos em questão, com soluções diversas. E, mais do que isso, a Anatel – e não o Ministério das Comunicações – elaborou dois anteprojetos, em momentos distintos, para reformular o FUST. O Poder Executivo apenas patrocinou ostensivamente uma única iniciativa. Sem atuação próxima do Poder Executivo, ou pressão da sociedade civil, as chances de uma iniciativa de alteração legislativa prosperar são mais reduzidas, como a prática demonstrou.

Tal constatação está refletida, em alguma medida, no Decreto nº 9.612, de 17 de dezembro de 2018, que fixou as políticas públicas de telecomunicações, conforme explorado anteriormente. Nele consta uma determinação específica para que o Ministério das Comunicações formule propostas para a revisão dos instrumentos legais para viabilizar o financiamento da ampliação dos serviços de telecomunicações.[504]

A disposição, veiculada poucos dias antes do final do governo Michel Temer, contudo, não teve qualquer efeito aparente. Dali extraio a comprovação da afirmação acerca da ausência de participação do Poder Exe-

---

longo prazo e, dado que se considera a banda larga como centro da política pública de telecomunicações, quais as metas a serem alcançadas, as motivações para sua escolha e quais os mecanismos que seriam utilizados para alcançar a inclusão digital em nosso país" (Acórdão nº 3.076/2016, Rel. Min. Bruno Dantas, j. em 23.11.2016).

[504] "Art. 13. O Ministério da Ciência, Tecnologia, Inovações e Comunicações deverá apresentar proposta de revisão dos instrumentos legais existentes para permitir o financiamento de ações, planos, projetos e programas que visem à ampliação dos serviços de telecomunicações."

cutivo, enquanto ator institucional relevante, na discussão das alternativas junto ao Poder Legislativo:

> Embora haja projetos de lei em tramitação, em fases distintas, que objetivam uma mudança da legislação do Fust, o Poder Executivo em nenhum momento abordou o tema a fundo de maneira harmônica e assertiva a ponto de ingressar no debate legislativo com maior propriedade.[505]

Portanto, um Ministério das Comunicações sem um papel de protagonismo na definição do planejamento e das políticas públicas setoriais, atuando sem coordenação com Anatel e demais ministérios, é um elemento que também contribui para a formação do cenário tratado anteriormente.

2.6.4. Uma (tentativa de) resposta à primeira pergunta de pesquisa: por que o arranjo original de universalização estabelecido na Lei Geral de Telecomunicações não funcionou da forma ali prevista?

A resposta para a primeira pergunta de pesquisa é composta de múltiplos fatores e do resultado da interação entre os diferentes atores institucionais. Foi evidenciado que as ferramentas de universalização permaneceram estáticas enquanto a demanda se moveu em direção à banda larga. Essa paralisia decorreu, inicialmente, de decisão do TCU em um momento crucial de emprego do FUST, interpretando a legislação e restringindo o seu uso ao SCD ou a um novo serviço explorado em regime público. A instituição de tal serviço explorado se mostrou uma solução teórica, formal e juridicamente simples, mas estruturalmente complexa e, na prática, inviável.

Mesmo o TCU não dispondo de competência ou capacidade para formulação de política setorial, uma solução imposta juridicamente como "único caminho" prejudicou a atuação dos demais atores institucionais. O TCU atuou aqui como um "regulador informal", que jamais revisitou sua posição.

Com a redução do leque de ferramentas à disposição, Poder Executivo e Anatel utilizaram, com poucas exceções, aquelas já conhecidas, que podem ser sintetizadas conforme apresentado no Quadro 1, a seguir.

---

[505] Nota Técnica Conjunta nº 54/2017/SEI-MCTIC, de 17 de outubro de 2017, p. 21.

Quadro 1 – Ferramentas de política pública

Ferramenta	Ator preponderante	Foco principal (disponibilidade *versus* acesso)
Substituição de metas	Ministério das Comunicações	Disponibilidade
AICE	Anatel	Acesso
Compromissos de interesse da coletividade	Ministério das Comunicações/ Anatel	Acesso
Compromissos de abrangência	Anatel	Disponibilidade

Fonte: Elaboração própria.

Importante notar que as ferramentas se pautaram, por vezes, no uso de subsídios cruzados, em um formato explicitamente rechaçado pela Exposição de Motivos da LGT e pelo próprio texto da lei, em virtude de seus potenciais impactos para a competição no setor. Apesar de os aspectos jurídicos terem permeado o caminho da universalização no Brasil, esse ponto jamais foi considerado um óbice por parte dos atores institucionais.

Ademais, por se tratar de ferramentas mais fáceis de serem manejadas, além de não representarem gasto sob a ótica orçamentária, os atores institucionais acabaram se acomodando em torno delas, dado seu sucesso relativo.

É preciso qualificar o "sucesso relativo", para fins de clareza. Enquanto no SMP houve grande avanço tanto em termos de disponibilidade quanto de acesso, a mesma grande penetração não foi observada em relação ao SCM e, quanto ao STFC, houve um verdadeiro problema. Sobre o último serviço, a ociosidade na rede representa o que há de pior em termos de resultado de uma política pública de universalização, em função do claro desperdício de recursos. No caso do segundo, ao menos, foi observado um aumento dos acessos, ainda que em proporção muito inferior ao SMP.

De todo modo, reiterando o exposto na Introdução e no Capítulo 1, ainda há uma grande distância a ser percorrida em termos de universalização, o que evidencia uma lacuna importante e que não foi solucionada pelo arranjo institucional efetivo, por meio das ferramentas aplicadas pelos atores institucionais. Há carência com relação ao acesso, que precisa ser suprida por meio de uma ferramenta que permita alguma forma de subsídio direto em favor dos usuários. Essa afirmação é corroborada pela baixa eficácia das ferramentas aplicadas voltadas para o acesso.

E nesse ponto volto ao papel do fundo setorial segundo o arranjo original da LGT. A falta de um planejamento setorial mínimo, conforme apontada pelo TCU, ajuda a explicar a razão pela qual os diversos projetos de lei apresentados sobre o FUST jamais prosperaram, ou mesmo os esforços para a adaptação do modelo – apesar de o diagnóstico sobre as concessões e seus limites ser conhecido há muito tempo.

Portanto, o afastamento do modelo de universalização presente na LGT, resultou da dificuldade em realizar a despesa da única forma possível (instituição do SCD), que abriu caminho para o uso de outras ferramentas (substituição de metas e compromissos de abrangência), as quais tiveram sucesso relativo. Embora com lacunas, o sucesso alcançado gerou condições para uma acomodação institucional, potencializada pelo fato de as ferramentas alternativas não consumirem recursos públicos, deixando margem para que a arrecadação do FUST seja utilizada para outros fins.

Afirmo, assim, que esses três pontos – dificuldade na despesa, acomodação institucional e as dificuldades de ordem orçamentária – se retroalimentam e reforçam um ambiente pouco propício para a utilização do FUST, e contribuem para a formação do arranjo institucional efetivo. Resta, agora, compreender como a teoria institucional contribui para esse diagnóstico e se as iniciativas de alteração do arranjo institucional atentaram para os pontos aqui indicados.

3. OS DESAFIOS PARA AVANÇARMOS NA PAUTA DA UNIVERSALIZAÇÃO

3.1. Recapitulando: os problemas enfrentados pela universalização à luz da análise institucional

Conforme exposto no Capítulo 1, procurei adotar um referencial teórico para abordar a política pública de universalização e sua implementação, para além da análise estritamente jurídica. A razão de esse assunto ser tratado neste capítulo decorre da abordagem que propus, que objetiva trabalhar, a partir do arranjo institucional setorial, sua dinâmica e as questões por ele trazidas.

É a partir do resultado do estudo que identifiquei as ferramentas da análise institucional aptas a contribuir para uma explicação que o Direito, isoladamente a meu ver, não provê. Assim, a seguir, procuro tratar de teorias derivadas da análise institucionalista que contribuem para aclarar os problemas verificados, em mais de duas décadas, na política pública de universalização.

3.1.1. Presença de agentes de veto

Um primeiro aspecto evidenciado pela análise realizada no Capítulo 2 é a presença de agentes de veto que, em dado momento, exerceram sua competência para alterar os rumos da política pública de universalização. Em síntese, em geral são qualificados como agentes de veto aqueles que, isolada ou conjuntamente, detêm poder para impedir uma determinada alteração institucional, com grande enfoque na produção legislativa.[506]

---

[506] "In a nutshell, the basic argument of the book is the following: In order to change policies – or, as we will say henceforth, to change the (legislative) status quo – a certain

Reconhece-se, contudo, que a interpretação das disposições legais conferida pela burocracia pode também a transformar em um agente de veto – expressão que uso aqui de forma adaptada a partir da construção de outros autores.[507] Ou seja, a presença de discricionariedade e/ou margem interpretativa (*v.g.* uso de conceitos jurídicos indeterminados) pode permitir que a Administração Pública tenha liberdade de ajustar ou implementar a política pública de acordo com o seu próprio entendimento, eventualmente se afastando da intenção do legislador – que, usualmente, possui o poder de estabelecer a agenda.[508]

Esse movimento de conferir ou não liberdade, por qualquer mecanismo, à Administração pode ser voluntário ou involuntário. Nessa última situação, as dificuldades decorrem justamente de o Poder Legislativo não ter meios para antecipar os resultados de sua produção legislativa:[509] em outras palavras, a legislação estática pode simplesmente não produzir os resultados pretendidos, por diversas razões, inclusive imprecisão na redação legislativa.

Assim, caso a Administração Pública se comporte de forma contrária aos interesses predominantes no momento da aprovação de uma alteração legislativa, supõe-se que a reação seria a aprovação de leis mais

---

number of individual or collective actors have to agree to the proposed change. I call such actors veto players. Veto players are specified in a country by the constitution (the president, the House, and the Senate in the United States) or by the political system (the different parties that are members of a government coalition in Western Europe). I call these two different types of veto players institutional and partisan veto players, respectively" (TSEBELIS, George. *Veto Players*: How Political Institutions Work. Princeton: Princeton University Press, 2002, p. 2). Sobre o tema, *vide* também IMMERGUT, Ellen M. As regras do jogo: a lógica da política de saúde na França, na Suíça e na Suécia. *Revista Brasileira de Ciências Sociais*, ano 11, nº 30, São Paulo, p. 139-166, 1996, p. 66.

[507] TSEBELIS, George. *Veto Players*: How Political Institutions Work. Princeton: Princeton University Press, 2002, p. 235.

[508] "In addition, political institutions sequence veto players in specific ways in order to make policy decisions. The specific veto players that present 'take it or leave it' proposals to the other veto players have significant control over the policies that replace the status quo. I call such veto players agenda setters. Agenda setters have to make proposals acceptable to the other veto players (otherwise, the proposals will be rejected and the status quo will be preserved)" (TSEBELIS, George. *Veto Players*: How Political Institutions Work. Princeton: Princeton University Press, 2002, p. 2).

[509] TSEBELIS, George. *Veto Players*: How Political Institutions Work. Princeton: Princeton University Press, 2002, p. 159-160.

3. OS DESAFIOS PARA AVANÇARMOS NA PAUTA DA UNIVERSALIZAÇÃO

detalhadas, que contemplassem os desvios identificados com relação ao rumo originalmente previsto. Dessa forma, haveria também um incentivo para que o administrador balizasse sua interpretação de forma próxima ao legislador, para evitar interferência.[510]

Uma eventual dificuldade em alterar a legislação quanto a uma posição administrativa diversa da esperada resulta no aumento do poder de juízes e burocratas em sua aplicação. Um dos fatores que podem explicar a inação do Poder Legislativo, mesmo quando não houver aderência entre as diretrizes legislativas e a atuação administrativa, é a relação custo-benefício entre a movimentação para uma eventual alteração e o resultado esperado quando comparado com o curso atual da administração. Se o benefício for baixo, a chance de uma alteração é remota, devido aos custos de mobilização envolvidos em uma alteração legislativa.[511]

No Brasil há uma peculiar estrutura burocrática que dialoga com a teoria dos agentes de veto, consubstanciada nos órgãos de controle, em especial os tribunais de contas, conforme exposto no início do Capítulo 2. Esse movimento tem como consequência a multiplicação dos agentes de veto no Brasil, não apenas com relação à União, mas também quanto a estados e municípios.

Como a hipótese referente à primeira pergunta de pesquisa sugere, um dos atores desempenhou um papel de agente de veto quanto à política de universalização. Emprego um conceito adaptado para a figura do agente de veto, haja vista que ela foi desenvolvida e usualmente é aplicada em contexto diverso do presente – a agentes políticos, e não a um órgão de controle, como o TCU.

Talvez o exemplo do FUST represente bem o início de uma interferência ativa do TCU em projetos de infraestrutura e políticas públicas federais, conforme mencionado no Capítulo 2. Pode-se afirmar que o órgão exerce uma espécie de poder de veto, seja pela possibilidade de suspender atos que considere ilegais, ou pela aplicação de penalidades pecuniárias diretamente aos gestores responsáveis que não sigam suas determinações.

---

[510] TSEBELIS, George. *Veto Players*: How Political Institutions Work. Princeton: Princeton University Press, 2002, p. 222.

[511] TSEBELIS, George. *Veto Players*: How Political Institutions Work. Princeton: Princeton University Press, 2002, p. 224.

Nessas condições, a atuação como agente de veto também possui o efeito, ainda que indireto, de direcionar as decisões administrativas de acordo com a expectativa gerada pelo órgão de controle sobre o administrador. Ou seja, a atuação administrativa, mesmo antes de qualquer movimentação por parte dos órgãos de controle, pode ser por eles influenciada; o impacto do controle acaba por contribuir na própria construção da atividade administrativa, pela simples existência do controlador.

Apenas alterações legislativas[512] e decisões judiciais[513] podem se sobrepor aos posicionamentos do TCU. Isso coloca o órgão de controle como um agente de veto, que enfrenta muito pouca resistência por parte dos demais atores, em especial da própria Administração Pública que é destinatária de suas decisões. Tem-se aqui um agente de veto qualificado, por duas razões.

A primeira, por enfrentar pouca resistência e não precisar travar qualquer tipo de diálogo para conseguir prevalecer suas decisões, o TCU não precisa fazer qualquer esforço para que suas decisões sequer sejam ponderadas. A segunda, o órgão não possui competência legal ou mesmo capacidade técnica para definir políticas públicas e alternativas regulatórias, embora tenha adotado esse caminho.

No caso específico do setor de telecomunicações, o arranjo institucional da universalização foi fundamentalmente elaborado entre 1997 e 2000, em decorrência da LGT e da Lei do FUST, conforme descrito no Capítulo 1. A literatura sobre a ascensão dos tribunais de contas não identifica uma atividade maior sobre projetos de infraestrutura nessa

---

[512] O próprio setor de telecomunicações é um exemplo. Entre as alterações trazidas pela Lei nº 13.879/2019, há um esclarecimento acerca da extensão do instituto da reversibilidade para o setor de telecomunicações, que em alguma medida se presta a ser um contraponto ao entendimento do TCU sobre o tema. Conforme apontado no Capítulo 2, uma divergência quanto a esse ponto paralisou a atuação administrativa da Anatel com relação à regulamentação de adaptação até o advento da lei.

[513] *Vide*, por exemplo, o litígio entre a Petróleo Brasileiro S.A. e o TCU, acerca da possibilidade de a primeira poder utilizar um regulamento simplificado de licitações. O TCU havia determinado à Petrobras que não aplicasse o seu regulamento de licitações, por entender haver ali um vício de constitucionalidade (STF, Mandado de Segurança nº 27.796, Rel. Min. Alexandre de Moraes, j. em 29.03.2019).

época,[514] o que indica que o arranjo institucional não teria como considerar a atuação de um ator adicional[515] – o que, aliás, não tem sido considerado mesmo atualmente, com algumas exceções pontuais.

A análise do Capítulo 2 sugere também que o Ministério da Fazenda (ou o próprio Poder Executivo) possa ser qualificado como um agente de veto com relação à política pública de universalização das telecomunicações, em função do papel que os recursos do FUST desempenham historicamente para as contas públicas, ao lado dos demais fundos setoriais. No entanto, não foi possível encontrar uma evidência empírica de atuação direta e formal nesse sentido, muito em função de o óbice gerado pelo TCU ter funcionado para que não fosse necessário discutir a questão orçamentária diretamente.

Ao menos sob a ótica formal, o "contingenciamento" de recursos do FUST é consequência da ausência de previsão orçamentária por parte do Ministério das Comunicações. Essa prática faz com que a integralidade da arrecadação seja considerada como excedente e, portanto, desvinculada de suas finalidades originais – mas, frisa-se, sem que tenha sido identificada alguma intenção deliberada e formalizada para tanto.

3.1.2. Mudança institucional

Outro aspecto pertinente diz respeito às formas de mudança institucional e como elas se operam quanto a um equilíbrio anterior. A compreensão das instituições como habilitadoras, e não apenas restritivas da atuação dos atores, mostra a importância da interação entre essas duas figuras. Não é apenas a instituição que molda o desempenho dos atores, mas estes desempenham papel fundamental em seu funcionamento – e, portanto, em seu próprio desenho –, estabelecendo um ciclo de intera-

---

[514] Conforme se infere a partir de ROSILHO, André. *Tribunal de Contas da União*: competências, jurisdição e instrumentos de controle. São Paulo: Quartien Latin, 2019; e PEREIRA, Gustavo Leonardo Maia. *TCU e o controle das agências reguladoras de infraestrutura*: controlador ou regulador? 2019. Dissertação (Mestrado em Direito) – Fundação Getulio Vargas, São Paulo, 2019.

[515] MAHONEY, James; THELEN, Kathleen. A Theory of Gradual Institutional Change. In: MAHONEY, James; THELEN, Kathleen (eds.). *Explaining Institutional Change: Ambiguity, Agency, and Power*. Cambridge: Cambridge University Press, 2009, p. 6.

ção mútua e interdependência.[516] De fato, os atores podem se valer dessa relação para transformar as instituições em meios para o atingimento de seus próprios objetivos, dependendo de quão abertas à interpretação elas forem.[517] Como consequência, a relação mútua entre agência (atores) e estrutura (instituições) possui influência direta na mudança institucional.[518] Assim, embora o estudo institucional esteja geralmente voltado para explicar a perpetuação da instituição, essa característica está vinculada justamente à capacidade de uma dada instituição se adaptar de modo a preservar sua existência,[519] ainda que passe a atuar de forma disfuncional em algum momento.

Do ponto de vista material, as instituições podem sofrer pressão para mudanças em função de encerrarem discussões quanto à alocação de recursos escassos e de natureza distributiva. Ou seja, as instituições podem ser desenhadas para beneficiar determinado grupo de interesse em detrimento de outros, atraindo pressões por parte do segundo grupo.

Os equilíbrios institucionais podem ser descritos a partir de três formas: (i) transformação; (ii) resiliência; e (iii) coexistência. A transformação representa uma alteração legislativa ou mesmo um movimento de um agente de veto que altere diretamente e de forma ostensiva as regras do jogo. Na resiliência, os fatores de mudança não são fortes o suficiente para efetivamente alterarem o *status quo*, sem resultar em mudança substantiva, mas apenas formal. Na coexistência, tem-se a introdução de novos atributos para a instituição, em paralelo à manutenção do regime anterior. Os resultados, portanto, podem ser diversos, proporcionando *reforma incremental*, com uma transformação gradual do arranjo anterior,

---

[516] HODGSON, Geoffrey M. What Are Institutions? *Journal of Economic Issues*, [s. l.], v. 40, nº 1, p. 1-25, mar. 2006, p. 8.

[517] CAMPBELL, John L. Institutional Reproduction and Change. *In*: MORGAN, Glenn *et al.* (eds.). *The Oxford Handbook of Comparative Institutional Analysis*. Oxford: Oxford University Press, 2010, p. 108.

[518] COUTINHO, Diogo Rosenthal. *Direito e institucionalismo econômico*: apontamentos sobre uma fértil agenda de pesquisa. *Revista de Economia Política*, São Paulo, v. 37, nº 3, p. 565-586, jul./set. 2017, p. 570.

[519] MAHONEY, James; THELEN, Kathleen. A Theory of Gradual Institutional Change. *In*: MAHONEY, James; THELEN, Kathleen (eds.). *Explaining Institutional Change: Ambiguity, Agency, and Power*. Cambridge: Cambridge University Press, 2009, p. 8.

resistência incremental, na qual a alteração é progressivamente rejeitada, ou *acomodação persistente*, em que os fatores de manutenção e alteração se complementam e competem entre si simultaneamente.[520]

Na hipótese de coexistência, a mudança ocorre de forma gradual, em decorrência da atuação dos atores envolvidos durante a implantação de uma determinada política pública. Essa forma de atuação deriva da interpretação das normas existentes pelos atores, viabilizando sua implementação por novos meios. Como as instituições dependem dos atores para desempenhar seus propósitos, em linha com o exposto anteriormente, uma eventual abertura interpretativa ou ambiguidade pode dar margem para que a implementação acabe ocorrendo segundo a ótica de um determinado ator – principalmente nos casos em que as regras não sejam claras e objetivas.[521] De fato, a permanência das instituições depende de algum grau de maleabilidade, o que configura essa situação mais como um padrão do que propriamente uma exceção.

Essa constatação elucida o papel da burocracia e do Poder Judiciário, enquanto aplicadores das regras do jogo. Ambos podem fazer uso de lacunas, termos jurídicos indeterminados ou mesmo uma previsão explícita de discricionariedade para dar sua própria feição à instituição[522] – o

---

[520] SCHAPIRO, Mario Gomes. Do estado desenvolvimentista ao estado regulador? Transformação, resiliência e coexistência entre dois modos de intervenção. *Revista Estudos Institucionais*, [s. l.], v. 4, nº 2, p. 574-614, dez. 2018. Disponível em: https://www.estudosinstitucionais.com/REI/article/view/305. Acesso em: 5 set. 2021. p. 593.

[521] MAHONEY, James; THELEN, Kathleen. A Theory of Gradual Institutional Change. In: MAHONEY, James; THELEN, Kathleen (eds.). *Explaining Institutional Change: Ambiguity, Agency, and Power*. Cambridge: Cambridge University Press, 2009, p. 11.

[522] "The general point is that enforcers must decide how and when rules are to be implemented, and this implies possibilities for change – in both directions as it were, either through 'slippage' or through expansive interpretations and applications. Actors such as the bureaucracy and the judiciary, charged with implementation, interpretation, and enforcement, have large roles to play in shaping institutional evolution. [...] In short, we propose that the basic properties of institutions contain within them possibilities for change. What animates change is the power-distributional implication of institutions. However, where we expect incremental change to emerge is precisely in the 'gaps' or 'soft spots' between the rule and its interpretation or the rule and its enforcement" (MAHONEY, James; THELEN, Kathleen. A Theory of Gradual Institutional Change. In: MAHONEY, James; THELEN, Kathleen (eds.). *Explaining Institutional Change: Ambiguity, Agency, and Power*. Cambridge: Cambridge University Press, 2009, p. 13-14).

que reforça a hipótese de que não são apenas as instituições que constrangem os agentes, mas também são por estes moldadas.

Quando a atuação dos atores institucionais não resulta em um bloqueio completo, ou seja, diante de uma restrição imposta à atuação da instituição, os demais atores competentes passam a atuar a partir das demais ferramentas postas, com resultados que podem se afastar da proposta original. Nesse caso, por sua vez, partem de brechas legais e possibilidades já previstas na legislação, tomando o espaço que naturalmente seria ocupado pela ferramenta bloqueada.[523]

Assim, o arranjo institucional pode ser parcialmente comprometido, mas seguir funcional, ainda que por meio de adaptações promovidas pelos atores competentes para a implementação da política pública. Tais fatores podem, inclusive, alterar os rumos de forma incremental,[524] mediante manejo da legislação – ainda que permaneçam de alguma forma vinculados ao *status quo*, o que abordarei adiante.[525]

---

[523] MAHONEY, James; THELEN, Kathleen. A Theory of Gradual Institutional Change. *In*: MAHONEY, James; THELEN, Kathleen (eds.). *Explaining Institutional Change: Ambiguity, Agency, and Power*. Cambridge: Cambridge University Press, 2009, p. 4.

[524] "Não se decide uma política pública de uma vez por todas; ela é formulada e reformulada indefinidamente. Formular políticas é um processo de sucessiva aproximação a alguns objetivos desejados, em que o próprio objeto desejado continua a mudar sempre que é reconsiderado. A formulação de políticas é, na melhor das hipóteses, um processo muito árduo. [...] É sábio, por conseguinte, o formulador de políticas que admite que suas decisões políticas alcançam apenas parte daquilo que ele deseja, e essas decisões, ao mesmo tempo, produzem consequências imprevistas e mesmo indesejadas por ele. Se proceder mediante uma sucessão de mudanças incrementais, ele consegue evitar, de várias maneiras, erros sérios de consequências duradouras" (LINDBLOM, Charles E. Muddling through I: a ciência da decisão incremental. *In*: SALM, José Francisco (org.). *Políticas públicas e desenvolvimento*: bases epistemológicas e modelos de análise. Brasília: UNB, 2009, p. 175).

[525] "Em razão dessa complexidade, uma política pode simplesmente não chegar a ser implementada, seja pela reação de interesses contrariados, seja por reação ou omissão dos agentes públicos envolvidos, seja por reação ou omissão até mesmo dos possíveis beneficiários. Ou, alternativamente, pode ter apenas algumas de suas partes implementadas. Pode ter partes implementadas contraditoriamente à decisão e aos seus objetivos. Pode ter partes implementadas de maneira diversa – embora não contrária – do que foi previsto. Pode ter partes implementadas contraditoriamente entre si. E muitas outras coisas podem ocorrer, gerando resultados absolutamente diferentes daquilo que se pretendia com a decisão" (RUA, Maria das Graças. *Políticas públicas*. 3. ed. rev. e atual. Florianópolis: Departamento de Ciências da Administração/UFSC; [Brasília]: CAPES: UAB, 2014, p. 100).

3. OS DESAFIOS PARA AVANÇARMOS NA PAUTA DA UNIVERSALIZAÇÃO

O novo cenário decorrente da movimentação dos atores pode ou não ser objeto de questionamento por parte dos demais, e o Direito também confere ferramentas para tanto, como a judicialização. Entretanto, fatores atinentes à burocracia e à sociedade civil podem fazer com que esse caminho não seja trilhado.

Pela ótica da Administração Pública, pode ser até mesmo conveniente o bloqueio, pelas dificuldades de implantação de um novo modelo, além de outras razões que possam impedir sua adoção – *v.g.* ausência de recursos, somada à existência de alternativas ou a incertezas decorrentes de uma modificação do *status quo*.[526] O silêncio se torna uma estratégia regulatória importante nesse contexto e pode ter consequências diretas sobre a implementação da política pública. Pelo lado da sociedade civil, agentes regulados ou mesmo dos próprios beneficiários, pode haver alguma dificuldade organizacional, ou mesmo para o acionamento dos mecanismos voltados para o restabelecimento do arranjo que decorreu da transformação original.

Em ambos os casos, os efeitos proporcionados por vias alternativas podem desestimular reações, turvando a percepção sobre a alteração do arranjo institucional. Sem pressão por parte da burocracia ou da sociedade civil, dificilmente o Poder Legislativo se movimentará.

Conforme já mencionado, a previsão de um fundo com as características do FUST na LGT e sua posterior criação representaram uma mudança substancial na forma de expansão dos serviços em si, que demandaria também uma atuação intensa por parte dos atores institucionais.

A atuação do TCU, enquanto agente de veto, contribuiu de alguma forma para a manutenção do *status quo*, mesmo diante de um movimento que poderia ser qualificado como uma transformação institucional. Isso também se pode dizer do Ministério da Fazenda, se considerada a questão orçamentária como um elemento que impediu o funcionamento do fundo conforme previsto no arranjo institucional original.

---

[526] "Changing the rules can have long-term effects that may be difficult or impossible to predict. In this case, many would prefer simply to continue with the rules they currently have – even if they are not necessarily optimal" (STEINMO, Sven. Historical Institutionalism. *In*: DELLA PORTA, Donatella; KEATING, Michael (eds.). *Approaches and Methodologies in the Social Sciences*: A Pluralist Perspective. Cambridge: Cambridge University Press, 2008, p. 167).

Nesse ponto, portanto, a discordância entre os atores institucionais quanto ao caminho a ser seguido impediu a concretização da política pública decorrente da LGT, tendo estancado o avanço da solução nela prevista. Então, com a piora das contas públicas, somou-se aí o fator orçamentário como circunstância que contribuiu com o que pode ser configurado, em alguma perspectiva, como uma manutenção do *status quo*.[527] Embora tenha havido uma mudança com relação ao modelo pré--LGT, ela passou ao largo do arranjo institucional previsto pela legislação, valendo-se de outras ferramentas para a implementação da política pública de universalização.

Independentemente do comprometimento do Poder Legislativo com a política pública de universalização das telecomunicações, é certo que os achados de pesquisa apontam que, ao fim, o arranjo institucional efetivo acabou por colocar esse ator institucional como peça central. Isso ocorre porque uma interpretação legal foi sedimentada e impediu, na prática, a alteração institucional – ao menos de ser operada como uma *transformação*, no sentido anteriormente mencionado. Apesar da miríade de projetos de lei, fato é que não houve avanço nessa frente, o que pode ser explicado, ainda que em parte, pelo comportamento do Poder Executivo.

---

[527] "Nesse diálogo de surdos, os discursos melhor articulados interferiram de maneira mais decisiva na aplicação das normas. A forma de implementação das políticas e da regulação, mais do que os diplomas legais e normas em si, vem impactando na evolução da banda larga nos últimos 20 anos, numa espécie de regulação às avessas, ou regulação por inércia. Exemplos disso são o desvio de finalidade e não uso dos recursos do Fistel e do Fust e o congelamento das licenças de televisão por assinatura até a entrada em vigor da lei do SeAC, o que demonstra que a omissão é uma das formas de decisão na esfera pública. Rua (1998, p. 5) explica que a ausência de decisão não é aleatória. A não decisão não se refere à ausência de decisão sobre uma questão que foi incluída na agenda política. Isso seria, mais propriamente resultado do emperramento do processo decisório. Não decisão significa que determinadas temáticas que ameaçam fortes interesses, ou que contrariam os código de valores de uma sociedade (e, da mesma forma, ameaçam interesses) encontram obstáculos diversos e de variada intensidade à sua transformação de um estado de coisas em um problema político e, portanto, à sua inclusão na agenda governamental" (Veloso, Elizabeth Machado. Os desafios no acesso à banda larga no Brasil. *Cadernos Aslegis*, nº 49, maio/ago. 2013, p. 125. Disponível em: https://aslegis.org.br/files/cadernos/2013/caderno-49/7-O-desafios-no--acesso-a-banda-larga-no-Brasil.pdf. Acesso em: 12 mar. 2021).

O que seria uma transformação acabou sendo caracterizado como uma acomodação persistente ou, no limite, uma reforma incremental. Isso não significou, contudo, que os atores institucionais originalmente responsáveis pela implementação da política pública tenham permanecido absolutamente inertes, o que é evidenciado pela multiplicidade de atividades descritas no Capítulo 2. Sua atuação pode ser enquadrada nas figuras que abordarei a seguir.

3.1.3. *Path dependence*: resistência à alteração institucional

Path dependence (ou dependência de trajetória) é um elemento de resistência institucional, utilizado para explicar a vinculação, ainda que indireta e informal, às experiências anteriores, mesmo diante de uma alteração institucional provocada por uma transformação – na acepção acima mencionada.[528] Essa teoria procura explicar como as instituições se valem de mecanismos de reforço e retroalimentação que, ao longo do tempo, tornam mais custosa a implementação de uma alteração institucional.[529] Além de explicar a permanência das instituições, ela também

---

[528] "As researchers began to turn their attention to the analysis of change, they recognized that institutions typically do not change rapidly-they are sticky, resistant to change, and generally only change in 'path dependent' ways. The concept of path dependence refers to a process where contingent events or decisions result in institutions being established that tend to persist over long periods of time and constrain the range of options available to actors in the future, including those that may be more efficient or effective in the long run. In other words, latter events are largely, but not entirely, dependent on those that preceded them (e.g. Nelson 1994: 132; North 1990: 93-5; Pierson 2000b; Roe 1996). Scholars who argue that institutional and policy 'legacies' constrain change make very similar arguments (e.g. Berman 1998; Dobbin 1994; Guille'n 2001; Steinmo et al. 1992)" (CAMPBELL, John L. Institutional Reproduction and Change. *In*: MORGAN, Glenn et al. (eds.). *The Oxford Handbook of Comparative Institutional Analysis*. Oxford: Oxford University Press, 2010, p. 90). A *path dependence* é apontada, ainda, como uma característica presente nas análises pautadas pelo neoinstitucionalismo histórico, conforme evidenciam HALL, Peter A.; TAYLOR, Rosemary C. R. As três versões do neoinstitucionalismo. *Lua Nova: Revista de Cultura e Política*, [on-line], nº 58, p. 193-223, 2003, p. 200. Disponível em: https://doi.org/10.1590/S0102-64452003000100010. Acesso em: 5 set. 2021.

[529] PRADO, Mariana Mota; TREBILCOCK, Michael J. Path Dependence, Development, and the Dynamics of Institutional Reform. *University of Toronto Law Journal*, Legal Studies Research Paper nº 09-04, Toronto, p. 1-49, 2009, p. 10. Disponível em: https://ssrn.com/abstract=1415040. Acesso em: 12 mar. 2021.

contribui para explicar por que, em muitos casos, o que se observa são alterações que ocorrem de forma lenta e gradual.[530]

Além do arranjo institucional inicial em si, dois fatores contribuem para a ocorrência da *path dependence*: (i) os efeitos de autorreforço decorrentes da própria prática; e (ii) os custos envolvidos na modificação.[531] Com base nesses pontos, a teoria da *path dependence* explica tanto a resistência decorrente dos atores que são beneficiados pelo arranjo anterior quanto as situações nas quais ela decorre dos custos associados à mudança em si em relação aos agentes responsáveis por implementá-la.[532] Nesse segundo caso, uma política pública institucionalizada gera, ao longo dos anos, um acúmulo de conhecimento decorrente de sua implementação, principalmente quando bem-sucedida. Assim, quanto mais familiar e confortável para o ator institucional for o arranjo original, maiores as chances de um movimento de alteração não surtir o efeito desejado – *i.e.* não representar uma alteração *de fato*.[533]

---

[530] CAMPBELL, John L. Institutional Reproduction and Change. *In*: MORGAN, Glenn *et al.* (eds.). *The Oxford Handbook of Comparative Institutional Analysis.* Oxford: Oxford University Press, 2010, p. 91.

[531] Paul Pierson utiliza o exemplo da adoção do teclado no formato QWERTY. Ainda que houvesse opção melhor, a adoção de um padrão acabou levando a um movimento de *lock--in*, que impediu a adoção de outros padrões ao longo do tempo. Acrescenta, ainda, que: "Instances of 'policy lock-in' are probably widespread. Many public policies create or extend patterns of complex social interdependence in which microeconomic models of isolated, independent individuals smoothly and efficiently adapting to new conditions do not apply. Future research should strive to identify the circumstances under which policy initiatives are likely to produce lock-in, altering the prospects for new initiatives at a later date. [...] Policies that involve high levels of interdependence and where intervention stretches over long periods are particularly likely sites for lock-in effects. Infrastructure policies (communications, transportation, and housing) are good examples, but the pensions case considered above raises the prospect of considerably broader applications" (PIERSON, Paul. When Effect Becomes Cause: Policy Feedback and Political Change. *World Politics*, [*s. l.*], v. 45, nº 4, p. 595-628, 1993, p. 610).

[532] PRADO, Mariana Mota. Institutional Bypass: An Alternative for Development Reform. *SSRN Electronic Journal*, [*on-line*], 2011. Disponível em: https://ssrn.com/abstract=1815442. Acesso em: 12 mar. 2021. p. 12.

[533] CAMPBELL, John L. Institutional Reproduction and Change. *In*: MORGAN, Glenn *et al.* (eds.). *The Oxford Handbook of Comparative Institutional Analysis.* Oxford: Oxford University Press, 2010, p. 90-91. No mesmo sentido, PRADO, Mariana Mota; TREBILCOCK, Michael J. Path Dependence, Development, and the Dynamics of Institutional Reform. University of

3. OS DESAFIOS PARA AVANÇARMOS NA PAUTA DA UNIVERSALIZAÇÃO

O direito desempenha um fator importante quanto à *path dependence*, pois aspectos jurídicos são utilizados para evitar ou dificultar mudanças. Isso pode decorrer da aplicação de precedentes judiciais ou mesmo de interpretação das regras jurídicas por parte dos atores competentes derivadas do arranjo institucional anterior,[534] ao considerarem, por exemplo, que princípios dele derivados permanecem presentes, como algo inerente a qualquer atividade relacionada à política pública em questão.[535] E, como indicado, agregamos ao caso brasileiro o posicionamento de órgãos de controle, que acabam moldando a atividade administrativa e, dessa forma, podem interferir diretamente em mudanças institucionais a partir de elementos derivados do arranjo anterior.

É dizer, todos esses aspectos sugerem que a tendência de persistência da instituição ou de sua influência para o comportamento dos agentes mesmo em uma situação de modificação decorre do fato de que (muito) raramente ela é feita sobre uma página em branco.[536]

No caso concreto, podemos pensar em ao menos três camadas para a aplicação da teoria da *path dependence*. A primeira seria a própria resistência à introdução do FUST, que passou tanto por uma interpretação da legislação habilitadora quanto pela incapacidade dos órgãos competentes para tornar o modelo viável por meio do SCD. A segunda seria no uso das ferramentas de substituição de metas e compromissos de abrangência, que possuem um traço em comum: a imposição de obrigações a operadoras, com base em experiências anteriores.

Uma terceira camada já é prospectiva, na qual a *path dependence* pode ensejar o risco de manutenção das ferramentas que funcionaram mesmo

---

Toronto Law Journal, Legal Studies Research Paper nº 09-04, Toronto, p. 1-49, 2009. Disponível em: https://ssrn.com/abstract=1415040. Acesso em: 12 mar. 2021. p. 12.

[534] SCHAPIRO, Mario Gomes. Do estado desenvolvimentista ao estado regulador? Transformação, resiliência e coexistência entre dois modos de intervenção. *Revista Estudos Institucionais*, [s. l.], v. 4, nº 2, p. 574-614, dez. 2018, p. 593. Disponível em: https://www.estudosinstitucionais.com/REI/article/view/305. Acesso em: 5 set. 2021.

[535] CAMPBELL, John L. Institutional Reproduction and Change. *In*: MORGAN, Glenn *et al.* (eds.). *The Oxford Handbook of Comparative Institutional Analysis*. Oxford: Oxford University Press, 2010, p. 91.

[536] COUTINHO, Diogo Rosenthal. *Direito econômico e desenvolvimento democrático*: uma abordagem institucional. Tese de Titularidade. Universidade de São Paulo, São Paulo, 2015, p. 299-300.

após uma mudança legislativa. Ou seja, apesar das alterações legislativas que flexibilizaram o fim das concessões e tornaram viável a aplicação dos recursos do FUST em regime privado, o passado pode condicionar o futuro, pelas razões já apontadas: maior conhecimento quanto ao seu funcionamento e efeitos, maior conforto para a Administração, resultados positivos (efeito de autorreforço). E, ainda, sem comprometimento de recursos públicos, dificultando a adoção de soluções que impliquem despesas efetivas (custo de modificação).

Essa conjunção de fatores, no âmbito do olhar prospectivo, pode indicar que os atores, caso não haja uma mudança no arranjo institucional voltada especificamente para enfrentar os problemas identificados no Capítulo 2, podem se comportar exatamente da mesma forma. Embora autores apontem a existência de dificuldades para o uso da *path dependence* na previsão de comportamentos dos agentes, dada a impossibilidade de identificar de antemão qual fato e quais características do arranjo institucional tendem a prevalecer em um cenário de mudança,[537] entendo que a observação é válida dado que o passado não pode ser ignorado.

A meu ver, inclusive, esse tipo de análise constitui um elemento fundamental de aprendizado institucional, justamente porque as alterações não são feitas em um quadro em branco.[538-539] As explicações obtidas a partir da análise do passado podem contribuir para que sejam desenha-

---

[537] PRADO, Mariana Mota. Institutional Bypass: An Alternative for Development Reform. *SSRN Electronic Journal*, [*on-line*], 2011. Disponível em: https://ssrn.com/abstract=1815442. Acesso em: 12 mar. 2021. p. 15.

[538] "History matters. It matters not just because we can learn from the past, but because the present and the future are connected to the past by the continuity of a society's institutions. Today's and tomorrow's choices are shaped by the past. And the past can only be made intelligible as a story of institutional evolution" (NORTH, Douglass C. *Institutions, Institutional Change and Economic Performance*. Cambridge: Cambridge University Press, 2018, p. vii).

[539] "The depiction of political development as a learning process is sometimes presented in sweeping terms. Heclo, for example, talks of 'social learning' and 'political learning' and identifies a number of sources of such effects. Prominent among them, however, is the impact of previously adopted public policies, and it is these 'policy-learning' effects that are relevant here. Important political actors may become aware of problems as a result of their experiences with past initiatives. The setting of a new agenda and the design of alternative responses may build on (perceived) past successes or may reflect lessons learned from past mistakes" (PIERSON, Paul. When Effect Becomes Cause: Policy Feedback and Political Change. *World Politics*, [*s. l.*], v. 45, nº 4, p. 595-628, 1993, p. 612).

dos arranjos que busquem o aperfeiçoamento das instituições, ainda que não seja possível garantir a possibilidade de antecipar os resultados de uma dada alteração institucional[540] – e, inclusive, não é o meu intuito.

De forma geral, entendo que explicar o passado é fundamental para compreender como se desenharam as reformas propostas para uma dada política pública, no caso, a de universalização das telecomunicações. A aderência das alterações aos fatores que marcaram seu insucesso me parece fundamental para que ao menos *seja possível* solucionar os problemas identificados, ou seja, haja maior probabilidade de distanciamento de uma dependência de trajetória negativa, como a observada no presente caso.

Portanto, os fatores que explicam a ocorrência da *path dependence* em um olhar retrospectivo podem perfeitamente contribuir para ajustes institucionais de caráter prospectivo, justamente para evitar situações de *lock-in*, nas quais a alteração pretendida simplesmente não funciona por não considerar adequadamente os pontos de autorreforço e custos de modificação do arranjo original, ou mesmo a interação entre instituições.[541]

3.1.4. *Bypass*: uma forma de lidar com defeitos no arranjo institucional

A dificuldade em alterar uma instituição, mesmo quando disfuncional, pode levar os atores a adotar medidas para contornar a mudança em vez de dedicar sua energia a uma modificação ou criação de uma nova instituição que, além de não ocorrer, pode não gerar os resultados almejados.

---

[540] STEINMO, Sven. Historical Institutionalism. *In*: DELLA PORTA, Donatella; KEATING, Michael (eds.). *Approaches and Methodologies in the Social Sciences*: A Pluralist Perspective. Cambridge: Cambridge University Press, 2008, p. 175.

[541] "Considering these implications of path dependence theory for institutional reforms, the room for maneuver seems rather constrained if we attempt to use concepts from path dependence theory in a forward-looking manner. Self-reinforcement mechanisms increase switching costs, which lock-in certain legal, political and institutional arrangements. In addition, mutually reinforcing mechanisms suggest that institutional interdependencies that are the historical legacy of myriad past events may undermine the success of nodal institutional reforms, implying that we cannot modify any of these institutions in isolation but must address the entire institutional matrix, which may not be feasible in normal times" (PRADO, Mariana Mota; TREBILCOCK, Michael J. Path Dependence, Development, and the Dynamics of Institutional Reform. *University of Toronto Law Journal*, Legal Studies Research Paper nº 09-04, Toronto, p. 1-49, 2009. Disponível em: https://ssrn.com/abstract=1415040. Acesso em: 12 mar. 2021. p. 16 e 32).

Nesse caso, estamos diante de um *bypass* institucional, que não deixa de ser uma forma de alteração da instituição, que se realiza por meio de caminhos alternativos,[542] adotados de forma transitória.[543]

De início, pontuo que utilizo uma versão adaptada do conceito original de *bypass* institucional, com o objetivo de enfatizar uma forma específica de atuação dos atores institucionais no caso concreto que analisei. O conceito original pode ser mais bem explicado com um exemplo, o do Poupatempo.[544] Trata-se de uma iniciativa do governo do estado de São Paulo para concentrar em um único local uma série de serviços públicos, como obtenção de documentos absolutamente necessários à vida civil (registro geral de identificação, carteira de habilitação, título de eleitor, por exemplo), entre outras atividades. É certo que uma parcela substancial desses serviços poderia ser simplificada (*v.g.* consolidação da identificação civil em um único documento, agregando toda as demais habilitações necessárias, como para dirigir ou votar).

No entanto, esse tipo de alteração envolve uma série de medidas, desde alterações legislativas até o deslocamento de competências entre entes federados distintos. O Poupatempo representa uma espécie de *bypass* institucional justamente por passar ao largo de modificações institucionais profundas ou mesmo a criação de uma nova instituição, mas simplesmente atuando por meio da organização dos serviços e a forma de atendimento ao usuário, com grande impacto sobre a sua percepção de eficiência dos serviços. Aqui o usuário do serviço público passa a dispor de uma alternativa em relação ao arranjo original, que com ele compete pela sua preferência. Não havia obrigação para que um governo estadual adotasse esse modelo de disponibilização dos serviços públicos relacionados a outros entes (União) e poderes (Poder Judiciário, no caso da Justiça Eleitoral).

---

[542] PRADO, Mariana Mota. Institutional Bypass: An Alternative for Development Reform. *SSRN Electronic Journal*, [on-line], 2011. Disponível em: https://ssrn.com/abstract=1815442. Acesso em: 12 mar. 2021. p. 15.

[543] PRADO, Mariana Mota; TREBILCOCK, Michael J. *Institutional Bypasses*: A Strategy to Promote Reforms for Development. Cambridge: Cambridge University Press, 2019, p. 134.

[544] PRADO, Mariana Mota. Institutional Bypass: An Alternative for Development Reform. *SSRN Electronic Journal*, [on-line], 2011. Disponível em: https://ssrn.com/abstract=1815442. Acesso em: 12 mar. 2021. p. 29, 34-35.

3. OS DESAFIOS PARA AVANÇARMOS NA PAUTA DA UNIVERSALIZAÇÃO

Uma característica do *bypass* é que, justamente, ele está vinculado a uma opção aberta pelo arranjo institucional, e não a uma obrigação por ele estabelecida. Dito de outro modo, não se considera que um caminho alternativo representa um contorno quando o arranjo estabelece a sua adoção de forma obrigatória, não deixando espaço para discricionariedade, aqui compreendida como uma possibilidade de escolha entre caminhos. Nesse caso, não há propriamente o estabelecimento de uma condição de contorno, mas sim uma solução proporcionada pelo próprio arranjo – que pode ter decorrido, justamente, de um ajuste voltado para corrigir uma distorção.[545]

Conforme mencionado no item anterior, mesmo em um contexto de reforma institucional pode haver uma dificuldade para que o novo arranjo funcione do modo previsto pelos reformadores, em função de *path dependence*. Essa situação também abre espaço para o *bypass*, que pode ser utilizado pelos atores envolvidos para contornar resistência à implementação das alterações.

De forma geral, portanto, o *bypass* é caracterizado pelos seguintes elementos: (i) mantém a instituição disfuncional intocada; (ii) cria caminhos alternativos; (iii) a alternativa existe por ser mais eficiente que o caminho original e com ele compete; (iv) o poder de decisão entre o uso de um caminho ou outro é do próprio usuário; e (v) procura atender a um objetivo específico.[546] Na acepção original, o *bypass* é uma forma inteligente e inovadora de contornar resistência a alterações de instituições deficientes, permitindo a experimentação.[547]

---

[545] PRADO, Mariana Mota. Institutional Bypass: An Alternative for Development Reform. *SSRN Electronic Journal*, [on-line], 2011. Disponível em: https://ssrn.com/abstract=1815442. Acesso em: 12 mar. 2021. p. 29.

[546] PRADO, Mariana Mota. Institutional Bypass: An Alternative for Development Reform. *SSRN Electronic Journal*, [on-line], 2011. Disponível em: https://ssrn.com/abstract=1815442. Acesso em: 12 mar. 2021. p. 30.

[547] "Institutional bypasses offer a reform strategy that may help to overcome resistance to reforms, while at the same time allowing form incrementalism, reflexivity, and experimentation in resolving genuine outome uncertainties. These features make them extremely attractive in contexts where internal reforms are unlikely to be feasible" (PRADO, Mariana Mota; TREBILCOCK, Michael J. *Institutional Bypasses*: A Strategy to Promote Reforms for Development. Cambridge: Cambridge University Press, 2019, p. 23).

O caso da universalização das telecomunicações não partilha algumas dessas características, notadamente a opção direta pelo usuário. Uso aqui, assim, uma forma adaptada dessa figura para, no interior de um contexto de mudança incremental, qualificar o uso de meios já conhecidos para tentar dar efetividade à política pública, apesar dos problemas que atacam uma de suas ferramentas. Não se trata de um caso em que o usuário do serviço final tem uma "opção" (direta ou indireta) de escolher entre instituições (ou ferramentas).[548] Procuro me utilizar aqui da ideia de que os atores institucionais podem utilizar ferramentas alternativas para contornar o não funcionamento ou o funcionamento defeituoso de uma instituição.

Igualmente, o *bypass*, na acepção que utilizo, não significa necessariamente algo positivo para uma determinada política pública.[549] Aqui indico que ele pode ser utilizado em um sentido negativo, como um meio de evitar uma mudança institucional mais complexa, ou seja, para perpetuar o *status quo* ou alterá-lo o mínimo possível. Ou seja, isso pode ocorrer para evitar que um caminho de mudança institucional mais intensa e mais complexa seja adotado pelos atores institucionais, preservando-os de ter de enfrentar outros problemas.

O Capítulo 2 evidencia que o caminho eleito pela LGT como a principal via para a universalização dos serviços de telecomunicações se tornou praticamente inviável, não sendo utilizado na prática. Diante desse

---

[548] Prado explica que, na acepção tradicional de *bypass*, sob a ótica da relação *principal-agent*, o governo passa a ser o agente, enquanto o cidadão se torna o principal (PRADO, Mariana Mota. Institutional Bypass: An Alternative for Development Reform. *SSRN Electronic Journal*, [on-line], 2011. Disponível em: https://ssrn.com/abstract=1815442. Acesso em: 12 mar. 2021. p. 36). Efetivamente, isso não ocorre na universalização dos serviços de telecomunicações – razão pela qual uma adaptação do conceito é necessária.

[549] Sobre o uso negativo do *bypass* institucional, ainda que em uma acepção diversa da aqui proposta: "In the same way that institutional bypasses may offer a way around undesirable forms of resistance, they may also allow badly conceived or illegitimate reforms to overcome principled and legitimate sources of resistance. Such use of institutional bypasses would be socially undesirable and points to dangers in their indiscriminate use as a means of instituting reforms. It is therefore important to differentiate between desirable and undesirable bypasses, and acknowledge that bypasses may also be used (or abused) to overcome legitimate mechanisms of checks and balances, thus presenting a significant danger to well-structured polities" (PRADO, Mariana Mota; TREBILCOCK, Michael J. *Institutional Bypasses*: A Strategy to Promote Reforms for Development. Cambridge: Cambridge University Press, 2019, p. 18).

3. OS DESAFIOS PARA AVANÇARMOS NA PAUTA DA UNIVERSALIZAÇÃO

cenário, os atores estatais envolvidos seguiram por caminhos alternativos, criados, reforçados ou reinventados, com maior ou menor êxito. Talvez até mesmo de maneira inconsciente, o *bypass* foi utilizado para evitar, não promover uma alteração institucional.

A grande mudança institucional advinda da LGT seria a universalização contando com a aplicação dos recursos do FUST como sua principal ferramenta. Este se mostrou um caminho complexo, dependendo de definição de prioridades, planejamento de longo prazo, elaboração de projetos, elevada coordenação institucional e federativa, condução de leilões reversos, monitoramento dos projetos individualmente e, ainda, o emprego de recursos públicos. O arranjo institucional original da LGT subestimou, de alguma forma, essa complexidade, o que levou os atores institucionais a se valerem de arremedos e improvisos, dos *bypasses* no sentido em que trato aqui.

Na política de universalização, o *bypass* gerou lacunas, justamente porque os mecanismos mais bem-sucedidos (calcados na imposição de obrigações aos agentes regulados) tinham limitações (sendo o PNBL um bom exemplo). E, justamente, caminhos alternativos com melhores resultados foram aqueles derivados de práticas já conhecidas e consolidadas de substituição de metas e vinculação de obrigações a leilões de direito de uso de radiofrequências – remetendo à ideia de *path dependence* trabalhada no item anterior, com suas lacunas.

3.1.5. Conclusão parcial

O objetivo dessa primeira parte do capítulo foi o de estabelecer uma ponte entre a observação da política pública de universalização, a partir de seu arranjo institucional, tanto estático (*i.e.* como previsto na norma) quanto dinâmico (*i.e.* como ele funcionou na vida real), e teorias relacionadas à análise institucionalista que me pareceram aptas a explicar as diferenças entre o arranjo institucional idealizado e o efetivamente aplicado pelos atores institucionais. Essa ponte, ainda, permite-me avançar na solução das perguntas de pesquisa.

Como exposto no início do Capítulo 1, é certo, contudo, que a concatenação das observações anteriores é uma das múltiplas formas possíveis de tentar abordar o problema das políticas públicas de universalização, refletindo uma escolha do autor. Diferentes formas de enxergar a política de universalização, a partir de outros referenciais teóricos, podem gerar uma visão distinta acerca da aplicação dos conceitos apresentados.

Embora me pareça apropriado o emprego do conceito de *bypass*, também seria possível explicar as diferenças entre o arranjo ideal e o efetivo apenas com base na ideia de *path dependence*, embora com menor precisão, a meu ver. Também seria possível cogitar que as alterações institucionais foram realizadas de forma incremental ao longo do tempo, por esse ser o meio possível de implementá-las. Igualmente, como destaquei, o próprio conceito de instituição poderia levar a um referencial analítico distinto, elucidando outros aspectos relacionados às alterações institucionais (por exemplo, a relação entre instituições).

De qualquer modo, é o instrumental analítico mencionado que pretendo utilizar como base para avaliar alterações na política pública de universalização, sejam elas já promovidas ou não. Durante a elaboração do presente estudo, alguns movimentos foram adotados para aprimorar o setor, com reflexo sobre a política pública de universalização, mas sem que tenha havido tempo para aferir qualquer reflexo acerca das medidas aprovadas.

Assim, tendo em vista que o aperfeiçoamento deve estar amarrado ao diagnóstico[550] (refletindo aqui a relação entre os Capítulos 1 e 2 e o Capítulo 3), posso verificar se tais esforços de aprimoramento, à luz do exposto, podem resultar em uma melhora ou se, efetivamente, significam a manutenção do *status quo*. É o que farei a seguir.

3.2. Aprendemos alguma coisa? Uma primeira análise dos movimentos de atualização do setor sob a ótica da universalização

O cenário descrito no Capítulo 2 levou o Ministério das Comunicações e a Anatel a avançarem em direção à migração das concessões para um regime de autorização. Conforme descrito no PERT 2021, seria possível utilizar os recursos liberados a partir das concessões extintas para os investimentos necessários a viabilizar a exploração de serviços de suporte ao provimento de internet em banda larga. Esse movimento foi acompanhado pela aprovação da última rodada de revisões quinquenais dos contratos de concessão, desenhando o caminho que será trilhado caso não haja adaptação.

---

[550] COUTINHO, Diogo Rosenthal. *Direito econômico e desenvolvimento democrático*: uma abordagem institucional. Tese de Titularidade. Universidade de São Paulo, São Paulo, 2015, p. 301.

Em paralelo a esses movimentos, também houve a alteração da Lei do FUST, eliminando as barreiras que impediram, sob a ótica do TCU, a realização de investimentos em serviços explorados sob o regime privado. Outro instrumento que merece referência é o Edital de 5G, também aprovado pela Anatel, e o procedimento licitatório dele decorrente.

A seguir abordarei, à luz do exposto nos Capítulos 1 e 2, bem como nas teorias descritas, como cada um desses instrumentos foi estruturado pelos atores institucionais e se eles efetivamente refletem algum aprendizado a partir da experiência setorial. É importante ressalvar um traço comum a todos eles: ao contrário da abordagem realizada até aqui, o tempo decorrido a partir da criação desses instrumentos não permite uma aferição de seus resultados e efeitos sobre a pauta da universalização.

Dessa forma, a análise crítica que farei a seguir, em relação a esses pontos, será mais voltada para os aspectos estruturais e para a identificação de potenciais lacunas a partir das experiências pretéritas, principalmente considerando se foram adotadas cautelas para solucionar os gargalos até aqui apontados. Dito de outro modo: o objetivo é verificar se os atores institucionais incorporaram algum tipo de aprendizado ao promover medidas de alteração institucional, na tentativa de aprimorar as ferramentas disponíveis (ou utilizar novas), com o objetivo de tornar o arranjo institucional da universalização mais efetivo.

3.2.1. Lei nº 13.879/2019, o novo modelo e o PGMU V

Em linha com o exposto anteriormente em diversos pontos do texto, a Lei nº 13.879/2019 representou um importante marco setorial, por pavimentar o caminho para alteração no modelo de telecomunicações descrito no Capítulo 1 e que pautou o caminho abordado ao longo do Capítulo 2. Ela é apontada, em um viés otimista, como uma verdadeira revolução setorial, capaz de alçar o setor de telecomunicações brasileiro a um outro nível e aproximá-lo das experiências mais bem-sucedidas.[551]

Ou seja, a Lei nº 13.879/2019 seria caracterizada como uma alteração abrupta da política de universalização ao viabilizar o encerramento das concessões e atingindo indiretamente ferramentas que dela dependem

---

[551] BALBINO, Abraão. Lei 13.879/19: um novo ciclo de regulação econômica, *Teletime*, 16 dez. 2019. Disponível em: https://teletime.com.br/16/12/2019/lei-13-879-19-um-novo-ciclo-de-regulacao-economica/. Acesso em: 14 abr. 2021.

em alguma medida (substituição de metas e, em alguma extensão, compromissos de interesse da coletividade). Conforme abordarei a seguir, em minha visão estamos diante de mais um movimento de alteração gradual, altamente influenciado pelo *status quo* e com caraterísticas passíveis de incorrer em *path dependence*.

Essa mesma característica é partilhada pela alternativa à adaptação, que é a continuidade dos contratos de concessão até o seu termo final. É aí que se insere a última revisão do Plano Geral de Metas de Universalização, impondo novas obrigações para as concessionárias a serem executadas até o seu termo final, no último movimento de substituição de metas. Nesse período até 2025 uma das opções será provavelmente selecionada pelas atuais concessionárias.

Procuro, a seguir, sumarizar as principais alterações trazidas pela Lei nº 13.879/2019 com relação às concessões, bem como a alternativa colocada pelo novo PGMU, além das reações dos atores institucionais a elas.[552]

3.2.1.1. Adaptação de regime e suas características

Com relação ao primeiro tema, a Lei nº 13.879/2019 alterou diversas disposições da LGT para reduzir os riscos de um modelo de exploração de serviços integralmente baseado no regime privado – o que é qualificado como "novo modelo". Embora haja posicionamento interno da Anatel quanto à desnecessidade de alteração legislativa, conforme indicado no Capítulo 2, efetivamente as tentativas de implementação do novo modelo não avançaram até o advento da lei – o que pode ser atribuído, em parte, ao posicionamento do TCU, conforme destaquei no Capítulo 2.

Em brevíssima síntese, aponto as seguintes alterações: (i) a LGT foi modificada de forma a não mais qualificar o STFC como uma modalidade passível de exploração em regime público (supressão do parágrafo único do art. 64); (ii) criou-se um conceito de "serviço privado essencial" não sujeito à universalização, eufemismo necessário para justificar a imposição de obrigações, mas não a aplicação dos recursos do FUST[553]

---

[552] Abordarei os impactos da lei para a gestão de espectro ao tratar do Edital de 5G.
[553] A questão foi equacionada apenas com a edição da Lei nº 14.109/2020, conforme abordarei adiante.

3. OS DESAFIOS PARA AVANÇARMOS NA PAUTA DA UNIVERSALIZAÇÃO

(art. 65, § 1º) – o que mantém, sob a ótica jurídica, a distinção entre universalização em sentido estrito e amplo, conforme explicitado no Capítulo 1; (iii) as concessões passaram a ser prorrogáveis por períodos sucessivos, não estando mais sujeitas necessariamente a um termo final (art. 99); (iv) a instituição de um regime de adaptação das concessões para autorizações, mediante a assunção de obrigações valoradas à luz da extinção dos contratos atuais (arts. 144-A, 144-B e 144-C).

Na sequência dessas alterações, o Poder Executivo editou o Decreto nº 10.402, de 17 de junho de 2020, e a Anatel, por sua vez, aprovou a Resolução nº 741, de 8 de fevereiro de 2021 (Regulamento de Adaptação). Essas normas disciplinam de forma mais detalhada o procedimento de adaptação, inclusive quanto à quantificação das obrigações que serão exigidas como contrapartida, além de já estabelecer critérios para defini-las.

Com relação ao procedimento, é importante destacar a forma com que se dará o estabelecimento do "valor econômico associado à adaptação", que corresponderá aos investimentos que serão realizados. Aqui, fundamentalmente, a Anatel utiliza três referências:[554] (i) eventuais saldos do PGMU, caso existentes; (ii) desonerações já realizadas em relação aos contratos de concessão; e (iii) valor associado aos bens reversíveis.

Sobre o último ponto, é importante notar que a Lei nº 13.879/2019 esclareceu que a reversão de bens no setor de telecomunicações abrange a posse dos bens utilizados simultaneamente a mais de um serviço, conforme previsão do art. 102 da LGT em sua redação original. Aqui houve uma reação legislativa aos debates em torno da operacionalização da reversão no setor de telecomunicações.

Em brevíssima síntese, tendo em vista que não é objetivo do estudo aprofundar o debate em torno desse tema, a divergência ocorre porque no setor de telecomunicações, ao contrário de outros, as concessionárias também prestam serviços que não integram o objeto da concessão utilizando as mesmas redes. Dado o caráter multisserviço, discutiu-se muito a forma com que deve ser operacionalizada a reversão ou quantificados os valores atrelados aos bens por ela atingidos em caso de adaptação,

---

[554] Art. 12 do Regulamento de Adaptação.

uma vez que, em um ou outro caso, não poderia haver ampliação, na prática, do objeto do contrato de concessão.

Aqui seria necessário considerar uma reversão *sui generis*, sobre o direito de uso do bem necessário à continuidade do STFC em regime público, atingindo proporcionalmente a parcela dos bens da concessionária efetivamente dedicada a esse serviço.[555] Esse mecanismo está alinhado à forma de operacionalização da reversão apontada pela Anatel em sua regulamentação mais recente.[556]

Assim, no cálculo da adaptação, deverão ser considerados apenas as parcelas indispensáveis e efetivamente aplicadas ao objeto da concessão (art. 144-C), e não a integralidade dos bens de uso compartilhado que compõem o patrimônio das concessionárias. Não há que se confundir, assim, valor do patrimônio das operadoras com aquele atribuído à adaptação.[557]

---

[555] Sobre o tema, *vide* SUNDFELD, Carlos Ari; CÂMARA, Jacintho Arruda. O serviço telefônico e a reversão de bens. *In*: GUERRA, Sérgio (coord.). *Temas de direito regulatório*. Rio de Janeiro: Freitas Bastos, 2004. p. 134-159; MARQUES NETO, Floriano de Azevedo. Bens reversíveis nas concessões do setor de telecomunicações. *Revista de Direito Público da Economia*, Belo Horizonte, nº 8, p. 99-121, out./dez. 2004; PRADO FILHO, José Inácio Ferraz de Almeida; ADAMI, Mateus Piva; PEREIRA NETO, Caio Mário S. Notas sobre a disciplina infralegal da reversibilidade dos bens afetados aos serviços públicos de telecomunicações: inovações e ilegalidades da Resolução Anatel nº 447/2006. *Revista de Direito de Informática e Telecomunicações*, Belo Horizonte, v. 6, p. 89-109, 2009; MATTOS, Paulo Todescan Lessa. Desafios da regulação de telecomunicações no Brasil. *In*: GUERRA, Sergio (org.). *Regulação no Brasil*: uma visão multidisciplinar. Rio de Janeiro: FGV, 2014. p. 261-284; PEREIRA NETO, Caio Mário da Silva; ADAMI, Mateus Piva; CARVALHO, Felipe Moreira de. Reversibilidade de bens em concessões de telecomunicações. *Revista de Direito Público da Economia*, Belo Horizonte, v. 55, p. 73-110, 2016; e ADAMI, Mateus Piva; PEREIRA NETO, Caio Mario da Silva. Reversibilidade de bens nas concessões de telecomunicações: o caminho em direção à segurança jurídica. *Revista de Direito Administrativo*, [*s. l.*], v. 281, nº 1, p. 207-232, 2022.

[556] Destaco a previsão da Resolução nº 744, de 8 de abril de 2021 (Regulamento de Continuidade): "Art. 25. Ao término dos contratos de concessão ou termos de permissão, será garantida a cessão de direito de uso dos bens de uso compartilhado em condições econômicas justas e razoáveis, caso o Poder Concedente ou a empresa que sucederá a Prestadora queiram fazer uso de tais bens para manter a continuidade da prestação do STFC em regime público".

[557] Trata-se de avaliação complexa, que demandou a contratação de uma consultoria especificamente para auxiliar a Anatel na aferição do valor, um consórcio formado por Axon

Na ponta das obrigações existem duas categorias distintas. A primeira é destinada à continuidade dos serviços de voz, até 31 de dezembro de 2025, nas áreas sem competição adequada e mediante a manutenção da oferta de planos comerciais em condições não inferiores ao AICE, mantidas as condições presentes no PGMU.[558]

A segunda corresponde aos compromissos de investimentos, selecionados pelas operadoras que abrangem, dentre outros: (i) implantação de *backhaul* com fibra ótica até a sede do município; (ii) implantação do SMP em tecnologia 4G ou superior em localidades desprovidas de rede de acesso móvel em banda larga; e (iii) implantação do SMP em tecnologia 4G ou superior em rodovias federais desprovidas de redes de acesso móvel em banda larga.[559]

São elegíveis apenas aqueles que tenham VPL negativo, ou seja, em que não seja possível obter retorno do investimento por meio da exploração do próprio projeto. É sobre essa parcela que é compensado o valor da adaptação, o que gera o montante exigido de investimento.[560]

Também há previsão de que os investimentos devem ser feitos prioritariamente nas regiões Norte e Nordeste (50% do VPL total negativo).[561] Outra condição é a destinação dos recursos ao atendimento de mercados pouco ou não competitivos, conforme critérios estabelecidos no Plano Geral de Metas de Competição da Anatel.[562] O ponto da competição também está presente na garantia de acesso à infraestrutura instalada pelas prestadoras adaptadas por terceiros, pela imposição de regra de compartilhamento, tanto no caso do *backhaul* quanto na instalação de redes de SMP.[563]

3.2.1.2. Riscos e questionamentos quanto à adaptação de regime
É importante destacar alguns riscos de caráter jurídico, que já estão materializados ou já foram cogitados, com relação à adaptação de regime.

Partners Group Consulting, CPQD e Management Solutions. Para o conjunto das concessões foi inicialmente estabelecido um valor inicial aproximado de R$ 22 bilhões.

[558] Arts. 13 e 14 do Regulamento de Adaptação.
[559] Art. 16 do Regulamento de Adaptação.
[560] Art. 16, §§ 2º e 3º, do Regulamento de Adaptação.
[561] Art. 16, § 4º, do Regulamento de Adaptação.
[562] Art. 17 do Regulamento de Adaptação.
[563] Arts. 23 e 24 do Regulamento de Adaptação.

O processo de adaptação, de fato, já encontra questionamento junto ao Poder Judiciário, promovido por uma série de entidades do terceiro setor.[564] Em síntese, os dispositivos relativos ao cálculo do valor da adaptação, especificamente aqueles vinculados à quantificação do valor dos bens reversíveis, foram apontados como ilegais, por não considerarem as alienações ocorridas ao longo do período da concessão.

Aqui, o litígio decorre das diferentes percepções quanto ao conceito de reversibilidade e sua abrangência no âmbito do setor e à luz das regras contratuais, sendo certo que o aprofundamento dessa discussão não é objeto do presente estudo. O ponto relevante aqui é justamente a existência de divergências na quantificação dos bens, que acarreta incertezas quanto à adaptação.

Outro risco, aqui teórico, e estritamente jurídico, diz respeito a um resultado possível, que é a extinção de todas as concessões, mantendo apenas autorizações para a prestação de todos os serviços de telecomunicações. Tanto no Relatório do Grupo de Trabalho do Ministério das Comunicações[565] quanto nas contribuições colhidas junto à sociedade civil[566] houve a indicação de um risco jurídico para a constitucionalidade de um modelo estritamente calcado em autorizações. Segundo essa visão, a competência estabelecida no art. 21, inc. X, da CF/88 obrigaria a manutenção, ainda que residual, de serviço de telecomunicação sob a forma de uma concessão de serviço público regida pelo art. 175.

Isso seria decorrência da necessidade de se preservar a "titularidade" do serviço pela União, sob regime jurídico de "serviço público", o que não ocorreria, segundo essa visão, com serviços prestados exclusivamente em regime privado por meio de autorizações. Sustenta-se, assim, que essa situação ofenderia o art. 175 da CF/88, haja vista que, por força de

---

[564] Ação Civil Pública nº 1043563-46.2020.4.01.3400, em tramitação perante a 3ª Vara Cível da Justiça Federal do Distrito Federal. A medida liminar foi indeferida em 9 de setembro de 2020.

[565] MINISTÉRIO DAS COMUNICAÇÕES. *Alternativas para a revisão do modelo de prestação de serviços de telecomunicações*. Relatório Final do Grupo de Trabalho entre o Ministério das Comunicações e a ANATEL, Brasília, 2016, p. 177 e 267.

[566] Cf. contribuições no *site* http://www.participa.br/profile/revisaodomodelo, por exemplo: "a extinção das concessões no setor de telecomunicações apresentaria um problema de constitucionalidade, uma vez que será necessário dar alguma lógica para esse instituto, bem como à permissão, tal como previsto na Constituição Federal".

seu art. 21, inc. XI, a União seria obrigada a explorar os "serviços públicos" por meio de concessões, fixando a forma com que a titularidade da atividade é exercida.[567]

Entendo que o argumento não procede, pois o art. 21, inc. XI, da CF/88 é claro ao conferir uma alternativa para que a União discipline a melhor forma de prestar os serviços, não gerando qualquer tipo de obrigação para que sejam explorados sob um formato jurídico específico. Cabe à legislação setorial definir como essas atividades serão exploradas, o que foi feito mediante a LGT – que não criou qualquer obrigatoriedade para a existência de concessões. Esse ponto já foi enfrentado pela Anatel, que afastou a necessidade de haver uma concessão, ainda que com escopo reduzido, simplesmente para dar cumprimento à disposição constitucional.[568]

Um último ponto, já referido no Capítulo 2, decorre da competência do TCU em avaliar o procedimento de adaptação, sendo certo que o simples início do procedimento regulamentar já levou o órgão de controle a tecer uma série de considerações acerca desse caminho, conforme mencionado anteriormente.[569] Uma intervenção do órgão, como agente de veto, poderia comprometer a adaptação de regime, caso torne as condições inviáveis para as concessionárias, por se tratar de algo opcional e não vinculante.

3.2.1.3. PGMU V como alternativa à adaptação de regime

Em paralelo à discussão do novo modelo, houve outra alteração relevante para as concessões do STFC, representada pelo Decreto nº 10.610, de 27 de janeiro de 2021, que aprovou o PGMU V. Trata-se da última revisão quinquenal desse primeiro ciclo de concessões pautadas pela LGT, sendo especialmente importante por ser voltado para disciplinar as metas de universalização que não optarem pela adaptação.

---

[567] Seguindo essa linha, *vide* VELOSO, Elizabeth Machado. Os desafios no acesso à banda larga no Brasil. *Cadernos Aslegis*, nº 49, maio/ago. 2013. Disponível em: https://aslegis.org.br/files/cadernos/2013/caderno-49/7-O-desafios-no-acesso-a-banda-larga-no-Brasil.pdf. Acesso em: 12 mar. 2021. p. 121.

[568] Conferir itens 96 e ss. do Parecer nº 00508/2016/PFEANATELSEDE/PGF/AGU, de 5 de agosto de 2016.

[569] Acórdão nº 3.076/2016, Rel. Min. Bruno Dantas, de 30 de novembro de 2016.

Em termos materiais, a instalação de acessos individuais foi mantida sob demanda, em linha com o PGMU IV.[570] Quanto ao AICE, reconhece-se que o plano tem baixíssima adesão mas, em aparente contradição com o quanto exposto no Capítulo 2, entendeu-se que isso seria uma decorrência da própria natureza da ferramenta – *i.e.* por ser destinada a famílias de baixa renda inscritas no CadÚnico.[571]

É certo que o problema do AICE não reside no número de destinatários potenciais do programa, por ser um universo substancial da população brasileira. Conforme apontado anteriormente, a baixa adesão é consequência direta tanto do desinteresse pelo produto em si (telefonia fixa) quanto pela ausência de condições comerciais razoáveis.

Como resultado, o PGMU V manteve tanto a obrigação de implantação de sistema de acesso fixo sem fio derivado do PGMU IV quanto o *backhaul* implantado por força do PGMU 2,5 – de acordo com os planos que o antecederam em relação a esse último ponto. A maior inovação decorre da determinação para a aplicação dos saldos indicados no PGMU IV, em uma atividade já bastante conhecida: substituição de metas para a implantação de *backhaul*.

O PGMU V destina a integralidade do saldo para a implantação de *backhaul* em fibra ótica, com capacidade mínima de 10 Gbps, para sedes de municípios, vilas, áreas urbanas isoladas e aglomerados rurais que ainda não disponham dessa infraestrutura, que devem ser atendidos até 31 de dezembro de 2024.[572] É mantida a obrigação de compartilhamento

---

[570] "De fato, a exigência de disponibilização de acessos individuais em toda e qualquer localidade que atenda ao perfil populacional passou a se mostrar medida desproporcional e ineficiente, uma vez que, em função do decrescente interesse pelo STFC, localidades passaram a ser atendidas pelas concessionárias, mas não tinham qualquer demanda. Assim, condicionar a implantação de rede à existência de solicitação de interessado garante que os investimentos sejam justificados" (Análise nº 259/2020/EC, Rel. Cons. Emmanoel Campelo, de 17 de dezembro de 2020).

[571] "Quanto ao AICE, vale dizer que não foi criado para se tornar uma oferta popular e dominante no serviço, mas para conferir uma opção mais acessível a um grupo restrito de interessados. Não por outro motivo, o plano é destinado apenas para as famílias inscritas no Cadastro Único. Por esse motivo, considero que a alegada baixa demanda não pode ser motivação para a exclusão da obrigação" (Análise nº 259/2020/EC, Rel. Cons. Emmanoel Campelo, de 17 de dezembro de 2020).

[572] Arts. 17 e 18 do PGMU V.

da infraestrutura com terceiros, que pode ser dispensada caso seja verificada a existência de competição em um mercado relevante específico.[573]

De qualquer modo, caso não haja adaptação de regime, a concessionária estará obrigada a realizar os investimentos para dar cumprimento ao PGMU V e, ao final do ano de 2025, submeter-se ao regime de reversão de bens previsto pelo Regulamento de Continuidade.

3.2.1.4. Aspectos críticos

Como se vê, a Lei nº 13.879/2019 não procurou tratar diretamente da política pública de universalização, mas sim alterar um aspecto relacionado a uma das ferramentas utilizadas, que é a imposição de obrigações às operadoras, antevendo o final das concessões atuais. A princípio, esse movimento poderia ser qualificado como uma espécie de substituição de metas 2.0, que seria operada já sem as amarras do contrato de concessão.

Contudo, essa característica não pode ser apontada como uma inovação propriamente dita. O PGMU V, que representa opção de manutenção das concessões, já traz obrigações muito similares em termos qualitativos ao que está posto pelo Regulamento de Adaptação. Ademais, na prática, o Regulamento de Adaptação mantém a obrigatoriedade de disponibilização do serviço de voz até 31 de dezembro de 2025, o que só contribui para a similaridade das duas figuras.

De fato, a maior inovação do modelo trazido pela Lei nº 13.879/2019 é a possibilidade de extinção do regime de concessões, eliminando o regime de reversão atualmente estabelecido e capaz de estancar os prejuízos que as concessionárias sustentam incorrer por conta do decréscimo do STFC, provocando a insustentabilidade do negócio. Conforme apontado no Capítulo 2, um dos motivos da revisão do modelo foi, justamente, a constatação tanto pela Anatel quanto pelo Ministério das Comunicações de que as concessões, ainda que não todas, já teriam entrado ou entrariam em breve em uma situação de insustentabilidade.[574]

---

[573] Art. 20 do PGMU V.
[574] A disputa sobre a insustentabilidade e seus efeitos já foi objeto de deliberação no âmbito da Anatel, negando os pleitos das concessionárias, havendo três pedidos de instauração de arbitragens apresentados por elas, envolvendo esse aspecto, além de outros pontos de divergência. Sobre o assunto, *vide* POSSEBON, Samuel. Oi sinaliza pedido de arbitragem em relação a desequilíbrios da concessão, *Teletime*, 26 jan. 2021. Disponível

É necessário reconhecer que esses pontos têm um valor em si, por reduzirem a insegurança jurídica sobre o setor, mitigarem o tamanho do risco de responsabilização da União pela insustentabilidade (a depender da solução do litígio), além de abrirem espaço para outros modelos de exploração de serviço no cenário pós-concessões. No entanto, fundamentalmente será mantida a lógica de substituição de metas, o que evidencia a dependência das ferramentas de imputação de obrigações a operadoras.

Em linha com o exposto acima, trata-se de um caso de *path dependence*, no qual a reforma regulatória acabou simplesmente adotando a ferramenta já exaustivamente utilizada ao longo das duas últimas décadas no setor. Excetuada a questão da reversibilidade – que deve ser o ponto a ser considerado na decisão de adaptação pelas concessionárias – pode-se dizer que, dado o final iminente das concessões, do ponto de vista de escopo, não há grande inovação trazida pela Lei nº 13.879/2019.[575]

Assim, em um cenário pós-2025 ou após o esgotamento do valor correspondente à adaptação, essa ferramenta de imputação de obrigações deixará de fazer efeito e será muito difícil reproduzi-la (com exce-

em: https://teletime.com.br/26/01/2021/oi-sinaliza-pedido-de-arbitragem-em-relacao-a-desequilibrios-da-concessao/. Acesso em: 14 abr. 2021.

[575] O tempo se afigura como fator fundamental porque influencia diretamente o volume de obrigações a serem impostas – quanto maior o prazo remanescente até o final da concessão, maior, em tese, é o valor pela sua extinção antecipada, por conta da amortização dos bens. Além disso, dado o exposto no Capítulo 2, as concessões representam a manutenção de um ciclo de investimentos em um serviço decadente, o que corresponde a um verdadeiro desperdício. Por ambos os motivos, seria esperada alguma agilidade por parte da Administração para solucionar o problema, o que, na prática, acabou não se observando. Sobre o tema, *vide* PEREIRA NETO, Caio Mário da Silva; ADAMI, Mateus Piva. A hora da mudança nas telecomunicações, Valor Econômico, 8 jul. 2016. Disponível em: https://valor.globo.com/opiniao/coluna/a-hora-da-mudanca-nas-telecomunicacoes.ghtml. Acesso em: 14 abr. 2021; PEREIRA NETO, Caio Mário da Silva; ADAMI, Mateus Piva. Estamos perdendo a hora da mudança nas telecomunicações, *Jota*, 17 jul. 2018. Disponível em: https://www.jota.info/tributos-e-empresas/regulacao/estamos-perdendo-a-hora-da-mudanca-nas-telecomunicacoes-17072018. Acesso em: 14 abr. 2021; PEREIRA NETO, Caio Mário da Silva; ADAMI, Mateus Piva. Chegou a hora da mudança nas telecomunicações: que a montanha não tenha parido um rato, Jota, 15 out. 2019. Disponível em: https://www.jota.info/tributos-e-empresas/regulacao/chegou-a-hora-da-mudanca-nas-telecomunicacoes-15102019. Acesso em: 15 abr. 2021.

ção dos leilões de radiofrequência, que abordarei adiante), a menos que novas concessões venham a ser outorgadas, apesar dos problemas que ocorreram no primeiro ciclo.

Também anoto que o escopo das obrigações é circunscrito à disponibilização de rede, pressupondo que a sua presença é suficiente para atrair operadores que, em regime de competição, ofertarão serviços em condições atrativas para os usuários – premissa que pode ser questionada, e voltarei adiante sobre o tema. Conforme destacado nos capítulos precedentes, mas, sobretudo, na Introdução, esse raciocínio pode funcionar para uma parcela dos usuários, contribuindo para a expansão do serviço, mas certamente não universaliza o acesso.[576]

Em síntese, a adaptação de regime das concessões pode representar uma inovação, mas não sob a ótica das ferramentas de política pública de universalização que foram adotadas ao longo desse primeiro ciclo de concessão, já em seus estertores. O paralelismo com o PGMU V evidencia se tratar apenas de mais uma rodada de imposição de obrigações de instalação de rede, espécie de substituição de metas 2.0 que se aproveita da extinção das concessões, cuja principal vantagem parece residir em evitar discussões orçamentárias.

Embora de caráter mais técnico, entendo que o risco de ociosidade da infraestrutura não pode ser deixado de lado, para que não se repita o cenário relativo ao STFC descrito no Capítulo 1. Há previsão de instalação de uma rede de alta capacidade, em fibra ótica, em localidades para as quais não há certeza sobre a demanda efetiva, notadamente pelo fato de que a ferramenta não é acompanhada de qualquer outra, voltada para subsidiar o acesso pelos usuários finais – aspecto que retomarei adiante.

Por fim, destaco os riscos jurídicos indicados anteriormente em relação a ambos os modelos. No caso do PGMU V, os riscos de questionamento, embora já estivessem presentes nos movimentos anteriores de substituição de metas, passaram a se tornar mais latentes justamente pelo esgarçamento do objeto original do contrato de STFC. A inclusão no âmbito do PGMU V de obrigação de instalação de uma infraestrutura

---

[576] "Nesse mesmo sentido, os compromissos de banda larga previstos na migração do modelo não tratam da inclusão digital. A realidade é que os compromissos propostos são compromissos de infraestrutura, não contemplando todos os pilares do que seria uma efetiva inclusão digital" (Acórdão nº 3.076/2016, Rel. Min. Bruno Dantas, j. em 23.11.2016).

de suporte para banda larga em alta capacidade, com tecnologia específica (fibra ótica), é questionável, dado que representa um investimento muito superior ao necessário a suportar o STFC. Isso representa um teste para os limites do contrato de concessão em sua reta final.

Em especial, no caso do TCU, pelo teor dos questionamentos já levantados sobre a adaptação de modelo, a alternativa posta pela adaptação pode ser, novamente, circunscrita a um único caminho, a exemplo do que ocorreu no episódio narrado no início do Capítulo 2. Em caso de nova interferência que inviabilize a opção da adaptação, o órgão novamente terá atuado como agente de veto, deixando a continuidade das concessões como o desfecho possível.

3.2.2. Novo Fundo de Universalização dos Serviços de Telecomunicações, uma aposta de longos anos

Com o final das concessões e/ou o esgotamento dos recursos em eventual adaptação de regime, o desafio que se coloca é identificar novas fontes de recursos para financiar a universalização dos serviços. As alterações trazidas pela Lei nº 14.109, de 16 de dezembro de 2020, decorreram de intenso debate legislativo, materializando-se após diversas outras iniciativas fracassarem, com base no Projeto de Lei nº 103/2007, de autoria do senador Aloizio Mercadante (PT/SP).[577]

Apontei anteriormente, como hipótese, que uma explicação possível para que qualquer caminho indicado pela miríade de projetos de lei não prosperasse seria a ausência de patrocínio por parte do Poder Executivo. Então o que mudou em 2020? A possível resposta para essa questão pode ser encontrada no âmbito do próprio Poder Legislativo.

A safra de projetos de lei em 2020 começou justamente no mês de março, atingindo 32 proposições entre Câmara dos Deputados e Senado,[578] momento em que a pandemia se tornou uma realidade mais latente no Brasil. Novamente, as iniciativas foram variadas e voltadas para uma série de iniciativas transitórias, como uso dos recursos do FUST para gastos em geral com os esforços da pandemia (Projeto

---

[577] Na Câmara dos Deputados ele recebeu o número 1.481/2007, cujo substitutivo, no âmbito do Senado, recebeu o número 172/2020.

[578] Excluindo o próprio PLS 172/2020, que retornou da Câmara dos Deputados em fevereiro de 2020.

de Lei nº 996/2020, do deputado Eduardo Bismark, PDT/CE), aplicação dos recursos para custear o acesso à internet por alunos da rede pública por meio de acesso patrocinado (Projeto de Lei nº 2.775/2020, do senador Dario Berger, MDB/SC), fornecimento de internet gratuita aos cadastrados no CadÚnico beneficiários do Bolsa Família (Projeto de Lei nº 2.388/2020, da senadora Daniella Ribeiro, PP/PB), custeio de aquisição de equipamentos (Projeto de Lei nº 3.699/2020, múltiplos autores).

Considerando as características que foram atribuídas ao uso do FUST, em linha com o exposto no Capítulo 2, em grande parte em função do TCU, uma alteração do funcionamento do fundo poderia ser considerada como uma mudança institucional efetiva, não gradual, nos rumos da política pública de universalização setorial. E a pandemia parece ter aberto uma "janela de oportunidade" para que tal alteração fosse efetivamente implementada, muitos anos após o diagnóstico já estar claro e devidamente reconhecido por inúmeras iniciativas legislativas,[579] inclusive por aquelas propostas pela Anatel.[580]

Embora não seja possível fazer uma correlação direta, é inegável que a pandemia colocou luz sobre a necessidade de acesso aos serviços de telecomunicações e, dado o volume de recursos transitados pelo FUST e por ser minimamente estruturado, esse caminho seria mais simples.

Analisarei, ainda, dada a pertinência temática, a Lei nº 14.172, de 10 de junho de 2021, e a Lei nº 14.180, de 1º de julho de 2021, cujo objetivo, entre outros, é alocar diretamente recursos públicos projetos de conectividade relacionados à educação, em brevíssima síntese. Ambas as leis são exemplos da janela de oportunidade que se abriu para esse tipo de iniciativa, sendo que a primeira textualmente utiliza a pandemia como fundamento. Elas são igualmente interessantes para demonstrar como, possivelmente, irá se comportar o Ministério da Fazenda diante do novo cenário proporcionado pelas alterações na Lei do FUST.

---

[579] SECCHI, Leonardo. Políticas públicas: conceitos, esquemas de análise, casos práticos. São Paulo: Cengage Learning, 2012, p. 43.
[580] Vide item 4.116. da Análise nº 123/2018/SEI/AD, Rel. Cons. Aníbal Diniz, de 18 de maio de 2018.

Feita essa contextualização, passo, agora, à análise das alterações na legislação que rege o FUST de modo a verificar se, de fato, houve uma mudança institucional com a aprovação da Lei nº 14.109/2020 e quanto ela foi aderente ao diagnóstico realizado nos capítulos anteriores, ao menos sob a ótica estrutural.

3.2.2.1. Características do novo Fundo de Universalização dos Serviços de Telecomunicações

As alterações trazidas pela Lei nº 14.109/2020[581] foram realizadas tanto na LGT quanto na Lei do FUST. Em relação à primeira, os ajustes foram pontuais, mas muito relevantes para adequar a legislação à leitura imposta pelo TCU há quase 20 anos. Foi introduzida a previsão de que o FUST será destinado ao financiamento de políticas governamentais de telecomunicações, contornando o problema terminológico decorrente do uso da expressão "universalização".[582]

Outra alteração relevante na LGT foi a supressão do parágrafo único de seu art. 81, que estabelecia explicitamente que, a partir da instituição do FUST, não poderiam mais ser utilizados subsídios entre modalidades de serviços de telecomunicações ou entre segmentos de usuários, ou, ainda, pagamento de valor adicional à interconexão. Conforme apontado no Capítulo 1, a vedação ao subsídio cruzado foi uma decorrência direta da ideia de compatibilizar os eixos de concorrência e universalização, limitando o uso de uma das mais tradicionais ferramentas de expansão de serviços.

A tramitação legislativa revela que a supressão do dispositivo decorreu apenas da intenção de remover do ordenamento as disposições que tratavam do momento anterior à instituição do FUST.[583] Remanesce, de qualquer forma, vedação de teor similar no art. 103, § 2º da

---

[581] Aqui faço referência às atualizações trazidas pela Lei nº 14.173, de 15 de junho de 2021, que resultou em conversão da Medida Provisória nº 1.018, de dezembro de 2020.

[582] Art. 69-A da LGT.

[583] "Já o texto proposto para o art. 81 busca atualizá-lo, indicando a instituição do Fust pela Lei nº 9.998, de 17 de agosto de 2000 (Lei do Fust), e revogando os dispositivos previstos para antes de sua implantação" (Parecer nº 161/2020, do Senador Diego Tavares, de 19 de novembro de 2020).

3. OS DESAFIOS PARA AVANÇARMOS NA PAUTA DA UNIVERSALIZAÇÃO

LGT (fazendo referência às tarifas dos serviços explorados em regime público).[584]

Também houve a inclusão, na LGT, de um dever para o Poder Executivo de ampliar a conectividade e a inclusão digital, com prioridade para os estabelecimentos públicos de ensino (art. 2º, inc. VII).

As modificações mais profundas foram realizadas diretamente na Lei do FUST, a começar pelo próprio objetivo do Fundo, que deixou de mencionar a expressão "universalização". Passou, portanto, a especificar como finalidades "estimular a expansão, o uso e a melhoria da qualidade das redes e dos serviços de telecomunicações, reduzir as desigualdades regionais e estimular o uso e o desenvolvimento de novas tecnologias de conectividade para promoção do desenvolvimento econômico e social".[585]

Ou seja, há uma proximidade com o conceito de universalização em sentido amplo exposto no Capítulo 1. De fato, a partir dessa alteração, a distinção feita por mim, para a caracterização do arranjo institucional estático, entre universalização em sentido estrito e sentido amplo, em vez de deixar de fazer sentido, é reforçada. Embora a experiência tenha demonstrado que seguir com a universalização da internet em banda larga calcada em um modelo de exploração de serviço em regime público seja complexa e potencialmente inviável, a terminologia "universalização" (em sentido estrito) ficou reservada para essa hipótese específica.

Outro ponto importante, e que foi objeto de crítica, foi a supressão dos múltiplos objetivos especificados na redação original da Lei do FUST.[586] Confere-se maior flexibilidade para que os objetivos sejam adaptados às modificações do comportamento dos usuários do serviço e da evolução tecnológica, reduzindo o risco de que uma nova interpretação da legislação prejudique, novamente, a aplicação de seus recursos.

De fato, permaneceu um único objetivo concreto, que é "dotar todas as escolas públicas brasileiras, em especial as situadas fora da zona

---

[584] De fato, a despeito do texto legal, o Capítulo 2 aponta uma série de iniciativas que podem ser consideradas como subsídios cruzados, como a inclusão do *backhaul* ou de acessos sem fio como meta de universalização nos PGMUs.

[585] Art. 1º, *caput*, da Lei do FUST.

[586] Art. 5º da Lei do FUST.

urbana, de acesso à internet em banda larga, em velocidades adequadas, até 2024".[587] Não há indicação na Lei do FUST sobre a forma com que essa meta será atingida, aspecto que levou a outras iniciativas legislativas, com impacto no leilão de 5G, conforme tratarei adiante. A educação também foi apontada como destino necessário de 18% dos recursos do fundo.

Mais uma modificação relevante diz respeito aos atores institucionais encarregados do manejo dos recursos. Na sistemática original, embora houvesse alguma participação de outros atores, o protagonismo estava centrado na Anatel e no Ministério das Comunicações, com o resultado nulo já apontado, em alguma medida decorrente da inexistência de coordenação entre os órgãos.

Essa dinâmica foi reestruturada, mediante o deslocamento da administração do FUST a um Conselho Gestor vinculado ao Ministério das Comunicações.[588] Para o Conselho Gestor foram deslocadas as competências de definição da política para aplicação dos recursos, bem como a seleção das atividades que serão beneficiadas pelo Fundo e seu monitoramento, além da elaboração de proposta orçamentária.[589] Com a Anatel remanescem as competências de fiscalização, suporte técnico e arrecadação, além da possibilidade de submissão ao Conselho de matérias de sua competência[590] – como, por exemplo, propostas de alteração de políticas públicas setoriais.[591]

O Conselho Gestor possui uma composição bastante diversa, sendo constituído por dois representantes do Ministério das Comunicações e representante para os demais Ministérios, a saber, Ministério da Ciência, Tecnologia e Inovações, Ministério da Fazenda, Ministério da Agricultura, Pecuária e Abastecimento, Ministério da Educação e Ministério da Saúde, além da Anatel. A eles se somam dois representantes das operadoras (sendo um indicado pelas prestadoras de pequeno porte) e três membros da sociedade civil. A inspiração para esse arranjo surgiu da

---

[587] Art. 1º, § 2º, da Lei do FUST.
[588] Sobre o funcionamento do Conselho Gestor, *vide* art. 4º do Decreto nº 11.004, de 21 de março de 2022 (Decreto do FUST), bem como a Portaria MCOM nº 6.135, de 8 de julho de 2022, que aprovou o seu Regimento Interno.
[589] Art. 2º, parágrafo único, da Lei do FUST.
[590] Art. 4º da Lei do FUST.
[591] Art. 22, inc. III, da LGT.

3. OS DESAFIOS PARA AVANÇARMOS NA PAUTA DA UNIVERSALIZAÇÃO

experiência dos fundos setoriais de ciência e tecnologia,[592] que contam com uma estrutura de comitê gestor e composição diversificada para a definição das prioridades e alocação de recursos.[593]

A legislação passou a incorporar três modalidades para o uso dos recursos: (i) apoio não reembolsável, modalidade de investimento a fundo perdido, limitado a 50% das receitas do fundo no exercício;[594] (ii) apoio reembolsável, no qual os recursos são restituídos ao fundo;[595] e (iii) garantia, na qual os recursos são utilizados para garantir os aportes realizados pelos agentes financeiros do fundo.[596]

Havia previsão expressa de que a aplicação dos recursos do FUST poderia passar por meio de licitação, o que remete à ideia do uso de leilões reversos para a alocação dos recursos, conforme se depreendia do arranjo institucional original.[597] O Decreto do FUST previu expressamente o uso de leilões reversos para as alocações realizadas por meio de agentes financeiros, situação que deve cobrir a grande parte dos casos.[598] Ademais, de todo modo, essa forma de alocação deve ser a regra, considerando o objetivo de não impactar o ambiente competitivo setorial, conforme apontado no Capítulo 1.

De todo modo, uma exceção à alocação competitiva está prevista na própria lei, e representa uma inovação interessante e que situa algumas

---

[592] *Vide* item 4.171 da Análise nº 123/2018/SEI/AD, Rel. Cons. Aníbal Diniz, de 18 de maio de 2018.

[593] Mais informações sobre os fundos setoriais vinculados ao Fundo Nacional de Desenvolvimento Científico e Tecnológico, criado pelo Decreto-Lei nº 719, de 31 de julho de 1969 e reestruturado pela Lei nº 11.540, de 12 de novembro de 2007, podem ser obtidas por meio do *site* da Financiadora de Estudos e Projetos (Finep): http://www.finep.gov.br/afinep/65-fontes-de-recurso/fundos-setoriais. Acesso em: 21 abr. 2021.

[594] Art. 1º, § 3º, inc. I da Lei do FUST.

[595] Art. 1º, § 3º, inc. II da Lei do FUST.

[596] Art. 1º, § 3º, inc. III da Lei do FUST. A lei aponta como agentes financeiros do FUST o Banco Nacional de Desenvolvimento Econômico e Social (BNDES), a Finep, as caixas econômicas, os bancos de desenvolvimento, as agências de fomento e demais instituições financeiras (art. 4º-A).

[597] Art. 1º, § 4º, da Lei do FUST.

[598] Art. 22, § 4º, do Decreto do FUST. A regulamentação estabelece que os agentes financeiros são prescindíveis apenas para os projetos voltados para o atendimento de estabelecimentos públicos de ensino ou escolas sem fins lucrativos que atendam pessoas com deficiência (art. 15, § 2º).

das dificuldades de aplicação de recursos identificadas nos capítulos anteriores. Trata-se da possibilidade de aplicação automática de recursos pelas operadoras de serviços de telecomunicações, na modalidade não reembolsável, em projetos definidos pelo Conselho Gestor.[599]

A inovação aqui reside, justamente, na forma com que o investimento é operacionalizado, por não resultar em desembolso do fundo. Nessa forma, os recursos sequer são arrecadados, dado que há um desconto correspondente ao investimento realizado aplicado diretamente no montante que seria contribuído ao FUST. Como os recursos não transitam pelo orçamento, evita-se a discussão de caráter orçamentário apontada no Capítulo 2, contornando o problema.

Essa forma de aplicação, contudo, é limitada a 50% do montante que seria recolhido pelas operadoras ao FUST em função de sua receita operacional bruta decorrente da exploração de serviços de telecomunicações. A legislação previu uma escala progressiva anual para o uso desse meio, provavelmente para reduzir o impacto orçamentário imediato do não recolhimento de uma parcela dos recursos do FUST.

Posteriormente, foi também estabelecido um limite temporal para esta ferramenta, sendo autorizada a operar até 2026. A lógica utilizada para a limitação foi um tratamento análogo a um "benefício tributário", que, também por lei, deve estar limitado a um prazo máximo de cinco anos.[600]

Por fim, também em atenção a um ponto trazido pelo TCU, a Lei do FUST passou a tratar especificamente de hipóteses de coordenação federativa e aplicação descentralizada de recursos, em dois casos. No primeiro, é possível o emprego de recursos por União, estados e municípios para a "transformação digital" dos serviços públicos, desde que alinhados com a estratégia federal voltada a tal finalidade.[601] No segundo, permite-se que sejam firmadas parcerias com entidades públicas ou privadas sem fins lucrativos, além da iniciativa privada e cooperativas.[602]

---

[599] Art. 6º-A, da Lei do FUST.
[600] Art. 137 da Lei nº 14.116, de 31 de dezembro de 2020.
[601] Art. 5º, § 4º, da Lei do FUST. Sobre a "transformação digital", *vide* o Decreto nº 10.332, de 28 de abril de 2020, que institui a Estratégia de Governo Digital para o período de 2022 a 2022 no âmbito da Administração Pública Federal.
[602] Art. 1º, § 5º, da Lei do FUST.

3.2.2.2. A educação conectada como objetivo: Lei nº 14.172/2021 e Lei nº 14.180/2021

Além das alterações no FUST, duas outras iniciativas foram aprovadas dentro da janela proporcionada pela pandemia. A primeira, a Lei nº 14.172/2021, deriva do Projeto de Lei nº 3.477/2021, que prevê a destinação de R$ 3,5 bilhões para garantir acesso à internet a alunos e a professores da educação básica pública, que incluía não apenas a contratação de conectividade móvel, mas também a aquisição ou empréstimo dos equipamentos necessários à fruição dos serviços, em virtude da pandemia. O objetivo é beneficiar cerca de 18 milhões de alunos inscritos no CadÚnico. Entre as fontes de recursos identificadas consta o próprio FUST, além de recursos orçamentários e os saldos das concessões do STFC – ponto já abordado no Capítulo 2.

Essa primeira iniciativa temporária é, assim, complementada pela Lei nº 14.180/2021, que institui a Política de Inovação Educação Conectada, cujo foco, em termos de conectividade, é o ambiente escolar – ou seja, um ambiente de acesso coletivo. Há previsão de auxílio para o desenvolvimento de projetos pedagógicos que utilizem tecnologia e inovação, além da capacitação de docentes.[603] Também se busca a produção e disseminação de material didático apropriado para o uso com tecnologias digitais.[604] Portanto, há uma preocupação significativa com a produção de conteúdo e capacitação de pessoal, aspecto relevante conforme indicado no Capítulo 1 – embora não seja o escopo do presente estudo.

Por envolver educação básica, existe uma preocupação maior com a coordenação federativa, tendo a União o papel de repassar recursos financeiros aos demais entes federados.[605] Tais repasses podem ser utilizados para a contratação de conectividade, implantação de infraestrutura interna, aquisição de equipamentos e recursos educacionais digitais e licenças de *software*.[606] O acesso à internet deve se dar em condições compatíveis com as necessidades de uso pedagógico de professores e alunos[607] – algo que busca solucionar parte das críticas ao PBLE.

---

[603] Art. 4º, incs. III e V, da Lei nº 14.180/2021.
[604] Art. 4º, inc. I, da Lei nº 14.180/2021.
[605] Arts. 2º, 3º, inc. III, 10 e 11, todos da Lei nº 14.180/2021.
[606] Art. 4º, inc. II, da Lei nº 14.180/2021.
[607] Art. 3º, inc. VI, da Lei nº 14.180/2021.

Como fonte de recursos, há previsão de uso do FUST, de dotações orçamentárias e outras fontes de recursos, públicas ou privadas.[608] Esse ponto, conforme detalharei adiante, acabou resultando em celeuma envolvendo os Ministérios da Fazenda, das Comunicações e o TCU.

Por fim, a Política de Inovação Educação Conectada contará com um Comitê Consultivo, voltado para o acompanhamento de sua implementação e para a proposição de aprimoramentos,[609] sendo que suas disposições devem ser consideradas como "complementares" a outras políticas, não implicando sua substituição ou encerramento.[610]

3.2.2.3. Aspectos críticos do novo Fundo de Universalização dos Serviços de Telecomunicações

A Lei nº 14.109/2020, embora decorrente de um projeto de lei apresentado há muitos anos, incorporou uma série de pontos levantados pela Anatel durante a elaboração da primeira versão do PERT. A questão da destinação dos recursos a serviços explorados em regime privado, a teor da decisão do TCU, poderia ser considerada como ponto principal de entrave, tendo sido solucionada em sua integralidade, não merecendo maiores considerações.

No entanto, pelo que expus até aqui, esse não foi o único gargalo na aplicação de recursos do FUST, é possível tecer algumas considerações sobre as alterações, *vis-à-vis* os apontamos nos Capítulos 1 e 2.

3.2.2.3.1. Coordenação governamental

Um primeiro ponto é a questão da coordenação ministerial (ou a ausência de), ponto criticado pelo TCU e reconhecido pela própria Anatel[611] como um óbice à aplicação dos recursos do FUST. Conforme referido no Capítulo 2, a falta de uma coordenação efetiva por parte do Ministério das Comunicações prejudicou severamente o andamento da iniciativa que poderia ter resultado no SCD, serviço que teria viabilizado a aplicação do FUST no provimento de acesso à internet.

---

[608] Art. 12 da Lei nº 14.180/2021.
[609] Art. 8º da Lei nº 14.180/2021.
[610] Art. 9º da Lei nº 14.180/2021.
[611] *Vide* item 4.170 da Análise nº 123/2018/SEI/AD, Rel. Cons. Aníbal Diniz, de 18 de maio de 2018.

3. OS DESAFIOS PARA AVANÇARMOS NA PAUTA DA UNIVERSALIZAÇÃO

A solução adotada pela Lei nº 14.109/2020, amparada nas experiências dos fundos de ciência e tecnologia, aposta no caráter colegiado para solucionar o problema de coordenação interministerial.[612] No entanto, conforme diagnóstico já realizado pelo TCU, uma parcela relevante desses atores institucionais já conduz projetos em suas próprias pastas, de forma desorganizada, o que pode gerar conflitos na seleção de projetos diante de um contexto de recursos públicos escassos.[613] Também chama a atenção a ausência da Casa Civil na composição do Conselho Gestor, mais um ponto destacado pelo TCU ao criticar a falta de coordenação governamental. A Casa Civil, por essência, poderia contribuir para garantir o engajamento das pastas, além de dirimir conflitos e contribuir para a definição de prioridades. Embora tenha havido uma alteração legislativa para ampliar o número de representantes do Ministério das Comunicações, de um para dois, a Casa Civil permaneceu de fora do Conselho.

Ainda com relação aos atores institucionais e sua coordenação, a Lei nº 14.109/2020 estabelece que as políticas de inovação tecnológica dos serviços de telecomunicações destinadas às áreas rurais deverão ser coordenadas pela Agência Nacional de Assistência Técnica e Extensão Rural (Anater).[614] Não fica claro como a Anater se relaciona com o Conselho Gestor, lacuna importante a ser preenchida pela regulamentação.

---

[612] Também foi levada em consideração uma comparação entre a execução orçamentária dos fundos setoriais que possuem conselho gestor (FUNTTEL) e os que não possuem (FUST e FISTEL): "Outro grande avanço do projeto é a criação de um conselho gestor para o Fundo, que dará a devida agilidade na implementação das políticas públicas voltadas para a ampliação da infraestrutura e à expansão dos serviços. Dos três fundos setoriais existentes hoje no setor – o Fust, o Fundo de Fiscalização dos Serviços de Telecomunicações (FISTEL) e o Fundo para o Desenvolvimento Tecnológico das Telecomunicações (FUNTTEL) –, apenas o último conta com um comitê gestor, sendo o mais bem-sucedido na utilização de seus recursos: em 2019, executou R$ 317 milhões dos R$ 504 milhões autorizados no orçamento, ou seja 62,7%. Como já demonstrado, a execução dos recursos do Fust para a universalização do serviço de telefonia fixa é, desde sua criação, de apenas 0,002%" (Parecer nº 161/2020, do senador Diego Tavares, de 19 de novembro de 2020).

[613] Nos termos do Decreto do FUST, todos os Ministérios integrantes do Conselho Gestor podem apresentar projetos, que serão por ele deliberados (art. 22).

[614] Art. 1º, § 1º, inc. II, da Lei do FUST. A Anater foi criada pela Lei nº 12.897, de 18 de dezembro de 2013.

A Lei nº 14.180/2021, embora tenha previsto que as iniciativas por ela disciplinadas não interferem em outras políticas públicas já em curso, não especifica como o Conselho Consultivo nela previsto deve interagir com o Conselho Gestor do FUST. Trata-se de um ponto que deve ser observado pela regulamentação de ambos os conselhos.

Não há, ainda, um instrumento de política pública mais amplo, ou mesmo apto a orientar a estruturação da política pública de universalização, como uma espécie de Plano Estrutural de Redes de Telecomunicações (PERT), aprovado pelo Ministério das Comunicações. É dizer, a Lei do FUST é uma das ferramentas para viabilizar a universalização dos serviços de telecomunicações, mas que se insere em um contexto mais abrangente e em andamento de múltiplas iniciativas e ferramentas – algumas das quais descritas nos Capítulos 1 e 2, como a imposição de obrigações (compromissos de interesse da coletividade e de abrangência).

Fazendo um paralelo com o setor de ciência e tecnologia, seria necessário que o Ministério das Comunicações assumisse o protagonismo, encabeçando a elaboração de um documento como a Estratégia Nacional de Ciência, Tecnologia e Inovação 2016-2022,[615] que define de forma mais clara temas e objetivos a serem perseguidos. Isso traz um elemento organizacional importante que certamente foi ausente no primeiro ciclo das concessões e assim permanece.

De fato, é preciso ter uma burocracia com capacidade institucional de coordenar o funcionamento do Conselho Gestor, dado que a ele compete justamente a definição dos programas, projetos e atividades financiados com os recursos do FUST. O histórico de atuação do Ministério das Comunicações é bastante negativo nesse aspecto e esse ponto parece não ter sido considerado na estruturação do Conselho.

Assim, a questão da coordenação governamental parece não ter sido integralmente tratada, considerando os problemas identificados no Capítulo 2 – ainda que, ao menos, o ponto tenha sido reconhecido e

---

[615] Cf. documento disponível em: http://www.finep.gov.br/images/a-finep/Politica/16_03_2018_Estrategia_Nacional_de_Ciencia_Tecnologia_e_Inovacao_2016_2022.pdf. Acesso em: 21 abr. 2021.

uma solução apresentada, embora eu não a reconheça como suficiente, ao menos em tese.

3.2.2.3.2. Na ponta da arrecadação, tudo igual

Na ponta da arrecadação não houve mudança, com exceção do mecanismo de aplicação automática por parte das operadoras, que resulta na redução do montante arrecadado ao FUST, tendo como contrapartida a realização de investimentos pré-selecionados pelo Conselho Gestor. Aqui é possível também fazer alguns apontamentos críticos.

O primeiro diz respeito ao volume de recursos arrecadados e disponíveis para investimento, o que depende em alguma medida dos projetos que serão definidos pelo Conselho Gestor. É certo que a Anatel, quando da primeira versão do PERT, analisou cenários voltados para a universalização da internet em banda larga e os recursos necessários para atingir esse patamar.

O volume de recursos necessários corresponderia a um valor situado entre R$ 5,5 bilhões e R$ 5,8 bilhões por ano, por um prazo de dez anos, em adição ao que é investido pelo setor privado – que corresponde a R$ 15 bilhões por ano historicamente.[616] Assim, seria necessário aumentar a arrecadação do FUST, o que poderia ser feito de forma neutra do ponto de vista fiscal, compensando-se com maiores transferências de recursos do FISTEL e redução da carga tributária efetiva deste último.

Na prática, o diagnóstico da Anatel apontou que a política pública de universalização precisa de mais recursos do que os simplesmente decorrentes da possibilidade de utilização do FUST. E, ainda, que isso pode ser feito sem a necessidade de aumento de carga tributária, mas pelo redirecionamento de receitas do FISTEL que atualmente, como visto no Capítulo 2, também são destinadas a finalidades outras que não o próprio setor de telecomunicações.[617]

---

[616] *Vide* itens 4.156 e 4.160 da Análise nº 123/2018/SEI/AD, Rel. Cons. Aníbal Diniz, de 18 de maio de 2018.

[617] A proposta da Anatel trazia uma elevação da alíquota do FUST de 1% para 3%, progressivamente, considerando o porte da empresa. Ela seria acompanhada por uma redução das taxas de fiscalização do setor na mesma proporção. Também havia a previsão de que a integralidade dos valores recebidos a título de outorga fosse destinada ao FUST, e não mais partilhada com o FISTEL. Sobre o ponto, *vide* item 4.182 e ss. da Análise nº 123/2018/SEI/AD, Rel. Cons. Aníbal Diniz, de 18 de maio de 2018.

A ausência de aumento no volume de recursos disponíveis para o FUST pode comprometer seu funcionamento, ainda mais em um cenário no qual o Comitê Gestor é composto por representantes com interesses potencialmente conflitantes em um contexto que envolva disputa por recursos.

Isso me leva ao segundo ponto. É verdade que nada adiantaria aumentar o volume de recursos disponíveis se a questão orçamentária não fosse equalizada, ou seja, se a utilização do FUST para outras finalidades fosse mantida. Essa realidade, inclusive, foi reconhecida por alguns dos projetos de lei analisados no âmbito do Capítulo 2, em especial o Projeto de Lei nº 125/2017 (senador Otto Alencar, PSD/BA), que trazia explicitamente uma vedação ao contingenciamento de recursos do fundo.[618]

Conforme apontado, não há indicação concreta de que a mesma sistemática anterior, que permitiu o desvio de recursos, venha a se aplicar. Havendo projetos, eles serão incluídos no orçamento, o que, em tese, impediria a desvinculação dos recursos na forma já descrita anteriormente.

No entanto, alguns movimentos do Poder Executivo podem indicar uma baixa disposição a efetivamente aplicar os recursos do FUST no setor. Nota-se que o Poder Executivo originalmente vetou tanto a meta de dotar todas as escolas de acesso à internet em banda larga (art. 1º, § 2º) quanto o mecanismo de aplicação automática de recursos pelas operadoras (art. 6º-A). Em ambos os casos a justificativa apresentada foi a de que "a proposição cria despesa pública sem apresentar a estimativa do respectivo impacto orçamentário e financeiro",[619] a pedido do Ministério da Fazenda.

Em especial no segundo caso a justificativa é curiosa, haja vista que, considerando que a arrecadação é compensada pela realização de um investimento definido pelo Conselho Gestor, materialmente não deveria haver preocupação de caráter orçamentário – pois, efetivamente,

---

[618] A proposta previa a inclusão de um dispositivo na LGT, com os seguintes termos: "Fica vedado o contingenciamento dos recursos do Fust a partir de 1º de janeiro de 2020, nos termos de regulamentação específica". Disposição similar seria incluída na legislação do FUNTTEL.

[619] Mensagem nº 743, de 16 de dezembro de 2020.

3. OS DESAFIOS PARA AVANÇARMOS NA PAUTA DA UNIVERSALIZAÇÃO

trata-se de um caso em que o recurso foi aplicado, conforme prevê a lei. A menos, é claro, que a intenção não seja aplicar os recursos no próprio setor, como ocorrido nos últimos 20 anos.

Outra evidência é o veto ao Projeto de Lei nº 3.477/2021, que originou a Lei nº 14.172/2021 já abordada. Ele foi balizado em apontamento do Ministério da Fazenda, que, além da justificativa já utilizada em relação à Lei nº 14.109/2020, indicou o fato de que outras iniciativas supririam o mesmo objetivo, como os já referidos Programa de Inovação Educação Conectada (PIEC) e o PBLE.[620] Importante notar que as iniciativas não são comparáveis, haja vista que, nos programas já em curso citados, o foco é o acesso coletivo no ambiente escolar (de pouca utilidade em uma situação de isolamento social), ao passo que a Lei nº 14.172/2021 procura justamente proporcionar o acesso individual dos alunos e professores, em um contexto no qual o acesso a um local que conte com conectividade pública não é possível.

Posteriormente, o veto foi derrubado, tendo havido a publicação da Lei nº 14.172/2021, que teve sua constitucionalidade questionada pelo Governo Federal junto ao Supremo Tribunal Federal (STF).[621] Há, assim, mais uma evidência de que o Governo Federal não pretendia destinar os recursos do FUST a iniciativas de universalização.

Isso corrobora o exposto no Capítulo 2, quando demonstrado que as tentativas de utilização do FUST foram muito tímidas, transparecendo não haver um real interesse em sua aplicação. O fato de haver um projeto de lei que procurava utilizar créditos do FISTEL (e não os recursos por ele arrecadados) para expansão da banda larga (e não um ajuste no FUST) pode contribuir para evidenciar essa realidade[622] (embora não se vislumbre como o desfecho seria diferente, dado que os fundos setoriais sofrem com os mesmos problemas).

Por fim, ainda com relação à questão orçamentária, também chamo a atenção para uma experiência dos próprios fundos setoriais de ciência e tecnologia, que sofriam com o contingenciamento de recursos. Ou seja, mesmo com a existência de planejamento, os recursos eram con-

---

[620] Mensagem nº 81, de 18 de março de 2021.
[621] ADI nº 6.926, Rel. Min Dias Toffoli, j. 04.07.2022.
[622] *Vide* Projeto de Lei nº 3.864/2015, da Comissão de Ciência e Tecnologia Comunicação e Informática da Câmara dos Deputados.

tingenciados em prol do superávit primário – o que atingiu R$ 5 bilhões dos R$ 6 bilhões com autorização orçamentária para aplicação no ano de 2020.[623] Por essa razão foi aprovada a Lei Complementar nº 177, de 12 de janeiro de 2021.

Esse é um aspecto bastante relevante pois, embora alegadamente o FUST não tenha sido utilizado por ausência de planejamento que, por sua vez, tenha gerado alguma previsão orçamentária, o saneamento desse ponto não significa necessariamente a aplicação dos seus recursos. Aliás, conforme evidencia a exposição de motivos do Projeto de Lei nº 135/2020, o setor de ciência e tecnologia experimentou exatamente esse caminho.[624]

O contingenciamento (ou medida com efeito equivalente à não utilização ou o emprego dos recursos para outras finalidades) é uma realidade palpável, principalmente quando considerados os vetos que indiquei anteriormente. Essa afirmação se mantém verdadeira, ainda que não haja uma sinalização formal do Ministério da Fazenda quanto ao uso do FUST para custeio geral da máquina pública, exatamente pela manutenção da prática reiterada que tem ocorrido no setor de telecomunicações (mas não exclusivamente sobre ele).[625] É razoável esperar

---

[623] DA REDAÇÃO. Lei que proíbe contingenciamentos do FNDCT é sancionada com dois vetos. *Senado Notícias*, 13 jan. 2021. Disponível em: https://www12.senado.leg.br/noticias/materias/2021/01/13/lei-que-proibe-contingenciamentos-do-fndct-e-sancionada-com-dois-vetos#:~:text=O%20FNDCT%20tem%20sido%20nos,empresas%20com%20recursos%20n%C3%A3o%20reembols%C3%A1veis. Acesso em: 25 abr. 2021. Na exposição de motivos do Projeto de Lei nº 135/2020, do senador Izalci Lucas. PSDB/DF, destaca-se que apenas entre 2008 e 2010 e no ano de 2014 não houve contingenciamento de recursos do FNDCT.

[624] "Atualmente, os recursos não utilizados já são contabilizados como sendo do FNDCT, junto à conta única do Tesouro Nacional. Mas no contexto de seu contingenciamento, eles ficam retidos junto ao Tesouro, sem possibilidade de uso. De tempos em tempos, o Ministério da Fazenda tem proposto, via Medida Provisória, com 'sucesso', do seu ponto de vista, o uso destes valores acumulados para abatimento da dívida federal, zerando estas reservas" (Exposição de Motivos do Projeto de Lei nº 135/2020).

[625] Novamente, vale a referência à exposição de motivos do Projeto de Lei nº 135/2020, que retrata situação muito similar à experimentada no setor de telecomunicações: "Num contexto de grave restrição fiscal, a oposição a esta medida é essencialmente de natureza macroeconômica. Em primeiro lugar, por conta do saldo atual acumulado de R$ 9 bilhões, segundo estimativas da FINEP. Em segundo lugar, porque a área econômica, embora não expresse isto formalmente, deve esperar usar as receitas futuras dos Fundos Setoriais no

que o cenário do Fundo Nacional de Desenvolvimento Científico e Tecnológico (FNDCT) se repita para o FUST, dado que a situação das contas públicas não melhorou e não há perspectiva de que isso ocorra no curto prazo.

Trata-se, aqui, de um exemplo de *path dependence*, no qual o desvio das receitas destinadas ao setor de telecomunicações, embora não formalizado, é um aspecto normalizado, um dado da realidade, que habilita o Ministério da Fazenda a atuar como um agente de veto – que, inclusive, pode atuar a partir do próprio Conselho Gestor, do qual é integrante. Assim, tal fato deveria ter sido reconhecido pelo Poder Legislativo, em toda sua extensão, a fim de que fosse possível, por meio da legislação, garantir o efetivo investimento dos recursos do FUST em todas as formas previstas pela legislação.

3.2.2.3.3. Na ponta da despesa, algumas novidades na forma

Talvez justamente pela dificuldade de lidar com recursos que entram efetivamente no orçamento público, a principal inovação da Lei do FUST, para além da possibilidade de alocação de recursos independentemente do regime, é a aplicação automática por parte das operadoras, válida até 2026. Essa mecânica é inspirada na Lei de Informática, que continha previsão autorizando a redução do Imposto sobre Produtos Industrializados, em determinadas circunstâncias.[626]

Essa sugestão partiu da Anatel, por considerar que essa solução traz maior segurança jurídica, além de reduzir a burocracia na realização dos investimentos e estar alinhada a uma ideia de "regulação responsiva", ao incentivar as empresas a se autorregularem para utilizar os recursos.[627] A inovação, contudo, merece uma análise não apenas de seus pontos positivos, que estão consubstanciados em pavimentar um caminho de efetiva aplicação dos recursos no próprio setor.

---

seu esforço de ajuste fiscal, como faz com outras Contribuições de Intervenção no Domínio Econômico ou com outras modalidades de receitas próprias de vários Ministérios".
[626] *Vide* art. 4º da Lei nº 8.248, de 23 de outubro de 1991. Vale notar que essa sistemática foi alterada pela Lei nº 13.969, de 26 de dezembro de 2019.
[627] Itens 4.189 e 4.190 da Análise nº 123/2018/SEI/AD, Rel. Cons. Aníbal Diniz, de 18 de maio de 2018.

Um ponto de atenção é que, dado o exposto no item anterior, há chance real de que as demais formas de aplicação, principalmente a alocação por meio de leilões reversos, não sejam utilizadas. Isso mantém, na prática, o cenário em que as principais operadoras seguem como protagonistas na gestão dos recursos destinados à universalização ou à expansão dos serviços no setor.

Embora as prestadoras de pequeno porte tenham a possibilidade também de utilizar o mecanismo de aplicação automática, é certo que elas contribuem com uma arrecadação proporcional a suas receitas, substancialmente menor do que a das líderes do setor. Assim, poderão optar por projetos de menor impacto, ao contrário do que ocorreria, por exemplo, no caso de leilões reversos. Isso se distancia do modelo concorrencialmente neutro posto pela LGT, na linha exposta no Capítulo 1, dado que os maiores agentes econômicos manejarão volumes de recursos compatíveis com seu porte.

Além disso, esse aspecto pode ser ainda mais sensível se considerarmos que a Anatel e o Conselho Gestor podem não ser perfeitos ao estipular o VPL dos projetos – dado que a ausência de competição pelos recursos pode não permitir a identificação de erros, o que pode gerar uma transferência de recursos em favor do particular selecionado para executar o projeto.[628]

A aplicação automática representa uma espécie de *bypass* realizado pelo Poder Legislativo em torno da discussão orçamentária, sem solucionar o problema do contingenciamento de recursos, viabilizando, ainda que parcialmente, que a arrecadação setorial seja destinada ao próprio setor, de alguma forma. No entanto, pelas razões expostas, ainda assim há um grande distanciamento relacionado ao modelo original da LGT de universalização, que também tem na competição um de seus pilares. O arranjo original previa uma fonte de financiamento externa que fosse, justamente, neutra com relação ao ambiente competitivo, aspecto que é atingido por meio da alocação competitiva.

3.2.2.3.4. Na ponta da despesa, mais do mesmo em relação ao objeto?

Ainda referente à despesa, é necessário notar que o Poder Público, em todas as iniciativas que levou adiante, não tratou de subsidiar o efetivo

---

[628] Abordarei esse tema em maior detalhe adiante.

acesso por usuários finais de serviços de telecomunicações. A partir do que se infere no Capítulo 2, não temos uma experiência efetiva no atendimento de usuários de baixa renda, sem capacidade econômica para a contratação do serviço, ainda que ele esteja disponível.

A Lei nº 14.109/2020 menciona o atendimento a escolas, o que, de alguma forma, já é realizado por meio de outros programas governamentais (e em caráter coletivo). Para além do AICE e do PNBL, não houve iniciativa voltada para acessos individuais e é certo que essas duas iniciativas não constituem bons parâmetros, justamente por não envolverem subsídios.

Embora tenha flexibilizado os objetivos e transferido a definição de projetos para o Conselho Gestor, a legislação perdeu uma oportunidade de estabelecer mais claramente a necessidade de atendimento ao usuário final, com acesso individual, como um objetivo a ser alcançado.

A ausência de uma definição legislativa pode levar a uma vinculação às experiências passadas, dando sequência a uma *path dependence* relacionada a soluções voltadas para expansão de rede e, em poucos casos, para acessos coletivos, deixando de lado uma tarefa importante da universalização. De fato, a normatização expedida pelo Conselho Gestor do FUST acerca da disciplina para os investimentos dos recursos do fundo manteve a lacuna legal.[629]

A previsão orçamentária aprovada para o ano de 2023 evidencia outra questão, que é o uso intensivo e preponderante do FUST por meio da modalidade reembolsável. O Conselho Gestor estabeleceu um orçamento de total de R$ 651.267.146,00, com os investimentos alocados da seguinte forma: (i) R$ 10.000.000,00 para atendimento a escolas; (ii) R$ 38.075.281,00 para modalidade não reembolsável; (iii) R$ 603.191.865,00 para modalidade reembolsável – descrita como "Financiamento a Projetos de Expansão, de Uso e de Melhoria da Qualidade das Redes e dos Serviços de Telecomunicações".[630]

Seria importante manter a lógica que associa o investimento custeado ou financiado ao VPL negativo do projeto, justamente para garantir o efeito multiplicador que o aporte público tem sobre o capital privado. Essa alavancagem é mais visível na modalidade nos investimentos reali-

---

[629] Resolução nº 2, de 8 de agosto de 2022.
[630] Resolução nº 1, de 12 de julho de 2022.

zados sob a modalidade não reembolsável, mas reputo possível a estruturação de projetos reembolsáveis que mantenham essa característica.

Assim, é importante compreender e acompanhar a forma com que os projetos reembolsáveis serão implementados, para não reduzir a utilização de recursos do FUST a uma linha de crédito dissociada da política pública de universalização, que funcione, simplesmente, como uma alternativa à captação de recursos pelas operadoras junto ao sistema financeiro.

Esse cenário, caso materializado, em meu entendimento, poderia indicar, dependendo do enquadramento orçamentário da modalidade não reembolsável, a manutenção do Ministério da Fazenda como agente de veto. Isso poderia ocorrer pela seleção de um meio que não representasse efetivamente uma despesa, independentemente de sua aderência à política pública de universalização das telecomunicações. Dito de outro modo, seria uma nova forma de seguir não aplicando os recursos do FUST em projetos de universalização.

3.2.2.3.5. Coordenação federativa

Por fim, um último aspecto crítico é a coordenação federativa, que recebeu algumas referências por meio das alterações trazidas pela Lei nº 14.109/2020. Considero, no entanto, que as alterações não solucionam propriamente os problemas identificados no Capítulo 2.

De fato, a Lei nº 14.109/2020 menciona explicitamente a possibilidade de uso do FUST por estados e municípios, mas apenas para a "transformação digital dos serviços públicos" (art. 5º, § 4º), além de referir a uma possibilidade de execução "descentralizada" (art. 1º, 5º). Novamente, um ponto trazido pelo TCU sobre a aplicação dos recursos, considerando que a titularidade do serviço é federal, não foi explicitamente tratada, deixando margem para que um eventual repasse de recursos seja, novamente, impugnado – viabilizando novo exercício de poder de veto.

Também afirmo que a Lei nº 14.109/2020 perdeu uma oportunidade de extrair um potencial maior do FUST ao deixar de detalhar formas de cooperação federativa, buscando a maximização dos recursos federais. Abordarei esse ponto em detalhe adiante, mas deixo consignado, desde já, que a carga tributária poderia ser uma alavanca importante para a disseminação de projetos federais, dado o seu reconhecido impacto no setor.

3.2.3. O edital do 5G

Um último elemento que destaco aqui, como ferramenta de universalização e expansão dos serviços de telecomunicações, é o Edital do 5G,[631] que abre novas frentes e complementa as demais iniciativas já descritas. De fato, entre as outras frentes, é a que mais chama a atenção da opinião pública pelas possibilidades que surgem a partir da adoção das tecnologias que utilizam as radiofrequências que serão licitadas como suporte.[632]

Embora essa seja uma pauta de pesquisa interessante, meu foco com relação ao Edital de 5G recai especificamente sobre os compromissos de interesse da coletividade que serão exigidos dos vencedores do certame, em linha com a prática que tem sido adotada ao longo dos anos já des-

---

[631] Faço referência ao Edital nº 1/2021, referente à Licitação nº 1/2021-SOR/SPR/CD-ANATEL, realizada em novembro de 2021. O leilão movimentou cerca de R$ 47 bilhões, considerando o valor dos compromissos de abrangência envolvidos (SANT'ANA, Jéssica; RACANICCI, Jamile, Leilão do 5G movimenta R$ 47,2 bilhões, abaixo do esperado por governo e Anatel, *G1*, Brasília, 5 nov. 2021. Disponível em: https://g1.globo.com/economia/noticia/2021/11/05/leilao-do-5g-movimenta-r-4679-bilhoes-informa-anatel.ghtml. Acesso em: 1º set. 2022).

[632] Esse caráter é reconhecido explicitamente pela Anatel: "5.68.10. Reforço que o 5G tem o potencial de transformar as redes móveis em uma das grandes tecnologias de uso geral (General Purpose Technologies – GPTs). Conforme ensinam Jovanovic e Rousseau (2005), o termo GPT tem sido empregado para mencionar aquelas tecnologias que têm um papel decisivo no crescimento econômico e que se caracterizam por corresponderem a vetores de transformação da vida das pessoas e de mudanças nas formas pelas quais as empresas conduzem o negócio, ao possibilitarem mais produtividade. Vapor, eletricidade, combustão interna e tecnologia da informação (TI) são frequentemente classificados como GPTs por esse motivo. Em outras palavras, são tecnologias que proporcionam externalidades positivas quanto maior é sua difusão e adoção. Nesse contexto, de fato, o 5G surge com um GPT capaz de desbloquear um grande valor social e econômico (*The Impact of 5G*, 2020). [...] 5.68.12. Outro aspecto importante é o *leapfrogging* que a economia brasileira poderá dar com o florescimento da 4ª Revolução Industrial, habilitada pelas possibilidades introduzidas pelo 5G. Nas palavras da Unido (2019), a 4ª Revolução Industrial reescreverá as regras do segmento manufatureiro e o mais importante será a capacidade de cada país de aproveitar essa janela de oportunidade" (Análise nº 13/2020, Rel. Conselheiro Carlos Manuel Baigorri, de 5 de fevereiro de 2021).

crita no Capítulo 2. Historicamente, tais compromissos têm sido efetivos para aumentar o acesso ao serviço, embora permaneçam lacunas que essa ferramenta não tem sido apta a suprir.

Abordarei, aqui, os impactos da Lei nº 13.879/2019 para a sistemática da alocação de direito de uso de radiofrequências, em especial para os leilões, os contornos dos compromissos de interesse da coletividade previstos no Edital de 5G, tecendo uma análise crítica desses aspectos.

3.2.3.1. A Lei nº 13.879/2019 e seus impactos sobre o mercado de radiofrequência

Um primeiro ponto relativo ao Edital de 5G é a alteração substancial do ambiente legal em que ele se insere, promovido também pela Lei nº 13.879/2019. Os editais anteriores estiveram balizados na redação original da LGT, que previa regras mais restritas quanto à alocação de radiofrequências.

Em especial, a LGT indicava que não era possível transferir a autorização de direito de uso de radiofrequência sem a correspondente transferência da própria autorização de serviço. Na prática, isso significava que uma operadora não poderia transferir parte das suas radiofrequências a outra, sem que renunciasse à prestação do próprio serviço, o que inviabilizava a existência de um mercado secundário para esse ativo.

Outro ponto era o caráter limitado da prorrogação do direito de uso das radiofrequências, originalmente limitado a 20 anos, prorrogáveis por igual período. Ou seja, a operadora deveria devolver o ativo ao final do período, para que houvesse nova licitação. Ambos os aspectos sofreram alterações substanciais.

Em relação ao primeiro, a LGT teve o seu art. 168 revogado, tendo sido eliminada a vedação legislativa à transferência do direito de uso de radiofrequências independentemente da autorização para a prestação de serviço. Removida a vedação legal, abre-se o caminho para o mercado secundário, uma vez que todas as demais restrições de caráter infralegal, em mesmo sentido, perdem seu fundamento.

Quanto ao segundo, o art. 167 da LGT passou a prever um sistema de prorrogações sucessivas, nas quais o requerimento de prorrogação só é indeferido se o "interessado não estiver fazendo uso racional e adequado da radiofrequência, se houver cometido infrações reiteradas em suas atividades ou se for necessária a modificação de destinação do uso da radiofrequência".[633] Em contrapartida às prorrogações serão estabelecidos compromissos de investimento, como alternativa ao pagamento de valor pela outorga – podendo, inclusive, corresponder à integralidade dos valores.

Portanto, a nova sistemática se aproxima, em grande medida, de uma prorrogação com caráter de ato administrativo vinculado, a ser efetivada caso as exceções legais não tenham se manifestado. Isso significa que, potencialmente, haverá um volume menor de leilões para a alocação das radiofrequências, havendo uma tendência de manutenção das alocações atuais – a depender da conformação de mercado e do desenvolvimento do mercado secundário de espectro.[634]

Ambas as alterações legislativas devem se refletir na regulamentação da Anatel, que deve ser revista,[635] mas não impedem que os seus efeitos sejam imediatamente sentidos – como é o caso do Edital de 5G.

3.2.3.2. Escopo do edital de 5G

O Edital de 5G é composto por uma série de radiofrequências, a saber, as faixas de 700 MHz, 2,3 GHz, 3,5 GHz e 26 GHz. Com exceção da faixa de 700 MHz, que já foi licitada no passado pela Anatel e representa sobra de um leilão anterior[636] e voltado para tecnologia 4G, as demais passarão a poder ser alocadas ao SMP ou ao SCM. O prazo das autorizações é de 20 anos, passível de prorrogação.

Há previsão de outorga em lotes nacionais (faixas de 700 MHz e parte do 3,5 MHz), bem como para lotes regionais (2,3 GHz, parte

---

[633] Cf. art. 167, § 2º, da LGT.

[634] Aqui é importante acompanhar os desdobramentos de decisão do TCU, que trouxe novos elementos para a aplicação da prorrogação dos termos de uso de radiofrequência, ao concluir que, "tendo em vista que a licitação é a regra, a formalização das prorrogações das autorizações de outorgas de radiofrequência, nos termos do art. 167 da Lei 9.472/1997, com a redação dada pela Lei 13.879/2019, somente é possível, excepcionalmente [...]" (TCU, Acórdão nº 2.001, Rel. Min. Augusto Nardes, de 22 de junho de 2022). A decisão versou concretamente sobre a prorrogação de radiofrequências já licitadas quando da alteração legal da LGT, que permitiu as prorrogações sucessivas, mas trouxe uma série de requisitos e condicionantes para sua efetivação.

[635] A Consulta Pública nº 51/2020 teve por objetivo submeter a comentários as propostas da Anatel acerca dos dois pontos.

[636] No âmbito do Edital de Licitação nº 2/2014-SOR/SPR/CD-ANATEL, utilizado para a tecnologia de 4G.

do 3,5 GHz e 26 GHz). Embora haja uma diferenciação entre os lotes regionais e nacionais, os compromissos de interesse da coletividade podem ser sumarizados, de acordo com cada faixa licitada, conforme apresentado no Quadro 2, a seguir.

Quadro 2 – Compromissos de interesse da coletividade – 5G

Faixa	Compromisso
700 MHz	• Atendimento a localidades sem 4G indicadas • Disponibilização de internet móvel em rodovias federais
3,5 GHz	• Instalação de redes de transporte (*backhaul*) em municípios indicados • Instalação de ERB (antenas) que permitam a oferta de SMP por meio de padrão tecnológico igual ou superior ao 5G, na proporção mínima de uma estação para cada 10 mil habitantes • Ressarcimento das soluções para os problemas de interferência prejudicial na recepção do sinal de televisão aberta e gratuita, transmitidos na Banda C, à população efetivamente afetada • Aporte de recursos na entidade administradora da faixa (EAF) para implementar o Programa Amazônia Integrada e Sustentável (PAIS) e o Projeto Rede Privativa de Comunicação da Administração Pública Federal (específicos para vencedoras dos lotes B1 a B4 e D33 a D36)
2,3 GHz	• Cobertura de 95% da área urbana dos municípios ainda não atendidos por tecnologia 4G
26 GHz	• Atendimento às metas da Política de Inovação Educação Conectada, estabelecida pela Lei nº 14.180/2021

Fonte: Elaboração própria.

Diferentemente do que ocorreu em leilões anteriores, os compromissos de abrangência passaram a incluir também a previsão de instalação de *backhaul* como contrapartida a determinados lotes, especificamente a faixa regionalizada de 3,5 GHz. O edital exige que seja utilizada necessariamente rede de fibra ótica, variando a velocidade mínima entre 1 Gbps e 10 Gbps, a depender da população atendida – respectivamente, se inferior ou superior a 20 mil habitantes.[637]

Além desses compromissos, com caraterísticas similares às já descritas no Capítulo 2, foram também incluídas mais duas obrigações

---

[637] *Vide* item 7.2 do Anexo IV do Edital.

adicionais:[638] (i) o Programa Amazônia Integrada e Sustentável (PAIS), que compõe o Programa Norte Conectado; e (ii) A Rede Privativa de Comunicação da Administração Pública Federal. O PAIS é relacionado a uma iniciativa de expansão dos serviços com investimentos em rede regionalizados, tratando-se de um programa voltado para expandir a rede de telecomunicações na região amazônica, por meio da implantação de um *backbone* em fibra ótica subfluvial, que atenderia uma população de 9,2 milhões de habitantes.[639]

A Rede Privativa procura atender a uma demanda específica da Administração Pública federal, voltada para a implantação de uma rede dedicada, objetivo atribuído à Telebras, conforme previsão do Decreto nº 9.612/2018.[640] Ela compreende a instalação de uma rede móvel restrita ao Distrito Federal, atuando na faixa de 700 MHz (e, portanto, capaz de suportar a tecnologia 4G), e uma rede fixa complementar à rede governamental já existente.[641]

Um último compromisso que merece menção é o atendimento das metas estabelecidas na Política de Inovação Educação Conectada.[642] Aqui, após longa discussão, por interferência do TCU[643] e provocação do Ministério das Comunicações,[644] o atendimento às escolas foi incluído

---

[638] Ambos são referidos, como os compromissos de interesse da coletividade já mencionados, pela Portaria nº 1.924/SEI-MCOM, de 29 de janeiro de 2021 – especificamente art. 2º, incs. VII e VIII.

[639] Cf. informações disponíveis em: https://norteconectado.rnp.br/sobre-o-programa. Acesso em: 27 abr. 2021.

[640] Art. 12, inc. I.

[641] Esse escopo foi incluído para contemplar uma preocupação decorrente do emprego de elementos de rede de determinados fornecedores estrangeiros considerados inseguros pelo Governo Federal, sob aspectos de segurança nacional. Para não impedir a participação de tais empresas como fornecedores das operadoras interessadas no leilão, optou-se pela rede privativa, a qual contará, em tese, com outros critérios para a seleção dos fornecedores. Para mais informações, *vide* AMARAL, Bruno do. Ministro diz que escolha de fornecedores em redes comerciais seguirá livre mercado, *Teletime*, 26 fev. 2021. Disponível em: https://teletime.com.br/26/02/2021/ministro-diz-que-escolha-de-fornecedores-em-redes-comerciais-seguira-livre/. Acesso em: 25 abr. 2021.

[642] *Vide* item 8.4 do Anexo IV do Edital.

[643] TCU, Acórdão nº 2.032, Rel. Min. Raimundo Carreiro, de 25 de agosto de 2021.

[644] *Vide* Ofício nº 8.327/2021/MCOM, de 16 de abril de 2021. Aqui a preocupação do Ministério das Comunicações é contemplar a necessidade de dar cumprimento à determinação legal de prover conexão às escolas até 2024, sem que isso gere impacto orçamentário –

no Edital de 5G, em linha com a previsão da Lei nº 14.180/2021 de custeio por meio de "outras fontes de recursos, provenientes de entidades públicas e privadas".

Na forma prevista pelo Edital de 5G, esses programas (PAIS, Rede Privativa e Política de Inovação Educação Conectada) serão custeados pelos vencedores dos lotes nacionais da faixa de 3,5 e 26 GHz, justamente os que possuem maior atratividade para a implantação da nova tecnologia.[645] Em relação ao PAIS e à Rede Privativa, a obrigação prevista corresponde ao aporte de recursos suficientes para que tais iniciativas sejam efetivadas, por meio da Entidade Administradora da Faixa de 3,5 GHz (EAF), sob supervisão do Grupo de Acompanhamento da Continuidade do Livre Acesso ao Conteúdo Audiovisual por Satélite (GAACS).[646]

Originalmente, a EAF foi criada para lidar com a necessidade de realizar a limpeza, ou seja, a realocação da radiofrequência da faixa de 3,5 GHz, bem como a atualmente destinada ao serviço de televisão distribuída por satélite (*Television Receive Only* – TVRO), muito comum no Brasil, bem como a implementação de soluções para a mitigação de interferências nas faixas próximas.[647]

O uso desse tipo de entidade tem sido comum em leilões de radiofrequência, que operacionalizam de forma centralizada determinadas obrigações, como as atividades necessárias à limpeza de espectro e a realocação de usuários. Isso ocorreu com a faixa de 700 MHz, na qual houve uma massiva migração de usuários de televisão analógica para digital, com uma entidade específica, Entidade Administradora do Processo de Redistribuição e Digitalização de Canais de TV e RTV (EAD). Tal entidade era supervisionada pelo Grupo de Implantação do Processo de Redistribuição e Digitalização de Canais de TV e RTV (GIRED). Nesse caso, a EAD aplicou os recursos necessários, por exemplo, à distribuição de equipamentos necessários ao acesso à televisão digital a usuários de

---

frisa-se que a legislação permite o uso do FUST e recursos orçamentários para esse objetivo. Retomarei o ponto adiante.

[645] Vale notar que o PAIS já foi parcialmente custeado com recursos de um leilão anterior, decorrente do saldo remanescente de limpeza da faixa de 700 MHz, anteriormente utilizada para a radiodifusão.

[646] Item 7.8 do Anexo IV do Edital.

[647] *Vide* Anexo II do Edital.

baixa renda – que, caso contrário, perderiam acesso ao serviço de radiodifusão pública.

Sobre a Política de Inovação Educação Conectada, foi prevista a criação da Entidade Administradora da Conectividade de Escolas (EACE).[648] A EACE deverá promover "solicitações de propostas (RFP)" para alocar os recursos decorrentes da faixa de 26 GHz, a fim de contratar provedores para viabilizar a conexão das escolas[649] – ou seja, acesso efetivo ao serviço, de forma similar ao PBLE. Os recursos estarão limitados ao montante de outorga referente a essa faixa, que corresponderam a R$ 3,1 bilhões.

A alocação dos recursos ocorre em linha com as diretrizes estabelecidas pelo Grupo de Acompanhamento do Custeio a Projetos de Conectividade de Escolas (GAPE).[650] O documento traz algumas diretrizes para orientar a velocidade de conexão e a priorização dos investimentos, considerando a infraestrutura e as características das escolas. Além disso, também previu as formas de implementação da conectividade, seja por meio da contratação de provedores de conexão, construção de redes próprias ou celebração de parcerias.

Com base nessas diretrizes, a EACE elaborou um projeto-piloto para a conexão de 181 escolas, tendo como objeto: (i) conectividade com fibra ótica; (ii) implantação e manutenção de rede interna (inclusive *wi-fi*); (iii) fornecimento de todos os materiais e equipamentos necessários; e (iv) avaliação e implementação de ajustes na rede elétrica, provendo meios alternativos de fornecimento de energia, quando for o caso. O critério de seleção das propostas não é claro, mencionando apenas "diferenciais" na avaliação das propostas, como isenções nas taxas de instalação ou mensalidade, bem como descontos por volume.[651]

---

[648] *Vide* item 8 do Anexo IV-C do Edital.

[649] AMARAL, Bruno do. Para Euler, opção para conectar escola pode ser RFP a teles e provedores locais, *Teletime*, 31 ago. 2021. Disponível em: https://teletime.com.br/31/08/2021/edital-do-5g-euler-quer-incluir-rfp-para-provedores-conectarem-escolas/. Acesso em: 2 set. 2021.

[650] As diretrizes emitidas pelo GAPE estão previstas na Portaria Anatel nº 2.347, de 9 de maio de 2022.

[651] Mais detalhes sobre essa iniciativa podem ser vistos em: https://sistemas.anatel.gov.br/anexar-api/publico/anexos/download/b44c4425146c21f812fca346425f07c9. Acesso em: 1º set. 2022.

Trata-se de um formato inovador, seja pelo uso da EACE para essa finalidade, seja pelo potencial uso de um mecanismo de leilões para a contratação do serviço de telecomunicações. Aqui parece haver um *bypass*, em sentido positivo, diante das circunstâncias do Edital de 5G, mais alinhado ao arranjo institucional original da LGT. No entanto, observo a existência de fatores que podem prejudicar essa frente, conforme abordarei adiante.

3.2.3.3. Aspectos críticos do edital de 5G

A análise do Edital de 5G evidencia que Poder Executivo e Anatel estão atrelados a uma *path dependence* relacionada à forma de implementação da política pública de universalização, nesse caso, por meio da imposição de obrigações como contrapartida à exploração de radiofrequências por parte das operadoras. Em concreto, por se tratar do maior leilão de radiofrequência já realizado pela Anatel, o valor passível de ser transformado em obrigações e exigido como contrapartida é muito elevado – da ordem de R$ 37 bilhões.[652]

Apesar da reconhecida importância da tecnologia 5G e dos valores envolvidos, não há qualquer compromisso de interesse da coletividade voltado para viabilizar o acesso direto e efetivo por usuários finais aos serviços, para além das escolas. Todos os compromissos, em linha com o que é feito no âmbito das demais frentes em andamento (*i.e.* adaptação de regime e PGMU V) estão voltadas para aumentar a cobertura e a disponibilidade de serviço. Ou seja, os compromissos em nada inovam em

---

[652] "A Anatel avaliou o total das faixas de frequências licitadas em R$ 45,6 bilhões. Após serem descontados os valores dos compromissos exigidos pelo edital, o preço mínimo da soma de todos os lotes é R$ 8,68 bilhões. Isso significa que o conjunto de compromissos está precificado em aproximadamente R$ 37,1 bilhões.
Entre os compromissos, a obra da Rede Privativa de Comunicação da Administração Pública Federal está estimada em R$ 1 bilhão, a construção da rede do Programa Amazônia Integrada e Sustentável (PAIS), em R$ 1,5 bilhão, e a limpeza da faixa de 3,5 GHz, em R$ 4,1 bilhões. Logo, os demais compromissos do edital, relacionados à ampliação da abrangência dos serviços de telecomunicações, totalizam R$ 30,5 bilhões" (DA REDAÇÃO. Leilão da tecnologia 5G deverá garantir internet de qualidade para todas as escolas públicas. *TCU*, 26 ago. 2021. Disponível em: https://portal.tcu.gov.br/imprensa/noticias/leilao-da-tecnologia-5g-devera-garantir-internet-de-qualidade-para-todas-as-escolas-publicas.htm. Acesso em: 2 set. 2021).

termos do que foi feito desde a adaptação do SMC para o SMP em leilões de radiofrequência.

Isso evidencia uma *path dependence*, a partir da qual os atores institucionais não conseguiram evoluir, mantendo ao longo do tempo exatamente o mesmo perfil para as ferramentas de universalização, a despeito das evidências de esgotamento do modelo proposto. As alterações são incrementais e decorrem apenas da necessidade de atualizar tecnologicamente o serviço prestado, mas, friso, as obrigações são fundamentalmente as mesmas e deixam de dar qualquer tratamento ao usuário final – com exceção da Política de Inovação Educação Conectada.

Inclusive, as obrigações em parte passaram a convergir com aquelas presentes no PGMU V e no regulamento de adaptação: implantação de *backhaul*. De fato, espera-se que 60% da lacuna relativa à cobertura de redes de transporte com fibra ótica seja suprido por meio do Edital de 5G,[653] o que dá a dimensão da obrigação com relação à exigida no âmbito do PGMU V.[654] Inclusive, o Ministério das Comunicações manifestou preocupação com eventual sobreposição das metas do PGMU V e os compromissos de abrangência do Edital de 5G em relação ao *backhaul*, aspecto que foi afastado pela Anatel.[655]

O entendimento subjacente é o de que há uma demanda reprimida que será atendida por provedores assim que houver uma rede de transporte disponível. No entanto, as evidências mostram, conforme os exemplos trazidos na Introdução – e reconhecidos pela Anatel – que essa lógica mantém descoberta uma parcela substancial da população.

Mais do que um esgotamento, o Edital de 5G acaba demonstrando um verdadeiro esgarçamento do modelo, quando são analisadas as obri-

---

[653] O que se infere a partir das localidades que serão indicadas como atendidas pelo Edital de 5G e a deficiência de acesso indicada no Plano Estrutural de Redes de Telecomunicações de 2021 (988 municípios, conforme p. 90).

[654] Ainda que a rede fixa seja necessária para a implementação e fruição adequada das vantagens presentes no 5G, o próprio Plano Estrutural de Redes de Telecomunicações de 2021 menciona que a grande maioria dos municípios já conta com *backhaul* em fibra ótica – atingindo 95,8% da população brasileira. Isso contribui para indicar que a expansão em fibra ótica não está destinada a suportar o próprio objeto do Edital de 5G, mas adicionar uma obrigação nova.

[655] *Vide* Ofício nº 8.327/2021/MCOM, de 16 de abril de 2021, e Ofício nº 289/2021/GPR-ANATEL, de 16 de agosto de 2021.

gações relativas ao PAIS e à Rede Privativa. Embora o PAIS tenha já obtido recursos de um leilão anterior, isso ocorreu para a alocação de valores excedentes no remanejamento do uso da faixa de 700 MHz. A situação, agora, é bastante distinta. Fundamentalmente, o Governo incluiu obrigações alheias ao escopo do objeto da licitação, sem relação direta com o SMP. No caso da Rede Privativa, o problema é ainda pior, dado que dificilmente é possível enquadrá-la como um "compromisso de interesse da coletividade" ou "dos usuários" para fins dos arts. 135 e 136, § 3º, da LGT. Nesse caso, a alegação de que o leilão não teria caráter "arrecadatório" é falaciosa, dado que os recursos serão aplicados em atividades alheias ao serviço

Ademais, o objetivo aparente é simplesmente não transitar recursos que naturalmente seriam arrecadados a título de outorga dentro do orçamento federal, para posteriormente serem aplicados na forma exigida pela legislação – *i.e.* licitação pública, ainda que por intermédio da Telebras, como atualmente prevê o Decreto nº 9.612/2018. Ou seja, a questão orçamentária produziu aqui um efeito adicional, abertura da possibilidade de inclusão de qualquer obrigação como contrapartida, ainda que ela não esteja relacionada à oferta em termos de expansão ou qualidade dos serviços, justamente para evitar a caracterização de uma despesa.

Essa questão não passou despercebida pelo TCU, que apresentou questionamentos quanto à inclusão do PAIS e da Rede Privativa como compromissos no Edital de 5G, justamente por enxergar nessas iniciativas investimentos que deveriam ser realizados pela União.[656] No entanto, contrariando o entendimento da área técnica do Tribunal, o TCU acabou aprovando o modelo de Edital.[657]

Assumir essa possibilidade como um caminho representa, em minha visão, um *bypass* institucional, aqui na legislação orçamentária, voltado para a implementação de iniciativas governamentais, inclusive as dissociadas de qualquer compromisso de expansão ou melhoria dos serviços (no caso da Rede Privativa). Isso abriria espaço para inclusão de qual-

---

[656] Sobre o assunto, *vide* POSSEBON, Samuel. À Anatel, TCU aponta indícios de ilegalidade em obrigações do edital de 5G, *Teletime*, 22 abr. 2021. Disponível em: https://teletime.com.br/22/04/2021/a-anatel-tcu-aponta-indicios-de-ilegalidade-em-obrigacoes-do-edital-de-5g/. Acesso em: 25 abr. 2021.

[657] TCU, Acórdão nº 2.032, Rel. Min. Raimundo Carreiro, de 25 de agosto de 2021.

quer tipo de obrigação futuramente, o que afastaria a política pública atual do arranjo original da LGT.

Em bases distintas, pode-se fazer a mesma afirmação em relação à inclusão das metas para atendimento da Política de Inovação Educação Conectada. Todo o debate em torno da Lei nº 14.172/2021 e da Lei nº 14.180/2021 se deu por conta da resistência do Ministério da Fazenda em utilizar outras fontes de recursos, com base na pauta orçamentária. Sob essa ótica, a solução também representa uma *path dependence*, ao encontrar no Edital de 5G a fonte de financiamento.

Nota-se, contudo, que não estamos aqui diante, propriamente, de compromissos de abrangência como os demais, mas sim da conversão direta do valor da outorga em obrigação (*i.e.* atendimento das escolas), mediada por uma entidade privada que ficará encarregada da aplicação dos recursos (a EACE). Simula-se o mecanismo que deveria pautar o funcionamento do FUST, com um único objetivo: contornar o recolhimento dos recursos aos cofres públicos e, assim, evitar a discussão orçamentária, o que configura um novo *bypass* institucional. Nesse caso, aponto como aspectos positivos tanto o atendimento a usuários finais quanto a alocação competitiva.

Mesmo o modelo da EACE pode ser comprometido, observação que faço considerando o objeto do projeto-piloto. O foco da política pública de universalização deveria ser, exclusivamente, o provimento de conectividade – embora, evidentemente, melhorar as condições das instalações de entidades de ensino seja medida de interesse público. A ampliação do escopo pode levar à seleção adversa de interessados (considerando que o objeto da contratação pode passar a exigir uma composição de *expertises* bastante diversa).

Vale notar que, mesmo nos casos em que as obrigações impostas são pertinentes, elas serão arcadas pelos próprios usuários, mediante um subsídio cruzado pouco transparente – como é o caso, por exemplo, das obrigações de *backhaul* e expansão do 4G – dada a forma de precificação, conforme abordarei adiante. Ou seja, um volume maior de obrigações é incorporado nos preços praticados aos usuários finais das operadoras.

Isso é especialmente sensível quando os recursos passam também a ser destinados para atividades absolutamente alheias ao setor de telecomunicações (por exemplo, para o fornecimento de energia para escolas), como se observa no projeto-piloto da EACE. O que parece é que o instrumento utilizado, que dispensa licitação ou previsão orçamentária, acaba sendo visto como uma panaceia para solucionar outros problemas que, embora sérios, são impertinentes ao setor de telecomunicações, cristalizando o *bypass* como forma de viabilizar os gastos públicos. Novamente a *path dependence* mostra aqui sua face: recursos colhidos no setor são utilizados para as mais diversas finalidades, como ocorreu historicamente com o FUST.

A expansão do serviço, sem uma política pública que considere a existência de usuários de baixa renda, e não apenas usuários desprovidos de cobertura, pode contribuir para a exclusão dos usuários, e não sua inclusão. Ainda, no caso do 5G, o preço final mais elevado pode impactar na difusão da nova tecnologia, apontada como revolucionária e necessária ao desenvolvimento econômico.

Por fim, nos termos das alterações da Lei nº 13.879/2019, é razoável esperar que os leilões de radiofrequência, no limite, ocorram em menor intensidade. Assim, a ferramenta de imposição de obrigações, em relação às autorizações de direito de uso de radiofrequências, deixará de contar com um procedimento competitivo, no formato atualmente existente.

De fato, ela se aproximará muito da lógica de substituição de metas abordada no Capítulo 2, o que revela mais um traço de *path dependence* quanto ao uso de ferramentas de universalização. Contudo, a revisão das obrigações contará com um espaçamento temporal muito maior – afinal, a revisão dos contratos de concessão, ainda que com todas as suas limitações de escopo, é quinquenal, ao passo que as prorrogações de direito de uso de radiofrequência devem ocorrer, ao menos, no dobro do tempo.

Em um contexto de evolução rápida dos serviços e das demandas sociais, um espaçamento tão grande pode gerar distorções, principalmente se essa ferramenta não for acompanhada e complementada por outras. A experiência anterior mostra que há um risco real de engessamento, conforme destacado nos Capítulos 1 e 2, mediante o congelamento de investimentos em atividades não mais aderentes à demanda – como demonstra o PNBL, por exemplo.

3.2.4. Conclusão parcial: aprendemos muito pouco

Ao contrário do apontado pela Exposição de Motivos da LGT, o arranjo institucional idealizado pela legislação se mostrou, no mundo real, como de implantação complexa, não apenas do ponto de vista estritamente jurídico, mas também político.[658] Ele exigiria alto grau de coordenação entre os atores institucionais, de sua capacidade de lidar com agentes de veto (TCU e Ministério da Fazenda), e de ajustar as ferramentas ao longo do tempo, conforme as alterações da demanda social pelo serviço.

Não foi isso, entretanto, que ocorreu. O arranjo institucional da universalização teve as suas características definidas a partir de um *bypass* no arranjo original da LGT, fundamentalmente calcado na aplicação de recursos do FUST. A partir daí, as demais ferramentas foram utilizadas em grande intensidade e criatividade, com diferentes graus de eficácia e testando os limites da legalidade em alguns casos.

Nesse contexto, o intuito do presente item foi sistematizar e analisar os principais movimentos voltados para aprimorar a política pública de universalização. Essas quatro iniciativas devem ser ponderadas de forma conjunta, pois é a coordenação entre as ferramentas disponíveis para os atores institucionais que determina o resultado efetivo da política pública de universalização.

A partir do exposto anteriormente, indico que as iniciativas de alteração institucional não atentaram à integralidade dos fatores que geraram os resultados indicados no Capítulo 1. São alterações que podem ser consideradas incrementais, mas que não parecem ser suficientes, ao menos até o presente momento e com as informações disponíveis, para evitar um caminho muito similar ao apresentado no Capítulo 2. Não aparentam estar presentes condições para uma transformação da instituição, o que caracteriza a manutenção da dependência de trajetória que impede o retorno ao arranjo institucional original da LGT, apesar de as alterações legislativas teoricamente apontarem para essa direção. Aqui

---

[658] MINISTÉRIO DAS COMUNICAÇÕES. *Exposição de Motivos nº 231, de 10 de dezembro de 1996*, p. 21: "e) criação de um fundo específico. Nesse caso, todas as operadoras participariam do financiamento das obrigações de serviço universal, através de uma contribuição proporcional a suas respectivas receitas. O órgão regulador seria o responsável por administrar esse fundo, definir o valor das contribuições e escolher, de forma adequada, a empresa a ser incumbida da prestação do serviço universal em cada situação específica. Por ser politicamente mais simples, essa opção é a que parece ser a mais recomendável".

procuro sistematizar criticamente os pontos destacados, que justificam meu posicionamento.

3.2.4.1. Na ponta da arrecadação, problemas permanecem

Na ponta da arrecadação, destaco alguns pontos que me parecem apontar para uma solução parcial para o problema da obtenção de recursos para a universalização. Há muito a Anatel reconhece ser necessário o uso do FUST como fonte de recursos para a universalização, não bastando para tanto a política de imposição de obrigações em geral – *i.e.* substituição de metas, compromissos de abrangência em editais de radiofrequência, TACs e obrigações de fazer.[659] De fato, as alterações legislativas, principalmente na Lei do FUST, criaram uma maior oferta, mas ainda insuficiente e com potenciais efeitos negativos.

Primeiro, a possibilidade de o Ministério da Fazenda funcionar como um agente de veto com relação à aplicação dos recursos do FUST não pode ser descartada e, a julgar pelos movimentos do Poder Executivo, é provável. Embora a questão orçamentária tenha sido ofuscada ao longo dos anos pela impossibilidade material de aplicação do FUST por conta da interpretação imposta pelo TCU acerca da necessidade ser realizada por meio do regime público, o problema esteve presente. Noto que não é a primeira vez que o setor de telecomunicações é instrumentalizado para fazer frente a outras demandas afetas à área econômica do Poder Executivo, e não como titular do serviço,[660] o que já evidencia um comportamento típico de dependência de trajetória.

---

[659] "4.93. Resgatando as avaliações contidas na Análise nº 123/2018/SEI/AD, considero que as fontes de financiamento apontadas no PERT sejam insuficientes para os resultados pretendidos. À exceção do FUST, todas elas são incertas, polêmicas e, sobretudo, finitas. Diante da necessidade proeminente de promover o desenvolvimento das telecomunicações no País, reitero meu entendimento: é imprescindível e inadiável que o setor possa contar com uma fonte segura e contínua de recursos" (Análise nº 143/2019/SEI/AD, Rel. Cons. Aníbal Diniz, de 13 de junho de 2019).

[660] "Posteriormente, já com o Sistema Telebrás constituído, as tarifas passaram a ser definidas pelo Governo Federal, como autoridade econômica, com o interesse centrado na contenção do processo inflacionário, e não como poder concedente – condição em que deveria cuidar de sua compatibilidade com os custos" (MINISTÉRIO DAS COMUNICAÇÕES. *Exposição de Motivos nº 231, de 10 de dezembro de 1996*, p. 7). Embora o foco da preocupação tenha sido alterado, de pressão inflacionária para orçamentária, noto que o ponto de atrito segue o mesmo, qual seja, o Ministério da Fazenda.

No entanto, não houve qualquer tipo de solução proposta para essa frente. Projetos de lei e a própria experiência dos fundos de ciência e tecnologia demonstram que seria necessário adotar uma restrição legislativa ao contingenciamento de recursos para garantir a sua aplicação no setor, o que não ocorreu.[661] E, mesmo quando ela está presente, não há garantia de aplicação dos recursos,[662] o que sugere que a previsão legal de efetivo uso dos recursos é apenas parte da solução – a outra está em um Ministério das Comunicações forte e capacitado para o exercício de suas competências.

Segundo, os recursos do FUST são reconhecidamente insuficientes para fazer frente à demanda da universalização, conforme apontado pela Anatel e destacado anteriormente. O Poder Legislativo perdeu uma oportunidade para redirecionar a própria arrecadação gerada a partir do setor – isso a partir da observação dos próprios fundos setoriais federais.

Esse é um aspecto bastante relevante, quando consideramos que os investimentos privados no setor de telecomunicações, desde a privatização, alcançaram a cifra de R$ 1 trilhão.[663] Os fundos setoriais federais, por sua vez, historicamente arrecadaram cerca de R$ 100 bilhões, sendo destinados a atividades mais diversas, menos à universalização das telecomunicações.

---

[661] Além das propostas já mencionadas anteriormente, após as alterações da LGT e da Lei do FUST, vale mencionar o Projeto de Lei Complementar nº 77, de 2022, apresentado pela senadora Daniella Ribeiro, cujo objetivo é vedar o contingenciamento de recursos do FUST destinados à execução de atividades aprovadas por seu Conselho Gestor.

[662] Nem mesmo a previsão de impossibilidade legal de contingenciamento impede que questões orçamentárias interfiram no funcionamento do FNDCT, dado o bloqueio de seus recursos no Orçamento de 2021. É o que se extrai de SHALDERS, André. Brasil tem menor investimento em ciência dos últimos 12 anos, *O Estado de S. Paulo*, 24 ago. 2021. Disponível em: https://conexis.org.br/investimentos-em-telecom-subiram-43-no-2o-tri-em-relacao-ao-1o-tri-de-2020/. Acesso em 1º set. 2021.

[663] O valor inclui o pagamento de outorgas, conforme destacado em DA REDAÇÃO. Investimentos em telecom subiram 4,3% no 2º tri em relação ao 1º tri de 2020. *Conexis*, 8 set. 2020. Disponível em: https://conexis.org.br/investimentos-em-telecom-subiram-43-no-2o-tri--em-relacao-ao-1o-tri-de-2020-2/. Acesso em: 9 mar. 2023. Acesso em: 25 abr. 2021. Historicamente, o setor investe cerca de R$ 30 bilhões de reais ao ano (cf. https://conexis.org.br/numeros/estatisticas/m, acesso em: 25 abr. 2021). Conforme apontado, a Anatel considera um valor menor, da ordem R$ 15 bilhões anuais, como investimento privado no setor.

Ou seja, ainda que o investimento privado tenha sido expressivo, ele não conseguiu fazer frente ao atendimento pleno da demanda pelo serviço, em especial a que depende da política pública de universalização. E, em paralelo, foi subtraída uma parcela substancial de recursos que poderiam ter sido investidos, não havendo qualquer sinalização de reversão desse cenário. É evidente aqui uma *path dependence* com relação à questão orçamentária.

Duas exceções a esse segundo ponto me levam à terceira observação, uma vez que representam inovações: (i) a mecânica de aplicação automática dos recursos do FUST, diretamente pelas operadoras e sem passar pelo orçamento público; e (ii) a forma de alocação dos recursos para a conexão de escolas no âmbito do Edital de 5G. Afirmo se tratar de uma espécie de *bypass* institucional a fim de evitar discussões de cunho orçamentário – inclusive veiculado pela legislação, no primeiro caso.

Em verdade, conforme apontado anteriormente, outras fontes de recursos que têm sido utilizadas pela Anatel para financiar projetos de universalização também podem ser consideradas, sob essa ótica, como *bypasses* institucionais – para além da substituição de metas e dos compromissos de abrangência. É o caso dos termos de ajustamento de conduta e das obrigações de fazer, nas quais os recursos também não transitam pelo orçamento público. No caso da Lei do FUST, a legislação incorporou essa mecânica no que seria a principal ferramenta de universalização tal qual apontada pela LGT.

No entanto, ao fazê-lo, embora aumente os recursos efetivamente empregados no setor de telecomunicações – o que é positivo por si só e não se nega –, contribui para esvaziar ainda mais o FUST, constatação esta bastante simples, já que as operadoras podem deixar de arrecadar até 50% dos valores que seriam originalmente devidos, no caso da contribuição direta. Somam-se, a isso, os montantes que não são arrecadados em função da assinatura de TACs, imposição de obrigações de fazer, bem como da conversão dos valores de outorga em compromissos de abrangência no âmbito dos leilões de radiofrequência – ou na sua aplicação por meio da EACE ou arranjos similares.

Isso significa, do ponto de vista de disponibilidade de recursos, que o FUST não será a principal ferramenta da política pública de universalização, ao contrário do que foi posto pela LGT em sua redação original

3. OS DESAFIOS PARA AVANÇARMOS NA PAUTA DA UNIVERSALIZAÇÃO

e com sua estrutura original de funcionamento – conforme apontado do Capítulo 1.

Terceiro, a aplicação a título reembolsável do FUST deve guardar simetria com os investimentos não reembolsáveis, em termos de aderência aos objetivos de universalização mencionados no Capítulo 1, o que pode ter especial relevância a depender do enquadramento fiscal desse tipo de uso. Acaso não seja contabilizado como despesa para fins orçamentários, esse uso da ferramenta tenderia a se tornar predominante – e, se isso ocorrer de forma desatrelada da política de universalização, representaria um novo tipo de veto por parte do Ministério da Fazenda. Seria, na prática, uma nova espécie de "contingenciamento", ainda que haja algum tipo de investimento no setor.

O *bypass* orçamentário no setor de telecomunicações pode ser apontado como a principal inovação institucional promovida pelos diversos atores institucionais envolvidos, seja pela via legislativa ou administrativa. E nada mais é do que a manifestação de uma *path dependence* vinculada à inaptidão para o planejamento e execução orçamentária, evidenciada no Capítulo 2.

Paradoxalmente, apesar de essa "gambiarra" institucional devolver mais recursos para o setor, resulta em mais afastamento do modelo idealizado pela LGT, conforme abordarei a seguir.

3.2.4.2. Na ponta da despesa: não é só gastar, mas como gastar

Sob a ótica da despesa, em alguma extensão houve uma modificação significativa, dado que uma parcela dos recursos que seriam destinados ao FUST passou a ser automaticamente apta a ser aplicada, com menor dependência do planejamento setorial – mas ainda existente. Contudo, pelo exposto anteriormente, predominantemente o sistema, até pela disponibilidade de recursos, permanecerá majoritariamente atrelado às ferramentas que, fundamentalmente, consistem em imposição de obrigações às operadoras. Ou seja, as iniciativas recentes e o modelo previsto na Lei do FUST estão pautados substancialmente nas ferramentas aplicadas ao longo dos últimos anos: substituição de metas e compromissos de abrangência nos leilões de radiofrequência. A aplicação automática prevista na Lei do FUST simplesmente cria uma nova variante dessa mesma lógica, o que revela, aqui também, uma *path dependence* em relação às opções traçadas no passado, ainda que tenha havido uma alteração incremental no modelo.

Embora haja um inequívoco fato positivo, decorrente do aumento de disponibilidade de aplicação de recursos no setor, posso apontar alguns aspectos negativos.

O primeiro diz respeito ao objeto das obrigações que são impostas, que basicamente se resumem à aplicação de recursos em expansão de rede, sem qualquer sinalização de investimentos destinados a viabilizar o acesso efetivo por usuários finais. A exceção mencionada na Lei do FUST, na Lei nº 14.180/2021 e no Edital de 5G, relativa aos estabelecimentos de ensino, parece corroborar essa regra – e, frisa-se, ela é relacionada a um acesso de caráter coletivo, não individual.

A ideia subjacente é a de que a disponibilidade de rede atrairá automaticamente uma demanda reprimida, de usuários não atendidos apenas pela indisponibilidade de serviços, seja pelas próprias operadoras que implementem as obrigações ou por outras que contratem suas redes. Embora isso seja realidade para uma parcela da população, os próprios níveis de cobertura indicados no PERT sugerem que a exclusão digital no Brasil não se deve somente à falta de acesso ao serviço, mas também à ausência de recursos para contratá-los.

Essa falta de atenção para a questão da demanda também enseja outro problema, já observado com relação à expansão do STFC nos primeiros anos da universalização, que representa meu segundo ponto de destaque. Conforme exposto anteriormente, as metas estabelecidas para o PGMU V, adaptação das concessões e no âmbito do Edital de 5G, especificamente no que se refere ao *backhaul*, partem da premissa de que haverá demanda de tráfego para essas novas redes, pensadas para o atendimento em alta velocidade.

O excesso de linhas de STFC disponíveis identificado no momento da prorrogação das concessões, agravado pela progressiva queda na atratividade do serviço, representa um exemplo de como não implementar uma política pública de universalização. No entanto, sem proporcionar um estímulo efetivo para a demanda, com subsídio efetivo, e, portanto, não um PNBL ou um AICE, o mesmo cenário poderá ser experimentado em breve com relação à banda larga.

A experiência pretérita mostra que é necessário que o planejamento setorial para a universalização alie a realização de investimentos em expansão de rede a medidas que incentivem a demanda. O foco da política pública atual está totalmente voltado para o primeiro ponto e, ainda

3. OS DESAFIOS PARA AVANÇARMOS NA PAUTA DA UNIVERSALIZAÇÃO

que seja bem-sucedido, poderá experimentar uma distorção entre disponibilidade e uso.

É dizer, recursos da ordem de bilhões de reais que serão destinados à ampliação do *backhaul* em fibra ótica poderão ser subutilizados, permanecendo total ou parcialmente ociosos, por não haver usuários com capacidade econômica para contratar serviços de telecomunicações. Isso representaria um desperdício de recursos que poderiam ser mais bem utilizados caso a política pública fosse planejada de forma a prever o atendimento subsidiado a usuários finais.

Noto, ainda, que a incorporação na política pública de universalização de uma ferramenta focada no fomento à demanda pode, inclusive, reduzir os custos de implantação da infraestrutura necessária para suportar o serviço de telecomunicações.[664] Isso ocorre porque a expectativa de receita é um componente importante para balizar o retorno dos investimentos, impactando o VPL dos projetos. Ou seja, o incentivo à demanda pode reduzir a necessidade de aportes em cobertura, dado que as operadoras podem voltar sua atenção e os seus recursos privados ao atendimento de novas localidades – por enxergarem nelas um mercado atrativo.

O terceiro ponto diz respeito a um afastamento cada vez maior do modelo preconizado pela LGT para a universalização, conforme apontado no Capítulo 1. Em um ambiente setorial competitivo, o uso de um fundo setorial pautado pela alocação de recursos por meio de leilões reversos teria efeitos neutros quanto aos agentes setoriais.

---

[664] "Analisando o conjunto de variáveis identificadas como determinantes da atratividade, resta evidente a necessidade de se priorizar políticas públicas que foquem em geração de demanda pelo serviço, dado o gap de renda e de desenvolvimento humano e a reduzida população de boa parte dos municípios do Brasil. A necessidade de políticas que fomentem a demanda é corroborada, inclusive, pela relação direta encontrada entre a população dos municípios e sua atratividade econômica, o que demonstra a necessidade de políticas que resultem em aumento de atratividade nos municípios de menor população" (PRADO, Tiago Sousa. *Políticas públicas de massificação do acesso à banda larga fixa de alta velocidade*: uma análise econométrica de alternativas para o Brasil. Brasília: IPEA, 2018, p. 75).

No entanto, o reforço da lógica de imposição de obrigações como principal ferramenta da universalização segue o caminho diametralmente oposto.[665]

De fato, tal ferramenta pode resultar na aplicação de recursos em uma atividade que os receberia espontaneamente a partir da atuação privada.[666] A Anatel tem atentado a uma possível sobreposição de obrigações e investimentos privados, justamente no sentido aqui mencionado.[667]

---

[665] Não é por outra razão que a realização de um leilão é considerada uma forma de facilitar a definição do VPL: "[w]hen the burden is unfair, the NRA [National Regulatory Authority] calculates the net cost of the universal service on basis of one of the following two methods: (i) the easy method can be used when the costs have been revealed during the designation procedure of the universal service provider. Indeed, if the State auctioned the designation and has chosen the least expensive bid, the amount of this bid could be considered as the net cost of the universal service; (ii) however, when auctions have not been used or were not successful, the NRA relies on the difficult method of calculating the net cost" (GARZANITI, Laurent et al. (eds.). *Electronic Communications, Audiovisual Services and the Internet EU Competition Law & Regulation*. 4. ed. Londres: Sweet & Maxwell, 2020, p. 99).

[666] Nesse sentido: "Além disso, a imposição de obrigações às grandes prestadoras de atuação nacional impactaria diretamente o negócio de milhares de prestadores regionais de banda larga fixa. Estimados atualmente em mais de 5 mil, esses pequenos empresários vêm há anos investindo recursos privados na construção de redes de alta capacidade em cidades médias do interior do Brasil, aproveitando esse nicho de mercado pouco explorado pelas grandes operadoras de atuação nacional" (PRADO, Tiago Sousa. *Políticas públicas de massificação do acesso à banda larga fixa de alta velocidade*: uma análise econométrica de alternativas para o Brasil. Brasília: IPEA, 2018, p. 26).

[667] Análise nº 27/2019/EC, Rel. Cons. Emmanoel Campelo, de 22 de março de 2019: "O estudo realizado por Prado (2018) [...], também citado pelo TCU, apontou que ao direcionar políticas públicas para municípios de menor atratividade econômica, mitiga-se o risco de que a intervenção do Estado acabe substituindo investimentos privados que já seriam realizados voluntariamente sem a necessidade de incentivos (efeito de *crowding-out*). Em suma, de acordo com os modelos de atratividade econômica desenvolvidos na referida pesquisa, tem-se que o PIB per capita foi a principal variável para explicar a atratividade econômica dos municípios para receber investimentos privados, quando analisadas as opções das empresas de onde ofertar banda larga fixa de 2010 a 2016. Ainda que o estudo não tenha sido desenvolvido para esse fim, entendo que podemos nos apropriar do resultado obtido no sentido de considerar que municípios de menor PIB per capita possuem menor probabilidade de serem atendidos pelo mercado. Nessa linha, sugiro a adoção de critério relativo ao PIB per capita, atribuindo um maior peso para municípios que se enquadrem na faixa

3. OS DESAFIOS PARA AVANÇARMOS NA PAUTA DA UNIVERSALIZAÇÃO

A ausência de competição pelos recursos se conecta a outro aspecto importante quanto aos efeitos da lógica de imposição de obrigações sob ótica de alocação de recursos públicos, meu quarto ponto. Conforme exposto ao longo do presente texto, a Anatel realiza o dimensionamento das obrigações que serão impostas, aferindo o VPL dos projetos – qualquer que seja a ferramenta utilizada. Isso significa que o órgão regulador avalia demanda, receitas, despesas e dimensiona os investimentos necessários, a partir de dados de seu conhecimento.[668]

Evidentemente, por mais capaz tecnicamente que seja o órgão regulador, não se pode pressupor que o cálculo do VPL esteja isento de erros. Muito pelo contrário, há grande assimetria de informações em relação ao comportamento do setor privado, principalmente em um setor pautado por inovação tecnológica e pela difusão de agentes atuantes.[669] É impossível que a Anatel tenha conhecimento acerca do plano de negócios de todas as operadoras atuantes no Brasil, razão pela qual é plausível a hipótese de que a definição de investimentos a serem realizados a título de universalização e a sua quantificação podem conter erros.

No caso de aplicação dos recursos do FUST em sua forma original, os leilões reversos fariam com que houvesse um escrutínio sobre o déficit do projeto apontado pela Anatel. Ou seja, o resultado final do leilão, se bem-sucedido, provavelmente extirparia dois problemas, quais sejam,

---

de maior PIB per capita, de modo a incentivar os investimentos naqueles da faixa menor. Ademais, sugiro que se atribua a tal critério um maior peso para o fator final, pois assim, reduz-se o risco de direcionar recursos públicos para municípios onde a empresa já investira voluntariamente".

[668] PRADO, Tiago Sousa. *Políticas públicas de massificação do acesso à banda larga fixa de alta velocidade*: uma análise econométrica de alternativas para o Brasil. Brasília: IPEA, 2018, p. 26.

[669] "Embora a Anatel possua *expertise* de mais de 10 anos na realização dessas estimativas, que são sempre submetidas ao escrutínio e aprovação pelo Tribunal de Contas da União, a modelagem de planos de negócios envolve grande assimetria de informação entre regulador e regulado e necessita de projeções de longo prazo de variáveis que mudam rapidamente devido a evoluções tecnológicas, tornando questionável a precisão de seus resultados e, consequentemente, a sua eficiência do ponto de vista de alocação de recursos públicos" (PRADO, Tiago Sousa. *Políticas públicas de massificação do acesso à banda larga fixa de alta velocidade*: uma análise econométrica de alternativas para o Brasil. Brasília: IPEA, 2018, p. 26).

potenciais erros do órgão regulador, bem como a eventual inclusão do projeto no plano de negócio de algum dos interessados.[670-671]

Entretanto, esse efeito positivo dos leilões não ocorre quando a ferramenta utilizada parte para a lógica de imposição de obrigações. Embora os investimentos sejam de alguma forma realizados, eles ocorrem a partir das definições, tanto em termos de objeto quanto de valor, por parte da Anatel. São realizados, por sua vez, necessariamente pela operadora contra a qual há uma espécie de "crédito", por ela apenas.

Considerando a existência de milhares de provedores de SCM no país, não é possível descartar que os efeitos negativos apontados acabem se manifestando. Igualmente, não se pode descartar a ocorrência

---

[670] Esse resultado é facilmente aferível a partir dos resultados de leilões de privatização ou concessões de infraestrutura, nos quais, por vezes, há grande ágio, o que evidencia uma percepção do setor privado de atratividade e oportunidades que não foram devidamente incorporadas pelo Poder Público. Cita-se, por exemplo, o caso da Rodovia dos Tamoios, concedida sob a forma de uma parceria público-privada na modalidade de concessão patrocinada. O consórcio vencedor apresentou uma proposta de contrapartida pública correspondente a R$ 0,01 anuais, havendo lances entre R$ 34 milhões e R$ 152 milhões, igualmente anuais, ante uma contrapartida pública originalmente estimada em R$ 156 milhões anuais pelos estudos econômicos realizados pelo Poder Público, correspondente a um valor total R$ 3,9 bilhões pelo prazo total da concessão (estudos disponíveis em: http://www.artesp.sp.gov.br/Shared%20Documents/Licita%C3%A7%C3%B5es/Tamoios/Estudo%20de%20Viabilidade%20SLT%20-%2017mar2014.pdf. Acesso em: 25 abr. 2021). Sobre o assunto, *vide* Pupo, Fábio. Artesp: "Resultado de licitação da Tamoios é motivo de comemoração". *Valor Econômico*, São Paulo, 3 out. 2014. Disponível em: https://valor.globo.com/empresas/noticia/2014/10/03/artesp-resultado-de-licitacao-da-tamoios-e-motivo-de-comemoracao.ghtml. Acesso em: 25 abr. 2021.

[671] O próprio setor tem exemplos de leilões em que essa assimetria é evidente, o que só reforça a crítica. Veja-se o caso da operadora Brisanet, que apresentou um lance com ágio de 13.741% no Leilão de 5G. A explicação fala por si só: "Mas a agressividade da Brisanet nas suas ofertas (exceto a faixa de 2,3 GHz, pela qual a empresa pagou o preço mínimo) também levantou desconfiança de que a operadora possa ter errado a mão. Nessa entrevista, José Roberto Nogueira, CEO da empresa, explica que *as obrigações que serão assumidas já estavam previstas no planejamento de negócios da operadora e não terão impacto adicional no Capex dos projetos*. Investimentos, aliás, que devem ficar em R$ 2 bilhões para o cumprimento das obrigações em cidades e localidades pequenas, fora o que será investido para crescer e disputar as grandes cidades, explica o executivo" (Possebon, Samuel. Brisanet projeta investimentos de R$ 2 bi para locais com menos de 30 mil habitantes, *Teletime*, 5 nov. 2021. Disponível em: https://teletime.com.br/05/11/2021/brisanet-projeta-investimentos-de-r-2-bi-para-locais-com-menos-de-30-mil-habitantes/. Acesso em: 2 set. 2022).

de equívocos na definição do VPL. Se a primeira situação pode impactar a composição do mercado, subtraindo oportunidades de operadoras, em especial aquelas que têm contra si menores "créditos", a segunda situação pode resultar, inclusive, em transferência de receitas em favor das operadoras.

Por fim, destaco a falta de coordenação que é tão característica do setor, conforme salientado pelo TCU. Por um lado, não parece haver nenhum instrumento claro que viabilize a identificação, pelo Ministério das Comunicações ou pela Anatel, de sobreposição entre as inúmeras iniciativas de conectividade conduzidas (com ou sem a participação desses atores institucionais), bem como soluções que serão adotadas caso tal situação seja identificada. Caso a EACE atenda uma escola já contemplada por outro programa governamental, de qualquer esfera, o que deve ocorrer? Ambos os programas devem coexistir – e, nesse caso, como? Prevalece a melhor condição de serviço? O que acontece com relação ao programa preterido? São questões que deveriam ser respondidas para que fosse possível superar a desorganização institucional na qual o setor está mergulhado.

Por outro lado, mesmo as iniciativas mais recentes são realizadas de forma pouco integrada. Veja-se o caso da EACE e do Conselho Gestor do FUST, por exemplo. Ambos partilham de ao menos um objetivo comum – *i.e.* prover conectividade para escolas –, mas as iniciativas são conduzidas de maneira aparentemente apartada. Os projetos da EACE deveriam ser planejados de modo a, quando esgotados seus recursos, ser possível viabilizar uma continuidade com aportes do FUST. Além disso, a experiência do processo de contratação da EACE, mesmo se tratando de uma entidade privada, seria muito útil para balizar a aplicação do FUST. Apesar disso, os processos pertinentes à aplicação de recursos dessas duas fontes correm de maneira paralela, sem qualquer evidência de pontos de contato.

3.2.4.3. *Path dependence* está nos levando ao pior caminho?
A nova legislação do FUST e o encerramento das concessões poderiam indicar uma mudança na *path dependence* que caracterizou a universalização no setor de telecomunicações nos últimos anos. O ponto positivo de ambos os movimentos é a maior disponibilidade de recursos para a universalização, ainda que seja por um prazo determinado – como é o caso da adaptação das concessões e da aplicação automática de recursos.

Entretanto, uma análise detida dos contornos atribuídos às ferramentas de universalização após os movimentos de reforma demonstra que os atores institucionais seguem presos à *path dependence*, que caracterizou o setor desde a atuação do TCU como agente de veto em relação ao FUST. De fato, os *bypasses* institucionais criados para contornar a decisão do TCU e viabilizar investimentos no setor de telecomunicações passaram a, efetivamente, constituir as únicas ferramentas utilizadas pelos atores institucionais.

Em alguma medida, conforme apontado no Capítulo 2, isso se deve a uma atuação circunstancial de outro agente de veto, ainda que indireta, representada pelo Ministério da Fazenda, aqui fundamentada não em uma questão jurídica, mas orçamentária. A não utilização de recursos do FUST foi normalizada e incorporada como fonte de financiamento para outras despesas absolutamente alheias ao setor – sendo incorporada como uma característica da *path dependence* setorial.

Essa circunstância gerou um novo *bypass* institucional, voltado para manter ao menos uma parcela dos recursos dentro do setor de telecomunicações, bem representada tanto na Lei do FUST (por meio do mecanismo de aplicação automática) quanto nas próprias alterações trazidas pela Lei nº 13.879/2019. De fato, as modificações incorporadas na LGT basicamente podem ser sintetizadas, para além da adaptação de concessões em autorizações, na substituição de pagamentos por outorga por imposição de obrigações.

O reforço das ferramentas calcadas na imposição de obrigações enfraquece o FUST, por drenar uma parcela de suas receitas, além de comprometer um dos pilares da universalização na LGT, que é a sua conciliação com a competição.[672] As alterações legislativas não incorporaram as lições da experiência exposta no Capítulo 2, o que não apenas demonstra uma inabilidade para alterar a dependência de trajetória que caracterizou a política pública de universalização no setor de teleco-

---

[672] "4.94. A despeito de todas as dificuldades na aplicação dos recursos do FUST, afirmo que, dentre todas as fontes apresentadas, esta ainda se mostra como a melhor opção para suprir a carência de recursos para investimentos no setor de telecomunicações. Pois, a meu ver, esta é a única fonte que pode assegurar um fluxo contínuo de recursos para o desenvolvimento do setor, tendo sido criada na LGT para, em conjunto com a competição, servir de sustentáculo do modelo vigente" (Análise nº 143/2019/SEI/AD, Rel. Cons. Aníbal Diniz, de 13 de junho de 2019).

3. OS DESAFIOS PARA AVANÇARMOS NA PAUTA DA UNIVERSALIZAÇÃO

municações, mas também indica um cenário no qual a política pública potencialmente permanecerá a ela vinculada.

Assim, em vez de uma retomada do caminho positivo que foi traçado originalmente pela LGT em termos de aliar universalização e concorrência, é possível que o cenário seja justamente o oposto, mas com uma situação ainda pior.

As concessões do STFC, qualquer que seja o caminho adotado pelas respectivas concessionárias, terão fim próximo. Em algum momento, seja em 2025, seja quando forem esgotados os recursos de eventual adaptação, não apenas essa fonte restará indisponível, mas também a ferramenta da substituição de metas deixará de existir. Caso, evidentemente, não haja uma nova rodada de concessões.

Eventualmente, a aplicação automática prevista na Lei do FUST pode suplantar essa perda, mas ela depende de as operadoras voluntariamente optarem pela aplicação de recursos em projetos em vez do recolhimento aos cofres públicos, o que coloca dúvida tanto com relação à efetiva execução dos projetos elaborados pelo Poder Público quanto sobre os valores que efetivamente serão aplicados no setor. Adicionalmente, dada a questão relacionada à definição dos próprios projetos e ao cálculo de seu VPL, pode indicar alguma forma de seletividade sobre as opções das operadoras, a depender de como essa ferramenta será operacionalizada, algo ainda pendente de regulamentação. Restam os editais de leilões de radiofrequência e as respectivas prorrogações dos termos de direito de uso. Os primeiros, conforme já apontado, tendem a ocorrer apenas excepcionalmente a partir da edição da Lei nº 13.879/2019, dada a previsão de prorrogações sucessivas. Essas, por sua vez, ocorrem em periodicidade muito superior à revisão quinquenal dos contratos de concessão do STFC, o que é um problema em especial para um setor que sofre com a intensa evolução tecnológica e de demanda.

Os termos de autorização tendem a ser prorrogados entre 10 e 15 anos, o que significa a manutenção dos compromissos de abrangência durante todo esse período. Assim, o escopo da ferramenta permanece estático, enquanto a demanda segue se movendo de forma dinâmica, seja por maiores velocidades de acesso, seja pela necessidade de adoção de novas tecnologias (como é o caso do 5G). Ademais, a fixação das metas está sujeita a falhas em seu dimensionamento.

Nesse contexto, não se pode descartar que, ao longo dos anos, passe a se observar uma demanda pela atualização dos compromissos de abrangência assumidos pelas operadoras, emulando a relação entre o Poder Público e as concessionárias. Ainda que a natureza dos compromissos seja distinta e inexista previsão de atualização das metas (em especial fora dos momentos de prorrogação dos termos de direito de uso de radiofrequências), esse seria um caminho plausível de ser trilhado. Haveria até mesmo uma semelhança com a substituição de metas realizada em 2008, o PGMU 2,5, que inaugurou o *backhaul* como objeto de universalização. Uma situação absurda, mas aderente à experiência brasileira.

Concluo, assim, com base em uma visão prospectiva da *path dependence*, como proponho para amparar essa parte de minha análise, que a universalização será pautada exclusivamente nas ferramentas de imposição de obrigações, ou seja, nos compromissos de abrangência, TACs e imposição de obrigações de fazer, tendo por escopo expansão e modernização de rede, mantidas as condições atuais. O uso efetivo do FUST, se vier a ocorrer, será incipiente, seja pela manutenção do poder de veto do Ministério da Fazenda (e pela falta de perspectiva de melhora nas contas públicas), materializado no contingenciamento de seus recursos, seja pelo esvaziamento de suas fontes de receita.

Paradoxalmente, uma exceção talvez seja a alocação dos recursos por meio da EACE, para a contratação das operadoras. O uso de solicitações de propostas se assemelha à ideia dos leilões reversos que deveriam pautar o uso dos recursos do FUST. Representaria, portanto, um ponto que retoma o arranjo institucional original da LGT, ainda que indiretamente e com foco em um objetivo específico – *i.e.* conexão das escolas públicas. Tudo dependerá do sucesso do modelo efetivamente adotado pela EACE.

Até o momento, as alterações institucionais são de caráter incremental e não são suficientes, segundo os dados e as informações disponíveis, para equacionar de forma efetiva os fatores que impediram o funcionamento de um arranjo institucional que viabilizasse a universalização das telecomunicações em seu sentido amplo. Friso que, com poucas ressalvas, as alterações podem inclusive contribuir para o resultado oposto, no sentido de tornar o arranjo ainda mais disfuncional e contrário às intenções postas pela legislação.

3. OS DESAFIOS PARA AVANÇARMOS NA PAUTA DA UNIVERSALIZAÇÃO

De fato, a lógica de imposição de obrigações segue sendo a principal ferramenta de universalização, a despeito dos seus efeitos potenciais sobre o ambiente competitivo e, portanto, sobre um dos pilares que deveriam sustentar o arranjo institucional da universalização sob a LGT. Assim, os subsídios cruzados entre serviços, criticados duramente pela Exposição de Motivos da LGT, são mantidos. As ferramentas de imposição de obrigações são intrinsecamente pouco transparentes e altamente sujeitas a erros (*v.g.* cálculo do VPL negativo) e, não obstante, seguem sendo largamente utilizadas e pautando a atuação dos atores institucionais – que delas não conseguem se desvencilhar mesmo com as alterações legislativas recentes.

Esse diagnóstico não destoa daquele realizado pelo próprio Poder Executivo, ao apontar a necessidade de avançar em ferramentas adicionais para aquelas tradicionalmente utilizadas pelos atores institucionais como meio para avançar na pauta da universalização:

> O desenvolvimento de políticas públicas para banda larga depende, no longo prazo, de mecanismos de financiamento que ofereçam a previsibilidade necessária ao planejamento e à execução de ações continuadas. *O financiamento mediante instrumentos e ajustes regulatórios tem sido a tônica para a expansão da infraestrutura de redes de telecomunicações, contudo caminha para um esgotamento relativo, em face das mudanças regulatórias vislumbradas e do cenário econômico no mercado de telecomunicações.*[673] (Grifos do autor)

É necessário, portanto, encontrar meios para implementar uma transformação institucional efetiva e quebrar essa dependência de trajetória que caracterizou o setor, conforme exposto nos Capítulos 1 e 2 e que, dado o exposto neste capítulo, segue o caracterizando apesar dos esforços de alteração institucional. Com isso, as linhas para a resposta à segunda pergunta de pesquisa ficam postas, indicando que as reformas não só são insuficientes para romper com o padrão dos últimos anos – padrão este afastado dos objetivos da LGT –, mas que também evidenciam um descolamento de qualquer conclusão que poderia ser aferida a partir da observação empírica dos 24 anos posteriores à LGT.

---

[673] Nota Técnica Conjunta nº 54/2017/SEI-MCTIC, de 17 de outubro de 2017, p. 21.

3.3. Afinal, como podemos avançar na pauta da universalização?

Na parte final do livro, pretendo abordar alguns pontos para contemplar as preocupações que remanescem, em minha visão, como óbices à pauta da universalização dos serviços de telecomunicações, na acepção definida no Capítulo 1. Parto da premissa de que os ajustes implementados não consideraram um diagnóstico completo dos gargalos experimentados pela política pública.

O objetivo aqui é, justamente, indicar potenciais alternativas jurídicas que poderiam ser adotadas pelos atores institucionais, em diferentes níveis, para promover uma efetiva transformação institucional, com base nas observações decorrentes da fase de diagnóstico. Evidentemente, os apontamentos aqui não excluem o uso das ferramentas já aplicadas, mas sugerem que estas sejam reposicionadas considerando as conclusões da fase anterior.

O caráter prospectivo das considerações abaixo parte da necessidade de pensar o Direito como um meio para o aprimoramento das políticas públicas, tendo em vista as evidências apreendidas a partir da observação empírica do setor analisada nos Capítulos 1 e 2, bem como a análise das reações neste terceiro capítulo. O papel do Direito não é simplesmente o de relatar o conteúdo normativo e apontar as suas possíveis interpretações, mas também contribuir para a promoção de soluções – embora isso dependa, em grande parcela, também de outros fatores, como o ambiente político.[674] E, no contexto do presente texto, esse trecho também pode contribuir para a formação de uma pauta de pesquisa voltada para avaliar os futuros desenvolvimentos do tema.

Algumas experiências bem-sucedidas, seja em outros setores ou em outras jurisdições, podem ser utilizadas como parâmetros para ilustrar que as alternativas propostas não se resumem a apontamentos teóricos, mas igualmente encontram fundamento fático. Além disso, esse recurso permite também um diálogo sob a ótica jurídica, que passa pela avaliação da compatibilidade das medidas sugeridas com o ordenamento.[675]

---

[674] *Vide*, por exemplo, o contexto da aprovação da legislação que alterou o FUST.

[675] "A atuação do Estado envolve processos complexos e resultados incertos que demandam explicações que contribuam não apenas para sua inteligibilidade, mas, sobretudo, para o seu aperfeiçoamento, em termos tanto da ampliação de efetividade quanto da garantia de direitos e da promoção de um ambiente democrático" (PIRES, Roberto Rocha C.; GOMIDE, Alexandre. Arranjos de implementação e ativação de capacidades estatais para políticas públicas: o desenvolvimento de uma abordagem analítica e suas repercussões. Brasília:

Assim, como proposta de aprimoramento, indico a seguir o que considero como desafios jurídicos para uma efetiva revisão da política pública de universalização. A meta é torná-la mais aderente ao modelo original traçado pela LGT e, pelo exposto até aqui, mais eficaz em termos de atingir seus objetivos, de atendimento pleno à população.

3.3.1. Reposicionando o Ministério das Comunicações como um ator institucional relevante

O primeiro ponto que abordo é a necessidade de se reforçar o papel do Ministério das Comunicações como um ator institucional relevante, dotado de capacidades institucionais compatíveis com as competências que lhes são atribuídas pela legislação. A discussão quanto à necessidade de separar o papel de formulação de políticas públicas da atividade de implementação, no âmbito de setores regulados, é antiga, mas segue atual.[676]

De alguma forma, quando da constituição da Anatel, a função de formulação de política pública por parte do Ministério das Comunicações se perdeu. Conforme observado nos capítulos anteriores, embora o Ministério das Comunicações tenha formalmente esse papel, ele não foi – e não tem sido – exercido a contento no cenário pós-LGT. De fato, a própria descrição dos eventos no Capítulo 2 mostra que o Ministério deixou um vácuo institucional ocupado por um lado pela Anatel e, por outro lado, por demais atores institucionais que criaram suas próprias iniciativas para solucionar os problemas setoriais.

Esse cenário demonstra a necessidade de haver um planejamento setorial mais abrangente, destinado a centralizar e organizar as iniciativas de universalização, definindo prioridades e indicando as ferramentas a serem utilizadas em cada caso. De alguma maneira, e demonstrando as afirmações anteriores, o PERT elaborado pela Anatel atende parcialmente a esse objetivo, ao identificar lacunas e propor meios para superá-las. O PERT poderia ser uma base para um planejamento setorial

---

IPEA, 2021. Disponível em: http://repositorio.ipea.gov.br/handle/11058/10635. Acesso em: 12 mar. 2021. p. 49).

[676] *Vide* COUTINHO, Diogo Rosenthal et al. Comentários aos Anteprojetos de Lei sobre Agências Reguladoras. *Revista de Direito Público da Economia, Belo Horizonte*, ano 2, nº 6, p. 27-41, 2004.

amplo, que coordenaria as iniciativas dos demais Ministérios.[677] Isso evitaria a duplicação de projetos e racionalizaria os investimentos públicos.

Esse planejamento também poderia definir de forma clara o escopo da política pública de universalização, valendo-se de outros programas sociais para focalizar os seus esforços – como usar a referência do CadÚnico para identificar os destinatários de ferramentas voltadas para viabilizar o efetivo acesso de usuários. Isso foi feito, por exemplo, pela Lei nº 14.172/2021 e, também, pelo AICE.

Ademais, a falta de uma participação ativa do Ministério das Comunicações no planejamento setorial facilitou, ao longo do tempo, a atuação do Ministério da Fazenda como agente de veto. A inexistência de previsão para a despesa dos recursos vinculados ao FUST, por exemplo, facilitou a sua destinação efetiva a outras finalidades orçamentárias – inclusive, sequer sendo possível falar em "contingenciamento", conforme abordado no Capítulo 2. Afinal, de nada adianta solicitar a disponibilidade de recursos se não houver clareza quanto aos investimentos a serem realizados.

O orçamento do Ministério das Comunicações, de fato, simplesmente repete a mesma toada dos anos anteriores, ao alocar os recursos do FUST para "reserva de contingência".[678] Isso ocorre muito embora o Plano Plurianual (PPA) preveja a iniciativa "Conecta Brasil", que tem por objetivo "ampliar o acesso à internet em banda larga para os domicílios brasileiros de 74,68% para 91,00%" e, em tese, consumirá R$ 4 bilhões do orçamento público entre 2020 e 2023.[679] Considerando as estimativas da Anatel, o valor parece inferior ao necessário para a promoção do objetivo orçamentário.

Embora a Lei do FUST tenha trazido a figura do Conselho Gestor, a simples existência de um colegiado não parece ser suficiente para induzir o Ministério das Comunicações a concretizar um planejamento setorial sólido e capaz de efetivamente pautar as atividades de univer-

---

[677] Assim, seria evitado o cenário apontado pelo TCU e destacado no Capítulo 2, no qual uma miríade de projetos conduzidos por pastas diversas, com recursos inadequados, acaba por diluir os esforços para a universalização das telecomunicações.

[678] URUPÁ, Marcos. MCom tem R$ 3,3 bi aprovados no orçamento de 2021, mas com Fust contingenciado. *Teletime*, 26 mar. 2021. Disponível em https://teletime.com.br/26/03/2021/mcom-tem-r-33-bi-aprovados-no-orcamento-de-2021/. Acesso em: 25 abr. 2021.

[679] Anexo I – Programas Finalísticos – PPA 2020/2023.

salização. Afinal, sempre coube ao órgão ministerial a competência para definir as políticas públicas setoriais e a pauta da universalização, o que, repisa-se, foi exercido de forma insuficiente e desatrelada da LGT.

É de se notar que a atuação no âmbito de uma "política nacional de telecomunicações" já é competência legal atribuída ao Ministério[680] – embora não mencione a necessidade de sua elaboração expressamente. Contudo, considerando o histórico da atuação ministerial no setor, seria importante que fosse instituída, formalmente, a obrigação de elaboração de um planejamento de longo prazo, com revisões anuais, no qual haveria a definição de objetivos específicos que possam ser acompanhados e evoluir ao longo do tempo.

Assim, essa obrigação poderia ser mais bem detalhada pela legislação que atribui as competências aos ministérios, definindo uma obrigação específica da qual o Ministério das Comunicações não pudesse se esquivar. Idealmente, o comando poderia obrigar a elaboração de um planejamento que incorporasse a destinação de recursos previstos na Lei do FUST à aplicação direta (*i.e.* desembolsos do fundo). O uso de mecanismos de consulta pública seria interessante, pois, além de contribuir para a legitimidade da atuação estatal, também pode evitar a assimetria de informações sobre os investimentos a serem realizados.

De forma objetiva, o planejamento poderia estabelecer regras claras por parte do Poder Executivo para a definição dos contornos da política pública, com grau maior de detalhamento dos objetivos (*v.g.* ampliação de rede, promoção de acesso efetivo), público-alvo (*v.g.* localidades e grupos de usuários atendidos) e ferramentas (aplicação de recursos do FUST na forma reembolsável ou não reembolsável, imposição de obrigações), com as respectivas estimativas orçamentárias, dentro de um dado intervalo de tempo. Isso permitiria o acompanhamento social e *accountability* da política pública.

Modelo similar a esse tem sido adotado no setor elétrico, no qual o Ministério de Minas e Energia submete as propostas de orçamento aos investimentos com base na Conta de Desenvolvimento Energético

---

[680] Cf. por exemplo, o art. 26-C, inc. I, da Lei nº 13.884, de 18 de junho de 2019, que estabeleceu a organização básica dos órgãos da Presidência da República e dos Ministérios.

(CDE) em programas sociais para consulta pública.[681-682] Mesmo com as evidentes diferenças entre os setores e a natureza dos recursos aplicados, reputo que se trata de um bom exemplo para pautar, em parte, a proposta presente nesse item. Esse procedimento poderia evitar, o cenário descrito no Capítulo 2, no qual a simples falta de planejamento e, consequentemente, previsão orçamentária de gastos, foi suficiente para permitir, com facilidade e com baixo questionamento público,[683] o remanejamento do FUST. Em relação a esse segundo ponto, a ausência de planejamento e previsão orçamentária para os gastos sequer propicia um embate político em torno do uso efetivo dos recursos e elimina os ônus de uma justificativa de contingenciamento.

Em inúmeras oportunidades, o TCU apontou que, apesar das várias iniciativas existentes, algumas delas retratadas no Capítulo 2, não era possível identificar, de forma clara, a existência de uma política pública ou mesmo de um planejamento de longo prazo para o setor.[684] São tarefas básicas que devem ser desempenhadas pelo órgão ministerial, mas na prática foram assumidas, em alguma extensão, pela Anatel.

Isso não afasta a necessidade de haver o restabelecimento de um órgão ministerial com capacidade de protagonismo no exercício de suas competências, ou seja, apto a formular políticas públicas e contribuir

---

[681] Veja-se, por exemplo, a Portaria nº 316/GM, de 24 de agosto de 2020, com a proposta de orçamento da CDE dos Programas "Mais luz para a Amazônia" e "Luz para Todos" para o ano de 2021. Dela se originou a Portaria nº 342/GM, de 14 de setembro de 2020, que aprovou a proposta orçamentária.

[682] A dinâmica no setor elétrico pode ser assim explicada: "O art. 9º do Decreto nº 9.022, de 31 de março de 2017, definiu que o orçamento da CDE será consolidado anualmente pela Câmara de Comercialização de Energia Elétrica (CCEE) e aprovado pela Agência Nacional de Energia Elétrica (ANEEL). Para tanto, o Ministro de Estado de Minas e Energia deverá publicar, até 15 de setembro de cada ano, após Consulta Pública, a previsão dos gastos da CDE para a universalização do serviço de energia elétrica no território nacional, nos termos da Lei nº 10.438 de 2002, do Decreto nº 7.520, de 8 de julho de 2011, do Decreto nº 10.221, de 5 de fevereiro de 2020, e da regulamentação da ANEEL" (MINISTÉRIO DE MINAS E ENERGIA, Nota Técnica 24/2020/DPUE/SEE, de 9 de setembro de 2020).

[683] Com exceção notória da ADO referida no Capítulo 2, que buscou, justamente, questionar a não aplicação dos recursos do FUST.

[684] TCU – TRIBUNAL DE CONTAS DA UNIÃO. *Acórdão nº 2.151/2015-Plenário*, Rel. Min. Bruno Dantas, de 26 de agosto de 2015. *Vide*, ainda, Acórdão nº 3.076/2016, Rel. Min. Bruno Dantas, j. em 23.11.2016.

com sua efetiva implantação. Isso demanda, por parte desse ator institucional, a criação de ferramentas (dentro de sua esfera de competência), mas também a criação das condições políticas para utilizá-las.[685]

Outra vantagem de um planejamento setorial seria a possibilidade de interação com outros entes federados para viabilizar a implantação de programas em regime de coordenação federativa, de forma descentralizada ou não. Retomarei esse ponto adiante em maior profundidade, mas, como exposto ao longo do texto, a maior parte da carga tributária sobre os serviços de telecomunicações é manejada pelos estados, o que torna a coordenação federativa fundamental para o sucesso da política pública de universalização.

Em síntese, entendo ser necessário efetivamente constituir uma obrigação, legal ou regulamentar, para que o Ministério das Comunicações realize um planejamento setorial amplo, contemplando a política pública de universalização, de forma a estabelecer objetivos e ferramentas a serem empregados para tal finalidade. O documento balizaria a previsão orçamentária de gastos com base nos recursos do FUST e poderia contribuir para quebrar um padrão da *path dependence* descrito, além de dificultar a atuação do Ministério da Fazenda como agente de veto.[686]

3.3.2. Estrutura competitiva do setor e sua influência sobre as ferramentas de universalização

O segundo ponto é pertinente à estrutura do setor de telecomunicações, com uma correlação importante com a universalização. Conforme apontado no Capítulo 1, a LGT procurou estabelecer para o setor uma

---

[685] O orçamento para o ano de 2021 já previa o valor de R$ 850 milhões para projetos de conectividade, com base nas alterações da Lei do FUST. Apesar da discussão pública entre o Ministério da Fazenda e das Comunicações, não houve desembolso no ano de 2021. Nesse sentido, *vide* URUPÁ, Marcos. Fabio Faria tentará descontingenciar recursos do Fust com Ministério da Economia, *Teletime*, 12 maio 2021. Disponível em: https://teletime.com.br/12/05/2021/fabio-faria-tentara-descontingenciar-recursos-do-fust-com-ministerio-da-economia/. Acesso em: 15 maio 2021.

[686] Houve uma tentativa de planejamento por parte do Ministério das Comunicações, quando estabeleceu, em 2022, os objetivos estratégicos do FUST até o ano de 2027 (*vide* Portaria MCOM nº 6.098, de 1º de julho de 2022). No entanto, reputo que a iniciativa é muito genérica para ser considerada algum tipo de planejamento setorial, inclusive por não haver nenhum tipo de amarração com as demais ferramentas à disposição da política pública de universalização das telecomunicações, como a EACE.

convivência entre a concorrência e a universalização, algo essencial em um setor de rede. Igualmente, ao longo do Capítulo 2, demonstrei que a garantia de acesso às redes das empresas já estabelecidas era um elemento para garantir o sucesso do SCD.

De fato, qualquer política pública de universalização no setor deve atentar para o fato de que o acesso a redes já estabelecidas é um ponto fundamental para o seu sucesso. Um novo entrante só conseguirá implantar seu modelo de negócio se conseguir contratar a infraestrutura de terceiros a preços justos e razoáveis – como preleciona a LGT.[687] Por isso há grande preocupação em regular o funcionamento das redes de telecomunicações e as condições para o acesso a elas, conforme apontado no Capítulo 1.

Não é por outra razão que a Anatel possui instrumentos para monitorar o acesso ao *backhaul* instalado pelas concessionárias de STFC, conforme já mencionado no Capítulo 2. E, de fato, é importante que os atores institucionais, na formulação e implantação da política pública de universalização, levem em consideração tanto os mecanismos setoriais de fomento à competição quanto a própria conformação do mercado.

Nesse sentido, um aspecto que merece referência é o Plano Geral de Metas de Competição (PGMC), implantado originalmente pela Anatel em 2012.[688] Fundamentalmente, trata-se de uma norma voltada para disciplinar as relações entre as operadoras no atacado, ou seja, na comercialização de produtos utilizados por outras operadoras para a prestação de serviços aos usuários finais (redes e serviços). O PGMC estabelece uma forma de regulação assimétrica, atribuindo obrigações adicionais às operadoras que, dentro de um determinado mercado relevante, sejam caracterizadas como detentoras de Poder de Mercado Significativo (PMS) com relação a certos produtos de atacado.[689] A prestadora carac-

---

[687] BAIGORRI, Carlos Manuel. A estrutura concorrencial do mercado de redes de transporte de telecomunicações e os impactos de políticas de massificação da banda larga no Brasil. 2014. Tese (Doutorado em Economia) – Universidade Católica de Brasília, Brasília, 2014, p. 68.

[688] Resolução nº 600, de 8 de novembro de 2012.

[689] PGMC, Anexo: "Art. 12. Para alcançar os objetivos do PGMC, a Anatel poderá aplicar aos Grupos com PMS em cada Mercado Relevante os seguintes tipos de Medidas Regulatórias Assimétricas: I – Medidas de transparência; II – Medidas de tratamento isonômico

terizada como PMS em um determinado município pode estar sujeita, a depender do grau de competição local,[690] a obrigações que variam desde adotar medidas para conferir publicidade e transparência às suas ofertas – como as Ofertas de Referência de Produtos no Mercado de Atacado (ORPAs) –, até o controle sobre os preços praticados.

A imposição de medidas assimétricas tem por objetivo favorecer a entrada e manutenção de novos competidores no mercado. De fato, embora o Plano Estrutural de Redes de Telecomunicações (PERT, 2021) aponte que a competição está em níveis aquém do ideal,[691] é certo que o número de autorizadas do SCM demonstra que a realidade não é mais aquela do momento pós-privatização.

De fato, atualmente se observa que, dos 42 milhões de contratos de banda larga fixa (SCM) firmados no Brasil, cerca de 20 milhões são celebrados com prestadoras de pequeno porte (PPP). A título de comparação, entre as operadoras de grande porte, a Claro é a que conta com maior volume de contratos, 9,7 milhões no total. Tais operadoras têm apresentado um grande crescimento – como é o caso da Brisanet.[692] Essa operadora, com foco de atuação no Nordeste, onde é líder de mercado,

---

e não discriminatório; III – Medidas de controle de preços de produtos de atacado; IV – Medidas de obrigação de acesso e de fornecimento de recursos de rede específicos; V – Obrigações de oferta de produtos de atacado nas condições especificadas pela Anatel; VI – Obrigações para corrigir falhas de mercados específicas ou para atender ao ordenamento legal ou regulatório em vigor; e VII – Separação contábil, funcional ou estrutural".

[690] Cf. PGMC, Anexo, art. 4º-A.

[691] "Além disso, outro aspecto a ser observado no mercado do SCM é a grande diversidade entre os atuantes. Atualmente, existem mais de 11 mil empresas autorizadas a prestar o SCM. Esse universo é composto por grandes grupos verticalizados, que ofertam outros serviços juntamente com o SCM, bem como pequenos e médios provedores atuantes em nichos ainda não atendidos ou não atrativos para os grandes grupos.

O mercado de SCM tem apresentado taxas de crescimento significativas, que são observadas principalmente entre os pequenos e médios provedores. Esse fato é importante porque demonstra a existência de entradas nesse mercado, apesar das elevadas barreiras estruturais existentes e a concentração da prestação do serviço entre os grandes grupos de telecomunicações" (PERT, 2021, p. 63).

[692] Conforme dados da Anatel, em julho de 2022 as PPPs foram responsáveis por 20,7 milhões de acessos, diante de pouco mais de 10 milhões de acessos em dezembro de 2019. Houve, portanto, um crescimento substancial das PPPs nesse período, que representam quase 50% de participação no mercado. Os dados estão disponíveis em: https://informacoes.anatel.gov.br/paineis/acessos/banda-larga-fixa. Acesso em: 9 set. 2022.

possui 997 mil contratos ativos, contra 728 mil contratos ativos da Claro e 769 mil da operadora Oi.[693]

Ou seja, os pequenos provedores têm conseguido ganhar espaço, notadamente em mercados com Índice de Desenvolvimento Humano (IDH) menor e avançam nos demais,[694] podendo fazer parte de uma política pública de universalização tanto quanto os grandes provedores. Mais do que isso, mesmo esses últimos têm atuado no reposicionamento de seus negócios por meio de uma política de segregação estrutural, mediante a criação de empresas específicas para a comercialização de produtos em atacado. São as chamadas "redes neutras".

A operadora de rede neutra não atende usuários finais, apenas outras operadoras de telecomunicações, com elas não competindo pelos usuários finais. Para garantir a neutralidade, além da adoção de mecanismos de governança (o que, de alguma forma, o PGMC já obrigava), os ativos de rede são alocados em uma pessoa jurídica distinta. A operadora de varejo, então, passa a ser um cliente da operadora de rede (apesar de integrar seu grupo econômico), lado a lado com outras operadoras que eventualmente possam se interessar em contratar serviços em atacado para suportar suas operações.

Na prática, isso significa que os incentivos para discriminação na oferta de rede a terceiros não integrantes de seus próprios grupos econômicos são substancialmente reduzidos. Esse efeito decorre do fato de a operadora de atacado estar em uma estrutura jurídica diferente e contar com acionistas controladores distintos (embora essa última característica não esteja sempre presente). Exemplo dessa prática de separação estrutural, ainda que em um contexto distinto, pode ser visto na Inglaterra. Ali, a Open Reach é uma empresa de atacado derivada da British Telecom, justamente para reduzir o seu poder de mercado, enquanto incumbente, junto a seus concorrentes.[695]

---

[693] Dados de julho de 2022, disponíveis em: https://informacoes.anatel.gov.br/paineis/acessos/banda-larga-fixa. Acesso em: 9 set. 2022.

[694] BERBERT, Lúcia. ISPS lideram mercado em 84% das cidades, *Telesíntese*, 31 ago. 2021. Disponível em: https://www.telesintese.com.br/isps-lideram-mercado-em-84-das-cidades/. Acesso em: 3 set. 2021.

[695] A separação estrutural pode ser realizada de forma voluntária, ou seja, por decisão comercial do próprio agente econômico ou compulsória, pela imposição dessa condição por meio de decisão tomada por órgão regulador ou autoridade concorrencial. Sobre o assunto,

3. OS DESAFIOS PARA AVANÇARMOS NA PAUTA DA UNIVERSALIZAÇÃO

No Brasil, esse movimento tem partido do próprio mercado, como uma forma de angariar novos investimentos em expansão de redes, notadamente de fibra ótica. Ele foi iniciado em 2020 pela operadora Oi, que previu, em seu plano de recuperação judicial, a criação de uma empresa de rede neutra, que seria responsável pela comercialização de seus produtos em atacado, na qual uma parcela do capital seria alienada a um novo investidor.[696] Seguiu-se uma iniciativa da operadora Vivo, que já implementou o modelo com associação a um fundo de investimento estrangeiro,[697] bem como da operadora Tim, com o mesmo modelo.[698]

Embora o movimento seja intenso na banda larga fixa, isso não ocorre com o SMP, ao menos por enquanto. Apesar de existir a figura do operador de rede virtual (MVNO),[699] uma operadora que pode utilizar toda a rede e radiofrequência de terceiros, esse modelo não vingou no Brasil, embora seja bem-sucedido em outros países.

---

vide GARZANITI, Laurent *et al.* (eds.). *Electronic Communications, Audiovisual Services and the Internet EU Competition Law & Regulation*. 4. ed. Londres: Sweet & Maxwell, 2020, p. 90. No caso inglês, a segregação decorreu de uma decisão regulatória tomada em 2005.

[696] VALENTI, Graziella. Oi e fundo do BTG têm acordo para leilão de fibra, de R$ 20 bi, *Exame*, 12 abr. 2021. Disponível em: https://exame.com/exame-in/oi-e-fundo-do-btg-tem-acordo-para-leilao-de-fibra-de-r-20-bi/. Acesso em: 15 maio 2021. *Vide*, ainda, BERBERT, Lúcia. BTG confirma investimentos de R$ 30 Bi na V.Tal em 5 anos, *Telesíntese*, 31 ago. 2021. Disponível em: https://www.telesintese.com.br/btg-confirma-investimentos-de-r-30-bi-na-v-tal-em-5-anos/. Acesso em: 2 set. 2021.

[697] AMARAL, Bruno do. Vivo fecha por R$ 1,8 bi acordo com fundo canadense CDPQ para rede neutra, *Teletime*, 2 mar. 2021. Disponível em: https://teletime.com.br/02/03/2021/vivo-vende-metade-da-rede-neutra-por-r-18-bi/. Acesso em: 15 maio 2021. Esse movimento tem sido adotado pela Telefônica também em outras jurisdições, conforme apontado em AMARAL, Bruno do. Estratégia da Telefónica em outros países, rede neutra da Vivo terá controle dividido, *Teletime*, 25 fev. 2021. Disponível em: https://teletime.com.br/25/02/2021/estrategia-da-telefonica-em-outros-paises-rede-neutra-da-vivo-tera-controle-dividido/. Acesso em: 15 maio 2021.

[698] BRAGA, Lucas. TIM vende 51% do negócio de fibra óptica por R$ 1,6 bilhão, *Tecnoblog*, 6 maio 2021. Disponível em: https://tecnoblog.net/439581/tim-vende-51-do-negocio-de-fibra-optica-por-r-16-bilhao/. Acesso em: 15 maio 2021.

[699] Resolução nº 550, de 22 de novembro de 2010. Ela foi alterada pela Resolução nº 735, de 3 de novembro de 2020, justamente para tornar o modelo de MVNO mais atrativo.

A Anatel procedeu com uma revisão da regulamentação sobre a figura, além de estar avaliando a regulamentação do mercado secundário de radiofrequências – em linha com as disposições da Lei nº 13.879/2019 –, o que pode contribuir para o fomento de pequenas operadoras móveis. Não cabe aqui aprofundar a análise em torno dos motivos pelos quais as MVNOs no Brasil ainda não avançaram, mas essa é uma pauta relevante e conexa à universalização, devendo ser objeto de atenção por parte do órgão regulador.

De todo modo, uma política pública de universalização que procure alocar os seus recursos por meio de leilões reversos pode, assim, contar com um ambiente regulatório no qual a existência de infraestrutura não deverá ser uma barreira à entrada de novos competidores – ao menos com relação à banda larga fixa. Notadamente, empresas que busquem utilizar os incentivos governamentais como alavancas para os seus modelos de negócio podem enfrentar um ambiente mais atrativo, abrindo novas possibilidades de investimentos.

Essa constatação deve pautar a seleção das ferramentas de universalização por parte dos atores institucionais. Primeiro, porque o reconhecimento de que a expansão dos serviços poder ser viabilizada por um conjunto maior de prestadoras abre um leque mais variado de opções para a estruturação da política pública. Segundo, conforme exposto anteriormente, a destinação de recursos governamentais de universalização pode ter um efeito positivo ou negativo no mercado, caso ele não seja alocado de forma correta. Dito de outro modo, o investimento governamental não pode comprometer o cenário de competição que está presente, inclusive, em mercados considerados como pouco atrativos.

A conformação atual do mercado de telecomunicações milita em favor de ferramentas que não sigam a *path dependence* formada no momento em que, na prática, o cenário competitivo era absolutamente distinto do atual. É dizer, há um contexto que aponta para a necessidade de que a seleção das ferramentas de universalização seja feita com cuidado e não siga o mesmo caminho trilhado nos últimos 24 anos, dado haver um mercado de telecomunicações substancialmente diverso atualmente.

3.3.3. Na ponta da despesa, o reposicionamento das ferramentas de universalização

Nesse cenário de ampliação da competição, seja como resultado da atuação regulatória, seja pelo próprio desenvolvimento do mercado – ou uma combinação de ambos os fatores, o que é mais provável –, é necessário reposicionar as ferramentas de universalização, principalmente com relação aos seus objetivos e priorização quanto ao seu uso.

3.3.3.1. Universalização como uma oportunidade e não um ônus

As ferramentas de imposição de obrigações têm como efeito colateral uma imagem de que a universalização dos serviços é um ônus, sempre suportado em troca de algum benefício. No entanto, do ponto de vista econômico, o ônus corresponde apenas à parcela negativa do VPL. Ou seja, superado esse entrave financeiro, a atividade passa a ser tão atrativa quanto qualquer outra.

Trata-se de um aspecto óbvio, mas que merece ser abordado, pois influencia diretamente o arranjo institucional da universalização, em função da seleção das ferramentas adotadas pelos atores institucionais. Os atores institucionais podem utilizar de forma inteligente essa constatação, ao menos de duas maneiras.

Primeiro, iniciativas que demandem subsídios menores (VPL negativo menor) podem destravar projetos que viabilizem a disponibilidade e o acesso a um grande número de pessoas. É o caso, por exemplo, de regiões que já contem com a infraestrutura e a cobertura necessárias para a prestação do serviço (ou com boa parte dela), demandando um investimento marginal ou algum tipo de incentivo à demanda. De forma objetiva, um investimento público mínimo pode gerar um benefício muito elevado para a sociedade.

Segundo, dado o ambiente competitivo descrito, pode-se sujeitar o VPL identificado como negativo a um teste de mercado, por meio dos leilões reversos. Assim, o risco de uma alocação errada de recursos é reduzido, além de propiciar o uso de soluções inovadoras que demandem uma contrapartida pública menor para tornar o projeto viável.

Em ambos os casos, o resultado é uma maximização de recursos da universalização e não apenas pelo simples fato de haver uma contrapartida pública menor. O ganho substancial decorre justamente de viabilizar projetos cujo investimento maior em termos financeiros é privado, mediante uma pequena contrapartida pública.

Diante do diagnóstico mencionado nos estudos conduzidos pela Anatel, acerca da carência de recursos para a universalização, ainda que o FUST fosse aplicado, encontrar formas de multiplicar tais recursos não é apenas desejável, mas sim impositivo. O desafio aqui é criar um critério para a seleção de projetos que priorize aqueles com menor contrapartida pública aliada ao maior resultado (*v.g.* maior investimento privado ou maior número de usuários efetiva ou potencialmente atendidos, conforme o caso).

3.3.3.2. É preciso fomentar a demanda

Quanto aos objetivos, repisei em todos os capítulos que a política pública de universalização no Brasil não se pautou pelo uso de ferramentas voltadas para garantir o efetivo acesso de usuários, com raras exceções. Casos como o PBLE tiveram resultados limitados, ou inexistentes, situação do AICE. Considerando o exposto, no sentido de que o fomento à demanda é fundamental para viabilizar uma política pública de universalização completa, os atores institucionais devem refletir sobre a melhor forma de realizá-la.

Também em linha com o exposto nos Capítulos 1 e 2, uma parcela substancial da população já possui, tecnicamente, acesso potencial ao serviço, em níveis que poderiam permitir, por exemplo, o ensino remoto de forma efetiva – contornando os casos mencionados na Introdução. Não é por outra razão, inclusive, que o município de São Paulo atacou o problema por meio da aquisição de *chips* e equipamentos para distribuição aos alunos[700] – o que ilustra que parte do problema, frisa-se, é solucionado pelo incentivo à demanda.

Ademais, também em linha com o exposto anteriormente, é reconhecido que a existência de demanda pode tornar áreas sem cobertura de

---

[700] O município de São Paulo adquiriu 465 mil *tablets* e *chips* para acesso à internet, destinados aos alunos da rede municipal. Embora tenha havido um problema na distribuição dos equipamentos, o caso é representativo do que aqui se coloca como solução (DA REDAÇÃO. Justiça determina que Prefeitura de São Paulo distribua tablets em 10 dias, *Uol*, São Paulo, 27 abr. 2021. Disponível em: https://educacao.uol.com.br/noticias/2021/04/27/justica-determina-que-prefeitura-de-sao-paulo-distribua-tablets-em-10-dias.htm. Acesso em: 15 maio 2021).

rede atrativas. Portanto, estudar o cenário no qual os investimentos são combinados (*i.e.* com a aplicação simultânea de recursos para a disponibilidade e acesso) pode maximizar o uso de recursos públicos, reduzindo potencialmente os valores necessários para a implantação da política pública.

Evidentemente, não se trata de substituir ou descontinuar o uso de ferramentas destinadas à expansão de redes, dado ser essa uma demanda ainda necessária, seja para os serviços fixos ou móveis. Entretanto, as evidências mencionadas anteriormente sugerem que a rede de acesso atual já chega a uma população que demanda subsídios para fruir efetivamente o serviço, além de apontarem que a própria expansão da rede se beneficia desse tipo de iniciativa.

Nesse contexto, é possível pensar em algumas estratégias que poderiam ser adotadas pelos atores institucionais, com enfoque no acesso individual.

A primeira, seguiria a linha do AICE, com a definição de planos de serviço específicos para a fruição de banda larga por um público-alvo – no caso, as famílias inscritas no CadÚnico. Ao contrário da primeira tentativa, tais planos poderiam ser formatados a partir de um grau de subsídio público efetivo,[701] sendo definido seu conteúdo mínimo, como valor, velocidade, volume de dados, política de *zero rating*, considerando as peculiaridades dos serviços móveis e fixos. Uma segunda alternativa, mais simples, parte da ideia do uso de *vouchers* como mecanismo de subsídio. Essa alternativa tem sido cogitada como ferramenta em políticas públicas destinadas a viabilizar o acesso a serviços em diversos setores,[702] inclusive em telecomunicações.[703]

---

[701] Faço referência, novamente, à Lei nº 14.172/2021 como exemplo, ainda que com efeito limitado no tempo. Noto que a lei, contudo, não traz os elementos mínimos a seguir indicados, o que se deve, a meu ver, ao seu caráter excepcional atinente ao enfrentamento da pandemia.

[702] As experiências são várias, abrangendo alimentação, moradias para famílias de baixa renda, saúde, creches e assistência jurídica. Sobre o tema, *vide* DANIELS, Ronald J.; TREBILCOCK, Michael J. *Rethinking the Welfare State*: The Prospects for Government by Voucher. Abingdon: Routledge, 2005.

[703] GARZANITI, Laurent *et al.*(eds.). *Electronic Communications, Audiovisual Services and the Internet EU Competition Law & Regulation*. 4. ed. Londres: Sweet & Maxwell, 2020, p. 96.

Nesse caso, poderia ser imaginado um modelo no qual cada família inscrita no CadÚnico teria à sua disposição um valor predeterminado para gastar da forma que considerasse mais adequada com os serviços de telecomunicações, fixo ou móvel. As operadoras poderiam criar, nesse caso, planos para atrair usuários qualificados a receber o subsídio, abrindo espaço para competição e inovação por eles.

Exemplo desse modelo vem dos Estados Unidos, no qual usuários elegíveis para determinados programas sociais têm direito a um subsídio governamental ou com base em um corte de renda, para a contratação de serviços de telecomunicações, fixos ou móveis – viabilizado por um programa chamado *Lifeline*.[704] Nesse caso, o usuário qualificado indica, pela internet, a sua operadora de preferência e os recursos são transferidos diretamente a um fundo governamental para subsidiar parte de sua conta, independentemente do serviço, fixo ou móvel, voz ou dados. O subsídio é restrito à moradia, e não é replicado a cada um dos usuários individualmente, sendo possível a substituição da operadora a qualquer momento.

Aqui o foco da regulação é definir o conteúdo mínimo dos planos elegíveis a receber o subsídio. No caso do *Lifeline*, as exigências mínimas são: (i) 1.000 minutos no caso de serviços de voz móveis; (ii) velocidades 3G ou superiores e 4,5 GB de franquia mensais no caso de serviços de dados móveis; (iii) velocidade mínima de 25 Mbps e franquia de 1.024 GB mensais no caso de internet fixa. Também é necessário que a operadora disponibilize a funcionalidade de compartilhamento (*hotspot*) nos dispositivos, a fim de permitir que todos os usuários de uma mesma moradia tenham acesso ao serviço. A diferença entre as alternativas, não excludentes, é que a segunda permite que o próprio mercado defina os contornos de ofertas para atrair os usuários elegíveis, observados os requisitos mínimos estabelecidos pela regulamentação, que simplesmente abate um determinado valor da fatura final.[705] Isso permite

---

[704] "Lifeline is a federal program that lowers the monthly cost of phone and internet. Eligible customers will get up to $9.25 toward their bill. You can only use Lifeline for either phone or internet, but not both" (Disponível em: https://www.lifelinesupport.org/. Acesso em: 15 maio 2021).

[705] PEREIRA NETO, Caio Mário da Silva. Universal Access to Telecommunications in Developing Countries: The Brazilian Case. 2005. JSD Dissertation, Yale Law School, New Haven, 2005. p. 286.

3. OS DESAFIOS PARA AVANÇARMOS NA PAUTA DA UNIVERSALIZAÇÃO

maior flexibilidade e possibilidade de evolução dos planos em atendimento à demanda, sem o congelamento que poderia advir de um plano não revisto periodicamente – como ocorreu no caso do Plano Nacional de Banda Larga, cujas velocidades permaneceram baixas ao longo do tempo. O risco de anacronismo do objeto da meta de universalização é reduzido nesse modelo de incentivo.

Outra vantagem é que o custo de acompanhamento, sob a ótica regulatória, tende a ser menor, dado que a Anatel não ficaria responsável pela regulação econômica de um plano de serviço, pelas suas condições comerciais e, em última instância, pela sua atratividade – como ocorreu no caso do AICE.

Na ponta dos acessos coletivos, as iniciativas são mais claras e têm sido adotadas em alguma extensão. Para além da Lei nº 14.180/2021, que prevê o atendimento de escolas públicas, complementando as práticas já existentes, como o PBLE e o Wi-Fi Brasil, também existem iniciativas como o Wi-Fi Livre, no município de São Paulo.[706] Ele tem por objetivo a disponibilização de acesso gratuito à internet em espaços públicos, como parques, bibliotecas, centros culturais e teatros, unidades de Centros Educacionais Unificados (CEU), equipamentos de saúde, como Assistência Médica Ambulatorial (AMA) e Unidade Básica de Saúde (UBS), praças de atendimento das subprefeituras, *Fab Labs* e Telecentros.

O modelo atual do Wi-Fi Livre, em linha com o exposto no Capítulo 1, vale-se da publicidade *on-line* como meio de financiamento. Os usuários, no momento da conexão, são expostos a um vídeo publicitário por pelo menos dez segundos – com exceção das conexões realizadas em ambientes educacionais (*i.e.* geridos pela Secretaria Municipal de Educação), nos quais a conexão é direta. Após essa visualização inicial o usuário pode navegar livremente pela internet. Embora a velocidade seja inferior à considerada ideal (apenas 512 Kbps), esse tipo de iniciativa é um bom exemplo de modelo, sujeito a aprimoramentos. De uma ou outra forma, é necessário que os atores institucionais prevejam ferramentas que incentivem a demanda em complemento aos esforços de ampliação de rede. Trata-se de um aspecto da política pública de universalização que jamais foi contemplado a contento, o que deixa uma lacuna importante a ser preenchida. A política pública não estará com-

---

[706] Disponível em: https://wifilivre.sp.gov.br/. Acesso em: 3 set. 2021.

pleta sem que uma ferramenta despeje, sim, recursos diretamente na ponta,[707] a fim de evitar o caminho apontado pela *path dependence* identificada no setor.

3.3.3.3. Alinhando competição e imposição de obrigações

Independentemente do escopo da universalização, se para viabilizar a disponibilidade do serviço ou fruição efetiva, é necessário que os atores institucionais repensem o uso das ferramentas de imposição de obrigações (substituição de metas, compromissos de interesse da coletividade e de abrangência). Conforme apontado, os contornos do mercado atualmente sugerem que múltiplas operadoras poderiam atuar na implementação da política pública de universalização, e não apenas as destinatárias das ferramentas de imposição de obrigações.

Para além dos problemas já levantados sobre assimetria de informação na definição das metas e obrigações, é preciso considerar um impacto no próprio ambiente competitivo ocasionado pelo direcionamento de obrigações de investimentos. Um investimento equivocado gera múltiplas consequências negativas, desde a não se prestar a ampliar a disponibilidade de serviço (dado que ele já pode estar disponível no momento presente ou em futuro próximo) ou até mesmo prejudicar a atuação de um pequeno provedor.

Ilustra essa preocupação a implementação do PGMU V. Destaquei anteriormente que uma de suas metas compreende a ampliação de redes de alta velocidade em localidades não atendidas por *backhaul* em fibra ótica, por qualquer prestadora. A Anatel ficou encarregada de levantar as localidades que receberiam o investimento por parte das concessionárias. O procedimento, no entanto, revelou que o órgão regulador não tinha conhecimento acerca da disponibilidade de infraestrutura no nível requerido pelo PGMU V, o que o levou a abrir uma consulta pública para que as próprias operadoras informem se possuem redes nas locali-

---

[707] URUPÁ, Marcos. Ministro da Educação: uso do Fust para conectar estudantes seria "despejar dinheiro na ponta", *Teletime*, 31 mar. 2021. Disponível em: https://teletime.com.br/31/03/2021/ministro-da-educacao-uso-do-fust-para-conectar-estudantes-seria-despejar-dinheiro-na-ponta/. Acesso em: 15 maio 2021.

dades consideradas originalmente como elegíveis, evitando a sobreposição de infraestrutura.[708]

Esse contexto evidencia a necessidade de adequar as ferramentas de alocação de recursos, mesmo no caso de imposição de obrigações. Idealmente, conforme já explicitado, o uso de leilões reversos contribui para solucionar algumas das preocupações levantadas. As ferramentas que utilizam leilões reversos, portanto, deveriam preponderar em relação às demais, mesmo que não as substituam por completo.

A priorização dos leilões reversos quebraria a *path dependence*, atraindo novos agentes e modelos de negócio para a política pública de universalização, permitindo, potencialmente, que os recursos públicos fossem maximizados.

No entanto, a princípio, os leilões partem da arrecadação dos recursos para cofres públicos, o que atrai o veto do Ministério da Fazenda e, consequentemente, o *bypass* institucional na legislação orçamentária que caracteriza a lógica de imposição de obrigações. O Tesouro é visto como uma espécie de "buraco negro", que drena os recursos do setor e contorná-lo, de alguma maneira, parece ser a única saída.

Essa constatação não necessariamente afasta por completo a possibilidade de uso dos leilões reversos, mesmo se não houver aplicação efetiva dos recursos do FUST. Tudo depende da forma com que as obrigações impostas às operadoras serão cumpridas, o que pode ser alterado em relação a determinadas ferramentas.

Seria importante buscar meios de introduzir a lógica dos leilões ao menos em algumas das hipóteses em que a imposição de obrigações venha a ser utilizada pela Anatel. A experiência das entidades administradoras, como a EACE, pode ser um importante exemplo a ser estudado e eventualmente ampliado para outras situações, desde que compatíveis com esse meio de gestão de recursos.[709]

---

[708] *Vide* Consulta Pública nº 22, de 11 de maio de 2021, com o objetivo de verificar a "existência de *backhaul* de fibra ótica nas localidades não sede de municípios elegíveis para a obrigação de *backhaul* estabelecida no Decreto 10.610/2021 – PGMU V".

[709] No caso de Termos de Ajustamento de Conduta, dado o seu caráter negocial, a lógica parece ser diferente e afastar-se da ideia de imposição unilateral que caracteriza as demais ferramentas.

Essa solução manteria o lado positivo do *bypass* orçamentário – caso não equacionado de outra forma, conforme discorrerei adiante – e, ao mesmo tempo, estaria mais próxima do arranjo institucional original de universalização previsto na LGT.

Por fim, vale uma última observação sobre as ferramentas de imposição de obrigações. Conforme exposto ao longo do texto, a determinação do VPL que pauta o dimensionamento das obrigações impostas ocorre em um cenário teórico, dentro de um mercado bastante dinâmico. É difícil garantir que, ao longo do tempo, as definições originais se mantiveram as mesmas, o que significa que o investimento pode ser maior ou menor do que aquele originalmente estimado. As ferramentas calcadas na imposição de obrigações (substituição de metas e compromissos de abrangência, por exemplo), assim, devem ser usadas com parcimônia, pois superestimam a capacidade de o órgão regulador estabelecer efetivamente qual é o VPL negativo, sem o crivo da competição.

3.3.4. Haveria um papel para novas concessões?

Como observado, a LGT, após as recentes alterações, segue indicando que a universalização em sentido estrito é um papel que deve ser desempenhado por meio de serviços explorados em regime público. Assim, há ainda algum papel a ser desempenhado pelas concessões no setor de telecomunicações?

Entendo que a resposta depende diretamente do que seria o escopo de uma nova concessão, principalmente à luz dos aprendizados anteriores, a fim de não repetir os seus erros, e, também, leve em consideração o novo contexto de mercado. Assim, o FUST poderia, por exemplo, viabilizar uma nova rodada de concessões focada em expansão de redes, de forma a aumentar a disponibilidade do serviço.

Essas novas concessões poderiam ser estruturadas como parcerias público-privadas, com enfoque específico na expansão de infraestrutura – exatamente o mesmo objeto principal das metas de universalização das concessões, como se infere a partir do PGMU V. Definida a área de atuação, seria sagrado vencedor o interessado que executasse o projeto com o menor subsídio de recursos do FUST, que ofertaria a infraestrutura como uma empresa de rede neutra, ou seja, atuaria apenas como suporte a outras operadoras.

Seria possível pensar, a exemplo do que ocorreu com a Telebras, na criação de uma obrigação de *last resort provider* para essas concessões, ou seja, ela atenderia excepcionalmente os usuários finais em localidades sem competição adequada – ainda que isso viesse a demandar algum nível de subsídio à demanda. Assim não haveria risco de, a exemplo também do que pode ocorrer no PGMU V, haver uma rede disponível, mas sem provedores ou usuários fruindo-a.

Acerca do aprendizado, três pontos parecerem ser bastante relevantes. O primeiro, é preciso que o objeto da concessão seja suficientemente maleável para que comporte a evolução tecnológica e o aumento de demanda por capacidade durante o seu curso. O segundo diz respeito à previsão de regras claras sobre a reversibilidade dos bens vinculados à nova concessão ou mesmo quanto a não utilização do instituto, o que tende a ser facilitado pelas alterações pelas quais a LGT passou ao longo dos anos. O terceiro é a estruturação de um mecanismo simples de encerramento da concessão caso ela se torne excessivamente onerosa ou tenha seu objeto comprometido, diante, por exemplo, da competição com outros provedores de serviço no atacado – justamente para evitar o comprometimento de recursos públicos. Esse último ponto é uma realidade palpável, dada a disseminação do modelo de redes neutras, o que deve ser levado em consideração no desenho de eventuais novas concessões e na definição de seu objeto.

3.3.5. Tributação e coordenação federativa como passos elementares e essenciais

A atuação do TCU como um agente de veto é conhecida pela interpretação restritiva quanto à destinação dos recursos do FUST para serviços explorados em regime público, o que explicou, em parte, a *path dependence* que balizou o setor no período analisado. No entanto, a decisão também abordou a impossibilidade de aplicação descentralizada dos recursos, sob o argumento de que a titularidade dos serviços de telecomunicações seria da União.

É importante consignar que o argumento do TCU, em si, não faz sentido, haja vista que aplicar de forma descentralizada por meio de estados e municípios não transfere a titularidade do serviço, mesmo nos casos em que o próprio ente realize diretamente a atividade. É o caso, por exemplo, da obtenção de uma autorização por uma empresa pública estadual ou municipal que execute os serviços.

De todo modo, em alguma medida, como exposto anteriormente, as alterações na Lei do FUST delimitaram o ponto, ao prever, ainda que de forma tímida, hipóteses expressas em que é viável a adoção de formas de coordenação federativa para a implantação da política pública de universalização. Espera-se que a legislação não seja interpretada pelos atores institucionais de forma restritiva, novamente, acerca desse ponto.

A integração federativa é um ponto essencial para a execução da política pública de universalização. O ente federado tem mais condições de identificar lacunas a serem preenchidas, bem como as particularidades locais. No Brasil, talvez a maior vantagem esteja em buscar meios para reduzir a carga tributária sobre os serviços de telecomunicações.

Conforme já mencionado no Capítulo 1, a tributação sobre o setor representa uma parcela substancial do custo final do serviço. Esse contexto, por si só, demonstra ser necessário um envolvimento próximo dos entes federados na política pública de universalização, notadamente enquanto perdurar esse modelo tributário.[710] Afinal, se o custo é um impeditivo à fruição efetiva do serviço, mesmo nos casos em que ele está disponível, é evidente que a tributação pode ser apontada como um fator determinante. De fato, os próprios estados, em alguns casos, têm atuado de forma independente da União em projetos de universalização, que servem para ilustrar possíveis caminhos para a política pública federal. Não pretendo aqui fazer uma análise exaustiva dos programas conduzidos por estados ou municípios, apenas utilizar os exemplos como base para os apontamentos neste item.

Um primeiro exemplo é o estado de Minas Gerais, que possui um programa próprio de universalização de telecomunicações, o "Minas Comunica", que conta também com o amparo de um fundo.[711] Em um

---

[710] Existem diversas iniciativas de revisão do modelo de tributação brasileiro, sendo certo que algumas poderiam equacionar o problema da questão federativa ao consolidar diversos tributos existentes, inclusive o ICMS. Não necessariamente essa consolidação solucionaria o problema da carga tributária por si só.

[711] Lei Estadual nº 16.306, de 7 de agosto de 2006. Vale notar que a lei estadual foi questionada junto ao Supremo Tribunal Federal, justamente sob o argumento de ter invadido a competência da União em matéria de universalização de serviços, com parecer pela procedência da ação pela Procuradoria Geral da República – vide ADI nº 4.181, Rel. Min. Nunes

primeiro momento, Minas Gerais se valeu do fundo para financiar a expansão da rede móvel, na qual as operadoras Claro, Oi e Vivo foram vencedoras. O objetivo era cobrir inicialmente as sedes de 412 municípios que ainda não contavam com cobertura do SMP, mediante um leilão reverso.[712]

Em um segundo momento, a ferramenta de expansão dos serviços, no entanto, partiu novamente da realização de um leilão reverso, voltado para "promover a implantação de infraestrutura necessária ao atendimento com o Serviço Móvel Pessoal (SMP) dos distritos hoje não atendidos pelo serviço",[713] mas por meio da concessão de créditos tributários. A empresa considerada vencedora seria aquela que demandasse o menor volume de créditos tributários para a implantação de estações rádio base (torres de telefonia móvel), em operação, nos distritos indicados no Edital.[714] A operadora Vivo foi vencedora da disputa, da qual também participou a Oi Móvel, por ter apresentado o menor valor em sua proposta comercial. Em fevereiro de 2020, a operadora atingiu a meta de implantar a rede em 707 distritos, o que beneficiou 1,17 milhão de pessoas.[715]

Marques. O caso, embora tenha sido ajuizado em 2009, não teve andamentos relevantes até o presente momento.

[712] "Além da parceria inédita, o programa também é exemplo de economia de recurso público. Inicialmente, o Governo do Estado havia destinado R$ 180 milhões ao Fundomic. Mas o modelo adotado na licitação garantiu uma economia de R$ 16,5 milhões ao definir que venceriam a seleção as propostas que demandassem menor quantidade de recursos do fundo. Na PPP da telefonia móvel, coube ao Governo de Minas incentivar a implantação dos serviços por meio de uma linha de crédito especificamente criada para o programa, por isso a criação do Fundomic. As operadoras têm prazo de 14 anos para pagar o financiamento – por meio da emissão de debêntures não conversíveis, em prestações corrigidas pelo IPCA mais juros anuais de 0,5%" (ESTADO conclui programa Minas Comunica, *Diário Oficial*, Minas Gerais, 7 ago. 2008. Disponível em: http://jornal.iof.mg.gov.br/xmlui/bitstream/handle/123456789/2296/noticiario_2008-08-07%203.pdf?sequence=1#:~:text=Lan%2D%20%C3%A7ado%20em%20abril%20de,5%20milh%C3%B5es%20em%20recursos%20pr%C3%B3prios. Acesso em: 15 maio 2021).

[713] Item 1.1 do Termo de Referência anexo ao Edital do Chamamento Público nº 001/2014.

[714] Itens 1.2 e 1.3 do Termo de Referência anexo ao Edital do Chamamento Público nº 001/2014.

[715] MINAS COMUNICA II é concluído e garante telefonia móvel a 707 distritos mineiros, *Agência Minas*, 3 fev. 2020. Disponível em: http://agenciaminas.mg.gov.br/noticia/minas-

Nova rodada de investimentos, seguindo a mesma lógica, foi iniciada em 2021, na qual o estado de Minas Gerais assumiu a função de planejamento junto aos municípios, por meio da realização de um cadastramento das localidades e distritos não atendidos pelo SMP – o que atingiu um total de 200 distritos e localidades.[716] O vácuo de planejamento setorial foi preenchido a ponto de o governo estadual garantir, junto às municipalidades, o compromisso de disponibilização das áreas necessárias para a implantação das antenas.[717]

De forma similar, outros estados seguiram o mesmo caminho, valendo-se de expediente similar para fomentar a expansão de redes de telefonia móvel em localidades não atendidas pelo serviço, alocando o subsídio fiscal por meio de processo competitivo a operadoras interessadas. É o caso da Bahia[718] e de Roraima,[719] que previram a concessão de créditos fiscais de ICMS para essa finalidade.

Foquei minha atenção nos estados, dada a importância do ICMS, atualmente, sobre a carga tributária do setor de telecomunicações e, consequentemente, para a formação do preço final do serviço e seu impacto sobre o acesso por parte dos usuários. É possível destacar, no entanto, que diversos municípios possuem iniciativas de conectividade locais, em geral referidas como "cidades inteligentes", embora tal designação possa fazer referência a múltiplos escopos.[720] Tais iniciativas poderiam se valer, igualmente, de um esforço coordenado voltado para a ampliação da disponibilidade e do acesso aos serviços.

---

comunica-ii-e-concluido-e-garante-telefonia-movel-a-707-distritos-mineiros. Acesso em: 15 maio 2021.

[716] Mais informações disponíveis em: http://www.planejamento.mg.gov.br/pagina/gestao-governamental/gestao-de-ti/alo-minas. Acesso em: 24 maio 2021.

[717] *Vide* item 4.1.1 do Termo de Referência ao Edital de Seleção Pública nº 01/2021.

[718] Decreto Estadual nº 18.784, de 7 de dezembro de 2018, que disciplina a concessão de crédito outorgado de ICMS para aplicação de investimento em infraestrutura no setor de telecomunicações no âmbito do Programa de Universalização do Acesso aos Serviços de Telecomunicações do Estado de Bahia (Fala Bahia).

[719] Lei Estadual nº 3.263, de 5 de dezembro de 2013.

[720] Sobre a variedade de iniciativas que podem compor as *smart cities*, *vide* o relatório *Produto 7A:* aprofundamento de verticais – cidades, 2017. Disponível em: https://www.bndes.gov.br/wps/wcm/connect/site/776017fa-7c4a-43db-908f-c054639f1b88/relatorio-aprofundamento+das+verticais-cidades-produto-7A.pdf?MOD=AJPERES&CVID=m3rPg5Q. Acesso em: 11 ago. 2021.

3. OS DESAFIOS PARA AVANÇARMOS NA PAUTA DA UNIVERSALIZAÇÃO

Embora os tributos ao encargo da União tenham impacto menor em relação aos serviços de telecomunicações, isenções direcionadas quanto aos encargos setoriais poderiam contribuir para ampliar o leque de ferramentas de universalização.[721] Nesse sentido, os esforços para a redução da tributação dos sistemas de comunicação máquina a máquina, utilizados em aplicações de Internet das Coisas, poderia ser um paradigma a ser aplicado também na universalização.[722]

O alinhamento dos investimentos federais, estaduais e municipais seria uma ferramenta relevante para a política pública de universalização, que possibilitaria a maximização do uso dos recursos federais, principalmente em um contexto no qual o FUST e as demais fontes de receita não são suficientes para atender à demanda. Vale notar que os mecanismos de isenção fiscal poderiam ser aplicados não apenas quanto à expansão de redes, mas também para viabilizar a redução dos valores praticados a usuários finais, tendo como público-alvo aqueles enquadrados como de baixa renda em programas sociais. Tanto no caso de uso de planos de serviço específicos quanto no uso de *vouchers*, a redução de carga tributária poderia contribuir para reduzir o custo da política pública.

Novamente, o papel dos atores institucionais na esfera federal seria o de buscar justamente esse alinhamento de objetivos, até pelo fato de o impacto tributário ser um problema antigo e conhecido do setor. Uma forma de obter esse alinhamento seria pela priorização dos investimentos com recursos federais nos estados que concedessem isenções fiscais aos projetos de universalização, voltados tanto para o aumento da disponibilidade quanto para a fruição efetiva. Haveria incentivo para o que o

---

[721] Conforme mencionado na Introdução, meu objetivo não abarca a discussão de política industrial ou mesmo a aquisição de equipamentos – como foi, em parte, o caso do PNBL, com relação às redes de fibra ótica destinadas ao atendimento daquele programa (art. 28 da Lei nº 12.715, de 17 de setembro de 2012). No entanto, devo consignar que medidas de desoneração nessas frentes, em um contexto de planejamento profundo da política de universalização, são tão importantes quanto as aqui destacadas.

[722] *Vide* a Lei nº 14.108, de 16 de dezembro de 2020, que isentou esses sistemas da incidência das Taxas de Fiscalização de Instalação (TFI) e de Fiscalização de Funcionamento (TFF), da Contribuição para o Fomento da Radiodifusão Pública (CFRP) e da Contribuição para o Desenvolvimento da Indústria Cinematográfica Nacional (Condecine).

estado adotasse uma postura colaborativa, induzindo o alinhamento das iniciativas nos dois níveis.

Também é certo que os estados podem não conseguir conduzir seus projetos de forma absolutamente independente da União. É o que demonstra o caso de Minas Gerais, em que, após iniciativas que conseguiram efetivamente atrair investimentos (Minas Comunica I e II), houve baixa adesão ao Alô Minas – com apenas oito localidades atendidas diante das 200 elegíveis. Essa realidade evidencia que os estímulos devem ser coordenados com foco na disponibilidade e na demanda, principalmente quando se avança para os segmentos com maiores dificuldades de atendimento.

3.3.6. Há um papel para o *zero rating* como ferramenta de universalização?

Como apontado no Capítulo 1, o modelo de oferta de serviços de telecomunicações associado a uma franquia de dados é predominante no Brasil, o que coloca limites ao acesso a tais serviços, principalmente para usuários de menor renda. Isso porque, evidentemente, o exaurimento da franquia contratada demanda a aquisição de novo pacote de dados, o que nem sempre é viável de acordo com a renda do usuário.

Também conforme já abordado, tal característica ressalta a importância de acessos coletivos, como pontos públicos de *wi-fi* em escolas, postos de saúde e praças – na linha de iniciativas já em curso, dependendo em grande parte do SCM ou do próprio SMP como suporte. Todas elas possuem um efeito positivo do ponto de vista de acesso que é, mesmo para os usuários que têm condições de arcar com um plano de serviço, estender sua duração ao máximo.

Portanto, principalmente em um cenário de mobilidade e presença de franquias, há complementariedade entre as iniciativas de universalização focadas em ambientes dotados de acessos coletivos e aquelas voltadas para o acesso individual. É nesse contexto que se insere a prática do *zero rating*, aqui analisada sob a ótica de sua relação com a universalização.

A prática de *zero rating* é criticada por algumas razões. Elas vão desde a criação dos chamados *"walled gardens"*, que induziriam o usuário a entender que a internet se reduz às aplicações disponíveis com tráfego gratuito,[723] passam por questões concorrenciais, bem como pela aderência ou não ao conceito de neutralidade de rede.[724] Meu objetivo aqui não é discutir a legalidade ou conveniência da adoção da prática comercial do *zero rating*,[725] em suas várias formas, mas verificar como uma política pública de universalização pode conviver ou mesmo se valer desse dado para avançar em seus objetivos.

Uma primeira observação é que, independentemente do mérito do *zero rating*, a exemplo do que ocorre com o acesso público à internet, o tráfego gratuito para determinadas aplicações acaba liberando a franquia do usuário para outras que não são sujeitas à prática. Ou seja, o remanescente pode ser utilizado para acesso à internet "irrestrita".

Outro ponto é a possibilidade de os órgãos públicos chegarem a acordos para que as aplicações de utilidade pública sejam também sujeitas ao *zero rating*. Essa alternativa pode ser especialmente útil em situações nas quais há disponibilidade de serviço e os destinatários da política pública já possuem os equipamentos necessários – ou já são atendidos por outra iniciativa com essa finalidade.

Uma terceira via seria o *sponsored data* (acesso patrocinado), sob duas formas: (i) tráfego para aplicações de utilidade pública; ou (ii) tráfego em geral de usuários de baixa renda, até um determinado limite. A primeira pode ser uma alternativa caso não seja possível a celebração de acordos de *zero rating* com as operadoras. A segunda, apesar de representar uma forma simples de viabilizar o acesso, precisa ser avaliada com cautela, haja vista que o modelo de subsídio direto mencionado, tendo como exemplo o *Lifeline* norte-americano, é mais transparente. O estabelecimento de uma ferramenta que utilize o *zero rating*, se associada a outra que preveja os subsídios diretos de acordo assumindo caracterís-

---

[723] RAMOS, Pedro Henrique Soares. Neutralidade de rede: a regulação da arquitetura da internet no Brasil. São Paulo: Editora IASP, 2018, p. 111.

[724] *Vide*, por exemplo, a discussão havida no CADE, a partir de uma denúncia promovida pelo Ministério Público Federal para que a prática de *zero rating* pelas operadoras do SMP fosse investigada. O caso foi arquivado com fundamento na Nota Técnica nº 34/2017/CGAA4/SGA1/SG/CADE, de 31 de agosto de 2017.

[725] Discussões relevantes são trazidas por Pedro Henrique Soares Ramos, no sentido de que a prática do *zero rating* poderia elevar o custo final dos serviços de telecomunicações (RAMOS, Pedro Henrique Soares. Neutralidade de rede: a regulação da arquitetura da internet no Brasil. São Paulo: Editora IASP, 2018, p. 109).

ticas mínimas definidas pelos atores institucionais, tende a minimizar os problemas identificados.

Em todos esses casos, em linha com o exposto no Capítulo 1, é importante que a política pública de universalização seja acompanhada do desenvolvimento de aplicativos e de conteúdos de utilidade pública. Esse é um passo essencial para que as externalidades decorrentes do uso da internet sejam efetivamente auferidas pela sociedade, realidade reconhecida pelas já mencionadas previsões da Lei nº 14.180/2021.[726]

Nesses termos, o arranjo institucional da política pública de universalização poderia se valer de uma prática do *zero rating*, de forma complementar às demais ferramentas, nos termos mencionados anteriormente.

3.4. Uma tentativa de resposta à segunda pergunta de pesquisa: as alterações legais recentes são baseadas nas experiências pretéritas e suficientes para promover efetiva expansão de acesso aos serviços de telecomunicações demandados pela sociedade?

O Capítulo 3 se propôs a analisar as reformas setoriais em vigor a partir de 2019, a fim de verificar como os atores institucionais se posicionaram em torno dos entraves à universalização dos serviços de telecomunicações apontados no Capítulo 2. Para tanto, apliquei às conclusões do capítulo anterior conceitos derivados da teoria institucional, notadamente utilizados para explicar contextos de mudanças institucionais.

Essa caracterização é relevante para uma resposta à segunda pergunta de pesquisa, por elucidar possíveis explicações sobre o passado e, assim, evidenciar os pontos que deveriam ser considerados em propostas de alteração da política pública. Essa pergunta tem por objetivo verificar se o Direito foi capaz de incorporar elementos do aprendizado institucional decorrente da observação empírica do desempenho da política de universalização dentro do recorte temporal proposto. Ou seja, se as propostas de alteração institucional partiram dos resultados de algum tipo de diagnóstico.

---

[726] Esse aspecto já foi destacado pelo TCU: "Quanto ao conteúdo, destaca-se, de maneira geral, a pouca oferta de conteúdos adequados e personalizados que supram as carências de serviços públicos e informacionais das diferentes realidades regionais. Dentre as causas dessa falha está a falta de identificação das necessidades do indivíduo (de maneira geral, a população não foi ouvida quanto às suas demandas)" (TCU – Tribunal de Contas da União. Acórdão nº 2.151/2015-Plenário, Rel. Min. Bruno Dantas, de 26 de agosto de 2015).

3. OS DESAFIOS PARA AVANÇARMOS NA PAUTA DA UNIVERSALIZAÇÃO

Apontei que a existência de dois agentes de veto, TCU e Ministério da Fazenda, levou os demais atores institucionais a contornar o uso do FUST como principal ferramenta de universalização – um primeiro *bypass* institucional. Houve, assim, uma mudança incremental que se pautou na manutenção do *status quo*, ou seja, pela não utilização do FUST. Como resultado, outras ferramentas tomaram o espaço do fundo de universalização e consolidaram sua posição, formando uma dependência de trajetória que pautou o setor até 2019 e gerou as lacunas na política pública identificadas nos Capítulos 1 e 2.

As ferramentas fundamentalmente focaram na imposição de obrigações às concessionárias do STFC e autorizadas dos demais serviços, em uma espécie de escambo regulatório. Também por essa razão, a *path dependence* impediu iniciativas organizadas destinadas à fruição efetiva do serviço, focando os esforços fundamentalmente em ampliação de disponibilidade.

Não utilizar os recursos do FUST, para além da questão do financiamento em si, comprometeu um dos pilares do modelo de universalização proposto pela LGT, que buscava conciliar esse objetivo com a competição no serviço. A lógica de imposição de obrigações não apenas se mostra limitada em termos de acesso a recursos, mas também pelas incertezas com relação à quantificação das obrigações e quanto aos seus impactos para a competição.

A partir de 2019 importantes movimentos se iniciaram, como a preparação para o final das concessões do STFC (seja pela adaptação ou pelo decurso de prazo), a aprovação de reformas na Lei do FUST e o início do Leilão de 5G. Tais iniciativas, por razões diversas, solucionaram apenas parcialmente os problemas identificados, não tendo demonstrado efetiva alteração institucional capaz de quebrar a *path dependence*, apesar das inovações trazidas. Ao contrário, as alterações parecem reforçá-la, seja pela ótica de manutenção do *bypass* orçamentário, ou pela presença do Ministério da Fazenda como agente de veto, bem como pela redução do protagonismo da alocação competitiva dos recursos do FUST.

Não existem, ainda, indícios de que haverá um planejamento setorial claro, objetivos bem definidos e a eleição de ferramentas aptas a concretizá-lo, promovido pelo Ministério das Comunicações, como ator institucional capacitado. Tampouco há qualquer indicação de expansão de mecanismos de coordenação federativa, de forma a incluir estados e municípios como partícipes da política pública de universalização e integrantes do planejamento setorial.

Diante desse cenário, observo que o Direito acabou não exercendo seu papel de forma adequada, por não ter incorporado soluções para eliminar a *path dependence* que caracteriza o setor e promover uma transformação institucional. Apesar de alguns desenvolvimentos positivos, o modelo incorporado pela legislação e pelos demais atos aqui analisados reproduz, com alguma sofisticação adicional, as mesmas características observadas até 2019. Fundamentalmente, a lógica de universalização no setor segue centrada no aumento da disponibilidade do serviço – com poucas exceções –, realizada por meio de ferramentas de imposição de obrigações.

As alterações promovidas deixaram de lado, ainda, um aspecto pouco enfrentado diretamente, sinalizado no Capítulo 2, mas que já tem se mostrado central: a questão orçamentária. A reforma na Lei do FUST ignorou parcialmente esse aspecto, mesmo tendo se inspirado no FNDCT – abrindo espaço, apenas, para o *bypass* representado pela aplicação automática de recursos.

O ponto positivo reside, justamente, na existência de *bypasses* orçamentários capazes de aumentar o fluxo de recursos para o setor, mas que podem agravar o distanciamento com relação ao arranjo institucional da LGT. Destaco que a preocupação em buscar aderência ao arranjo institucional original da LGT advém, justamente, de reconhecer a necessidade de compatibilizar os objetivos de universalização e concorrência na forma posta pela sua Exposição de Motivos. Se em 1997 essa já era uma preocupação fundamentada, atualmente ela é indispensável para orientar os atores institucionais. As reformas e os desenvolvimentos mais recentes, contudo, não sinalizam que será esse o caminho a ser trilhado.

Por fim, um aspecto essencial para alterar esse diagnóstico, que não é estritamente jurídico, diz respeito a um reposicionamento do papel do Ministério das Comunicações, notadamente acerca da questão orçamentária. Sem uma interlocução política forte com os demais atores institucionais, em especial o Ministério da Fazenda, dificilmente os gargalos na aplicação do FUST serão superados.

A resposta para a segunda pergunta de pesquisa é, portanto, negativa. É dizer, caso a política pública mantenha seus rumos atuais e seja

3. OS DESAFIOS PARA AVANÇARMOS NA PAUTA DA UNIVERSALIZAÇÃO

bem-sucedida, teremos um cenário similar àquele visto já a partir de 2004 quanto ao STFC: ampla disponibilidade de serviço de telecomunicações, de serviços fixos e móveis, mas com ociosidade e exclusão social em função da ausência do uso de ferramentas para garantir o fomento à demanda.

Desse modo, a despeito de algumas inovações incrementais presentes a partir de 2019, indico que os ajustes não superaram integralmente os fatores que impuseram obstáculos à concretização do arranjo institucional original.

Por essa razão, seguindo a lógica de diagnóstico e aprimoramento indicada na Introdução, destaquei aspectos de alteração que, acaso incorporados pelo Direito, poderiam contribuir para a quebra da *path dependence* e produzir um resultado mais alinhado ao arranjo institucional original da LGT, aliando os pilares da universalização e da concorrência.

CONCLUSÕES

O objetivo do trabalho foi mapear o caminho traçado pela política pública de universalização das telecomunicações, a partir de duas perguntas de pesquisa. A primeira, voltada para compreender a razão pela qual o arranjo institucional tomou a forma que o caracterizou no período compreendido entre 1997 e 2019, além de sua aderência ao arranjo teórico originalmente previsto. A segunda, a partir dos achados de pesquisa, buscou entender se os esforços de revisão do arranjo institucional, bem como as novas iniciativas de universalização, realizados a partir de 2019, foram pautados em evidências decorrentes de uma reflexão sobre o período anterior.

Como hipótese de pesquisa, em relação à primeira pergunta, trabalhei com a ideia de que houve um afastamento do arranjo institucional original de universalização traçado pela LGT, que se deu pelo veto ao uso dos recursos do FUST e obrigou os atores institucionais a adotar outras ferramentas de universalização. Em relação à segunda pergunta de pesquisa, minha hipótese foi a de que os esforços recentes de alteração institucional não conseguiram incorporar integralmente um aprendizado a partir dos gargalos experimentados pela política pública de universalização dentro do primeiro período analisado, tendo se limitado a reproduzir, em alguma extensão, as experiências anteriores.

A partir das perguntas de pesquisa e das respectivas hipóteses, optei pelo uso da lente das teorias institucionalistas, em especial do institucionalismo histórico, para pautar a análise. Fi-lo não apenas por considerar que, dadas as perguntas de pesquisa, uma análise detalhada do histórico do setor seria relevante, mas também pelo fato de que o foco jurídico-

-formal não seria suficiente para prover respostas adequadas. Além do mais, com amparo na literatura, posso afirmar que a política pública de universalização é uma instituição, por prever as regras do jogo aplicáveis a essa atividade – ou, ao menos, é considerada institucionalizada.

Defini então a forma como trato, no presente texto, alguns conceitos derivados da análise institucional – com ênfase para os atores institucionais, para as ferramentas e para os arranjos institucionais. A partir daí procurei lançar mão der tais conceitos para analisar o arranjo institucional estático (ou original) da política pública de universalização e, posteriormente, como foi seu comportamento na vida real, o que denominei de arranjo institucional efetivo ou dinâmico.

A primeira tarefa cumpri no Capítulo 1, em que apontei as características originais do arranjo institucional previsto na LGT, com base fundamentalmente na própria legislação, em sua Exposição de Motivos e autores especializados no tema. Ali identifiquei que a LGT previu uma política pública calcada na aplicação de recursos por um fundo setorial, abastecido por meio de uma contribuição colhida junto a todos os serviços de telecomunicações, em função do seu uso. A ferramenta seria uma inovação institucional e, em tese, a principal forma de implantar a política pública em questão por parte dos atores institucionais, eliminando por completo os subsídios cruzados entre serviços. Entre as razões para escolha dessa ferramenta, em detrimento de outras, está a necessidade de compatibilizar os objetivos de universalização com um ambiente competitivo dentro do setor.

Também apontei que a universalização compreendida pela LGT poderia assumir duas feições, em sentido estrito e amplo. Em seu sentido estrito, seria aquela vinculada a um serviço explorado em regime público, por meio de contratos de concessão; em sentido amplo, ela corresponderia ao conjunto de iniciativas de expansão dos serviços, inclusive os explorados em regime privado, por meio de compromissos de interesse da coletividade e de abrangência.

No entanto, a análise da política pública revelou que o caminho trilhado se afastou do arranjo institucional original e contou com o uso intenso de outras ferramentas de universalização, em movimentos nos quais o Direito desempenhou um papel fundamental. Primeiro, o FUST nunca foi utilizado, tendo cedido espaço a outras ferramentas, embora os recursos correspondentes não tenham deixado de ser arrecadados.

Segundo, o objeto da universalização, tomado em seu sentido estrito, mostrou-se incompatível com as demandas sociais, agora materializadas no acesso à internet em banda larga. Terceiro, as ferramentas que ocuparam o lugar do FUST não se destinaram, ou se destinaram marginalmente, ao atendimento a usuários finais (ou seja, acesso efetivo).

Busquei aprofundar a análise sobre as razões que levaram a esses resultados no Capítulo 2. Nesse tópico indiquei que as primeiras tentativas de utilização do FUST resultaram em um entendimento, firmado pelo TCU e acolhido pelos demais atores institucionais, de que ele só poderia ser aplicado por meio de um serviço explorado em regime público. A decisão, formalmente aceitável, mostrou-se impraticável.

Nesse contexto, os atores institucionais promoveram outras ferramentas, que representaram, por um lado, um contorno (*bypass*) na impossibilidade de uso do FUST; por outro lado, representaram, ainda que com modificações incrementais ao longo do tempo, uma repetição sucessiva de experiências passadas, fundamentalmente calcadas na imposição de obrigações às concessionárias (substituição de metas) ou autorizadas (compromissos de interesse da coletividade e abrangência). Mais do que isso, as ferramentas caracterizaram, por vezes, justamente um subsídio cruzado entre serviços de telecomunicações, algo rechaçado não apenas pela Exposição de Motivos da LGT, mas também pela literalidade do seu texto legal.

Procurei focar nas principais iniciativas setoriais, a fim de verificar quais ferramentas foram utilizadas pelos atores institucionais em cada caso. Não obstante, a pesquisa evidenciou a existência de uma miríade de iniciativas, muitas conduzidas de forma alheia ao Ministério das Comunicações. Esse é outro achado de pesquisa: a falta de capacidade de coordenação do Ministério das Comunicações enquanto ator institucional relevante.

O Capítulo 2 também revelou que outros atores institucionais, como o Poder Legislativo e o Poder Judiciário, no exercício de suas respectivas competências, não interferiram nos contornos que o arranjo institucional da universalização acabou assumindo, apesar das oportunidades. No entanto, além do TCU, a análise revelou outro ator institucional não previsto no arranjo original, o Ministério da Fazenda, com capacidade para exercer poder de veto sobre o uso dos recursos do FUST, sob a ótica orçamentária.

A partir da análise realizada, identifiquei gargalos que podem ser assim sistematizados: (i) ausência de aplicação do fundo setorial e baixa aplicação de recursos adicionais (orçamentários); (ii) dependência de ferramentas caracterizadas pela imposição de obrigações – substituição de metas, compromissos de interesse da coletividade e de abrangência; (iii) presença de subsídios cruzados em determinadas ferramentas; (iv) arrecadação do FUST sem despesa; (v) desvio dos recursos do FUST; (vi) ausência de iniciativas envolvendo outros entes da federação; e (vii) falta de coordenação ministerial.

No Capítulo 3, busquei analisar o comportamento dos atores institucionais e o arranjo efetivo à luz da teoria institucionalista. Considerando a aplicação de conceitos adaptados, indiquei que as alterações institucionais realizadas no período inicial de pesquisa (1997-2019) eram incrementais e permeadas por três características.

Primeiro, a ocorrência de agentes de veto, capazes de interferir diretamente na política pública de universalização – nomeadamente TCU e Ministério da Fazenda. Segundo, também identifiquei a presença de *bypasses* institucionais, utilizados para contornar os problemas gerados pela impossibilidade de uso do FUST e das amarras postas pelo conceito estrito de universalização. Terceiro, o uso desses *bypasses* gerou uma dependência de trajetória (*path dependence*), na qual, ainda que haja algum tipo de inovação institucional incremental, as atividades dos atores institucionais seguem vinculadas às práticas pretéritas.

Essas três características, em minha visão, são essenciais para explicar a conformação do arranjo institucional efetivo da política pública de universalização no Brasil no período analisado. Reputo que o resultado mostra que a LGT, em termos de universalização, não gerou uma transformação institucional, ao menos da forma inicialmente planejada. O cenário demonstra mais a ocorrência de uma acomodação persistente (*i.e.* alternância entre modificação e resistência institucional) ou, no limite, uma reforma incremental (transformação gradual do arranjo institucional anterior).

Ainda no Capítulo 3 observei que as alterações legais trazidas pela Lei nº 13.879/2019 e pela Lei. 14.109/2020 contemplaram apenas parcialmente os entraves que impediram o funcionamento do arranjo institucional original da LGT, sendo a mesma observação aplicável às disposições do Edital de 5G. Como regra geral aponto que as alterações são incrementais e não as considero como uma quebra da dependência de trajetória que vem sendo trilhada, apesar da grande experiência documentada e das grandes alterações que pautaram o setor ao longo dos anos.

Em alguma medida, as alterações apenas evidenciam a dependência de trajetória, por exemplo, ao privilegiar, ainda em maior extensão, as ferramentas calcadas em imposição de obrigações, apesar das incertezas e da pouca transparência que são a elas inerentes – e que deveriam reduzir seu uso, não o ampliar. Inclusive, militam em favor de um uso parcimonioso e não extensivo das ferramentas baseadas na imposição de obrigações tanto o objetivo de haver uma ferramenta de universalização neutra do ponto de vista concorrencial quanto a presença de múltiplos agentes atualmente explorando os serviços em regime de competição.

Quanto ao escopo, embora as ferramentas de universalização que se pretendem utilizar, desde 2019, ainda não estejam operacionais, não sendo possível mensurar os seus efeitos, chama a atenção o baixo nível de iniciativas voltadas para promoção do acesso efetivo ao usuário final, e não mera disponibilidade. Repete-se aqui, em diferentes escalas, a *path dependence* focada na implantação de rede, móvel e fixa, sem atentar à necessidade de fomento à demanda (*i.e.* subsídio direto aos usuários finais).

As exceções se manifestaram justamente por meio da mesma janela de oportunidade que, a meu ver, viabilizou a alteração da Lei do FUST, em 2020, apesar dos diversos projetos de lei existentes: o cenário de pandemia. O enfoque da Leis nº 14.173/2021 e da Lei nº 14.180/2021 no ensino público é explicado pelo cenário marcante descrito na Introdução, seja para propiciar acesso individual por professores e alunos, seja para complementar a política pública existente em termos de acessos coletivos por meio de escolas conectadas. Não posso deixar de destacar que, mesmo aqui, apresentou-se mais um *bypass* para evitar constrições orçamentárias, mediante a vinculação de parte dessas obrigações ao Edital de 5G, em uma vinculação fiel ao comportamento reiterado ao longo dos anos.

De fato, inovações também contam com a adoção de diferentes medidas para contornar as restrições orçamentárias e o Ministério da Fazenda como agente de veto, como a aplicação automática de recursos do FUST pelas próprias operadoras, ou mesmo o uso da EACE para contratar a conexão a escolas públicas, no âmbito do 5G. Não há, contudo, qualquer tipo de solução proposta, além dos *bypasses*, para enfrentar (e não contornar) o poder de veto do Ministério da Fazenda, inclusive com base nas experiências do FNDCT.

Isso remete a um outro aspecto, que é a falta de capacidade institucional demonstrada pelo Ministério das Comunicações para o exercício de suas competências no âmbito do arranjo da universalização. Esse diagnóstico tem sido repetido ao longo dos anos, no interior de diferentes gestões, tendo resultado na constatação de que, na prática, o Ministério das Comunicações é um ator institucional com baixa capacidade para criar, coordenar e monitorar uma política pública. Em um contexto de disputa política por recursos escassos, um ministério frágil tem poucas chances de reverter um veto orçamentário imposto pelo Ministério da Fazenda, aspecto que transcende soluções jurídicas.

As alterações também dão pouca atenção para a coordenação federativa, que poderia alavancar os recursos da universalização a partir do uso da redução da carga tributária como ferramenta. Em um contexto de reduzir o custo do acesso e subsidiar usuários finais, parece ser imprescindível que os atores institucionais busquem formas de maximizar os resultados da política pública em parcerias com governos locais, notadamente os estaduais, dada a pesada carga tributária sob controle desses últimos que atinge o setor.

Reputo que as duas hipóteses de pesquisa propostas, então, foram confirmadas a partir do exposto. Parece-me também ser possível afirmar a tese de que, apesar de mais de duas décadas de experiência terem evidenciado sérias limitações à política pública de universalização das telecomunicações, as propostas de reforma não contemplaram os entraves presentes no seu arranjo institucional efetivo. As evidências sugerem que as alterações efetivadas repetem um padrão de dependência de trajetória em relação ao passado, afastando-se do arranjo institucional previsto na LGT, sendo razoável supor que as lacunas da política pública de universalização serão mantidas, bem como os antigos gargalos.

O Direito, até o presente momento, não apenas falhou em seu papel de permitir uma autocorreção dos rumos da política pública como também pode ser apontado como uma das razões pelas quais o arranjo institucional da universalização assumiu a feição descrita. Tanto as discussões que ensejaram o exercício do poder de veto pelo TCU quanto as medidas posteriores de contorno estão imersas em discussões jurídicas, como procurei expor ao longo do Capítulo 2. Paradoxalmente, o Direito ao mesmo tempo em que contribuiu para engessar parte da política pública, conferiu amparo para os *bypasses* institucionais – reforçando a ideia de que, em termos de alteração institucional, estamos diante de um cenário de acomodação persistente.

Isso não significa que o setor não atrairá investimentos privados e que haverá alguma expansão de acesso (como vem ocorrendo), até como efeito do movimento de encerramento das concessões, do elevado volume de recursos que será investido devido ao Edital de 5G, além de, eventualmente, haver alguma atividade que se beneficie da aplicação automática dos recursos do FUST. A análise realizada nos Capítulos 1 e 2, inclusive, corrobora essa afirmação.

No entanto, o que se observa é um distanciamento do arranjo institucional original da LGT, o qual adotou aquela feição exatamente para poder compatibilizar os objetivos de universalização e concorrência. E não é por outra razão que o utilizo como baliza – para além do simples fato de, por quase todo o período de análise, também representar o Direito positivado.

É impossível afirmar que o cenário da universalização seria diferente caso houvesse aplicação do FUST efetiva ao longo dos anos 2000, e nem é meu objetivo fazer esse tipo de conjectura. Não pretendo dizer que o passado poderia ser diferente, mas explicar por que houve um distanciamento do arranjo original e se as alterações efetivadas levaram em consideração os problemas do passado.

Por essa razão o texto se aproxima do institucionalismo histórico, e posicionado de forma *sui generis*, uma vez que, por um lado, há um período considerável de experiência para a aferição da fase de diagnóstico da política pública. Por outro lado, é possível avaliar quanto o aprimoramento efetivamente proposto pelas mudanças legislativas e normativas realizadas no setor se aproveitou da experiência passada – mesmo sem a possibilidade de aferir os resultados das alterações. E, ainda, é possível tecer considerações adicionais em um viés de aprimoramento, com enfoque na experiência pregressa.

Tomando esse último ponto como base, indiquei, na terceira parte do Capítulo 3, algumas medidas que me parecem essenciais para compatibilizar novamente a política pública de universalização com o arranjo original da LGT. A despeito das alterações legislativas, segue vigente, prevendo: (i) em diversas passagens, o fomento e a preservação de um ambiente competitivo como objetivo; e (ii) o uso de um fundo setorial como ferramenta de universalização.

É imprescindível que haja uma retomada do papel de protagonismo do Ministério das Comunicações na formulação e no acompanhamento do planejamento setorial e das políticas públicas, inclusive de universalização. Isso não significa, de modo algum, a defesa de algum tipo de interferência nas atividades da Anatel. Ao contrário, corresponde ao fortalecimento de um papel institucional não desempenhado a contento até o momento, e que se mostrou essencial para que a política pública de universalização venha a ser efetivada.

Nesse ponto, o Direito pode desempenhar o papel de criar alguns instrumentos para que essa competência seja efetivamente exercida, mas a transformação do Ministério das Comunicações em um ator institucional verdadeiramente relevante depende de aspectos que excedem questões jurídicas, por incorporarem um elemento político relevante. Um ministério fraco não terá condições de fazer frente ao poder de veto do Ministério da Fazenda.

Também é necessário ter em mente que a estrutura competitiva do setor não é a mesma de 1997 ou a dos anos 2000. Há centenas de empresas autorizadas que podem participar ativamente de processos de universalização, sendo certo que a regulação setorial também avançou para estimular o compartilhamento de infraestrutura. Além disso, a própria prestação de serviços no atacado passou a ser vista como um negócio em si, servindo apenas de suporte para operadoras que atendam usuários finais, inclusive por parte dos grandes grupos econômicos.

Nessas condições de mercado, cabe aos atores institucionais o emprego de ferramentas de universalização que considerem tal atividade como uma oportunidade, não um ônus. Isso ocorre notadamente na alocação competitiva de recursos públicos, por meio dos leilões reversos. Os efeitos positivos são múltiplos: (i) estimula-se a competição; (ii) mitiga-se o risco de erros na estipulação do VPL negativo; (iii) abre-se espaço para soluções e modelos de negócio inovadores, que podem consumir um volume menor de recursos públicos; e (iv) é possível, ainda, que os recursos possam ser destinados a projetos de expressiva relação custo-benefício, ou seja, que tenham um VPL negativo menor, mas destravem elevado volume de investimentos privados ou beneficiem um contingente maior de usuários (ou medida alternativa de impacto social). Nesse último caso, o uso do Fust serviria como uma alavanca capaz de atrair múltiplas vezes o seu valor em investimento privado.

Dessa forma, proponho que, mesmo nos casos em que tipicamente sejam adotadas imposições de obrigação, seja estruturado um mecanismo que viabilize a alocação dos recursos por meio de leilões reversos, quando possível, usando, por exemplo, modelos similares ao da EACE. Ainda que não seja possível ou desejável sua adoção em todas as situações, sendo necessário avaliar cada ferramenta individualmente, essa medida poderia constituir um avanço importante e, em minha visão, representaria uma reaproximação do arranjo institucional original da LGT.

Em qualquer cenário, parece-me imprescindível que a política pública tenha uma ferramenta voltada para o estímulo à demanda, ou seja, que subsidie diretamente usuários finais, de forma simples, flexível e neutra concorrencialmente. É importante aprender com os erros do PBLE, do AICE e do PNBL, e também com experiências bem-sucedidas, como o *Lifeline* norte-americano. Trata-se de uma lacuna de enorme importância e que jamais foi suprida a contento, mesmo em relação aos programas com alguma eficácia.

Focar no acesso efetivo do usuário final, individual ou coletivo, não significa reduzir a importância dos investimentos em rede e disponibilidade do serviço, por se tratar de uma condição indispensável à fruição. No entanto, a existência de estímulos à demanda pode reduzir o VPL negativo para atendimento a uma determinada localidade ou, em alguns casos, torná-la atrativa. Assim, a concatenação das ferramentas pode levar, também sob essa ótica, a uma maximização dos recursos para a universalização.

Há que se ter atenção para a previsão de utilização dos recursos do FUST sob a modalidade reembolsável, operacionalizada por meio de agentes financeiros, para que não resulte em um uso meramente virtual do fundo para a universalização – conforme acepção que abordei no Capítulo 1. Proponho aqui que a modalidade reembolsável siga, na medida do possível, a mesma lógica sustentada para a modalidade não reembolsável, ou seja, voltada para tornar viáveis projetos que não seriam executados somente com o aporte de recursos privados, por meio de leilões reversos.

O papel de eventuais novas concessões deve ser pensado com cuidado, para que não sejam repetidos os erros do passado. Entendo que haveria espaço para novos usos dessa ferramenta, mas voltados para situações mais pontuais e de provimento de infraestrutura, eventualmente se acumulando a função de *last resort provider*. Mesmo com esse escopo, é preciso ter cautela diante dos movimentos do mercado privado, que agora conta com uma série de empresas atuando exatamente dentro desse propósito. Não parece haver, hoje, espaço para novas concessões nos moldes das outorgas de STFC em regime público, objetivando o provimento de acesso em banda larga a usuários finais.

Também é essencial, principalmente enquanto perdurar o cenário tributário brasileiro, que haja intensa coordenação federativa. O uso da tributação como alavanca para a realização de investimentos, dada a elevada carga tributária que incide sobre o setor de telecomunicações, encontra respaldo em experiências estaduais interessantes que poderiam ser replicadas e expandidas com participação federal.

Não há solução simples para um problema de tamanha complexidade, como comprova a análise do arranjo institucional da política pública de universalização ao longo de mais de 20 anos. A confirmação da tese, no sentido de que o aprendizado institucional foi insuficiente e pouco incorporado pela janela de oportunidade de reformas, notadamente aquela aberta por conta da pandemia, não deve ser vista como uma sentença final.

Ao contrário, a análise realizada se prestou, justamente, para colocar uma nova luz sobre o tema, e assim evidenciar os entraves da política pública estudada. Reitero minha visão de que é possível aprender com o passado, não estamos fadados a repeti-lo. Espero que tanto a análise quanto as observações aqui realizadas sirvam de base para que a universalização das telecomunicações permaneça em constante estudo e aprimoramento.

REFERÊNCIAS

ADAMI, Mateus Piva. *Essential facilities*, falhas regulatórias e assimetria de informação no setor de telecomunicações. *Fórum Administrativo*, ano 6, n. 69, Belo Horizonte, p. 8132-8149, nov. 2006.

–. A universalização das telecomunicações no Brasil: uma análise de seus arranjos institucionais. 2021. Tese (Doutorado) – Universidade de São Paulo, São Paulo, 2021.

–; PEREIRA NETO, Caio Mario da Silva. Reversibilidade de bens nas concessões de telecomunicações: o caminho em direção à segurança jurídica. *Revista de Direito Administrativo*, [s. l.], v. 281, n. 1, p. 207-232, 2022.

–. A4AI. *Meaningful Connectivity*: A New Target to Raise the Bar for Internet Access, 2020. Disponível em: https://1e8q3q16vyc81g8l3h3md6q5f5e-wpengine.netdna-ssl.com/wp-content/uploads/2021/02/Meaningful-Connectivity_Public-.pdf. Acesso em: 12 mar. 2021.

AGUILLAR, Fernando Herren. *Controle social de serviços públicos*. São Paulo: Max Limonad, 1999.

ALIMONTI, Veridiana. O Programa Nacional de Banda Larga e o Banda Larga para Todos: uma perspectiva da sociedade civil. *In*: Knight, Peter; Feferman, Flavio; Foditsch, Natália (orgs.). *Banda larga no Brasil*: passado, presente e futuro. São Paulo: Figurati, 2016. p. 77-101.

AMARAL, Bruno do. Anatel e Vivo assinam TAC de R$ 435 milhões. *Teletime*, 23 jul. 2021. Disponível em: https://teletime.com.br/02/03/2022/anatel-e-vivo-assinam-tac-de-r-435-milhoes/. Acesso em: 28 fev. 2023.

–. Para Euler, opção para conectar escola pode ser RFP a teles e provedores locais, *Teletime*, 31 ago. 2021. Disponível em: https://teletime.com.br/31/08/2021/edital-do-5g-euler-quer-incluir-rfp-para-provedores-conectarem-escolas/. Acesso em: 2 set. 2021.

–. Brasil retrocede e fica abaixo da meta de acessibilidade da banda larga da UIT, *Teletime*, 5 mar. 2021. Disponível em: https://teletime.com.br/05/03/2021/brasil-retrocede-e-fica-abaixo-da-meta-de-acessibilidade-da-banda-larga-da-uit/. Acesso em: 12 mar. 2021.

–. Vivo fecha por R$ 1,8 bi acordo com fundo canadense CDPQ para rede neutra, *Teletime*, 2 mar. 2021. Disponível em: https://teletime.com.br/02/03/2021/vivo-vende-metade-da-rede-neutra-por-r-18-bi/. Acesso em: 15 maio 2021.

–. Ministro diz que escolha de fornecedores em redes comerciais seguirá livre mercado, *Teletime*, 26 fev. 2021. Disponível em: https://teletime.com.br/26/02/2021/ministro-diz-que-escolha-de-fornecedores-em-redes-comerciais-seguira-livre/. Acesso em: 25 abr. 2021.

–. Estratégia da Telefónica em outros países, rede neutra da Vivo terá controle dividido, *Teletime*, 25 fev. 2021. Disponível em: https://teletime.com.br/25/02/2021/estrategia-da-telefonica-em-outros-paises-rede-neutra-da-vivo-tera-controle-dividido/. Acesso em: 15 maio 2021.

–. Anatel deverá fazer leilão de 3,5 GHz ainda este ano, *Teletime*, 26 jun. 2012. Disponível em: https://teletime.com.br/26/06/2012/anatel-devera-fazer-leilao-de-35-ghz-ainda-este-ano/. Acesso em: 12 mar. 2021.

Anatel – Agência Nacional de Telecomunicações. *Consulta Pública n. 22*, de 11 de maio de 2021.

–. *Ofício n. 289/2021/GPR-ANATEL*, de 16 de agosto de 2021.

–. *Análise n. 13/2020*, Rel. Conselheiro Carlos Manuel Baigorri, de 5 de fevereiro de 2021

–. *Análise 259/2020/EC*, Rel. Conselheiro Emmanoel Campelo, de 17 de dezembro de 2020.

–. Conheça os Termos de Ajustamento de Conduta (TACs), *Gov.br*, 17 nov. 2020. Disponível em: https://www.gov.br/anatel/pt-br/regulado/obrigacoes-contratuais/conheca-os-termos-de-ajustamento-de-conduta-tacs. Acesso em: 5 fev. 2021.

–. *Informe n. 131/2020/PRRE/SPR*, de 8 de setembro de 2020.

–. *Parecer n. 530/2020/PFE-ANATEL/PGF/AGU*, de 27 de agosto de 2020.

–. *Informe n. 65/2020/PRRE/SPR*, de 15 de julho de 2020.

–. *Informe 101/2019/CPAE/SCP*, de 16 de dezembro de 2019.

–. *Informe n. 118/2018/SEI/PRRE/SPR*, de 4 de outubro de 2019.

–. *Análise 143/2019/AD*, Rel. Conselheiro Aníbal Diniz, de 13 de junho de 2019.

–. *Informe n. 27/2019/PRRE/SPR*, de 29 de abril de 2019.

–. *Memorando n. 256/2019/ARI*, de 10 de março de 2019.

–. *Análise 27/2019/EC*, Rel. Conselheiro Emmanoel Campelo, de 22 de março de 2019.

–. *Relatório Anual – 2019*. Disponível em: https://www.gov.br/anatel/pt-br/centrais-de-conteudo/publicacoes/relatorio-anual. Acesso em: 3 set. 2021.

–. *Parecer n. 587/2018/PFE-ANATEL/PGF/AGU*, de 14 de setembro de 2018.

–. *Análise 123/2018/SEI/AD*, Rel. Conselheiro Aníbal Diniz, de 18 de maio de 2018.

–. *Informe 33/2018/SEI/PRUV/SPR*, de 20 de março de 2018.

–. *Informe n. 149/2017/SEI/PRRE/ SPR*, de 24 de novembro de 2017.

–. *Voto 26/2016/SEI/OR*, Rel. Conselheiro Otávio Rodrigues, de 30 de dezembro de 2016.

–. *Parecer 00508/2016/PFEANATEL-SEDE/PGF/AGU*, de 5 de agosto de 2016.

–. *Despacho Cautelar 1/2016/SEI/SRC*, (Processo n. 53500.008501/2016-35), de 18 de abril de 2016.

–. *Análise 25/2016-GCIF*, Rel. Conselheiro Igor Freitas, de 12 de fevereiro de 2016.

–. *Informe n. 1/2016/SEI/ARI*, de 4 de fevereiro de 2016.

–. *Informe n. 55/2015/SEI/PRRE/ SPR*, de 29 de dezembro de 2015.

–. *Voto 85/2015-GCIF*, Rel. Conselheiro Igor Freitas, de 5 de junho de 2015.

–. *Análise 5/2015-GCIF*, Rel. Conselheiro Igor Freitas, de 6 de março de 2015.

–. *Relatório Anual – 2015*. 2015. Disponível em: https://www.gov.br/anatel/pt-br/centrais-de-conteudo/publicacoes/relatorio-anual. Acesso em: 3 set. 2021.

–. *Informe 15/2013/PRUV/PRRE*, de 12 de novembro de 2013.

–. *Análise 365/2013-GCMB*, Rel. Conselheiro Marcelo Bechara, de 2 de agosto de 2013.

–. *Informe 01/2013-PRUV/SPR*, de 28 de junho de 2013.

–. *Análise 147/2012-GCMB*, Rel. Conselheiro Marcelo Bechara, de 26 de março de 2012.

–. *Análise 131/2012-GCRZ*, Rel. Conselheiro Rodrigo Zerbone, de 9 de março de 2012.

–. *Relatório Anual – 2012*. 2012. Disponível em: https://www.gov.br/anatel/pt-br/centrais-de-conteudo/publicacoes/relatorio-anual. Acesso em: 3 set. 2021.

–. *Voto sem número*, Rel. Conselheiro Ronaldo Sardenberg, de 7 de abril de 2011.

–. *Análise 199/2011-GCER*, Rel. Conselheira Emília Ribeiro, de 1º de abril de 2011.

–. *Informe 24/2009/UNPCP/ANPC/ SUN*, de 30 de outubro de 2009.

–. *Análise 144/2008-GCPA*, Rel. Conselheiro Plínio de Aguiar Junior, de 7 de abril de 2008.

–. *Consulta Pública n. 842*, de 7 de novembro de 2007.

–. *Relatório sobre a universalização do Serviço de Telefonia Fixa no Distrito Federal*, 2007-2008.

–. Anatel publica o regulamento do Cesso Individual Classe Especial (AICE), Brasília, 20 dez. 2005. Disponível em: https://www.anatel.gov.br/Portal/verificaDocumentos/documento.asp?numeroPublicacao=116366&assuntoPublicacao=Anatel%20publica%20regulamento%20do%20Aice%20no%20Di%E1rio%20Oficial%20da%20Uni%E3o%20%20&caminhoRel=null&filtro=1&documentoPath=biblioteca/releases/2005/release_20_12_2005rl.pdf. Acesso em: 9 fev. 2021.

–. *Informe 90/UNPC/SUN*, de 10 de novembro de 2005.

–. *Informe 004/2004/SUE*, de 10 de novembro de 2004.

–. Ofício n.1.242/2004/PR-ANATEL, de 8 de outubro de 2004.

–. *Voto 19/2004-GCRD*, Rel. Conselheiro Rubens Donati Jorge, de 1º de outubro de 2004.

–. *Parecer 437/2004/PGF/PF/ADTB-Anatel*, de 30 de junho de 2004.

–. *Despacho 172/2004/PBCP/SPB*, de 12 de maio de 2004.

–. *Consulta Pública n. 494*, de 19 de janeiro de 2004.

–. *Consulta Pública n. 493*, de 19 de janeiro de 2004.

–. *Informe 82/UNPCP/UNPC/SUN*, de 1º de dezembro de 2003.

–. *Consulta Pública n. 480*, de 24 de novembro de 2003.

–. *Análise 089/2003-GCAV*, Rel. Conselheiro Antônio Carlos Valente, de 5 de junho de 2003.

–. *Plano Estrutural de Redes de Telecomunicações (PERT)*. 2021. Disponível em: https://www.gov.br/anatel/pt-br/dados/infraestrutura/pert. Acesso em: 28 fev. 2023.

ARAÚJO, Paulo Sisnando Rodrigues de. Considerações sobre o Programa Nacional de Banda Larga (PNBL). *Revista do Tribunal de Contas da União*, [s.l.], n. 124, 2012. Disponível em: https://revista.tcu.gov.br/ojs/index.php/RTCU/issue/view/6. Acesso em: 12 mar. 2021.

AQUINO, Miriam. TCU afirma que banda larga em concessão, só com licitação. *Telesíntese*, 17 jun. 2015. Disponível em: https://www.telesintese.com.br/tcu-afirma-que-banda-larga-em-concessao-com-licitacao/. Acesso em: 17 jan. 2020.

BAIGORRI, Carlos Manuel. *A estrutura concorrencial do mercado de redes de transporte de telecomunicações e os impactos de políticas de massificação da banda larga no Brasil*. 2014. Tese (Doutorado em Economia) – Universidade Católica de Brasília, Brasília, 2014.

ARAÚJO, Paulo Sisnando Rodrigues de. Considerações sobre o Programa Nacional de Banda Larga (PNBL). *Revista do Tribunal de Contas da União* [s.l.], n. 124, 2012. Disponível em: https://revista.tcu.gov.br/ojs/index.php/RTCU/issue/view/6. Acesso em: 12 mar. 2021.

BALBINO, Abraão. Lei 13.879/19: um novo ciclo de regulação econômica, *Teletime*, 16 dez. 2019. Disponível em: https://teletime.com.br/16/12/2019/lei-13-879-19-um-novo-ciclo-de-regulacao-economica/. Acesso em: 14 abr. 2021.

BARBOSA, Marcelo Nascimento. Uma análise dos efeitos da privatização dos serviços de telefonia no Brasil e da implantação do marco regulatório no processo de universalização. *In*: BRASIL. TRIBUNAL DE CONTAS DA UNIÃO. *Regulação de serviços públicos e controle externos*. Brasília: TCU, 2008. p. 423-454.

BERBERT, Lúcia. BTG confirma investimentos de R$ 30 Bi na V.Tal em 5 anos, *Telesíntese*, 31 ago. 2021. Disponível em: https://www.telesintese.com.br/btg-confirma-investimentos-de-r-30-bi-na-v-tal-em-5-anos/. Acesso em: 2 set. 2021.

REFERÊNCIAS

–. ISPS lideram mercado em 84% das cidades, *Telesíntese*, 31 ago. 2021. Disponível em: https://www.telesintese.com.br/isps-lideram-mercado-em-84-das-cidades/. Acesso em: 3 set. 2021.

BIMBATI, Ana Paula. Sem internet, família paga para usar *wi-fi* do vizinho e crianças estudarem. *UOL*, São Paulo, 29 mar. 2021. Disponível em: https://educacao.uol.com.br/noticias/2021/03/29/sem-internet-familia-paga-para-usar-wifi-do-vizinho-e-criancas-estudarem.htm. Acesso em: 11 abr. 2021.

BOBBIO, Norberto. *Da estrutura à função*: novos estudos de teoria do direito. Tradução Daniela Beccaccia Versiani. Barueri: Manole, 2007.

BOLONHÊS, Amanda Cristófaro. A (con)fusão entre os regimes público e privado: análise à luz da prestação dos serviços de telefonia móvel no Brasil. *Revista de Direito das Comunicações*, São Paulo, v. 8, p. 29-61, jul./dez. 2014.

BRAGA, Lucas. TIM vende 51% do negócio de fibra óptica por R$ 1,6 bilhão, *Tecnoblog*, 6 maio 2021. Disponível em: https://tecnoblog.net/439581/tim-vende-51-do-negocio-de-fibra-optica-por-r-16-bilhao/. Acesso em: 15 maio 2021.

BUCCI, Maria Paula Dallari. Quadro de referência de uma política pública: primeiras linhas de uma visão jurídico-institucional. *In*: SMANIO, Gianpaolo Poggio; BERTOLIN, Patrícia Tuma; BRASIL, Patrícia Cristina (orgs.). *O Direito na fronteira das políticas públicas*. São Paulo: Páginas e Letras Editora e Gráfica, 2015. p. 7-11.

–. *Fundamentos para uma teoria jurídica das políticas públicas*. São Paulo: Saraiva, 2013.

–; COUTINHO, Diogo Rosenthal. Arranjos jurídico-institucionais da política de inovação tecnológica: uma análise baseada na abordagem de direito e políticas públicas. *In*: COUTINHO, Diogo Rosenthal; FOSS, Maria Carolina; MOUALLEM, Pedro Salomon B. (orgs.). *Inovação no Brasil*: avanços e desafios jurídicos e institucionais. São Paulo: Blucher, 2017. p. 313-340.

CADE – CONSELHO ADMINISTRATIVO DE DEFESA ECONÔMICA. *Nota Técnica n. 34/2017/CGAA4/SGA1/SG/CADE*, de 31 de agosto de 2017.

CÂMARA, Jacintho Arruda. *Tarifa nas concessões*. São Paulo: Malheiros, 2009.

–. Autorizações administrativas vinculadas: o exemplo do setor de telecomunicações. *In*: ARAGÃO, Alexandre Santos de; MARQUES NETO, Floriano Peixoto de Azevedo (coords.). *Direito administrativo e seus novos paradigmas*. Belo Horizonte: Fórum, 2008. p. 619-633.

–. As autorizações da Lei Geral de Telecomunicações e a Teoria Geral do Direito Administrativo. *Revista de Direito de Informática e Telecomunicações – RDIT*, Belo Horizonte, v. 2, n. 3, p. 55-68, jul./dez. 2007.

CAMPBELL, John L. Institutional Reproduction and Change. *In*: MORGAN, Glenn *et al.* (eds.). *The Oxford Handbook of Comparative Institutional*

Analysis. Oxford: Oxford University Press, 2010.

CANÊDO-PINHEIRO, Mauricio; LIMA, Luiz Renato. *Estimando a demanda domiciliar por telefones fixos com dados agregados brasileiros*. Texto para discussão n. 4, IBRE/FGV. FGV: Rio de Janeiro, 2009.

CARVALHAES NETO, Eduardo Hayden. Noções de universalização de serviços de telecomunicações no Brasil. *Revista de Direito de Informática e Telecomunicações*, Belo Horizonte, v. 4, p. 81-113, 2008.

CARVALHO, André Castro. *Vinculação de receitas públicas e princípio da não afetação*: usos e mitigações. 2010. Dissertação (Mestrado em Direito Econômico e Financeiro) – Faculdade de Direito, Universidade de São Paulo, São Paulo, 2010. Disponível em: https://teses.usp.br/teses/disponiveis/2/2133/tde-24022011-091027/pt-br.php. Acesso em: 5 set. 2021.

CINTRA DE MELO, Lílian. Direito e política pública para inclusão digital: o programa banda larga nas escolas. *In*: BIER, Clerilei Aparecida; BADR, Eid; XIMENES, Julia Maurmann (orgs.). *Direitos sociais e políticas públicas*. Florianópolis: CONPEDI, 2015. p. 5-762.

CADE – CONSELHO ADMINISTRATIVO DE DEFESA ECONÔMICA. *Nota Técnica n. 34/2017/CGAA4/SGA1/SG/CADE*, de 31 de agosto de 2017.

COUTINHO, Diogo Rosenthal. Direito e institucionalismo econômico: apontamentos sobre uma fértil agenda de pesquisa. *Revista de Economia Política*, São Paulo, v. 37, n. 3, p. 565-586, jul./set. 2017.

–. O direito econômico e a construção institucional do desenvolvimento democrático. *Revista Estudos Institucionais*, Rio de Janeiro, v. 2, n. 1, p. 214-262, 2016.

–. *Direito econômico e desenvolvimento democrático*: uma abordagem institucional. Tese de Titularidade. Universidade de São Paulo, São Paulo, 2015.

–. *Direito e economia política na regulação de serviços públicos*. São Paulo: Saraiva, 2014.

–. O direito nas políticas sociais brasileiras: um estudo do Programa Bolsa Família. *In*: SCHAPIRO, Mario G.; TRUBEK, David M. (orgs.). *Direito e desenvolvimento*: um diálogo entre os BRICS. São Paulo: Saraiva, 2011. p. 73-122.

–. Entre eficiência e equidade: a universalização das telecomunicações em países em desenvolvimento. *Revista Direito GV*, São Paulo, v. 1, n. 2, p. 137-160, 2005.

–. *Direito, desigualdade e desenvolvimento*. São Paulo: Saraiva, 2003.

–. *Regulação e redistribuição*: a experiência brasileira de universalização das telecomunicações. 2003. Tese (Doutorado em Direito) – Faculdade de Direito, Universidade de São Paulo, São Paulo, 2003.

–. A universalização do serviço público para o desenvolvimento com uma tarefa da regulação. *In*: SALOMÃO FILHO, Calixto (coord.). *Regulação e desenvolvimento*. São Paulo: Malheiros, 2002. p. 65-87.

– et al. Comentários aos Anteprojetos de Lei sobre Agências Reguladoras. *Revista de Direito Público da Economia*, Belo Horizonte, ano 2, n. 6, p. 27-41, 2004.

CRAIDE, Sabrina. Ministério lança programa para ampliar o acesso à internet em alta velocidade. *Agência Brasil*, Brasília, 9 maio 2016. Disponível em: https://agenciabrasil.ebc.com.br/geral/noticia/2016-05/ministerio-lanca-programa-para-ampliar-o-acesso-internet-em-alta-velocidade. Acesso em: 18 jan. 2021.

DANIELS, Ronald J.; TREBILCOCK, Michael J. *Rethinking the Welfare State*: The Prospects for Government by Voucher. Abingdon: Routledge, 2005.

DA REDAÇÃO. Anatel publica saldo das desonerações do PGMU. *Telesíntese*, 22 maio 2018. Disponível em: http://www.telesintese.com.br/anatel-publica-saldo-das-desoneracoes-do-pgmu/. Acesso em: 20 set. 2021.

–. Investimentos em telecom subiram 4,3% no 2º tri em relação ao 1º tri de 2020. *Conexis*, 8 set. 2020. Disponível em: https://conexis.org.br/investimentos-em-telecom-subiram-43-no-2o-tri-em-relacao-ao-1o-tri-de-2020-2/. Acesso em: 28 jun. 2023.

–. Justiça determina que Prefeitura de São Paulo distribua tablets em 10 dias. *UOL*, São Paulo, 27 abr. 2021. Disponível em: https://educacao.uol.com.br/noticias/2021/04/27/justica-determina-que-prefeitura-de-sao-paulo-distribua-tablets-em-10-dias.htm. Acesso em: 15 maio 2021.

–. Leilão da tecnologia 5G deverá garantir internet de qualidade para todas as escolas públicas. *TCU*, 26 ago. 2021. Disponível em: https://portal.tcu.gov.br/imprensa/noticias/leilao-da-tecnologia-5g-devera-garantir-internet-de-qualidade-para-todas-as-escolas-publicas.htm. Acesso em: 2 set. 2021.

–. Lei que proíbe contingenciamentos do FNDCT é sancionada com dois vetos. *Senado Notícias*, 13 jan. 2021. Disponível em: https://www12.senado.leg.br/noticias/materias/2021/01/13/lei-que-proibe-contingenciamentos-do-fndct-e-sancionada-com-dois-vetos#:~:text=O%20FNDCT%20tem%20sido%20nos,empresas%20com%20recursos%20n%C3%A3o%20reembols%C3%A1veis. Acesso em: 25 abr. 2021.

ESTADO conclui programa Minas Comunica, *Diário Oficial*, Minas Gerais, 7 ago. 2008. Disponível em: http://jornal.iof.mg.gov.br/xmlui/bitstream/handle/123456789/2296/noticiario_2008-08-07%203.pdf?sequence=1#:~:text=Lan%2D%20%C3%A7ado%20em%20abril%20de,5%20milh%C3%B5es%20em%20recursos%20pr%C3%B3prios. Acesso em: 15 maio 2021.

– "Internet das Coisas". *BNDES*. Disponível em: https://www.bndes.gov.br/wps/portal/site/home/conhecimento/pesquisaedados/estudos/estudo-internet-das-coisas-iot/estudo-internet-das-coisas-um-plano-de-acao-para-o-brasil. Acesso em: 12 mar. 2021.

FARACO, Alexandre Ditzel. Regulação das telecomunicações: entre concorrência e universalização. *In*: SHAPIRO, Mario Gomes (org.). *Direito e economia na regulação setorial*. São Paulo: Saraiva, 2009. p. 35-103.

–. Concorrência e universalização nas telecomunicações: evoluções recentes no direito brasileiro. *Revista de Direito Público da Economia*, Belo Horizonte, v. 2, n. 8, p. 9-37, out./dez. 2004.

–; COUTINHO, Diogo Rosenthal. A universalização dos serviços regulados. *In*: PEREIRA NETO, Caio Mário da Silva; PINHEIRO, Luís Felipe Valerim (coords.). *Direito da infraestrutura*. São Paulo: Saraiva, 2017. p. 299-326.

–; PEREIRA NETO, Caio Mário da Silva; COUTINHO, Diogo Rosenthal. A judicialização de políticas regulatórias de telecomunicações no Brasil. *Revista de Direito Administrativo*, Rio de Janeiro, n. 265, p. 25-44, 2014.

–; PEREIRA NETO, Caio Mário da Silva; COUTINHO, Diogo Rosenthal. Universalização das telecomunicações: uma tarefa inacabada. *Revista de Direito Público da Economia*, Belo Horizonte, v. 2, p. 9-58, abr./jun. 2003.

FELCZAC, Claudia. Maior leilão da história trará o 5G ao Brasil, *Agência Brasil*, 2 maio 2021. Disponível em: https://agenciabrasil.ebc.com.br/economia/noticia/2021-05/maior-leilao-da-historia-trara-o-5g-ao-brasil. Acesso em: 27 ago. 2021).

FERNANDES, Victor Oliveira. *Regulação de serviços de Internet*. Rio de Janeiro: Lumen Juris, 2018.

FREITAS, Igor Vilas Boas de. Avaliação de Políticas Públicas de Telecomunicações. Textos para Discussão n. 125, Núcleo de Estudos e Pesquisas do Senado, mar. 2013.

FREITAS, Luciano Charlita de *et al.* Obrigação de fazer em sanções regulatórias no Brasil: aplicação ao setor de telecomunicações. *Revista de Direito, Estado e Telecomunicações*, [*s. l.*], v. 11, n. 2, p. 71-86, 2019. Disponível em: https://periodicos.unb.br/index.php/RDET/article/view/27019/23476. Acesso em: 5 set. 2021.

GARCIA, Alexandre. Telefones públicos dão prejuízo de R$ 500 milhões por ano em média, *R7*, 10 ago. 2014. Disponível em: https://noticias.r7.com/economia/telefones-publicos-dao-prejuizo-de-r-500-milhoes-por-ano-em-media-10082014. Acesso em: 14 ago. 2021.

GARZANITI, Laurent *et al.* (eds.). *Electronic Communications, Audiovisual Services and the Internet EU Competition Law & Regulation*. 4. ed. Londres: Sweet & Maxwell, 2020.

GOMIDE, Alexandre de Ávila; PIRES, Roberto Rocha C. *Capacidades estatais e democracia*: arranjos institucionais de políticas públicas. Brasília: Ipea, 2014.

HALL, Peter A.; TAYLOR, Rosemary C. R. As três versões do neoinstitucionalismo. *Lua Nova: Revista de Cultura e Política*, [*on-line*], n. 58, p. 193-

-223, 2003. Disponível em: https://doi.org/10.1590/S0102-64452003000100010. Acesso em: 5 set. 2021.

HODGSON, Geoffrey M. What Are Institutions? *Journal of Economic Issues*, [s. l.], v. 40, n. 1, p. 1-25, mar. 2006.

IDOETA, Paula Adamo. 'Sem *wi-fi*': pandemia cria novo símbolo de desigualdade na educação. *BBC News Brasil*, São Paulo, 3 out. 2020. Disponível em: https://www.bbc.com/portuguese/brasil-54380828. Acesso em: 12 mar. 2021.

IMMERGUT, Ellen M. As regras do jogo: a lógica da política de saúde na França, na Suíça e na Suécia. *Revista Brasileira de Ciências Sociais*, ano 11, n. 30, São Paulo, p. 139-166, 1996.

KNIGHT, Peter. O papel da banda larga no desenvolvimento do Brasil. *In*: KNIGHT, Peter; FEFERMAN, Flavio; FODITSCH, Natália (orgs.). *Banda larga no Brasil*: passado, presente e futuro. São Paulo: Figurati, 2016.

LARGE, Joanne. Divide and Follow the Rules: How "Functional Separation" Was Implemented in the UK Telecommunications Market. *Revista de Direito de Informática e Telecomunicações – RDIT*, Belo Horizonte, v. 3, n. 5, p. 85-102, jul./dez. 2008.

LEFREVE, Flávia. Política e Regulação: conquistas e desafios. *In*: KNIGHT, Peter; FEFERMAN, Flavio; FODITSCH, Natália (orgs.). *Banda larga no Brasil*: passado, presente e futuro. São Paulo: Figurati, 2016.

LIMA, Alex Felipe Rodrigues; LIMA, Helena Karla Barbosa; SACHSIDA, Adolfo. *Avaliando o impacto do Programa Banda Larga nas Escolas sobre a qualidade educacional*. Brasília: Ipea, 2018.

LINDBLOM, Charles E. Muddling through 1: a ciência da decisão incremental. *In*: SALM, José Francisco (org.). *Políticas públicas e desenvolvimento*: bases epistemológicas e modelos de análise. Brasília: UNB, 2009. p. 161-180.

MACEDO JUNIOR, Ronaldo Porto. O conceito de direito social e racionalidades em conflito: Ewald contra Hayek. *In*: MACEDO JUNIOR, Ronaldo Porto. *Ensaios de teoria do Direito*. São Paulo: Saraiva, 2013. p. 57-107.

MAHONEY, James; THELEN, Kathleen. A Theory of Gradual Institutional Change. *In*: MAHONEY, James; THELEN, Kathleen (eds.). *Explaining Institutional Change*: Ambiguity, Agency, and Power. Cambridge: Cambridge University Press, 2009. p. 1-37.

MARQUES, Eduardo C. L. As políticas públicas na Ciência Política. *In*: MARQUEZ, Eduardo; FARIA, Carlos Aurélio Pimenta de (orgs.) *A política pública como campo multidisciplinar*. São Paulo: Editora UNESP/Editora Fiocruz, 2013. p. 23-46.

MARQUES NETO, Floriano Peixoto de Azevedo. Entre a legalidade e o "puxadinho": a universalização da banda larga no Brasil. *Revista de Direito de Informática e Telecomunicações – RDIT*, Belo Horizonte, v. 5, n. 9, p. 53-62, jul./dez. 2010.

–. Direito das Telecomunicações e a Anatel. *In*: SUNDFELD, Carlos Ari (coord.). *Direito administrativo econômico*. São Paulo: Malheiros, 2006.

–. Bens reversíveis nas concessões do setor de telecomunicações. *Revista de Direito Público da Economia*, Belo Horizonte, n. 8, p. 99-121, out./dez. 2004.

–; COSCIONE, Milene Louise Renée. *Telecomunicações*: doutrina, jurisprudência, legislação e regulação setorial. São Paulo: Saraiva Jur, 2012.

MATTOS, Paulo Todescan Lessa. Desafios da regulação de telecomunicações no Brasil. *In*: GUERRA, Sergio (org.). *Regulação no Brasil*: uma visão multidisciplinar. Rio de Janeiro: FGV, 2014. p. 261-284.

–. Regulação econômica e social e participação pública no Brasil. *In*: CONGRESO INTERNACIONAL DEL CLAD SOBRE LA REFORMA DEL ESTADO Y DE LA ADMINISTRACIÓN PÚBLICA, 9., Madrid. *Anais...* Madri, 2004.

MELLO, Celso Antonio Bandeira de. Serviço público e telecomunicações. *Revista Trimestral de Direito Público*, n. 54, São Paulo, 2011, p. 52-60.

MESQUITA, Clarissa Ferreira de Melo. O papel do direito na articulação governamental necessária às políticas públicas: uma avaliação do Programa Bolsa Família (PBF). *Cadernos Gestão Pública e Cidadania*, São Paulo, v. 21, n. 70, dez. 2016. Disponível em: http://bibliotecadigital.fgv.br/ojs/index.php/cgpc/article/view/55422. Acesso em: 1º out. 2020.

MINAS COMUNICA II é concluído e garante telefonia móvel a 707 distritos mineiros, *Agência Minas*, 3 fev. 2020. Disponível em: http://agenciaminas.mg.gov.br/noticia/minas-comunica-ii-e-concluido-e-garante-telefonia-movel-a-707-distritos-mineiros. Acesso em: 15 maio 2021.

MINISTÉRIO DE MINAS E ENERGIA. Nota Técnica n. 24/2020/DPUE/SEE, de 9 de setembro de 2020.

MINISTÉRIO DA EDUCAÇÃO. Perguntas frequentes sobre o Programa Banda Larga nas Escolas. *Gov.br*. Disponível em: http://portal.mec.gov.br/busca-geral/193-secretarias-112877938/seed-educacao-a-distancia-96734370/15914-perguntas-frequentes-sobre-o-programa-banda-larga-nas-escolas. Acesso em: 12 jan. 2021.

MINISTÉRIO DAS COMUNICAÇÕES. Nota Técnica Conjunta n. 54/2017/SEI-MCTIC, de 17 de outubro de 2017.

MINISTÉRIO DAS COMUNICAÇÕES. *Alternativas para a revisão do modelo de prestação de serviços de telecomunicações*. Relatório Final do Grupo de Trabalho entre o Ministério das Comunicações e a ANATEL, Brasília, 2016.

–. *Diagnóstico de necessidades de universalização dos serviços de telecomunicações no Brasil*. Brasília: Secretaria de Telecomunicações, emitido em 5 de outubro de 2006.

–. Revisão do Modelo, *Participa.br*, [s.d.]. Disponível em: http://www.participa.br/revisaodomodelo. Acesso em: 1º out. 2020.

–. Estratégia Brasileira de 5G, *Gov.br*, [s.d.]. Disponível em: https://antigo.mctic.gov.br/mctic/export/sites/institucional/sessaoPublica/arquivos/estrategia5g/Documentobase-da-Estrategia-Brasileira-de-5G.pdf. Acesso em: 1º out. 2020.

–. *Ofício n. 92/2010/MC, de 14 de dezembro de 2010.*

–. *Ofício n. 8.327/2021/MCOM, de 16 de abril de 2021.*

–. *Exposição de Motivos n. 231, de 10 de dezembro de 1996.*

MONTEIRO, Vera. *Concessão*. São Paulo: Malheiros, 2010.

MOREIRA, Vital. Os servidores públicos tradicionais sob o impacto da União Europeia. *Revista de Direito Público da Economia*, Belo Horizonte, n. 1, p. 227-248, jan./mar. 2003.

NORTH, Douglass C. *Institutions, Institutional Change and Economic Performance*. Cambridge: Cambridge University Press, 2018.

ONU – ORGANIZAÇÃO DAS NAÇÕES UNIDAS. União Internacional de Telecomunicações (UIT). *ICT price trends 2020*. 2021. Disponível em: https://www.itu.int/en/ITU-D/Statistics/Pages/ICTprices/default.aspx. Acesso em: 13 mar. 2021.

–. União Internacional de Telecomunicações (UIT). *Universal Service Fund and Digital Inclusion for All*. 2013. Disponível em: https://www.itu.int/dms_pub/itu-d/opb/pref/D-PREF-EF.SERV_FUND-2013-PDF-E.pdf. Acesso em: 12 mar. 2021.

–. União Internacional de Telecomunicações (UIT) e Organização das Nações Unidas para a Educação, a Ciência e a Cultura (UNESCO). *State of Broadband Report 2020*. 2021. Disponível em: https://www.itu.int/dms_pub/itu-s/opb/pol/S-POL-BROADBAND.21-2020-PDF-E.pdf. Acesso em: 13 mar. 2021.

PEREIRA, Gustavo Leonardo Maia. *TCU e o controle das agências reguladoras de infraestrutura*: controlador ou regulador? 2019. Dissertação (Mestrado em Direito) – Fundação Getulio Vargas, São Paulo, 2019.

PEREIRA NETO, Caio Mário da Silva. *Universal Access to Telecommunications in Developing Countries*: The Brazilian Case. 2005. JSD Dissertation, Yale Law School, New Haven, 2005.

–; ADAMI, Mateus Piva. Chegou a hora da mudança nas telecomunicações: que a montanha não tenha parido um rato, *Jota*, 15 out. 2019. Disponível em: https://www.jota.info/tributos-e-empresas/regulacao/chegou-a-hora-da-mudanca-nas-telecomunicacoes-15102019. Acesso em: 15 abr. 2021.

–. Estamos perdendo a hora da mudança nas telecomunicações, *Jota*, 17 jul. 2018. Disponível em: https://www.jota.info/tributos-e-empresas/regulacao/estamos-perdendo-a-hora-da-mudanca-nas-telecomunicacoes-17072018. Acesso em: 14 abr. 2021.

–. Restrições concorrenciais nos editais de licitação de projetos de infraestrutura: casos de telecomunicações, aeroportos e portos. *In*: PEREIRA NETO, Caio Mário da Silva; PINHEIRO, Luís Felipe Valerim (coords.). *Direito da infraestrutura*. São Paulo: Saraiva, 2017. 2 v.

–. A hora da mudança nas telecomunicações, *Valor Econômico*, 8 jul. 2016. Disponível em:

https://valor.globo.com/opiniao/coluna/a-hora-da-mudanca-nas-telecomunicacoes.ghtml. Acesso em: 14 abr. 2021.

–. Estruturas alternativas para lidar com limitações regulatórias de controle societário: alguns exemplos do setor de telecomunicações. *In*: COUTINHO, Diogo R.; ROCHA, Jean Paul Veiga da; SCHAPIRO, Mário G. (orgs.). *Direito econômico atual*. São Paulo: GEN, 2015. p. 245-271.

–. O desafio da universalização de telecomunicações: um balanço após 15 anos de LGT. *In*: GUERRA, Sergio (org.). *Regulação no Brasil*: uma visão multidisciplinar. Rio de Janeiro: FGV, 2014. p. 189-225.

–. Leilão de 4G: balanços e desafios. *Valor Econômico* (Caderno Opinião), São Paulo, 4 jul. 2012. p. A10.

–; CARVALHO, Felipe Moreira de. Reversibilidade de bens em concessões de telecomunicações. *Revista de Direito Público da Economia*, Belo Horizonte, v. 55, p. 73-110, 2016.

–; LANCIERI, Filippo Maria; ADAMI, Mateus Piva. O diálogo institucional das agências reguladoras com os Poderes Executivo, Legislativo e Judiciário: uma proposta de sistematização. *In*: SUNDFELD, Carlos Ari; ROSILHO, André (orgs.). *Direito da regulação e políticas públicas*. São Paulo: Malheiros, 2014. 1 v. p. 140-185.

– *et al*. A compatibilidade da prática de *zero rating* com a previsão de neutralidade de rede. *Revista Direito GV*, São Paulo, v. 15, p. 1-32, 2019.

PIERSON, Paul. Public Policy as Institutions. *In*: SHAPIRO, Ian; SKOWRONEK, Stephen; GALVIN, Daniel. *Rethinking Political Institutions*: The Art of State. Nova York: New York University Press, 2006. p. 114-134.

–. When Effect Becomes Cause: Policy Feedback and Political Change. *World Politics*, [*s. l.*], v. 45, n. 4, p. 595-628, 1993.

PIRES, Roberto Rocha C.; GOMIDE, Alexandre. *Arranjos de implementação e ativação de capacidades estatais para políticas públicas*: o desenvolvimento de uma abordagem analítica e suas repercussões. Brasília: IPEA, 2021. Disponível em: http://repositorio.ipea.gov.br/handle/11058/10635. Acesso em: 12 mar. 2021.

PORTUGAL RIBEIRO, Maurício; PRADO, Lucas Navarro. *Comentários à Lei de PPP – Parcerias Público-Privadas*: fundamentos econômicos-jurídicos. São Paulo: Malheiros, 2007.

POSSEBON, Samuel. Brisanet projeta investimentos de R$ 2 bi para locais com menos de 30 mil habitantes, *Teletime*, 5 nov. 2021. Disponível em: https://teletime.com.br/05/11/2021/brisanet-projeta-investimentos-de-r-2-bi-para-locais-com-menos-de-30-mil-habitantes/. Acesso em: 2 set. 2022.

–. Anatel prepara selo de qualidade na banda larga; redes antigas devem ter pior desempenho, *Teletime*, 18 jun. 2021. Disponível em: https://teletime.com.br/18/06/2021/anatel-prepara-selo-de-qualidade-na-banda-larga-redes-antigas-devem-ter-pior-desempenho/. Acesso em: 12 mar. 2021.

–. À Anatel, TCU aponta indícios de ilegalidade em obrigações do edital de 5G, *Teletime*, 22 abr. 2021. Disponível em: https://teletime.com.br/22/04/2021/a-anatel-tcu-aponta-indicios-de-ilegalidade-em-obrigacoes-do-edital-de-5g/. Acesso em: 25 abr. 2021.

–. Oi sinaliza pedido de arbitragem em relação a desequilíbrios da concessão, *Teletime*, 26 jan. 2021. Disponível em: https://teletime.com.br/26/01/2021/oi-sinaliza-pedido-de-arbitragem-em-relacao-a-desequilibrios-da-concessao/. Acesso em: 14 abr. 2021.

–. Euler reitera que PGMU precisa mudar, *Teletime*, 28 ago. 2019. Disponível em: https://teletime.com.br/28/08/2019/euler-reitera-que-pgmu-precisa-mudar/. Acesso em: 31 jan. 2021.

–. Deputado apresenta projeto sobre Fust idêntico ao anteprojeto da Anatel, *Teletime*, 12 jul. 2019. Disponível em: https://teletime.com.br/12/07/2019/deputado-apresenta-projeto-sobre-fust-identico-ao-anteprojeto-da-anatel/. Acesso em: 22 ago. 2021.

–. A Anatel, as franquias e a regulação da internet, *Teletime*, 25 abr. 2016. Disponível em: https://teletime.com.br/25/04/2016/270639/. Acesso em: 12 mar. 2021.

PRADO, Mariana Mota. Institutional Bypass: An Alternative for Development Reform. *SSRN Electronic Journal*, [on-line], 2011. Disponível em: https://ssrn.com/abstract=1815442. Acesso em: 12 mar. 2021.

–; TREBILCOCK, Michael J. *Institutional Bypasses*: A Strategy to Promote Reforms for Development. Cambridge: Cambridge University Press, 2019.

–. Path Dependence, Development, and the Dynamics of Institutional Reform. *University of Toronto Law Journal*, Legal Studies Research Paper n. 09-04, Toronto, p. 1-49, 2009. Disponível em: https://ssrn.com/abstract=1415040. Acesso em: 12 mar. 2021.

PRADO, Tiago Sousa. *Políticas públicas de massificação do acesso à banda larga fixa de alta velocidade*: uma análise econométrica de alternativas para o Brasil. Brasília: IPEA, 2018.

PRADO FILHO, José Inácio Ferraz de Almeida; ADAMI, Mateus Piva; PEREIRA NETO, Caio Mário S. Notas sobre a disciplina infralegal da reversibilidade dos bens afetados aos serviços públicos de telecomunicações: inovações e ilegalidades da Resolução Anatel n. 447/2006. *Revista de Direito de Informática e Telecomunicações*, Belo Horizonte, v. 6, p. 89-109, 2009.

PUPO, Fábio. Artesp: "Resultado de licitação da Tamoios é motivo de comemoração". *Valor Econômico*, São Paulo, 3 out. 2014. Disponível em: https://valor.globo.com/empresas/noticia/2014/10/03/artesp-resultado-de-licitacao-da-tamoios-e-motivo-de-comemoracao.ghtml. Acesso em: 25 abr. 2021.

Ramos, Pedro Henrique Soares. *Neutralidade de rede*: a regulação da arquitetura da internet no Brasil. São Paulo: Editora IASP, 2018.

Ribeiro, Leonardo Coelho. *O direito administrativo como "caixa de ferramentas"*. São Paulo: Malheiros, 2017.

Rua, Maria das Graças. *Políticas públicas*. 3. ed. rev. e atual. Florianópolis: Departamento de Ciências da Administração/UFSC; [Brasília]: CAPES: UAB, 2014.

Rosilho, André. *Tribunal de Contas da União*: competências, jurisdição e instrumentos de controle. São Paulo: Quartien Latin, 2019.

Sá e Silva, Fabio de; Trubek, David M. Advogando no novo desenvolvimento: profissionais do direito e a construção do setor de telecomunicações no Brasil emergente (dos anos 1980 aos anos 2010). *Revista de Estudos Empíricos em Direito*, Belo Horizonte, v. 3, n. 2, p. 14-52, 2016.

Sant'ana, Jéssica; Racanicci, Jamile, Leilão do 5G movimenta R$ 47,2 bilhões, abaixo do esperado por governo e Anatel, *G1*, Brasília, 5 nov. 2021. Disponível em: https://g1.globo.com/economia/noticia/2021/11/05/leilao-do-5g-movimenta-r-4679-bilhoes-informa-anatel.ghtml. Acesso em: 1º set. 2022.

Schapiro, Mario Gomes. Do estado desenvolvimentista ao estado regulador? Transformação, resiliência e coexistência entre dois modos de intervenção. *Revista Estudos Institucionais*, [s. l.], v. 4, n. 2, p. 574-614, dez. 2018. Disponível em: https://www.estudosinstitucionais.com/REI/article/view/305. Acesso em: 5 set. 2021.

Schymura, Luiz Guilherme; Canêdo-Pinheiro, Mauricio. Infraestrutura no Brasil: a inconsistência das políticas públicas. *In*: Bresser-Pereira, Luiz Carlos (org.). *Economia brasileira na encruzilhada*. São Paulo: FGV, 2006. p. 241-262.

Secchi, Leonardo. *Políticas públicas*: conceitos, esquemas de análise, casos práticos. São Paulo: Cengage Learning, 2012.

Shalders, André. Brasil tem menor investimento em ciência dos últimos 12 anos, *O Estado de S.Paulo*, 24 ago. 2021. Disponível em: https://www.estadao.com.br/ciencia/investimento-federal-em-ciencia-e-tecnologia-recua-e-setor-tem-menos-verba-que-em-2009-diz-estudo/. Acesso em 1º set. 2021.

Siegel, Rachel. What's in Biden's $2 Trillion Jobs and Infrastructure Plan? *The Washington Post*, 30 mar. 2021. Disponível em:https://www.washingtonpost.com/us-policy/2021/03/31/what-is-in-biden-infrastructure-plan/. Acesso em: 28 fev. 2023.

Steinmo, Sven. Historical Institutionalism. *In*: Della Porta, Donatella; Keating, Michael (eds.). *Approaches and Methodologies in the Social Sciences*: A Pluralist Perspective. Cambridge: Cambridge University Press, 2008. p. 118-138.

STF – Supremo Tribunal Federal. *ADI n. 6.926*, Rel. Min Dias Toffoli, j. 04.07.2022.

–. *ADI n. 1.668*, Rel. Min Edson Fachin, j. 01.03.2021.
–. *ADI n. 1.668/MC*, Rel. Min Marco Aurélio, j. 20.08.1998.
–. *ADI n. 4.181*, Rel. Min. Nunes Marques.
–. *Mandado de Segurança n. 27.796*, Rel. Min. Alexandre de Moraes, j. em 29.03.2019.
–. *Mandado de Segurança n. 34.562/DF*, Rel. Min. Alexandre de Moraes, j. em 05.10.2017.
–. *Mandado de Segurança n. 36432 MC/DF*, Rel. Min Celso de Mello, j. em 29.04.2019.
–. *ADO 37/DF*, Rel. Min. Ricardo Lewandowski, j. 27.09.2018.

SUNDFELD, Carlos Ari. *Pareceres*: direito administrativo econômico. São Paulo: Revista dos Tribunais, 2013. 1 v.
–. Meu depoimento e avaliação sobre a Lei Geral de Telecomunicações. *Revista de Direito de Informática e Telecomunicações*, Belo Horizonte, ano 2, n. 2, p. 55-83, jan./jun. 2007.
– (coord.). *Direito administrativo econômico*. São Paulo: Malheiros, 2006.
–. Introdução às Agências Reguladoras. *In*: SUNDFELD, Carlos Ari (coord.). *Direito administrativo econômico*. São Paulo: Malheiros, 2006. p. 17-38.
–; CÂMARA, Jacintho Arruda. O Tribunal de Contas da União e a regulação. *In*: FIGUEIREDO, Marcelo (coord.). *Novos rumos para o direito público*: reflexos em homenagem à Professora Lúcia Valle Figueiredo. Belo Horizonte: Fórum, 2012. p. 59-94.
–; CÂMARA, Jacintho Arruda. O serviço telefônico e a reversão de bens. *In*: GUERRA, Sérgio (coord.). *Temas de direito regulatório*. Rio de Janeiro: Freitas Bastos, 2004. p. 134-159.

TCU – TRIBUNAL DE CONTAS DA UNIÃO. *Acórdão n. 2.001/2022*, Plenário, Rel. Min. Augusto Nardes, de 22 de junho de 2022.
–. *Acórdão n. 2.032*, Rel. Min. Raimundo Carreiro, de 25 de agosto de 2021.
–. *Acórdão n. 2.737/2018*, Rel. Min. Vital do Rêgo, j. em 28.11.2018.
–. *Acórdão n. 953/2018*, Rel. Min. Vital do Rêgo, j. em 02.05.2018.
–. *Acórdão n. 2.121/2017*, Rel. Min. Bruno Dantas, j. em 27.09.2017.
–. *Acórdão n. 2.127/2016*, Rel. Min. Marcos Bemquerer, j. em 27.09.2017.
–. *Acórdão n. 749/2017*, Plenário, Rel. Min. Bruno Dantas, j. em 12.04.2017.
–. *Acórdão n. 3.076/2016*, Plenário, Rel. Min. Bruno Dantas, j. em 30.11.2016.
–. *Acórdão n. 28/2016*, Rel. Min. Bruno Dantas, j. 20.01.2016.
–. *Acórdão n. 2.151/2015*, Plenário, Rel. Min. Bruno Dantas, j. em 26.08.2015.
–. *Acórdão n. 684-11/15-P*, Rel. Min. Raimundo Carreiro, j. em 01.04.2015.
–. *Acórdão n. 2.301-34/14-P*, Plenário, Rel. Min. Benjamin Zymler, j. em 03.09.2014.
–. *Acórdão n. 3.305/2010*, Plenário, Rel. Min. Raimundo Carreiro, j. em 08.12.2010.

–. *Acórdão n. 2.275/2009*, Plenário, Rel. Min. Augusto Nardes, j. em 30.09.2009.

–. *Acórdão n. 1.613/2006*, Plenário, Rel. Min. Ubiratan Aguiar, j. em 05.09.2006.

–. *Acórdão n. 2.148/2005*, Plenário, Rel. Min. Ubiratan Aguiar, j. em 07.12.2005.

–. *Acórdão n. 1.778/2004*, Rel. Min. Augusto Sherman Cavalcanti, j. em 10.11.2004.

–. *Acórdão n. 1.107/2003*, Plenário, Rel. Min. Humberto Guimarães Souto, j. em 13.08.2003.

–. *Acórdão n. 598-19/03-P*, Rel. Min. Ubiratan Aguiar, j. em 28.05.2003.

–. *Decisão n. 1.308/2002*, Rel. Min. Iram Saraiva, j. em 02.10.2002.

–. *Decisão n. 1.095/2001*, Plenário, Rel. Min. Iram Saraiva, j. em 12.12.2001.

THÉRET, Bruno. As instituições entre as estruturas e as ações. *Lua Nova: Revista de Cultura e Política* [on-line], n. 58, 2003. Disponível em: https://doi.org/10.1590/S0102-64452003000100011. Acesso em: 12 mar. 2021.

TRUBEK, David M.; COUTINHO, Diogo Rosenthal; SCHAPIRO, Mario Gomes. New State Activism in Brazil and the Challenge for Law. In: *Law and the New Developmental State*: The Brazilian Experience in Latin American Context. [s. l.: s. n.], 2013.

–; SANTOS, Alvaro. *The New Law and Economic Development*: A Critical Appraisal. Cambridge: Cambridge University Press, 2006.

–; SCHAPIRO, Mario Gomes (orgs.). *Direito e Desenvolvimento*: um diálogo entre os BRICS. São Paulo: Saraiva, 2012.

TSEBELIS, George. *Veto Players:* How Political Institutions Work. Princeton: Princeton University Press, 2002.

UNGER, Roberto Mangabeira. *What Should Legal Analysis Become?* Londres: Nova York: Verso, 1996.

URUPÁ, Marcos. Ministro da Educação: uso do Fust para conectar estudantes seria "despejar dinheiro na ponta", *Teletime*, 31 mar. 2021. Disponível em: https://teletime.com.br/31/03/2021/ministro-da-educacao-uso-do-fust-para-conectar-estudantes-seria-despejar-dinheiro-na-ponta/. Acesso em: 15 maio 2021.

–. MCom tem R$ 3,3 bi aprovados no orçamento de 2021, mas com Fust contingenciado. *Teletime*, 26 mar. 2021. Disponível em https://teletime.com.br/26/03/2021/mcom-tem-r-33-bi-aprovados-no-orcamento-de-2021/. Acesso em: 25 abr. 2021.

–. Fabio Faria tentará descontingenciar recursos do Fust com Ministério da Economia, *Teletime*, 12 maio 2021. Disponível em: https://teletime.com.br/12/05/2021/fabio-faria-tentara-descontingenciar-recursos-do-fust-com-ministerio-da-economia/. Acesso em: 15 maio 2021.

–. Ministro Fábio Faria destaca papel da Telebras em programa de conexão por WiFi, *Teletime*, 6 jan. 2021. Disponível em: https://teletime.

com.br/06/01/2021/ministro-fabio-faria-destaca-papel-da-telebras-em-programa-de-conexao-por-wifi/. Acesso em: 12 mar. 2021.

VALENTI, Graziella. Oi e fundo do BTG têm acordo para leilão de fibra, de R$ 20 bi, *Exame*, 12 abr. 2021. Disponível em: https://exame.com/exame-in/oi-e-fundo-do-btg-tem-acordo-para-leilao-de-fibra-de-r-20-bi/. Acesso em: 15 maio 2021.

VELOSO, Elizabeth Machado. Os desafios no acesso à banda larga no Brasil. *Cadernos Aslegis*, n. 49, maio/ago. 2013. Disponível em: https://aslegis.org.br/files/cadernos/2013/caderno-49/7-O-desafios-no-acesso-a-banda-larga-no-Brasil.pdf. Acesso em: 12 mar. 2021.

–. A conexão nacional de áreas rurais no Brasil: construindo o Programa CNAR. *Revista de Direito de Informática e Telecomunicações – RDIT*, v. 6, n. 11, Belo Horizonte, p. 15-51, jul./dez. 2011.